자녀를 위한 365일 축복 기도문

도서출판 두돌비

자녀를 위한 365일 축복 기도문(4*6판)

개정2쇄 · 2019년 11월 20일

지은이 · 한치호
펴낸이 · 황경자
펴낸곳 · 도서출판 두돌비
주　소 · 서울특별시 중랑구 동일로 107길 12
전　화 · (02)964-6993
팩　스 · (02)2208-0153
등　록 · 2006. 8. 17 제 2006-12호

정 가 10,000원
ISBN 978-89-85583-30-5

∗ 이 책의 저작권은 저자가 소유하고 있습니다.
　저자와 출판사의 사전 승인없이 책의 내용이나
　표지 등을 복제, 인용할 수 없습니다.
∗ 잘못된 책은 바꿔 드립니다.

자녀를 위한 365일 축복 기도문

• 한치호 지음 •

도서출판 두돌비

머 리 말

노먼 라이트(H. Norman Wright)는 'The Power of a Parent's Words'라는 책을 썼다. 우리의 말로는 '부모말의 파워'라는 제목으로 출판되었는데 그의 말은 맞는 것이다. 부모의 말은 자주 힘으로 나타난다. 부모가 무심코 던진 한 마디의 말에 따라 어린이가 적극적이 되기도 하고 그와는 반대로 상처를 입기도 하기 때문이다.

교회에서 청소년들을 섬기는 동안, 부모의 말에 상처를 입고 괴로워하는 아이들을 많이 보아왔다. 그때, 그들의 부모가 자기의 자녀들을 위해서 기도를 해준다면 청소년들은 훨씬 더 밝게 살 것이라는 생각을 하였다. 그래서 고등부에 출석 중인 아이들의 출석부를 뒤져서 개인적인 중보기도 일지를 준비하였다.

하나님께서 부모의 말에 힘이 나타나도록 하신다면, 부모의 기도에는 엄청난 위력이 나타나는 힘이 있게 하실 것이다. 그 능력은 하나님의 손을 움직이는 것으로 나타난다. 이스라엘 백성들에게 영적인 아버지였던 사무엘은 말하기를, "나는 너희를 위하여 기도하기를 쉬는 죄를 여호와 앞에 결단코 범치 아니하고"(삼상 12:23)라고 하였다.

하나님께서는 자식을 사랑하는 부모의 기도를 들으신다. 그리고 부모와 자식을 위해서 꼭 응답해주신다. 부모가 자신을 위하여 기도하고 있다는 사실을 안 자식은 부모에게 감사하면서 사랑을 느낀다. 자식이 부모에게 감격할 수 있는 최선의 방법은 그를 위한 부모의 기도다.

스토미 오마샨(Stormie Omartion)의 딸이 어머니의 기도에 감격해 하면서 쓴, "엄마의 기도가 내 인생에 엄청나고도 놀라운 변화를 안겨준 적이 있었다."라는 글은 중학교에 다니고 있는 쌍둥이 아들 형제를 바라보면서 큰 도전이 되었다. 물론 아이들을 위해서 기도를 해오지 않은 것은 아니었다. 그러나 그 짧은 글은 매일 정기적으로 아이들을 위하여 기도하도록 해주었다. 오마샨은 예레미야애가의 "초저녁에 일어나 부르짖을지어다 네 마음을 주의 얼굴 앞에 물 쏟듯 할지어다 각 길 어귀에서 주려 기진한 네 어린자녀들의 생명을 위하여 주를 향하여 손을 들지어다 하였도다"(애 2:19) 라는 말씀을 자녀를 위한 기도의 표지를 삼았다고 하였다. 성경을 읽어나갈 때, 주님께서는 자기의 아이들에게 주님의 안수해주심을 바라고 데리고 온 어머니의 마음을 갖게 해 주셨다.

하나님께서는 부족한 종의 기도에 응답하셔서 쌍둥이 아들 형제들이 잘 자라도록 해주셨다. 사춘기를 보내면서 아이들은 외부적인 환경의 영향때문에 자주 염려하도록 하기도 하였다. 그들은 자기들을 향하신 하나님의 계획에 대하여 묵상하면서도 반항적인 낌새를 보이곤 하였다. 은에서 찌꺼기를 제거하시는 하나님의 손길을 보면서 기도의 싸움이 치열했던 시간들도 있었다.

부모의 기도를 받으면서 자란 아들들은 군에 입대를 하였고 그들을 위해서 기도해 온 노트는 몇 권에 이르는 분량이 되었다. 펜이나 볼펜으로 썼던 기도 노트를 워드 프로세스로 옮기는 작업을 하면서 한 권으로 책을 엮게 되었다. 사실, 쌍둥이 형제를 위해서 기도할 때는 그때그때 책을 읽거나 묵상을 통해서 얻어진 내용으로 간구를 하였음을 밝혀둔다.

자녀를 위해서 축복을 빌려고 이 책을 손에 든 당신을 축복한다. 부족한 종에게 간구하도록 하신 하나님께서 당신에게도 배나 더한 은혜를 경험하게 하시고, 배나 더 복된 응답이 나타나기를 기도한다.

2018년 9월
한치호 목사

부모의 기도만큼
자녀가 복을 받는다!

 안타깝게도 자녀에게서 문제가 터지고 난 다음에 눈물을 흘리는 부모들을 많이 보았다. 그들이 보여준 한결 같은 공통점은 남들 앞에서 자신의 아이들을 비난하고, 자녀들의 면전에서는 그들을 윽박지르기 일쑤였다는 사실이다. 사건이 생기고, 학교에서 학부형을 오라고 할 때에야 담당지도 교역자에게 전화를 걸어 잘 해결될 수 있도록 기도를 해달라고 숨이 넘어가는 부탁을 해 온다.

1. 부모가 가장 먼저 해야 할 일, 자녀를 축복하라!

 사고가 일어나기 전에 기도할 수는 없을까? 옛날, 히브리의 아버지들은 자식을 위해서 기도하는 것을 거룩한 직분처럼 여겼다. 그들은 아버지가 자녀를 위하여 마지막으로 할 일은 유언이 아니라, 축복이라 여겼던 것이다. 그래서 우리는 구약 성경을 읽다가 자식을 위해 축복하는 부모의 모습을 자주 보게 된다.
 족장들의 아버지라 할 수 있는 아브라함은 비록 약속의 자녀는 아니었으나, 자신의 소생이었던 이스마엘을 위하여 축복하였다. 창세기 49장은 열 두 아들을 위하여 축복하는 야곱의 기도를 모두 담고 있다. 야곱은 형이 받아야 하는 장자의 축복을 가로채 자신이 아버지로부터 축복을 받았다.
 "그가 가까이 가서 그에게 입맞추니 아버지가 그의 옷의 향취를 맡고 그에게 축복하여 이르되 내 아들의 향취는 여호와께서 복 주신 밭의 향취로다 하나님은 하늘의 이슬과 땅의 기름짐이며 풍성한 곡식과 포도주를 네게 주시기를 원하노라 만민이 너를 섬기고 열국이 네게 굴복하리니 네가 형제들의 주가 되고 네 어머니의 아들들이 네게 굴복하며 너를 저주하는 자는 저주를 받고 너를 축복하는 자는 복을 받기를 원하노라"
(창 27:27~29)

족장들의 신앙에서 조상의 하나님을 찾았던 이유는 후손이 받아야 하는 복과 관련되었다고 볼 수 있다. 자녀가 아버지의 하나님을 찾는 것은 바로 살아계신 하나님에 대한 신앙을 고백하는 것이었다. 아버지의 삶에 간섭하셨던 하나님의 손길이 자신에게도 그대로 이어지기를 바라는 마음에서 그렇게 부른 것이다. 이는 가계(lineage)에 복을 주시는 하나님에 대한 소망을 간절히 나타내는 표현이다.

히브리 민족의 아버지들은 하나님께서 자신에게 복을 주시는 것과 자신이 소유하고 있던 것을 자손에게 물려주기 원하였다. 그리고 그렇게 하는 것이 부모의 거룩한 도리라 여겼던 것이다. 그래서 그들의 아버지는 언제나 자녀를 위해 축복하는 것을 가장 중요하고도 거룩한 행사로 여겼다. 히브리 민족의 전통에 따라 다윗 왕도 솔로몬을 위하여 축복하였다. 다윗은 솔로몬을 사랑하는 만큼 그의 생애를 위한 기도에 부지런했던 것이다. 역대상에서 볼 수 있는 다윗의 기도는 오늘날 우리가 자녀들을 위한 축복에 응용한다면 퍽 유익하다.

- "이제 내 아들아 여호와께서 너와 함께 계시기를 원하며 네가 형통하여 여호와께서 네게 대하여 말씀하신 대로 네 하나님 여호와의 성전을 건축하며 여호와께서 네게 지혜와 총명을 주사 네게 이스라엘을 다스리게 하시고 네 하나님 여호와의 율법을 지키게 하시기를 더욱 원하노라" (대상 22:11~12).

- "내 아들 솔로몬아 너는 네 아버지의 하나님을 알고 온전한 마음과 기쁜 뜻으로 섬길지어다 여호와께서는 모든 마음을 감찰하사 모든 의도를 아시나니 네가 만일 그를 찾으면 만날 것이요 만일 네가 그를 버리면 그가 너를 영원히 버리시리라"(대상 28:9).

- "또 내 아들 솔로몬에게 정성된 마음을 주사 주의 계명과 권면과 율례를 지켜 이 모든 일을 행하게 하시고 내가 위하여 준비한 것으로 성전을 건축하게 하옵소서 하였더라"(대상 29:19).

2. "너희와 너희 자녀를 위하여 울라"

기원전 586년에 예루살렘 성전은 파괴되었다. 그리고 주후 70년에 로마의 티투스(Titus) 황제에 의해서 예루살렘 거민들은 처참하게 살육 당하고 유린당하게 되었다.

이로 말미암아 하나님의 성전은 그 자취마저 감추게 되었다. 예루살렘이 무너질 때, 이스라엘 백성들은 혼신의 힘을 다해서 로마의 폭군들에게 항거했다. 그 당시의 상황이 얼마나 끔찍스러웠는지, 일설에 의하면 예루살렘의 주민들은 살아남기 위해서 아이까지 삶아 먹었다고 한다.

주님께서는 그것을 미리 보시며, 주님을 사랑해서 가슴을 치며 통곡하고 있는 여인들에게 "너희와 너희 자녀들이 심판당할 때가 이를 텐데 너희는 그것을 위해서 울라"고 말씀하셨다.

지금, 천진난만하게 뛰어노는 예루살렘의 아이들이 40년 후에 끔찍하게 죽임당할 때, 예루살렘의 딸들이 흘릴 눈물을 미리 내다 보시며 말씀하신 주님을 생각해 보라. 주님께서는 예루살렘을 사랑하셨다.

그리고 예루살렘의 아이들을 사랑하셨기에 눈물을 흘리라고 하셨다. 부모에게는 자신의 자녀를 사랑할 특권이 주어졌다. 부모는 자녀가 하나님의 사람으로 온전히 성장하도록 사랑할 권한을 갖고 있다. 부모의 자녀를 향한 사랑은 눈물을 흘리게 한다. 하나님께서는 다른 사람이 눈물을 흘리게 하시지 않으신다. 부모에게 자녀를 위하여 울 수 있는 특권을 주셨다. 하나님 앞에서 자녀가 올바르게 성장하는 그날까지 눈물을 흘려야 한다. 그것은 하나님이 바라시는 고귀한 눈물이다.

이 시대는 어느 때보다 부모들의 눈물의 기도를 필요로 한다. 눈물의 기도를 통해 부모 자신이 먼저 바로 서고 자녀들에게 하나님과의 관계 인간과 인간의 올바른 관계, 이웃과 더불어 살기 위해 사랑하는 방법을 가르쳐야 한다.

3. 자녀를 위한 축복, 성경으로 기도하라!

성경을 읽다가 자녀가 받아 누렸으면 하는 복된 기록을 발견했다면 감사하라. 성경의 사람들이 받았던 복을 우리의 자녀들에게도 주시려는 하나님의 계획을 알려 주시는 것이다. 그러므로 성경을 덮고 즉시 무릎을 꿇어라.

이때, 성경의 본문을 가지고 자신의 기도로 그대로 간구하라. 그리고 인칭 명사를 복을 받기 바라는 자녀의 이름으로 바꾸라. 예를 들어 로마서 15장을 읽다가 13절의 말씀에서 눈이 멈추었다고 치자.

"소망의 하나님이 모든 기쁨과 평강을 믿음 안에서 너희에게 충만케 하사 성령의 능력으로 소망이 넘치게 하시기를 원하노라." 이 말씀에서 인칭대명사인 '너희'를 자녀의 이름으로 바꾸면 된다.

-"소망의 하나님이 모든 기쁨과 평강을 믿음 안에서 '아람'에게 충만케 하사 성령의 능력으로 소망이 넘치게 하시기를 원하노라."

성경에 기록되어 있는 한 구절, 한 구절의 말씀들은 우리 자녀들이 받아야 하는 복된 사실들이다.

여기에서 특히, 바울의 서신서에는 자녀들에게 복을 빌어 주기에 좋은 말씀들이 많이 있는데, 그 가운데서 다음의 말씀들은 그들에게 요긴한 것들을 담고 있다. 부모가 자녀를 위해서 간구할 때, 사용한다면 아이들은 놀라운 복을 받을 것이다.

-"우리가 하나님께서 너희로 악을 조금도 행하지 않게 하시기를 구하노니 이는 우리가 옳은 자임을 나타내고자 함이 아니라 오직 우리는 버림받은 자 같을지라도 너희는 선을 행하게 하고자 함이라"(고후 13:7).

-"마지막으로 말하노니 형제들아 기뻐하라 온전하게 되며 위로를 받으며 마음을 같이하며 평안할지어다 또 사랑과 평강의 하나님이 너희와 함께 계시리라 거룩하게 입맞춤으로 서로 문안하라"(고후 13:11).

-"주 예수 그리스도의 은혜와 하나님의 사랑과 성령의 교통하심이 너희 무리와 함께 있을지어다"(고후 13:13).

-"이로 말미암아 주 예수 안에서 너희 믿음과 모든 성도를 향한 사랑을 나도 듣고 내가 기도할 때에 기억하며 너희로 말미암아 감사하기를 그치지 아니하고 우리 주 예수 그리스도의 하나님, 영광의 아버지께서 지혜와 계시의 영을 너희에게 주사 하나님을 알게 하시고 너희 마음의 눈을 밝히사 그의 부르심의 소망이 무엇이며 성도 안에서 그 기업의 영광의 풍성함이 무엇이며 그의 힘의 위력으로 역사하심을 따라 믿는 우리에게 베푸신 능력의 지극히 크심이 어떠한 것을 너희로 알게 하시기를 구하노라"(엡 1:15~19).

-"이러므로 내가 하늘과 땅에 있는 각 족속에게 이름을 주신 아버지 앞에 무릎을 꿇고 비노니 그의 영광의 풍성함을 따라 그의 성령으로 말미암아 너희 속사람을 능력으로 강건하게 하시오며 믿음으로 말미암아 그리스도께서 너희 마음에 계시게 하시옵고 너희가 사랑 가운데서 뿌리가 박히고 터가 굳어져서 능히 모든 성도와 함께 지식에 넘치는 그리스도의 사랑을 알고 그 너비와 길이와 높이와 깊이가 어떠함을 깨달아 하나님의 모든 충만하신 것으로 너희에게 충만하게 하시기를 구하노라"
(엡 3:14~19).

-"내가 너희를 생각할 때마다 나의 하나님께 감사하며 간구할 때마다 너희 무리를 위하여 기쁨으로 항상 간구함은 너희가 첫날부터 이제까지 복음을 위한 일에 참여하고 있기 때문이라"(빌 1:3~5).

-"내가 기도하노라 너희 사랑을 지식과 모든 총명으로 점점 더 풍성하게 하사 너희로 지극히 선한 것을 분별하며 또 진실하여 허물 없이 그리스도의 날까지 이르고"(빌 1:9~10).

-"이는 너희가 흠이 없고 순전하여 어그러지고 거스르는 세대 가운데서 하나님의 흠 없는 자녀로 세상에서 그들 가운데 빛들로 나타내"(빌 2:15).

-"우리가 너희를 위하여 기도할 때마다 하나님 곧 우리 주 예수 그리스도의 아버지께 감사하노라"(골 1:3).

-"이로써 우리도 듣던 날부터 너희를 위하여 기도하기를 그치지 아니하고 구하노니 너희로 하여금 모든 신령한 지혜와 총명에 하나님의 뜻을 아는 것으로 채우게 하시고"(골 1:9).

-"내가 너희와 라오디게아에 있는 자들과 무릇 내 육신의 얼굴을 보지 못한 자들을 위하여 얼마나 힘쓰는지를 너희가 알기를 원하노니 이는 그들로 마음에 위안을 받고 사랑 안에서 연합하여 확실한 이해의 모든 풍성함과 하나님의 비밀인 그리스도를 깨닫게 하려 함이니" (골 2:1~2).

-"기도를 계속하고 기도에 감사함으로 깨어 있으라"(골 4:2).

-"또 주께서 우리가 너희를 사랑함과 같이 너희도 피차간과 모든 사람에 대한 사랑이 더욱 많아 넘치게 하사 너희 마음을 굳건하게 하시고 우리 주 예수께서 그의 모든 성도와 함께 강림하실 때에 하나님 우리 아버지 앞에서 거룩함에 흠이 없게 하시기를 원하노라" (살전 3:12~13).

-"평강의 하나님이 친히 너희를 온전히 거룩하게 하시고 또 너희의 온 영과 혼과 몸이 우리 주 예수 그리스도께서 강림하실 때에 흠 없게 보전되기를 원하노라"(살전 5:23).

-"이러므로 우리도 항상 너희를 위하여 기도함은 우리 하나님이 너희를 그 부르심에 합당한 자로 여기시고 모든 선을 기뻐함과 믿음의 역사를 능력으로 이루게 하시고"(살후 1:11).

-"우리 주 예수 그리스도와 우리를 사랑하시고 영원한 위로와 좋은 소망을 은혜로 주신 하나님 우리 아버지께서 너희 마음을 위로하시고 모든 선한 일과 말에 굳건하게 하시기를 원하노라"(살후 2:16~17).

-"주께서 너희 마음을 인도하여 하나님의 사랑과 그리스도의 인내에 들어가게 하시기를 원하노라"(살후 3:5).

-"평강의 주께서 친히 때마다 일마다 너희에게 평강을 주시고 주께서 너희 모든 사람과 함께 하시기를 원하노라"(살후 3:16).

-"내가 밤낮 간구하는 가운데 쉬지 않고 너를 생각하여 청결한 양심으로 조상적부터 섬겨 오는 하나님께 감사하고"(딤후 1:3).

-"내 아들아 그러므로 너는 그리스도 예수 안에 있는 은혜 가운데서 강하고"(딤후 2:1).

-"내가 말하는 것을 생각해 보라 주께서 범사에 네게 총명을 주시리라"(딤후 2:7).

-"내가 항상 내 하나님께 감사하고 기도할 때에 너를 말함은 주 예수와 및 모든 성도에 대한 네 사랑과 믿음이 있음을 들음이니 이로써 네 믿음의 교제가 우리 가운데 있는 선을 알게 하고 그리스도께 이르도록 역사하느니라"(몬 1:4~6).

✦ 전심으로 여호와를 구하는 자   1월 1일

"여호와의 증거들을 지키고 전심으로 여호와를 구하는 자는 복이 있도다"(시 119:2)

    삶을 주관하시는 하나님,
    새해 아침에, 저희 가족이 전심으로 여호와를 구하기를 축복합니다. 복 된 시간에 사랑하는 자녀들이 가슴이 뜨겁도록 아침의 해를 품게 하셨습니다. 이 시간에 부모와 자녀 모두가 벅찬 가슴으로 한 해의 삶을 계획하게 하시옵소서.
    주님께서 지어주신 저의 아이를 축복합니다. 이 아침에, 그 자신을 지키시고 주님의 계획하심에 따라 자신의 인생을 이끄시는 손길을 깨닫게 해주시기를 소망합니다. 이로써 "여호와의 증거들을 지키고 전심으로 여호와를 구하는 자"가 되기를 소원하게 하시옵소서. 저의 자녀에게 그의 생명과 삶의 보장이 하나님께만 있음을 믿습니다.
    자비로우신 주님,
    저의 아이가 새해를 맞이하여 자신의 생활에 대하여 계획을 세우려 할 때 먼저 하나님께 회개하게 하시옵소서. 자신의 욕망을 채우려 하다 죄를 지은 것이 있다면 눈물을 흘리는 회개의 은혜를 허락해 주시옵소서. 용기를 내어 회개할 때, 죄악을 낱낱이 고백하기 원합니다.
    주님의 은혜로 시작한 올 해의 시간들을 축복합니다. 간절히 구할 것은 공부하는 중에 있는 아이가 주님의 이름을 영화롭게 해드리는 것에 인생의 목적을 삼는 것입니다. 주님의 거룩하신 시간에 단 한 순간일지라도 여호와의 이름에 합당하지 않는 자리에 앉지 않게 하시옵소서. 큰 뜻을 품고 살아가는 한 해를 준비하도록 도와주시옵소서.
                      예수님의 이름으로 기도드립니다. 아멘.

❖ 힘을 새롭게 하라   1월 2일

"섬들아 내 앞에 잠잠하라 민족들아 힘을 새롭게 하라 가까이 나아오라 그리고 말하라 우리가 서로 재판 자리에 가까이 나아가자"(사 41:1)

전능하신 하나님,

오늘, 하나님 앞에서 살아가야 하는 새해의 삶에 먼저, 하나님께 겸허함을 배우게 하시옵소서. 저의 자녀가 잠잠한 영혼이 되게 하시옵소서. 그의 심령이 하나님께로 향하게 해주시고, 여호와를 가까이 하는 은혜를 경험하게 하시옵소서.

주님의 사랑으로 저의 자녀를 축복합니다. 저희 가정에 아이를 키울 수 있는 복을 허락하시고, 건강하게 자라게 하심을 감사드립니다. 지나온 한 해의 생활을 돌이켜 볼 때, 때로는 고난도 있었지만 주님의 은혜로 좌절하지 않고 새롭게 결단을 하며 도전하게 하시니 감사드립니다. 복을 주시기를 원하시는 하나님이심을 믿습니다.

품에 안아주시는 주님,

저의 아이가 주님의 품에 있는 시간을 즐거워하기를 원합니다. 하나님과 하나님의 나라를 위해서 살아야 하는 존재라는 것을 알게 하시옵소서. 하나님께서 사랑해 주시는 한 그들이 희망을 포기하지 않을 줄 믿습니다.

계획을 세우는 것이 해마다 반복되지만, 그 속에서 인도하시는 주님의 손길을 느끼고 보호하시는 사랑을 깨닫게 하시옵소서.

하나님께서 저의 아이에게 바라시는 삶의 모습들을 부모인 저희들이 그에게 본으로 보이게 하시옵소서. 저의 아이는 날마다의 생활 속에서 부모의 기도를 통하여 온전함을 갖출 것입니다. 저희의 모습을 통해서 신자로 세워지도록 이끌어 주시옵소서.

예수님의 이름으로 기도드립니다. 아멘.

✧ 은혜와 긍휼을 얻게 하신지라 1월 3일

"하나님이 다니엘로 하여금 환관장에게 은혜와 긍휼을 얻게 하신지라"(단 1:9)

다니엘의 하나님-나의 하나님,

오늘, 저희 가정에서 다니엘이 섬기던 하나님의 신앙을 본받게 하옵소서. 그를 만드신 아버지의 손길이 저의 아이를 만져 주시기 원합니다. 하나님 앞에서 거룩함에의 결단을 품게 하시고, 환관장에게 은혜와 긍휼을 얻게 하신 사건이 저의 아이들의 것이 되기를 사모합니다.

저의 아이들이 하나님 앞에서 우상에게 드려진 것을 거절하여 자신을 깨끗이 하기를 다짐했던 은혜를 내려 주시옵소서. 성령님께서 강권해주시기를 빕니다. 다니엘의 경험을 동일하게 경험하여 하나님께서 원하지 않으시는 행동은 버리겠다는 용기를 지니게 하시옵소서.

자신을 위해서 주님이 미워하시는 일은 하지 않으려는 소망을 갖게 하옵소서. 그로 인하여 잠깐 어려움을 겪을 것 같으나 결국에는 하나님께서 지켜주심을 믿고 담대하게 해주시옵소서.

가정을 복 되게 하시는 주님,

저희 부부에게 아이를 만나게 하심에 감사드립니다. 주님께서 사랑하시는 귀한 아이를 키울 특권을 주셨습니다. 하나님께서 존귀하게 여기시는 생명을 저희들도 존귀하게 대하기를 원합니다.

한 해의 삶을 다시 시작하면서 간구할 때, 마땅히 갈 길을 가르치는 부모가 되게 하시옵소서. 저희의 삶을 통해서 아이가 하나님의 자녀로 자라나기를 소망합니다. 그를 위하여 부모로서 저희를 만나게 하셨으니, 먼저 된 신자의 위치에서 신앙의 본을 보이게 하시옵소서.

예수님의 이름으로 기도드립니다. 아멘.

✧ 사랑은 율법의 완성   1월 4일

"사랑은 이웃에게 악을 행하지 아니하나니 그러므로 사랑은 율법의 완성이니라"
(롬 13:10)

거룩한 곳에 계신 하나님,

부모가 되어 아이를 키우는 은혜를 주셔서 감사드립니다. 어린 자녀를 위해서 간구할 때, 성령님께서 인도해주시옵소서. 오늘, 사랑하는 그들이 하나님의 사랑으로 살아가기를 소원하게 하시옵소서. 주님의 사랑으로 이웃을 대하여 하나님의 뜻을 이루어드리게 하시옵소서.

하나님의 사랑을 입고 천국 일꾼으로 자라고 있는 저의 아이를 주님의 이름으로 축복합니다. 복된 사람이 되게 하시옵소서. 저희의 간구를 통해서 하나님의 능력이 아이에게 나타나기를 소망합니다. 그리하여 저희를 본받아 기도하면서 살아가도록 인도해주시옵소서. 또한 저의 아이들이 천국 백성으로 세워지도록 이끌어 주시옵소서.

새롭게 하시는 주님,

저의 아이가 새로 떠오른 해를 바라보면서, 하나님의 마음에 합한 삶의 시간들로 이 한 해를 살아가게 하시옵소서. 하나님께서 저희를 사랑하사 새 날을 주셨으니, 저의 아이가 지난 해 어려움의 시간에 매어있지 않기 원합니다. 옛적 일을 생각하지 말라는 말씀을 기억하면서, 새 일을 이루실 하나님 아버지를 바라보도록 이끌어 주시옵소서.

아이를 위하여 올 한 해 동안 어떤 마음을 갖고 기도해야 하는지를 가르쳐 주시옵소서. 그리고 여호와 하나님의 영광이 그를 통해서 나타나도록 키우게 하시옵소서. 하나님의 뜻이 이루어지는 삶이 되게 하기 위한 부모의 간구가 어떠해야 하는지를 깨닫게 해주시옵소서.

예수님의 이름으로 기도드립니다. 아멘.

❖ 나의 멍에를 메고 내게 배우라 1월 5일

"나는 마음이 온유하고 겸손하니 나의 멍에를 메고 내게 배우라 그리하면 너희 마음이 쉼을 얻으리니"(마 11:29)

얼굴을 비취시는 여호와여,
귀한 생명을 저희에게 선물해주셨음에 감사드립니다. 하나님의 자녀를 맡아 양육할 특권을 주셨으니, 두려운 마음과 기쁨으로 키우게 하시옵소서. 날마다 기도하는 가운데 온전한 사람으로 키우는 부모가 되기를 원합니다. 주님의 사람으로 양육되는 일에 도구가 되어 쓰임을 받게 하셨으니 사랑을 다하여 헌신하게 하시옵소서.

저의 아이가 오늘은 주님을 배우는 시간을 경험하기 원합니다. 주님을 닮으며 자라가기를 소원하게 하시옵소서. 하나님의 은혜로 말씀을 묵상하는 시간을 갖게 하시옵소서. 말씀을 읽고 묵상하면서 자신의 인격이 주님을 배우는 즐거움을 누리게 하시옵소서.

가까이 하게 해주시는 주님,
이로써 하나님과 함께 하기 위해서 경건의 시간을 갖기를 원합니다. 이 경험으로 자기 자신 안에 주님을 간직하는 사람이 되기를 결단하게 하시옵소서. 성경을 가까이 하고, 말씀을 묵상하면서 주님의 음성을 듣게 하시옵소서.

그가 진심으로 하나님 앞에서 성장하기를 소망합니다. 부모의 사랑과 학교에서의 공부 그리고 친구들과 지내는 사회활동에서 하나님을 의식하게 하시옵소서. 그에게 기대를 갖고 계신 주님의 뜻을 헤아리는 지혜를 지니게 하시옵소서.

이 아이는 저희들을 따라 이름을 지었으나 하나님의 백성으로 자라도록 이끌어주시옵소서.

예수님의 이름으로 기도드립니다. 아멘.

✤ 예수 그리스도의 십자가 외에 　　　　1월 6일

"그러나 내게는 우리 주 예수 그리스도의 십자가 외에 결코 자랑할 것이 없으니"
 (갈 6:14상)

　　십자가를 사랑하도록 하신 하나님,
　　사랑하는 저의 아이가 십자가의 은혜로 말미암아, 보혈로 공로를 기억하며 지내게 하시옵소서. 주님께서 흘려주신 보혈의 은혜가 세상을 이기도록 해주실 거라 믿습니다. 그 보혈로 죄를 이기고, 자기를 이기며 하나님의 자녀로 살아가게 하시옵소서.
　　한 해의 삶을 살아가면서 입술에 은혜가 있기를 원합니다. 이미 주님 안에서 모든 것을 할 수 있다고 선언하신 말씀에 순종하게 하시옵소서. 모든 것을 할 수 있게 하신 은혜에 감사하면서 담대하도록 하시옵소서. 할 수 있다는 용기를 지니게 하시고, 소망을 품게 하시옵소서.
　　찬양을 주시는 주님,
　　우주만물을 지으시고 심히 좋아하셨던 하나님을 찬양합니다. 지으신 것들을 보시면서 만족해 하셨던 그 마음을 저의 아이에게 주시기 원합니다. 하나님이 창조적인 존재로 자신을 바라보게 하시고, 자아에 대한 긍정의 마음을 갖게 하시옵소서. 늘 자신을 향해서 격려하게 하시고, 자기를 존중하게 하시옵소서.
　　오늘이 지나면 주일입니다. 주일을 맞이하게 하시니 감사드립니다. 저의 아이가 주 여호와의 이름을 높여드리며 예배드리는 시간을 사모하기를 소망하게 하시옵소서.
　　주님의 날이 세상으로부터 구별되고, 하나님께 영광을 드리기를 바라는 마음을 주시옵소서. 주일 예배를 기다리는 그에게 기름을 부어주시옵소서.
　　　　　　　　　　　예수님의 이름으로 기도드립니다. 아멘.

❖ 여호와께서 정하신 것이라　　　　　1월 7일

"이 날은 여호와께서 정하신 것이라 이 날에 우리가 즐거워하고 기뻐하리로다"
(시 118:24)

　주일을 주신 하나님,
　오늘은 새해를 시작해서 첫 주일입니다. 하나님의 인자하심이 아이들에게 일찍 일어나서 예배를 준비하게 하시니 참 감사드립니다. 교회를 사모하고 예배하기를 기다려온 아이들에게 신령과 진정으로 예배하도록 은혜를 내려 주시옵소서.
　새롭게 마음의 옷을 입고 예배당으로 향하는 저의 아이의 걸음을 축복합니다. 하나님을 영화롭게 해드려야 하는 자신의 본분을 지키려는 그 마음에 복을 내려 주시옵소서. 예배의 시작과 함께 십자가에 달려 보혈을 흘리신 예수님을 생각하도록 이끌어 주시옵소서.
　경외하는 마음을 주시는 주님,
　얼굴을 향하여 드시는 하나님께 찬양을 드립니다. 예배당에 앉아있는 저의 아이에게 얼굴을 향하여 주시기를 소망합니다. 아직 표현은 제대로 못 하지만 하나님을 경외하는 마음에서 진행되는 순서를 따르게 하시옵소서. 다른 아이들이나 주변에 마음을 두지 않고, 오직 정성껏 드리는 예배의 시간을 경험하기 원합니다. 예배로 말미암아 임하게 될 성령님의 만져주심을 느끼게 하시옵소서.
　간절히 바라기는 금년의 첫 주일 예배에 대한 경이로움의 감격을 주시옵소서. 주 하나님께서 예배를 인도해주심에 대한 소망을 품도록 이끌어 주시옵소서.
　오늘을 거룩하게 보냄으로써 금년의 주일은 온전히 성수하는 영광을 누리게 하시고 하나님의 집에 있는 기쁨을 주시옵소서.
　　　　　　　　　　　예수님의 이름으로 기도드립니다. 아멘.

❖ 나의 영혼이 주를 가까이 　　　　　1월 8일

"나의 영혼이 주를 가까이 따르니 주의 오른손이 나를 붙드시거니와"(시 63:8)

　복의 근원이신 하나님,
　한 주간의 생활을 시작하면서 저희 가족이 주님을 가까이 따르기를 축복합니다. 식구들에게 주님을 가까이 따르려는 소원을 품게 하시옵소서. 이 주간 내내 살아가는 동안에 주님과 동행하기를 원합니다. 그를 위하여 예비해두신 복을 허락해주시옵소서.
　참으로 부족한 저의 아이가 금년에는 교회에서 봉사하는 직분을 맡게 되어 감사드립니다. 그러나 아직 어리석어서 거룩한 직분을 수행할만한 힘이 없습니다. 아직도 그 자신이 하나님 앞과 사람들 앞에서 인정받을만한 모습을 갖추지 못하여, 도리어 형제들이나 자매들을 시험에 들게 할까봐 염려스럽습니다.
　은혜로우신 주님,
　바라기는 먼저 하나님께 드리는 마음을 갖게 하시옵소서. 그리고 이 직분이 하나님의 부르심이라면, 아멘으로 받게 하시고, 잘 감당하기 위하여 주님의 크신 은혜를 깨닫게 하시옵소서. 오직 하나님을 사랑하고, 주님의 나라를 위해서 헌신하는 저의 아이가 되게 하시옵소서.
　저의 아이들의 인생을 창조해주시는 하나님을 믿습니다. 이제, 그의 입술에서 자신을 나무라는 부정적인 말을 하지 않게 하시옵소서. 할 수 없다는, 또는 부족하다는 투의 부정적인 말들이 나오지 않기를 소망합니다. 결코 못한다, 어렵다, 없다는 등의 말을 내뱉지 않게 하시옵소서. 하나님 앞에서 자신의 존재 가치를 깨닫게 해주시옵소서.
　　　　　　　　　　　　　예수님의 이름으로 기도드립니다. 아멘.

❖ 네 이웃 사랑하기를 네 자신과 같이　　1월 9일

"원수를 갚지 말며 동포를 원망하지 말며 네 이웃 사랑하기를 네 자신과 같이 사랑하라 나는 여호와이니라"(레 19:18)

이스라엘의 하나님,

오늘, 성령님의 은혜로 충만한 하루의 삶으로 열어주시기를 소망합니다. 성령님의 감동하심에 따라 하나님을 사랑해드리고, 이웃을 사랑하는 삶에 마음의 초점을 두게 하시옵소서. 혹시 친구들과 더불어 지내는 중에, 마음이 상해지는 경우가 있어도 사랑하게 하시옵소서.

하나님 아버지의 계획에 순종하는 착한 자녀가 되어 주님의 사람으로 살고자 하는 소원을 불타게 하시옵소서. 하루하루를 주님과 함께 걸으면서 올 한 해는 주님께 친 백성으로 지내기 원합니다. 주님의 말씀을 쫓아 살려는 거룩한 욕망을 주시옵소서.

열매를 맺어주시는 하나님,

이로써 열매를 맺게 하시는 성령님의 은혜로 착한 일의 열매를 맺어드리게 하시옵소서. 하나님께서 보실 때, 그가 사람들 앞에서 착한 일을 하여 하나님의 이름을 드러내게 하시옵소서. 어려운 사람을 보면 도와주고, 남들이 부탁해오면 기쁨으로 맡아줄 수 있게 하시옵소서. 착한 행실을 통하여 하늘에 계신 하나님께 영광을 드리기를 소망합니다.

저의 아이가 하나님 앞에서 나라를 위하여 기도하기를 즐거워하게 하옵소서. 이 나라의 백성들이 하나님을 영화롭게 해드리기를 위하여 기도하게 하시옵소서. 사람들의 가슴마다에 예수님의 사랑이 전해지게 됨을 위해서 기도하게 하시옵소서. 하나님을 두려워하는 국민들의 나라가 될 것을 위해서도 기도하는 습관을 지니도록 인도해주시옵소서.

　　　　　　　　　　　　　예수님의 이름으로 기도드립니다. 아멘.

✧ 오직 나와 내 집은 여호와를   1월 10일

"너희가 섬길 자를 오늘 택하라 오직 나와 내 집은 여호와를 섬기겠노라 하니"
 (수 24:15하)

여호수아의 하나님-나의 하나님,

오늘은 저희 가정에서 여호수아가 섬기던 하나님에의 신앙을 본받게 하시옵소서. 그가 하나님 앞에서 경험했던 은혜를 오늘, 저희 가족에게 그대로 나타내어 주시옵소서. 이로써 여호수아를 만드신 아버지의 열심히 저의 아이를 만져 주시기 원합니다.

여호수아가 자신과 가족이 여호와만을 섬기겠다는 거룩한 결단을 하도록 하신 은혜를 저희 가정에서도 공유되기를 원합니다. 저의 아이에게도 하나님만 사랑하겠다는 고백을 허락해주시옵소서. 그리하여 저의 아이가 하나님 제일주의로 살아갈 것을 다짐하게 하시옵소서.

결단의 은혜를 주시는 주님,

여호수아의 결단을 저의 아이도 경험하여 믿음의 정절을 지키게 하시옵소서. 하나님께서 지금까지 인도해주셨음에 감사하면서 자신의 평생에 하나님만 사랑하겠다는 다짐의 결단을 보이게 하시옵소서.

자신을 즐겁게 하기 위해서 불신앙의 행동을 하지 않도록 성령님의 강권하심이 있으시기를 소망합니다. 하나님만 믿고 살아가는 것이 때때로 자신을 힘들게 할 수도 있으나, 주님 앞에서 자신을 단장한 신부처럼 살아가도록 이끌어 주시옵소서.

갑작스럽게 추워지는 날씨로 말미암아 감기에 걸리지 않도록 지켜 주시옵소서. 겨울철의 질병에 걸리지 않게 도와주시옵소서. 추위를 이겨내게 하시옵소서. 혹시, 병에 걸릴지라도 그 위험에서 건져주시옵소서.

예수님의 이름으로 기도드립니다. 아멘.

❖ 너희도 서로 사랑하라 1월 11일

"새 계명을 너희에게 주노니 서로 사랑하라 내가 너희를 사랑한 것 같이 너희도 서로 사랑하라"(요 13:34)

구원의 주 여호와여,

저희 부부와 자녀들에게 새 계명을 주셨음에 감사드립니다. 아이들과 함께 지내면서 주님의 사랑을 구현하게 하시옵소서. 그 사랑으로 아이들은 성장을 경험하고, 하나님께 영광을 드리는 아이들로 세우도록 헌신하는 저희가 되게 하시옵소서. 주님의 사랑을 받는 천국 일꾼으로 그들이 부족함이 없도록 키워내는 부모가 되게 하시옵소서.

저의 아이들이 혼자 지내지 않게 하셨음에 감사드립니다. 주님의 사랑을 받으면서 아이들이 서로 화목하게 지내도록 이끌어 주시옵소서. 성령님의 은혜로 하나 되게 하시는 주님의 뜻에 순종하는 아이들이 되기를 소망합니다.

화목하게 하시는 주님,

간절히 빕니다. 사탄이 참소하여 형제 사이에 오해하는 일이 생기지 않고 다툼이 일어나지 않게 하시옵소서. 형제가 서로 동거함 속에서 하나님과 하나 됨을 배우게 하시옵소서.

아이들이 서로를 존중하면서 고운 말씨로 대하기를 소망합니다. 형제가 서로의 인격을 인정해 주고 훌륭한 모습에 대해서는 칭찬을 아끼지 말게 하시옵소서.

그들이 생각이 다르고 의견의 충돌이 일어날 때, 양보하게 하시옵소서. 다툼을 피하려는 생각을 먼저 하여 하나 됨을 깨뜨리지 않게 해 주시기 원합니다. 언제나 상대방을 이해하려는 마음으로 대하는 가운데 한 형제로 살게 하신 하나님의 영광을 나타내도록 인도해주시옵소서.

예수님의 이름으로 기도드립니다. 아멘.

◈ 내 양은 내 음성을 들으며 1월 12일

"내 양은 내 음성을 들으며 나는 그들을 알며 그들은 나를 따르느니라"(요 10:27)

인애하신 하나님,

오늘, 저희 가족에게 믿음의 사람으로 살아가도록 강권해주시옵소서. 선한 목자가 되어주신 주님을 묵상하는 은혜로 인도해주시옵소서. 저의 아이가 주님의 음성을 듣는 양으로 지내게 하시옵소서.

저희 가족은 육신적으로는 이 세상에서 살아가지만 하늘나라에 속하여 구별된 백성으로 살아가고 있습니다. 이에, 하나님의 말씀을 삶의 원칙으로 삼아 살아가도록 이끌어 주시옵소서. 성경의 가르침을 기분에 따라 이해하고, 자신을 즐겁게 하는 쪽으로 해석하지 않게 하시옵소서.

불신자들은 세상에 속한고로 세상적인 말을 하지만, 하나님의 자녀들은 하늘에 속하였기에 주님의 말을 하기 원합니다. 예수님께서도 공생애를 보내실 때, 언제나 하나님의 말씀을 하셨던 것처럼 하늘 영광을 상속받은 자로서 은혜의 입술을 지니게 하시옵소서.

천국의 언어를 주시는 주님,

저의 아이에게 은혜를 주셔서 생각과 말, 행동에 거룩함을 나타내 보이게 하시옵소서. 하늘에 속한 자는 이미 주님과 함께 세상을 이기었나니, 세상의 더러운 말을 버리고, 거룩한 말을 하게 하시옵소서. 선한 목자를 따르는 양이 되어 천국 언어로 살아드리게 하시옵소서.

사람들 앞에서 숨겨두는 부끄러운 일을 하지 않게 하시고, 하나님께 그대로 보여드리는 정직함을 갖기를 원합니다. 자기를 위하여 거짓말을 한다거나 교활하고 간사스러운 행동을 하지 않도록 하시옵소서.

예수님의 이름으로 기도드립니다. 아멘.

✢ 우리에게는 하나님의 능력이라   1월 13일

"십자가의 도가 멸망하는 자들에게는 미련한 것이요 구원을 받는 우리에게는 하나님의 능력이라"(고전 1:18)

십자가의 도를 주신 하나님,
십자가에서 흘려주신 주님의 피로 구원을 받은 저희들, 주님의 이름으로 지내게 하시옵소서. 오늘, 주일을 기다리면서 저희 가족을 축복합니다. 거룩한 날에 신령과 진정으로 예배하려는 마음을 갖게 하시옵소서. 구원의 진리를 깨닫게 해주신 십자가의 가르침을 간직하게 하시옵소서.
내일은 주일입니다. 엿새 동안 지켜주시고, 함께 해주신 그 사랑에 감사와 감격을 새롭게 해주시옵소서. 저의 아이가 지난 시간의 한 주간을 돌아보면서 한 주간의 삶을 정리하도록 지혜를 더하여 주시옵소서. 좋은 교회를 허락하시고 믿음의 친구들을 사귀니 감사드립니다.
영광을 사모하게 하시는 주님,
저의 아이에게 주님의 사랑을 입은 친구들을 붙여 주시옵소서. 지혜로운 친구들을 붙여주시기를 간절히 바랍니다. 하나님을 경외하는 아이들을 친구로 사귀도록 이끌어 주시옵소서. 하나님을 두려워할 줄 아는 친구들과 함께하게 하시옵소서. 주님께 영광을 드리려고 마음을 다하는 친구들과 함께 하게 하시옵소서.
저의 아이가 주 여호와의 이름을 높여드리며 예배드리는 시간을 사모하기를 소망합니다. 주님의 날이 세상으로부터 구별되고, 하나님께 영광을 드리는시간 이기를 바라는 마음을 주시옵소서.
하늘의 하나님께는 영화로움을 드리고 주님께서 세상을 향해서 복을 주시는 예배를 기다리게 하시옵소서.

예수님의 이름으로 기도드립니다. 아멘.

❖ 영과 진리로 예배할지니라   1월 14일

"하나님은 영이시니 예배하는 자가 영과 진리로 예배할지니라"(요 4:24)

예배하게 하시는 하나님,

저희 가족에게 거룩한 날을 주셨습니다. 저의 아이에게 주님의 날을 지키도록 해주셨으니 감사로 이 날을 영광을 드리게 하시옵소서. 하나님의 시간을 하나님께 드리는 거룩함을 보여드리게 하시니 참으로 즐겁습니다. 어려서부터 여호와 하나님께 속한 것을 구별할 수 있는 용기를 주시니, 영광을 받아 주시옵소서.

저의 아이들이 공부하는 중에 있지만, 오늘은 하나님으로 생각과 마음을 채우게 하시옵소서. 예배하는 한 시간이 아니라, 그들이 자기 자신을 하나님께 드리는 경험을 하기 원합니다. 하나님께 드림의 사람으로 자신을 구별하게 하시고, 영광으로 삼아주시옵소서.

주일의 은혜를 내려주시는 주님,

오늘을 주님께 거룩하게 함으로써 주일을 중심으로 해서 한 주간의 생활을 하게 하시옵소서. 저의 아이가 자신의 생활시간표를 작성할 때, 주일이 첫째 자리에 놓게 하시기를 간절히 원합니다. 하나님을 예배하는 것을 최고의 기쁨으로 여기게 하시고, 주 하나님의 합당한 영광을 드리는 것을 자신의 소명으로 생각하게 하시옵소서.

이제, 교회공동체 안에서 자신의 주변에 성령님의 은혜로 충만한 친구들의 울타리를 치게 해주시기를 소망합니다. 지혜로운 자와 동행을 하면 지혜로워진다고 하신 말씀을 기억하여 친구를 사귀는데 주의하게 하시옵소서. 어려서부터 교회 안에서 친구들과 한 마음으로 주님의 몸을 이루는 은혜를 누리도록 이끌어 주시옵소서.

                          예수님의 이름으로 기도드립니다. 아멘.

◈ 여호와를 찾으라, 그를 부르라 1월 15일

"너희는 여호와를 만날 만한 때에 찾으라 가까이 계실 때에 그를 부르라"(사 55:6)

자기 백성의 음성을 들어주시는 하나님,
오늘, 저희 가족은 여호와를 찾는 은혜로 한 날을 시작하도록 축복합니다. 저의 자녀들은 하나님을 가까이 하게 하시고 오늘을 시작으로 이 주간에는 함께 해주시는 하나님을 경험하게 하시옵소서.

이 시간에, 저희 자신의 이기심에 사로잡혀 이웃을 사랑하지 않은 죄를 고백합니다. 저희의 죄와 허물을 용서해주시옵소서. 저희의 이 모든 죄를 기억하지 마시고, 주님만이 가진 정결로 저희를 정결케 하시며 주님 보시기에 기쁘고 선한 것만을 행하도록 인도해 주시옵소서.

인도해주시는 주님,
한 주간의 생활을 시작하는 지금, 주님의 이름으로 저의 아이를 축복합니다. 그를 위하여 예비해 두신 복을 허락하시옵소서. 이로써 저의 아이가 주님의 숨결을 느끼기 원합니다. 전능하신 손으로 보호를 받을 수 있도록 은혜를 풍성하게 하시옵소서.

교실에 앉아서 문득 바라본 하늘의 푸름에서 하나님의 오묘하심을 깨닫게 하시옵소서. 자라는 나무들을 볼 때, 자연에 나타난 하나님의 손길을 알게 하시옵소서. 만물에 나타난 하나님을 보게 하시옵소서.

문득 깨닫는 하나님의 모습 때문에 가슴이 벅차오르는 경험을 누리게 하시옵소서. 무엇을 보던지 거기에서 하나님을 알려하는 마음을 갖게 하시옵소서.

그리하여 하나님을 아는 지식으로 저의 아이가 지혜롭게 되기를 소망합니다.
예수님의 이름으로 기도드립니다. 아멘.

❖ 너희가 다 마음을 같이하여   1월 16일

"마지막으로 말하노니 너희가 다 마음을 같이하여 동정하며 형제를 사랑하며 불쌍히 여기며 겸손하며"(벧전 3:8)

사랑의 주 하나님,
하나님의 은혜로 시작한 올해의 삶에 사랑의 사람이라는 특징이 있기를 소망합니다. 저희 부부는 물론, 자녀들도 주님의 사랑으로 살아가게 하시옵소서. 마음을 같이하여 동정하고 형제를 사랑하는 삶을 경험하게 하시옵소서. 이 사랑이 바로 주님의 것이었습니다.

진실로 저의 아이가 사랑으로 섬기면서 지내게 하시옵소서. 예수님을 본받아서 누구에게든지 사랑의 수고를 다하는 즐거움을 경험하게 하시옵소서. 어리다는 핑계로 신실함을 놓치지 않게 하시옵소서. 사랑의 실천으로 말미암아 믿음에 이르는 한 해가 되도록 이끌어 주시옵소서.

구별해주시는 주님,
저의 아이에게 사랑으로 충만하게 하시옵소서. 사랑으로 살도록 자기 자신이 하나님께 구별되어졌음을 깨닫게 하시옵소서. 주님의 자녀로 구별되어 성도라는 이름이 주어졌으니 성도의 삶을 살게 하시옵소서. 그의 하루하루가 하나님 앞에서 의롭게 드려지기를 원합니다. 그래서 한 주간의 삶을 거룩하게 살려는 소원을 갖도록 이끌어 주시옵소서.

하늘에서 내려지는 은혜로 저의 아이가 주님의 영광을 드러내게 하시옵소서. 하나님을 영화롭게 해드리려는 소망을 갖고 살아가게 하시옵소서. 하루 중 거의 모든 시간을 학교와 공부하는 것으로 지내는데, 그 생활에서 여호와 이름을 찬양하게 하시옵소서. 주님의 이름에 영광을 드리게 해주시옵소서.

                    예수님의 이름으로 기도드립니다. 아멘.

❖ 귀신 쫓아내 주시기를 1월 17일

"그 여자는 헬라인이요 수로보니게 족속이라 자기 딸에게서 귀신 쫓아내 주시기를 간구하거늘"(막 7:26)

수로보니게 여인의 하나님-나의 하나님,
오늘은 저희 가족에게 자녀를 위하여 기도하는 부모의 은혜를 경험하게 하시옵소서. 또한 자녀를 위해서 부모를 불쌍히 여겨주시는 주님을 경험하게 하시옵소서.
저의 아이가 수로보니게 여인이 누렸던 은혜를 묵상하기를 원합니다. 하나님께서 그를 만져주시려고 그녀로 하여금 주님께 소망을 두게 하셨습니다. 귀신에 들린 자신의 딸을 위하여 은혜를 구하였던 그 열정이 저의 아이에게서도 경험되게 하시옵소서.
수로보니게 여인이 예수님의 긍휼하심과 자비하심을 구하였던 것처럼, 저의 아이도 하나님의 은혜에 목마르게 하시옵소서. 그녀가 주님께로 나와 개로 여겨지는 대우를 받으면서도 자신의 소원을 이루기 위하여 끝까지 매달린 열정이 저의 아이의 것이 되게 하시옵소서.
은혜를 사모하게 하시는 주님,
치유의 은혜를 구하므로 구원의 은총을 누린 수로보니게 여인의 은혜를 저의 아이의 것으로 삼게 하시옵소서. 주님께서 이루어주실 때까지 끈질기게 기도하는 열정의 은혜를 입기 원합니다. 인내하는 믿음을 가져 승리하는 삶을 살게 하시옵소서.
저의 아이들이 자신의 뜻대로 안 된다고 낙심하는 것이 아니라 이 시간이 여호와를 의뢰하는 훈련의 시간이기를 원합니다. 소원을 이루어주시는 주님을 찾아 간절히 매달리는 기도를 배우게 하시옵소서.

예수님의 이름으로 기도드립니다. 아멘.

❖ 네 자신같이 하라   1월 18일

"온 율법은 네 이웃 사랑하기를 네 자신 같이 하라 하신 한 말씀에서 이루어졌나니"
(갈 5:14)

율법을 이루도록 하시는 하나님,
저희 부부에게 하나님의 계명이 사랑의 말씀으로 경험되기를 원합니다. 하나님의 말씀을 순종으로 지켜 율법을 완성하는 삶에 헌신하게 하시옵소서. 저희가 하나님의 말씀을 지킬 때, 저의 아이 역시 하나님의 말씀을 생명처럼 사랑하리라 믿습니다.

저의 아이가 이웃을 사랑하면서 살아가기를 소망합니다. 그들이 만나는 사람이 누구든 사랑하게 해주시옵소서. 초대 교회의 성도들은 불신자들로부터 서로 사랑하는 사람들이라는 별명을 얻었습니다.

저의 아이가 바로 사랑하는 사람이라는 별명을 갖게 해 주시옵소서. 저의 아이가 눈에 보이는 현실에 마음을 두지 않고, 하늘을 바라보게 하시옵소서.

자기의 인생을 인도하시는 하나님께 마음을 두기를 원합니다. 친구들에게도 하나님을 소망하는 것을 보여주게 하시옵소서.

입술에 은혜를 주시는 주님,
불평의 말을 듣고, 욕을 먹는데 익숙한 아이들에게 소망의 말을 들려주도록 이끌어 주시옵소서. 하나님께서 지켜보시고, 그 손길로 인도해주심을 기다리게 하시옵소서. 이로써 그가 맺어야 하는 열매의 삶에 주목하게 하시옵소서.

늘 입술의 열매로 살아간다는 진리를 잊지 않도록 도와주시옵소서. 그리하여 눈에 보이는 상황에 따라 마음과 생각을 내어주지 않고, 주님의 말씀을 자신의 것으로 인정하면서 살아가도록 이끌어주시옵소서.

예수님의 이름으로 기도드립니다. 아멘.

❖ 능히 네 제자가 되지 못하리라   1월 19일

"누구든지 자기 십자가를 지고 나를 따르지 않는 자도 능히 내 제자가 되지 못하리"
(눅 14:27)

   전능하신 하나님,
  사랑하는 저희 식구들이 하나님의 뜻을 찾는 삶에 대하여 훈련하도록 강권해 주시옵소서. 사람의 생각과 하나님의 뜻이 다름을 언제나 잊지 않게 하시고, 먼저 아버지 하나님의 생각에 주의를 기울이는 민첩함을 갖게 해주시옵소서.
  십자가를 지고 주님을 따라가는 삶을 배우게 하시옵소서. 십자가를 지었다고 하면서도 자신의 길을 가는 이들이 얼마나 많은지요?
  하나님을 찾기 위해서 언제나 자신을 둘째, 또는 셋째 자리로 밀어놓는 여유를 갖게 하시옵소서. 하나님께서 원하시는 삶에 초점을 두게 하시옵소서.
  겸손한 자에게 함께 하시는 주님,
  저의 아이가 하늘로부터 내려지는 은혜를 경험할 때마다 자신을 낮추게 하시옵소서. 겸손해지기를 소원하도록 이끌어 주시옵소서. 하나님의 뜻에 자신을 맞추기 위하여 완전히 굴복하려는 겸손함으로 이끌어 주시옵소서. 겸손의 자세가 자라기를 원합니다.
  우리 주님께서 죽으시기까지 자신을 하나님께 드린 겸손을 배우게 하시옵소서. 하늘나라의 지식에 대하여 지혜롭게 하시옵소서. 십자가를 지고 날마다 살아가는 삶에서 지혜를 갖추게 하시옵소서.
  거짓된 일들이 진리같이 보여 지고, 불의한 것들이 의롭게 보여 져서 혼란스럽게 합니다. 주님 앞에서 지극히 선한 것이 무엇인지를 분별해서 선택하도록 이끌어 주시옵소서.

                   예수님의 이름으로 기도드립니다. 아멘.

✦ 십자가로 이 둘을 한 몸으로 1월 20일

"또 십자가로 이 둘을 한 몸으로 하나님과 화목하게 하려 하심이라 원수 된 것을 십자가로 소멸하시고"(엡 2:16)

　원수 된 것을 소멸해주신 하나님,
　주님의 십자가로 하나님과 화목하게 해주셨음에 감사드립니다. 오늘, 저희 가족에게 십자가로 말미암은 하나님이 은혜를 묵상하게 하시옵소서. 보혈로 죄사함을 받고, 하나님의 자녀가 되게 하셨습니다.
　십자가에 감격할 때, 저의 아이가 제일 먼저 주님의 이름을 높여 드리기를 소망합니다. 가정에서 부모인 저희와 형제들을 대할 때, 화목하도록 해주신 은혜를 깨닫게 하시옵소서. 학교에서 친구들과 함께 공부를 할 때, 주님의 사람으로 지내게 하시옵소서.
　하나님의 거룩하심을 사모하여 하나님과의 화목을 유지하는데 힘쓰도록 이끌어 주시옵소서. 마음을 다하여 주님을 사랑하게 하시고, 눈에 보이는 것에서 심령의 만족을 구하지 않게 하시옵소서.
　기쁨이 되시는 주님,
　여호와의 자비로우심을 느끼고, 하나님께 기쁨이 되는 하루를 살도록 해주시옵소서. 오직 하나님의 말씀과 성령님의 감동하심에 순종하여 자신을 정결하게 하도록 노력하게 하시옵소서. 잠깐의 즐거움으로 자신을 더러움에 내어주지 않게 하시옵소서.
　오늘은 토요일, 저의 아이가 예배드리는 날을 사모하기를 소망합니다. 주님의 날이 세상으로부터 구별되고, 하나님께 영광을 드리는 시간이기를 바라는 마음을 주시옵소서. 하늘의 하나님께는 영화로움을 드리고 주님께서 세상을 향해서 복을 주시는 예배를 기다리게 하시옵소서.
　　　　　　　　　　　　　　예수님의 이름으로 기도드립니다. 아멘.

❖ 그의 발등상 앞에서 엎드려   1월 21일

"우리가 그의 계신 곳으로 들어가서 그의 발등상 앞에서 엎드려 예배하리로다"
(시 132:7)

거룩하신 하나님,

날마다 분주히 살아가는 저희에게 예배의 시간을 주시니 감사드립니다. 한 주간을 지내면서 하나님께로 나아가 경배하기를 얼마나 기다렸는지요.

하나님께서 사랑하시는 지체들과 한 몸이 됨을 경험하면서 거룩한 무리를 이루고자 하였습니다.

오늘, 저희 가족에게 하나님의 날을 경배하게 하시옵소서. 저의 아이가 주일이 오기를 기다리면서 지내게 해주심에 감사드립니다. 한 주간의 날들 속에서 한 날을 주일로 구별하여 예배하기를 사모하면서 주일을 기다리게 하셨음을 기뻐합니다. 오늘 저희와 저의 아이가 주님을 영화롭게 해드리기를 소망합니다.

주일을 거룩하게 하시는 주님,

하나님께서 예배하도록 날을 구별하시고 부르셨으니, 마음으로 옷깃을 여며 예배를 드리게 하시옵소서. 예배당에 가서 머리를 숙일 때, 감사로 가슴이 뜨거워지게 하시옵소서.

겨울의 추운 일기 속에서도 건강을 지켜주시고, 질병에 걸리지 않도록 보호해주셨음에 감사로 찬양을 드리게 하시옵소서.

저의 아이가 예배를 받으시는 하나님께만 집중하기를 원합니다. 자신의 기분을 흥겹게 하기 위해서 찬송을 부르지 않도록 하시고, 교회에 가서 친구들을 만나는 재미 때문에 이 날을 기다리지 않게 하시옵소서. 하나님이 받으시는 예배를 드리도록 성령님께서 강권해주시옵소서.

                        예수님의 이름으로 기도드립니다. 아멘.

❖ 여호와께 가까이 하기를   1월 22일

"오직 너희의 하나님 여호와께 가까이 하기를 오늘까지 행한 것 같이 하라"(수 23:8)

복의 근원이 되어주신 하나님,

저희 가족에게 하나님 여호와를 가까이 하는 날이 되도록 축복합니다. 식구들이 하늘나라에 속한 사람으로서 여호와께 가까이 하기를 바라며 지내기를 소원하게 하시옵소서.

1월의 하순을 시작하면서 간절히 빕니다. 이 주간을 지내면서 저의 아이가 믿음으로 살기를 바라면서, 그에게 여호와를 경외하는 마음을 주시옵소서. 금이나 은을 찾는 것처럼 하나님의 말씀을 찾게 하시옵소서. 하나님의 말씀으로 자기의 삶을 살도록 인도해주시옵소서.

마음을 붙들어 주시는 주님,

하나님을 추구하는 마음을 보물을 간직하듯이 소중하게 여기게 해주시고 주님의 이름을 부를 때 그 마음에 즐거움이 샘솟는 은혜를 주시옵소서. 날마다 하나님을 배우는 것으로 만족하게 하시옵소서. 이로써 저의 아이가 성령님의 열매에 대한 생각을 하기 원합니다.

예수님으로 말미암아 의의 열매를 맺도록 이끌어 주시옵소서. 주님의 이름으로 맺혀지는 의의 열매를 통해서 여호와의 이름에 영광과 찬송을 드리게 하시옵소서. 하나님께 맺어드려야 하는 의의 열매에 대하여 순종하는 마음을 갖게 하시옵소서.

죄를 깨닫게 해주심에 따른 보혈의 은혜에 감사하여 회개의 열매를 맺게 하시옵소서. 주님의 거룩하심을 사모하는 경건의 열매를 맺으려는 소원을 품게 해주시옵소서.

예수님의 이름으로 기도드립니다. 아멘.

❖ 최고의 법을 지키면 1월 23일

"너희가 만일 성경에 기록된 대로 네 이웃 사랑하기를 네 몸과 같이 하라 하신 최고의 법을 지키면 잘하는 것이거니와"(약 2:8)

이웃을 사랑하라 하신 하나님,

저희 가족에게 사랑의 은혜를 내려 주시옵소서. 주님께서 피로 사 주신 가정에 이웃 사랑의 은혜로 풍성하게 하옵소서. 이로써 저의 아이가 사랑을 느끼고 사랑을 하는 감정을 경험하도록 인도하시옵소서. 부모를 사랑하고, 형제를 사랑하면서 자라게 하시니 감사드립니다.

오늘은 저의 아이가 주님께서 주신 사랑을 하나님을 위해 바치는 은혜를 주시옵소서. 하나님께 사랑을 드림으로써 말씀을 가까이 하고, 주님의 영광을 구하게 하시옵소서. 사랑으로 말미암아 하나님의 영광이 언제나 머무르게 하시고 최고의 법을 누리게 하시옵소서.

성소로 인도해주시는 주님,

저의 아이를 복 주셔서 자기의 방을 따로 정하여 살게 하심에 감사드립니다. 이 방을 성소로 삼아 지내는 저의 아이로 인도해주시옵소서. 이 방이 주님의 거룩한 자리가 되게 하시고, 은혜를 누리는 처소가 되게 하시옵소서. 이 아이의 성별됨과 하나님의 자녀로 살아가기 위하여 그 자신을 거룩하게 하시옵소서.

저의 아이가 기쁨이 넘침을 느낄 때마다 하나님의 만족하기를 다짐하게 하시옵소서. 여호와의 말씀을 즐거워하며, 순종하는 가운데 그의 삶이 풍성해짐을 고백하기 원합니다. 저의 아이에게 하나님을 향한 정성된 마음을 주시옵소서.

성경을 읽으면서 주님의 말씀을 대할 때, 순종하려는 마음을 뜨겁게 하시옵소서.

예수님의 이름으로 기도드립니다. 아멘.

❖ 그에게 십자가를 지워   1월 24일

"그들이 예수를 끌고 갈 때에 시몬이라는 구레네 사람이 시골에서 오는 것을 붙들어 그에게 십자가를 지워 예수를 따르게 하더라"(눅 23:26)

구레네 사람 시몬의 하나님-나의 하나님,
오늘, 저의 가정에 시몬이 섬기던 하나님의 신앙을 본받게 하시옵소서.
예수님께서 불의의 재판을 받으신 후에 골고다 언덕으로 가실 때 그 십자가가 무거워 쓰러지실 때, 주님의 십자가를 대신 진 은혜를 저의 아이에게도 허락하시옵소서. 저의 아이가 하나님 앞에서 순종하는 은혜를 누리게 하시옵소서.
시몬을 만드신 아버지의 열심히 저의 아이를 만져 주시기를 원합니다. 구레네 사람 시몬의 순종을 저의 아이도 경험하여 주님의 십자가를 지는 고통에 동참하게 하시옵소서.
때로는 자기가 생각하지 못했던 일을 하게 되었을 때, 하나님의 뜻을 이루어 드리기 위해 감사와 순종으로 따르게 하시옵소서.
감사하는 마음을 주시는 주님,
저의 아이가 하나님의 일을 섬기게 되었을 때, 감사로 응답하게 하시옵소서. 하늘의 일을 위하여 쓰임을 받게 되었다는 영광을 기뻐하면서 감당하려는 마음을 지니게 하시옵소서. 저의 자녀가 저희 부부와 함께 지내는 동안에, 십자가를 지는 삶을 배우기 원합니다.
부모 된 저희들이 십자가를 달게 지도록 은혜를 경험하기 원합니다. 이로써 아직 어리지만, 저의 아이도 자신들이 짊어져야만 하는 십자가가 있음을 알게 하시옵소서. 그리하여 자기를 부인할 줄 알고, 자기 소유로 여길 수 있는 것들도 부인할 수 있음을 깨닫게 하시옵소서.

예수님의 이름으로 기도드립니다. 아멘.

❖ 거짓이 없이 형제를 사랑하기에 1월 25일

"너희가 진리를 순종함으로 너희 영혼을 깨끗하게 하여 거짓이 없이 형제를 사랑하기에 이르렀으니"(벧전 1:22상)

영혼을 깨끗하게 하시는 하나님,

저희 가족에게 주님과 함께 하기를 소망하는 마음을 주시옵소서. 저의 아이에게는 하나님을 가까이 함이 생활의 중심이 되게 하시옵소서. 하나님을 먼저 사랑하여, 그의 삶의 내용이 결정되도록 성령님께서 강권해주시옵소서.

십자가에서 나타난 주님의 사랑으로 저의 아이를 축복합니다. 하나님께서 오늘도 불꽃같은 눈동자로 지켜 주실 저의 아이가 복된 하루를 살기 원합니다. 저가 자신의 복이 하나님께로부터 옴을 깨닫고 주님과 함께 하는 삶을 경험하기를 소망합니다.

소망을 주시는 주님,

저의 아이에게 공부하도록 인도하신 은혜에 감사드립니다. 아침마다 그를 새롭게하사 배움에 대한 의욕을 강하게 하시고, 열심을 품어 공부하도록 인도해 주시옵소서. 공부를 통해서 지식을 쌓고, 자신을 하나님의 일꾼으로 준비하게 하시옵소서.

열심을 다하여 공부해 좋은 성적도 거두는 즐거움도 주시옵소서. 주님의 도우심으로 성적이 향상되게 하시옵소서. 그리고 자신의 공부에 대한 주권을 하나님께서 갖고 계심에 생각을 고정하도록 하시옵소서.

주 하나님을 마음 깊숙이 모시고 사는 것을 기쁨으로 여기게 하시옵소서. 주님께서 함께 하심이 바로 인생 최고의 복이요, 은혜임을 깨닫게 하시옵소서. 하늘에 속한 사람으로 온전히 자라가게 해주시옵소서.

예수님의 이름으로 기도드립니다. 아멘.

✧ 생명의 빛을 얻으리라　　　　　1월 26일

"예수께서 또 말씀하여 이르시되 나는 세상의 빛이니 나를 따르는 자는 어둠에 다니지 아니하고 생명의 빛을 얻으리라"(요 8:12)

생명의 빛을 주신 하나님,

오늘, 저희의 온갖 구하는 것이나 생각하는 것에 더 넘치도록 하시는 하나님을 찬양합니다. 오늘도 어제와 같이, 저희 가정을 성소로 삼아주시옵소서. 하나님 앞에서 드려지는 삶을 경험하기를 원합니다.

이에, 저의 아이가 주님께서 그의 인생에 계획하시고, 함께 하심을 믿고 행하는 모든 일들을 맡겨 주시옵소서. 그들이 주 하나님의 말씀을 믿고 담대하게 나아갈 때, 그대로 이루어지는 영광을 보여 주시기를 원합니다. 자신의 생각보다 주님의 뜻을 이루어드리는 것에 먼저 생각을 두게 하시옵소서.

은혜로우신 주님,

여호와 하나님께서는 그들의 목자가 되심에 부족함이 없다는 고백을 하는 아이들이 되게 하시옵소서. 풍성한 은혜로 이끄시고, 넘치는 은총으로 인도하심을 믿습니다.

자신이 무엇을 이루겠다는 생각보다는 주님의 이끌어 주심을 바라보며 나아가게 하시옵소서. 여호와의 도우심을 기다리는 넉넉한 마음을 갖고 찬송하기 원합니다.

오늘도 저의 아이의 주변에는 다양한 아이들이 모일 것입니다. 여호와의 이름에 합당한 영광을 바치는 아이들과 교제하게 하시기를 소망합니다. 주님이 받으셔야 하는 영광을 가로채는 오만한 이들은 멀리하게 하시옵소서. 나쁜 생각을 도모하는 아이들과는 어울리지 않도록 그들의 가까이 함을 막아주시옵소서.

　　　　　　　　　　　예수님의 이름으로 기도드립니다. 아멘.

❖ 너는 나를 따르라   1월 27일

"예수께서 이르시되 죽은 자들이 그들의 죽은 자들을 장사하게 하고 너는 나를 따르라 하시니라"(마 8:22)

언제나 따라야 할 하나님,
오늘을 시작하면서 저희 가족이 주님을 따르겠다는 고백으로 시작하게 하여 주시옵소서. 저희 부부가 먼저, 하나님의 뜻을 찾아 따르기를 원합니다. 부모를 보면서 자녀도 주님을 따르는 삶에의 결단을 좋게 여기게 하시옵소서.
저의 아이의 입술을 축복합니다. 여호와의 이름을 높이며, 베풀어 주신 은혜를 찬양하는 입술을 갖게 하시옵소서. 입술로 주님을 인정할 때, 하나님의 손이 저의 아이를 더욱 풍성한 곳으로 인도해주실 것입니다. 하나님의 행하셨음에 대하여 선포하는 입술을 갖게 해주시옵소서.
생명으로 인도해주시는 주님,
요즈음 들어 부쩍 부정적인 언사가 많아지고, 신경질적으로 말을 하는 저의 아이를 측은히 여겨주시옵소서. 사랑하는 아이의 입술에 생명의 영을 부어주셔서 저의 아이가 자신의 인생을 생명의 길로 인도하는 말을 하게 하시옵소서.
저희가 하는 말로 자신의 세계를 만들어 가는 줄 믿습니다. 사람은 입술의 열매를 얻는다고 하였으니, 죽이는 말을 버리고, 살리는 성령님의 역사가 담긴 말을 하도록 하시옵소서.
저의 아이가 여호와의 이름을 높여드리며 예배드리는 시간을 사모하기를 소망합니다. 주님의 날이 세상으로부터 구별되고, 하나님께 영광을 드리는 시간이기를 바라는 마음을 주시옵소서. 하늘의 하나님께는 영화로움을 드리는 예배를 기다리게 하시옵소서.

                        예수님의 이름으로 기도드립니다. 아멘.

❖ 아름답고 거룩한 것으로   1월 28일

"아름답고 거룩한 것으로 여호와께 예배할지어다 온 땅이여 그 앞에서 떨지어다"
(시 96:9)

여호와께로 나아가게 하시는 하나님,

주일 아침에, 저희 가정을 주님께 제단으로 드립니다. 저희 부부와 자녀들이 하나님께 드리는 제물 되게 하시옵소서. 온 몸을 드려 하나님을 경외하는 한 날이 되게 하시옵소서. 이 아침에, 예배하는 저의 아이를 축복합니다.

이 날에, 주님만을 생각하면서 예수님의 영광을 위해 수고하게 하시옵소서. 저의 아이가 교회생활을 좋아하고, 주님의 공동체를 누리게 하심에 감사드립니다. 영과 진리로 예배하게 하시옵소서. 예배 중에 저의 아이의 심령을 새롭게 하시옵소서.

은혜와 진리의 주님,

하늘에 소망을 둔 거룩한 자녀들과의 교제 안에서 그의 심령에 하나님의 나라를 경험하는 것이 되게 하시고, 다시 오시는 주님을 기다림이 더해지는 날이 되기를 소망합니다. 이미 오심으로써 초림의 약속이 이루어지셨듯이, 재림의 주님으로 오시는 예수님을 맞이하게 하시옵소서. 예배를 드리는 생활 속에서 주님을 기다리기 원합니다.

예배당에 머무르고 있는 시간에 이 땅에서의 천국을 경험하게 하시옵소서. 주일 예배와 공동체의 누림에 의해 장차 영원히 살게 될 천국의 기쁨을 맛보게 하시옵소서. 주일의 성수로 자녀의 의무를 다하는 아이가 되기를 소망합니다. 예배를 드리는 중에, 의인의 모습이 갖추어지도록 인도해주시옵소서.

예수님의 이름으로 기도드립니다. 아멘.

❖ 주 여호와를 나의 피난처로 삼아 1월 29일

"하나님께 가까이 함이 내게 복이라 내가 주 여호와를 나의 피난처로 삼아 주의 모든 행적을 전파하리이다"(시 73:28)

복의 근원이신 하나님,

1월의 마지막 주간, 첫날의 생활을 시작하면서 주님의 이름에 영광을 드립니다. 부모와 자녀가 하나님을 가까이 하여 복되기를 소원합니다. 복의 증인으로 이 주간을 살아드리게 하시옵소서. 이로써 가족의 구원과 개인의 구원에 대한 은총을 누리게 하시옵소서.

오늘도 저의 아이를 축복합니다. 그를 위해 예비해 두신 복을 내려주시옵소서. 새 마음으로 결단을 하고 시작했던 것들을 꾸준히 실천해 옴에 감사드립니다. 이제, 좀 더 하나님께 가까이 가고, 여호와의 이름을 즐거워하게 하시옵소서. 하나님의 백성으로 키워주시옵소서.

마음을 붙들어 주시는 주님,

여호와 하나님께 충성을 다하며 살기를 다짐합니다. 그러나 때로는 의지력의 부족으로 마음에 원하는 바대로 하지 못하고 있습니다. 하나님 앞에서나 자기 자신에 대하여 결심이 많고, 주님께 영광을 드리려 하지만 미숙한 탓에 행함이 뒤따르지 못하오니 힘을 주시옵소서. 다짐한 것을 이루고야 말겠다는 담대함을 갖게 하시고 인내심을 주시옵소서.

저의 아이에게 하나님의 품이 피난처가 되는 경험을 보게 해주시옵소서. 하나님의 나라에 마음을 두게 하셨음에 기뻐합니다. 애굽에서 이끌어내신 이스라엘 백성들을 가나안으로 인도하셨던 여호와의 손길을 기억하게 하시옵소서. 자신을 도우시는 하나님을 더욱 의지하여 결심했던 것들을 이루어내게 해주시옵소서.

예수님의 이름으로 기도드립니다. 아멘.

❖ 그 말씀 가운데 다 들었느니라   1월 30일

"네 이웃을 네 자신과 같이 사랑하라 하신 그 말씀 가운데 다 들었느니라"(롬 13:9하)

만복의 근원 하나님,

오늘, 저희 가족에게 은혜와 사랑으로 보호해 주셨음에 감사드립니다. 저희가 믿음에서 믿음을 더하려는 마음으로 새 해의 삶을 시작하게 하시고, 주님의 뜻을 따르려는 결단을 지켜오게 하심에 즐거워합니다. 하나님 앞에서 신앙적인 약속을 한 것을 잘 실천하며 지내왔습니다.

저의 아이의 성장을 통해서 나타나는 영광을 받아주시옵소서. 영광을 드리는 삶을 위해서 아브라함을 모델로 삼게 해주시옵소서. 믿음의 사람 아브라함의 신실함을 지니게 하시옵소서. 오직 주님만이 자신을 도와주실 하나님으로 믿고 그 음성에 순종하도록 이끌어 주시옵소서. 아브라함의 하나님이 저의 하나님이 되어주실 것을 믿습니다.

믿음으로 살게 하시는 주님,

하나님이 말씀에 갈 바를 알지 못하고도 길을 떠났던 순종의 담대함이 저의 아이의 것이 되기를 소망합니다. 성령님께서 그의 마음을 만져주시고, 생각과 행동을 다스려 주시옵소서.

저의 아이가 자신의 순종을 통해서 하나님을 영화롭게 해드리는 은혜를 체험하도록 하시옵소서. 성령님께으로 충만하게 하시옵소서.

저의 아이를 지켜주셔서 은혜 가운데 한 달을 믿음으로 지내온 것에 감사드립니다. 이 달에 행하고자 마음먹은 것들을 잘 해낼 수 있게 도와주신 여호와의 손을 자랑합니다. 내일, 새롭게 시작되는 달에 소망을 품게 해주시옵소서.

　　　　　　　　　　예수님의 이름으로 기도드립니다. 아멘.

✤ 우리가 주를 의지하오며　　　　　　1월 31일

"우리 하나님 여호와여 우리를 도우소서 우리가 주를 의지하오며 주의 이름을 의탁하옵고 이 많은 무리를 치러 왔나이다"(대하 14:11중)

아사의 하나님–나의 하나님,

오늘, 저희 가정에도 여호와의 도우심을 입었던 아사의 신앙을 본받을 수 있게 하시옵소서. 하나님 앞에서의 삶이 저희들의 모습이기를 원합니다. 종일을 지내며 입술에 "여호와여 우리를 도우소서"를 달게 하시옵소서.

저의 아이는 아사가 내세웠던 여호와의 이름에 대한 신앙을 묵상하기 원합니다. 아사를 만드신 하나님의 열심이 저의 아이를 만져 주시기 원합니다. 구스의 세라가 백만의 대군을 이끌고 유다를 치러왔을 때, 여호와의 도우심을 구했던 것을 깨닫게 하시옵소서.

강한 자와 약한 자 사이에는 주 밖에 도울 이가 없다고 고백한 아사의 신앙을 저의 아이가 물려받기를 소망합니다. 아사의 믿음을 저의 아이도 경험하여 사람의 수단이나 방법을 의지하지 않고, 오직 하나님께 도우심을 구한 믿음을 갖게 하시옵소서.

1월을 함께 해주신 주님,

하나님을 의지하고, 여호와의 이름을 의지했던 아사의 신앙이 그의 것이 되어서 승리하게 하시옵소서. 집 밖으로 나가서 경험하는 모든 일들에 여호와를 의지하는 자세로 임하여 이기는 기쁨을 주시옵소서.

저의 아이가 대통령을 위해서 기도하게 하시옵소서. 그가 대통령을 위해서 기도하는 동안, 그의 마음이 나라를 사랑함에 더욱 뜨거워짐을 믿습니다. 대통령이 나라의 주권을 수호하고, 국민들의 평안함을 위하여 헌신하는 어진 지도자가 되기를 바라면서 기도하게 해주시옵소서.

　　　　　　　　　　　　　　　예수님의 이름으로 기도드립니다. 아멘.

❖ 그의 성호를 자랑하라 2월 1일

"그의 성호를 자랑하라 여호와를 구하는 자마다 마음이 즐거울지로다"(대상 16:10)

즐거움이 되시는 하나님,

2월을 맞이하면서 하나님의 이름을 사랑하게 하시옵소서. 저희 가정에서 여호와의 이름을 높여드리게 하시옵소서. 주님의 이름만 불러도 저의 아이에게 그의 마음이 즐거워지게 하시옵소서. 하나님을 경외하는 것을 제일로, 최고의 일로 여기는 마음을 주시옵소서.

저의 아이에게 하나님을 섬기는 믿음을 주셨음에 감사드립니다. 예수님의 보혈의 공로에 의해서 하나님을 아버지로 부르게 되었음을 찬양하기 원합니다. 오직 의인은 믿음으로 말미암아 살 것을 바라시는 주님의 뜻을 마음에 새기게 하시옵소서.

신실하신 주님,

저의 아이가 한 달의 삶을 살아가는 동안에, 하나님께 마음을 두게 하시옵소서. 주님의 말씀이 그의 심령에 풍성히 거하기를 소망합니다. 그 말씀으로 사탄의 공격을 물리치게 하시옵소서. 자신의 욕심도 거절하는 힘이 되게 하시옵소서. 죄의 유혹이 강하게 몰려와도 하나님의 말씀의 권세로 이기게 하시옵소서. 주님의 이름으로 악한 일들을 물리치는 역사를 보게 해주시옵소서.

오늘을 지내면서 아주 사소한 일, 친구들과 잡담을 즐길지라도 믿는 자의 도리에서 떠나지 말게 하시옵소서. 뒤떨어져 보이고, 별난 사람처럼 여겨질지라도 믿음의 표준이 행동의 근거가 되게 하시옵소서. 하나님께서 인정하시는 삶을 선택하게 하시옵소서.

예수님의 이름으로 기도드립니다. 아멘.

❖ 가난한 자들에게 나눠주라   2월 2일

"네게 아직도 한 가지 부족한 것이 있으니 네게 있는 것을 다 팔아 가난한 자들에게 나눠 주라"(눅 18:22중)

　부족함을 알게 하시는 하나님,
　오늘, 저희 가족은 하나님 앞에서 온전하기를 원하지만 부족한 것에 대하여 깨닫게 하시니 감사드립니다. 생각과 말 그리고 행동에 은혜를 내려 주셔서 성도로서 살아가도록 강권해주시옵소서. 저희를 세워주시는 하나님의 음성에 귀를 기울이게 하시옵소서.
　오늘도 주님의 이름으로 저의 아이를 축복합니다. 하나님께서 이제까지 그의 삶을 주장하시고, 간섭해주셨음에 감사드립니다. 이제, 간절히 바라기는 저의 아이가 자기를 인도해주시는 하나님께 대한 믿음을 고백하게 하시옵소서.
　저의 아이에게도 가라지가 심겨진 마음이 있음을 깨닫습니다. 집에서는 부모에게 갈등하고, 학교에서는 담임교사와 갈등하는 독초가 자라고 있음을 알게 하시옵소서. 그에게 독초가 자라게 한 사단의 궤계를 예수님의 이름으로 대적합니다.
　다스려주시는 주님,
　저의 아이가 여호와 하나님께 자신을 내어드리게 하시옵소서. 하나님의 손길에 자신을 내려놓기를 소망합니다. 오직 주님의 간섭하시는 손길을 바라보고 기도하는 아이가 되게 하시옵소서.
　주님의 은혜를 바라는 기다림의 용기와 하나님이 하신다는 담대함을 놓치지 않게 해주시옵소서. 오직 하나님께 소망을 두어 한 날을 게으르지 않고 지내도록 이끌어주시옵소서.
　　　　　　　　　　예수님의 이름으로 기도드립니다. 아멘.

❖ 십자가에 못 박았느니라　　　　　2월 3일

"그리스도 예수의 사람들은 육체와 함께 그 정욕과 탐심을 십자가에 못 박았느니라"
(갈 5:24)

　　예수의 사람으로 지내게 하시는 하나님,
　　저희 가정을 하나님의 가정으로 삼아주시니 감사드립니다. 육신의 생각을 십자가에 못 박고, 영으로 살아가기를 소원하게 하셨습니다. 십자가 아래에서 새롭게 해주시는 주님의 은총을 받게 하시옵소서.
　　지금, 저의 아이의 죄를 고백합니다. 하나님께서는 그를 사랑하셔서, 지키고 따라야 하는 말씀을 주셨으나, 말씀에 따르지 못했던 지난 생활을 회개합니다. 유혹에 이끌리고, 욕심으로 말미암아 죄를 지으며 살았습니다. 참으로 뉘우치니, 하나님의 인자하심으로 용서해주시옵소서. 죄인을 의인으로 만드는 힘 있는 주님의 피로, 새로워지기 원합니다.
　　복 되게 하시는 주님,
　　저의 아이가 때때로 주님을 잊고 지내는 시간들에 대하여 회개하기를 소망합니다. 하나님의 도우심이 없이 제 마음대로 했던 죄를 뉘우치게 하시옵소서. 슬퍼하는 자가 복이 있다고 하셨으니 죄에 대하여 슬퍼하고, 하나님을 영화롭게 해드리지 못함을 슬퍼하게 하시옵소서.
　　저의 아이가 주 여호와의 이름을 높여드리며 예배드리는 시간을 사모하기를 소망합니다. 주님의 날이 세상으로부터 구별되고, 하나님께 영광을 드리는 시간이기를 바라는 마음을 주시옵소서.
　　오늘 밤만 지나면 주일인데, 하늘의 하나님께는 영화로움을 드리고 주님께서 세상을 향해서 복을 주시는 예배를 기다리게 하시옵소서. 주일을 기다리면서 이 밤에는 고요히 보내게 하시옵소서.
　　　　　　　　　　　　　　예수님의 이름으로 기도드립니다. 아멘.

✥ 그의 이름에 합당한 영광을 2월 4일

"여호와께 그의 이름에 합당한 영광을 돌리며 거룩한 옷을 입고 여호와께 예배할지어다"(시 29:2)

예배로 불러주시는 하나님,
저희 가족에게 주일 성수의 은혜를 주시니 감사드립니다. 예배당으로 가기 전에, 먼저 저희 가정이 교회가 되게 하시옵소서. 주일을 지키는 거룩한 가정으로 삼아주시고, 하나님의 이름을 높여드리게 하시옵소서.

저의 아이가 하늘에 마음을 두고 예배를 드리기를 즐거워하며, 교회 안에 머무르게 하심을 기뻐합니다. 주님께서 구별해 주신 시간에 여호와의 이름을 높이는 영광을 갖게 하시옵소서. 예배하는 시간에 하나님께는 영광이 되고, 신령과 진정으로 예배를 드리게 하시옵소서.

기쁜 마음으로 작은 입술을 벌려 찬송하게 하시옵소서. 그 입술로 하나님을 영화롭게 해드리게 하시옵소서. 예수님을 주님으로 믿는 신앙을 고백하게 하시옵소서. 저의 아이가 자신을 온전히 주님께 드리고, 하나님의 다스리심에 자신을 맡기도록 이끌어 주시옵소서.

영화로우신 주님,
예배하는 시간에 주 하나님의 거룩하심이 예배당 안에 가득하게 하시옵소서. 하나님의 말씀을 듣게 하시옵소서. 예배 시간에 목사님의 입술을 통해 선포되는 말씀이 재미있고도 참된 말씀이기를 소망합니다.

그 말씀 한 절, 한 절을 들으면서 소망을 갖게 해 주시며, 저의 아이의 심령을 뜨겁게 하시옵소서. 생명의 말씀으로 힘을 얻어 새 삶을 다짐하게 하시옵소서. 그리고 주님의 이름이 널리 퍼지도록 기도하게 해주시옵소서.

예수님의 이름으로 기도드립니다. 아멘.

✧ 이에 더 좋은 소망이 생기니   2월 5일

"이에 더 좋은 소망이 생기니 이것으로 우리가 하나님께 가까이 가느니라"(히 7:19하)

소망을 주시는 하나님,
한 주간의 생활을 시작하면서 저희 가족은 하나님께 소망을 둡니다. 하나님이 인도자가 되어 주셔서 복되게 하시옵소서.
지금, 주님의 이름으로 저의 아이를 축복합니다. 생활 가운데 건강의 복을 누리게 하셔서 그 몸으로 주님을 영화롭게 해드리게 하시옵소서. 이 주간에도 학교에서 공부를 할 때, 가르침을 잘 받고 학습을 잘 해서 성적이 향상되는 지식과 지혜의 복을 누리게 하시옵소서.
저의 아이가 어린 시절에 검소한 생활을 선택하고, 기도와 찬송의 시간을 갖기를 즐겨하는 습관을 누리게 하시옵소서. 세상에서 하나님께 구별된 삶이 저의 아이의 것이 되게 하시옵소서. 말씀을 읽고 생각하는 시간을 통해 하나님을 깊게 배우도록 하시옵소서. 기도와 찬송으로 하나님의 자비하심을 얻게 하시옵소서.
찬양을 주시는 주님,
저의 아이에게 입술의 열매에 대한 은혜를 경험하도록 해주시옵소서. 그 말하는 것이 이룰 줄 믿고 마음에 의심하지 않으면 그대로 이루어지게 하시는 하나님을 찬양합니다. 저의 아이가 하나님 앞에서 입으로 시인하고 그것을 순전히 믿는 믿음을 주시옵소서.
하나님을 영화롭게 해드리기 위해 주님께서 바라시는 것들에 대하여 입으로 명령하고, 그대로 이룰 것을 믿게 하시옵소서. 그리고 이 믿음으로 살아가도록 도와주시옵소서.

                       예수님의 이름으로 기도드립니다. 아멘.

진실한 입술은, 거짓 혀는

2월 6일

"진실한 입술은 영원히 보존되거니와 거짓 혀는 잠시 동안만 있을 뿐이니라"(잠 12:19)

진실하게 하시는 하나님,

하나님께서는 저희에게 아버지가 되어주신 날부터 언제나 진실하셨습니다. 저희 가족은 하나님의 진실하심으로 살아가게 하시옵소서. 오늘, 여호와의 이름 앞에서 진실할 것을 다짐하기를 원합니다.

저의 아이도 하나님께 진실하며, 그에게 예비해주신 길을 보게 하시옵소서. 하나님의 영광을 위하여 그가 어떻게 살아가야 하는지 이끌어 주시옵소서.

"너는 범사에 그를 인정하라 그리하면 네 길을 지도하시리라"고 약속하신 것을 이루어 주시기 원합니다. 믿음으로 살아갔던 선진들의 길을 본받아 하늘에 소망을 두고 살아가게 하시옵소서.

성령으로 인도해주시는 주님,

저의 아이에게 학교에 다닐 수 있도록 해 주셨음에 감사드립니다. 교실에서 공부할 때, 가르침에 집중해서 전심전력하게 하시옵소서. 새로운 지식을 이해하도록 도와주시는 성령님의 은총으로 잘 배우게 하시옵소서. 책을 읽을때 문장의 내용을 바르게 이해하도록 하시고, 선생님의 설명을 귀담아 듣게 하시옵소서.

저의 아이에게 건강하게 식사하는 습관을 갖게 해주시기를 소망합니다. 자신의 건강을 위해서 주신 음식을 골고루 먹게 하시고, 자기도 모르게 생긴 편식의 태도를 버리게 하시옵소서.

하나님께서 주신 자연의 식품들은 모두가 건강을 위한 영양을 공급해 주는 것임을 깨달아 감사함으로 먹도록 인도해주시옵소서.

예수님의 이름으로 기도드립니다. 아멘.

❖ 그 더러운 것을 성소에서 없애라   2월 7일

"너희 조상들의 하나님 여호와의 전을 성결하게 하여 그 더러운 것을 성소에서 없애라"
(대하 29:5하)

   히스기야의 하나님-나의 하나님,
   오늘은 저희 가족에게 히스기야가 섬기던 하나님에의 신앙을 본받게 하시옵소서. 히스기야의 개혁을 저희 가정에서 경험되게 해주실 하나님을 바라보게 하시옵소서.
   저희들이 여호와 앞에서 존귀한 성도가 되기 위해서 스스로 거룩하게 하게 하시옵소서. 히스기야를 만드신 아버지의 손길이 저의 아이를 만져 주시기 원합니다. 예루살렘 성전에서 하나님의 영광이 떠났을 때, 성전을 청결케 하는 일에 헌신하면서 하나님 앞에서 거룩한 성전이 되도록 애를 썼던 은혜를 저의 아이에게도 허락하시옵소서. 저의 아이가 여호와 보시기에 정직하게 살기를 다짐하게 하시옵소서.
   사랑이 풍성하신 주님,
   예배하는 생활을 중심으로 하나님을 향한 그의 신앙이 바르게 되게 하시고 학교생활을 비롯하여 친구들과 함께 지내는 삶의 여러 모습들이 여호와 하나님께 예배하는 것과 같게 하시옵소서. 하나님께서 받으시기에 합당한 모습으로 자신을 준비시키게 하시옵소서.
   하나님의 사랑을 이웃에게 증거 하게 하시옵소서. 저의 아이가 구원을 받은 기쁨으로 복음을 증거하게 하시고, 이웃에 대하여 주님의 손길이 되게 하시옵소서. 하나님의 은총을 입어 지내고 있음을 감사하게 하시옵소서. 자기에게 신실하신 하나님을 찬송하게 하시고, 하나님을 가까이 하도록 해주시옵소서.
                           예수님의 이름으로 기도드립니다. 아멘.

❖ 의와 평강과 희락이라   2월 8일

"하나님의 나라는 먹는 것과 마시는 것이 아니요 오직 성령 안에 있는 의와 평강과 희락이라"(롬 14:17)

성령님으로 충만하게 하시는 하나님,

오늘, 저희 가정에 하나님의 나라가 이루어질 것을 소망합니다. 온 식구가 하나님의 나라를 구하게 하시옵소서. 저희들 각 사람이 자신이 살아가는 현장에서 하나님의 나라 백성으로 지내게 하시옵소서.

이로써 저의 아이는 학교생활을 통해서 하나님의 사람으로 살아가는데 최선을 다하게 하시옵소서. 하나님의 나라 백성답게 공부를 하는 것에 게으르지 않게 하시고, 새로운 지식을 습득할 때, 그것이 하나님께 어떤 영광을 드리는데 쓰일 것인지를 생각하게 하시옵소서.

저의 아이가 공부를 잘 해서 성적이 올라야겠으나 성적의 오름에 목을 매지 않게 하시옵소서. 성적의 점수보다 학업에 임하는 자신의 태도에 주의를 기울이게 하시옵소서. 이미 그가 어미의 태에서 조성될 때, 아버지 하나님의 계획이 있음을 믿습니다.

열심을 다하게 해주시는 주님,

주님께서 그들의 인생에 대한 계획을 이루어 나가시며, 좋은 것으로 만족케 하심을 믿습니다. 주님의 인도하심을 바라보면서 최선의 노력을 쏟게 하시옵소서. 학업의 성적을 바라보지 않고, 주님의 계획을 묵상하면서 주어진 자기 역할에 충실하게 하시옵소서.

지금은 어리지만 자신의 삶을 하나님께 보여드리며, 열매를 맺게 하시는 성령님의 은혜로 성실의 열매를 맺어드리게 하시옵소서. 결코 허탄한 것에, 공부 외의 쓸데없는 것에 마음을 빼앗기지 않게 하시옵소서.

                            예수님의 이름으로 기도드립니다. 아멘.

❖ 너희도 행하게 하려 하여 　　　　　　　　2월 9일

"내가 너희에게 행한 것 같이 너희도 행하게 하려 하여 본을 보였노라"(요 13:15)

늘 격려해주시는 하나님,

오늘 저희 가족에게 하나님을 닮아 살아가려는 소망으로 벅차게 하시옵소서. 하나님께서 저희들 안에 계심을 경험하는 한 날로 삼게 해주시옵소서. 하나님의 이름은 믿음의 대상에 대한 호칭이 아니라 저희들이 살아야 하는 실체로 삼게 하시옵소서.

믿음의 가정에서 태어난 어린 생명에게 복을 주심에 감사드립니다. 저의 아이가 살아가는 시간 동안에 하늘에서부터 임하는 복을 누리게 하시옵소서. 주 하나님의 보호해주심과 함께 하심으로 기쁨과 감사가 넘치는 생활이 되게 하시고 그 마음에 원하는 것들을 다 이룸으로써 하나님을 의뢰하는 만족함을 누리게 하시옵소서.

인자하신 주님,

저의 아이에게 주님의 인자하심을 경험하게 하시옵소서. 그리하여 세상에 대하여 두려워하지 않고 사랑하게 하시옵소서. 불신자 친구에게도 똑같이 사랑을 함으로써 주님의 제자로 살기를 원합니다. 불신자들은 멍에를 같이 할 수는 없지만, 저희로 말미암아 하나님의 사랑을 받아야 할 대상임을 잊지 않게 하시옵소서.

저의 아이에게 주님의 겸손을 자기의 것으로 삼게 하시옵소서. 말씀에 순종하도록 이끌어 주시옵소서. 그 겸손으로 이웃을 섬기게 하시옵소서. 주님께서 제자들의 발을 씻기셨던 겸손함을 본받아 친구들을 섬기고, 이웃을 위하여 봉사하는 자세로 사랑하게 해주시옵소서.

　　　　　　　　　　예수님의 이름으로 기도드립니다. 아멘.

✧ 십자가로 그들을 이기셨느니라 2월 10일

"통치자들과 권세들을 무력화하여 드러내어 구경거리로 삼으시고 십자가로 그들을 이기셨느니라"(골 2:15)

승리의 하나님,

오늘, 십자가로 이기신 주님을 묵상하게 되어 감사드립니다. 그 이기심의 역사가 저희 가정에서 이어지기를 소원합니다. 저희 부부와 자녀가 함께 십자가에서 이루어진 승리를 누리게 해주시옵소서.

저의 아이를 사랑하시고, 저의 생활에 일일이 간섭하시며, 바른 길로 이끌어 주신 은혜에 감사드립니다. 아무 것도 모르던 어린 시절부터 하나님이 그의 아버지가 되심을 알게 하시고, 믿음 안에서 지내왔음에 감사드립니다. 여호와의 이름을 마음에서부터 높여드리게 하시옵소서.

긍휼에 풍성하신 주님,

아직도 주변에는 하나님을 아버지로 알지 못한 채로 살아가는 교만한 이들이 많이 있는데, 주님의 은혜로 하나님을 섬겨왔음을 감사드립니다. 더욱 더 주님의 품에서 자라가게 하시옵소서. 하나님의 은혜를 찬양하는 삶이 풍성하게 하시옵소서.

하나님의 인도하심으로 즐겁게 지냄을 찬양하게 하시옵소서. 이로써 저의 아이가 주 여호와의 이름을 높여드리며 예배드리는 시간을 사모하기를 소망합니다. 주님의 날이 세상으로부터 구별되고, 하나님께 영광을 드리는 시간이기를 바라는 마음을 주시옵소서.

하늘의 하나님께는 영화로움을 드리고 주님께서 세상을 향해서 복을 주시는 예배를 기다리게 하시옵소서. 영광을 받으실 전능하신 하나님을 가까이 해드리게 하시옵소서.

예수님의 이름으로 기도드립니다. 아멘.

❖ 주의 앞에 예배하리니 2월 11일

"땅의 모든 끝이 여호와를 기억하고 돌아오며 모든 나라의 모든 족속이 주의 앞에 예배하리니"(시 22:27)

여호와께로 나아가게 해주시는 하나님,

지난 엿새 동안에 의롭게 살아가기를 힘쓰게 하셨습니다. 저희 가족이 세상에서 구별되어 하나님의 영광을 구하며 지냈음에 감사드립니다. 오늘, 주님의 날을 주셨으니 이 날을 영화롭게 해드리게 하시옵소서.

주님의 날을 구별하여 지키는 저의 아이를 축복합니다. 이 날에 예비하신 은혜를 풍성하게 누리게 하시옵소서. 그를 위하여 준비해 놓으신 신령한 복을 자기의 것으로 하게 하시옵소서. 하나님의 이름을 부르는 것을 즐거워하는 가운데 주일을 주일답게 지내기를 소망합니다.

오, 거룩하신 하나님,

오늘 하루 주 하나님의 이름에 합당한 영광을 드리는 것에 집중할 수 있도록 이끌어 주시옵소서. 공부라든가, 취미활동 등의 한 주간의 생활 속에서 있었던 일들은 잠시 접어두게 하시옵소서. 하나님께 자신을 바치는 예배만이 있는 주일이 되게 하시옵소서.

저의 아이가 오늘의 예배로 말미암은 은혜를 받고 하나님께서 주시는 전신갑주를 입음이 체험되게 하시옵소서. 예배를 드림으로써 시작된 하루를 온전히 거룩하게 보내게 하시옵소서.

예배를 마치고 예배당을 나설 때, 세상으로 보내지는 은혜를 경험하게 하시옵소서. 하나님께서 사랑하시는 세상으로 보내져 복음을 전하고, 예수님이 하나님의 아들이심을 증거 하려는 기회를 얻게 하시옵소서. 주님의 제자로서 세상을 향하여 축복하는 입술을 갖게 해주시옵소서.

예수님의 이름으로 기도드립니다. 아멘.

❖ 주의 뜰에 살게하신 사람은　　　　2월 12일

"주께서 택하시고 가까이 오게 하사 주의 뜰에 살게 하신 사람은 복이 있나이다"
(시 65:4상)

복을 주시는 하나님,
저희 가정을 하나님의 집으로 삼아주시고, 주의 뜰에 사는 삶을 경험하도록 축복합니다. 식구들에게 하늘에서부터 내려지는 복으로 소망을 누리게 하시옵소서. 하나님의 증인이 되는 가족이 되기를 원합니다.
한 주간의 생활을 시작하면서 주님의 이름으로 저의 아이를 축복합니다. 그가 생명의 말씀으로 풍성한 하루를 살게 하시옵소서. 주님의 말씀을 입으로 고백하는 은총을 허락하시옵소서. 힘들 때마다 그 말씀을 자신에게 선포하여 강건함을 누리기 원합니다. 큰 소리로 성경을 읽어 자신의 귀에 능력이 말씀이 선포되게 하시옵소서.
소망이 되시는 주님,
병자를 치유하셨던 능력의 말씀이 저희에게 있음을 감사드립니다. 그 치유의 말씀으로 명하니, 오늘 저의 아이들이 건강하게 지낼 것을 믿습니다. 공부의 중압감에 눌려 있는 마음이 주님의 보혈로 씻음 받음을 믿습니다. 피곤하고 지친 마음에 성령님의 은혜로 새 힘이 공급됨을 믿습니다. 하나님의 말씀이 우레처럼 들려서 힘차게 하시옵소서.
저의 아이의 귀를 축복합니다. 그가 귀로 듣는 것에 조심하도록 분별의 은혜를 내려 주시옵소서. 자신이 하나님의 사람으로 살아가기에 훼방을 하는 이야기는 거절하게 하시고, 더러운 것에 마음을 내어주도록 꼬이는 말은 듣지 않게 하시옵소서. 듣는 것이 마음과 생각을 지배한다는 사실을 잊지 않고 거룩함을 추구하는 것만 듣게 하시옵소서.

　　　　　　　　　　　　　예수님의 이름으로 기도드립니다. 아멘.

◈ 진실한 증인, 거짓말을 뱉는 사람 2월 13일

"진실한 증인은 사람의 생명을 구원하여도 거짓말을 뱉는 사람은 속이느니라"
 (잠 14:25)

진실하신 하나님,

여호와께 저희 가족은 진실한 자녀들이 되게 하시옵소서. 오늘, 저희 부부와 선물로 주신 자녀가 하나님께 드려지는 삶의 한 날로 살아가게 하시옵소서. 저희 가정이 주님을 향한 사랑을 체험하게 하시옵소서.

저의 아이가 주님의 보호하심과 지켜주심을 확실하게 믿고 담대하게 하시옵소서. 요즈음 막연한 불안감으로 두려워하는 것 같은데, 하나님께 진실하게 하시옵소서. 저의 아이가 하나님께 집중하지 않음으로써 일어나는 분열일 뿐이니 주님을 향한 마음을 뜨겁게 하시옵소서.

평안을 주시는 주님,

이유도 알 수 없는 불안으로 잠을 이루지 못하는 아이를 도와주시옵소서. 불확실함에서 오는 두려움으로 말미암아 흔들리고 있으니 성령님의 은혜를 바라봅니다. 뜨겁게 하나님을 사랑함으로써 두려움을 극복하게 하시옵소서.

학교에서도 수업에 집중하지 못한 채로 멍하니 있다가 돌아오는 경우도 있으니 주님의 평안을 내려주시기를 소망합니다.

아이의 영혼을 불쌍히 여겨주시고, 평안의 은혜를 내려 주시옵소서. 그의 심령의 빗장을 단단히 닫아 주시옵소서.

하나님의 말씀을 믿지 못하게 하고, 여호와의 도우심을 믿지 못하게 하는 불신의 영을 물리쳐 주시옵소서. 그의 생각과 말이 주님을 사랑하는 것으로 시작되게 하시옵소서.

예수님의 이름으로 기도드립니다. 아멘.

❖ 긍휼히 여기는 자는 2월 14일

"긍휼히 여기는 자는 복이 있나니 그들이 긍휼히 여김을 받을 것임이요"(마 5:7)

복 되게 하시는 하나님,

오늘, 저희 가족은 하나님께 복 된 인생이 되기를 원합니다. 제자들이 들었던 복의 말씀을 받게 하시옵소서. 이웃을 긍휼히 여기라는 말씀에 순종하는 가정을 보게 하시옵소서. 하나님께 긍휼히 여김을 받은 대로 이웃에게로 섬기는 저희들이 되게 하시옵소서.

저의 아이를 축복합니다. 그의 인생이 이웃에 대하여 긍휼히 여기는 사람이 되기를 축복합니다. 이웃을 긍휼히 여김에서, 주님의 뜻을 나타내는 자가 되기를 소망합니다. 저의 아이의 삶이 세상을 사랑하시는 하나님의 손이 되게 성령님께서 강권해주시옵소서.

배움의 시간을 주시는 주님,

저의 아이의 학교생활을 축복합니다. 수업이 진행되는 시간, 시간에 성령님께서 주시는 학업에 대한 근면을 경험하게 하시옵소서. 지금은 공부하는 시간을 살아가고 있음에, 열심을 다하게 하시옵소서.

공부를 하는 중에, 이해하지 못한다거나 습득이 제대로 안 될 때, 불안해하지 않도록 도와주시옵소서. 하나님께서 공부의 주도권을 쥐고 계심을 믿고, 성령님을 의지하게 하시옵소서. 주님의 평안이 약속되어 있음을 믿고 두려워하지 말게 하시옵소서. 혹시 잠깐의 근심이 있겠으나 초조해 하지 않고, 하나님의 위로를 바라보게 하시옵소서.

머리털까지 세신 바가 되신 주님의 은혜가 그들의 심령에 덮여지기 원합니다. 화복의 은혜를 주시는 여호와의 손길을 보게 하시옵소서.

예수님의 이름으로 기도드립니다. 아멘.

✧ 기쁨과 즐거움을 얻으리니 2월 15일

"그들의 머리 위에 영영한 희락을 띠고 기쁨과 즐거움을 얻으리니 슬픔과 탄식이 사라지리로다"(사 35:10하)

　기쁨과 즐거움이 되시는 하나님,
　저희 가족에게 구원의 은혜로 거룩한 길을 걷게 하셔서 감사드립니다. 세상이 알지 못하는, 알 수도 없는 기쁨으로 날마다 지내게 하셨습니다. 오늘, 이 은혜 안에서 지내게 하시옵소서.
　이로써 저의 아이가 마음의 귀를 주님께로 기울이게 하시옵소서. 그에게 주신 생명의 말씀을 가까이 하게 하시옵소서. 성경에서 믿음의 원리를 발견하고 회개의 은혜를 자신의 것으로 하게 하시옵소서.
　살아도 주를 위하여 살고, 죽어도 주를 위하여 죽는 인생의 비전을 허락해 주실 것을 믿습니다.
　소원을 주시는 주님,
　"너희 안에서 행하시는 이는 하나님이시니 자기의 기쁘신 뜻을 위하여 너희로 소원을 두고 행하게 하시나니"라고 약속하셨음을 감사드립니다.
　이 약속이 저의 아이에게도 이루어져서, 인생의 소원을 품기 원합니다. 그가 무엇을 하면서 주님께서 세상에 다시 오시는 날까지 살아야 하는지 밝히 보여 주시옵소서.
　하나님을 사랑하는 저의 아이가 이웃을 사랑하기를 소망합니다. 교실 안에서 우정을 두텁게 하시며, 섬겨야 할 친구들에게 사랑의 손을 내어밀게 하시옵소서. 친구에게 가서 돕기를 원합니다. 힘겨워하는 친구를 도와줌으로써 함께 지내도록 하신 하나님의 사랑을 향유하게 하시옵소서.
　　　　　　　　　예수님의 이름으로 기도드립니다. 아멘.

❖ 그리스도의 남은 고난을   2월 16일

"나는 이제 너희를 위하여 받는 괴로움을 기뻐하고 그리스도의 남은 고난을 그의 몸된 교회를 위하여 내 육체에 채우노라"(골 1:24)

그리스도를 따르게 하시는 하나님,

오늘, 저희 가족에게 그리스도로 채움에 대한 은혜로 살아가도록 강권해주시옵소서. 주님의 남은 고난을 채우는 저희들이 되기를 원합니다. 저희 가정에서 주님의 고난에 동참하는 영광을 누리게 하시옵소서.

주님으로 채우기 위해서 저희 아이에게 하나님의 말씀을 가까이 하며 지내도록 이끌어 주시옵소서. 하나님을 가까이 하는 것을 복으로 알고 지내게 하시옵소서. 그리하여 시냇가에 심겨진 나무는 그 뿌리가 물가로 뻗어있어 시들거나 마르지 않는 것처럼, 그들의 인생이 늘 푸르게 되기를 소망합니다. 하나님을 소망하는 중에 풍성하게 하시는 은혜로 힘찬 생활을 하게 하시옵소서.

자기를 지키게 하시는 주님,

주님을 닮기를 소원하는 저의 아이가 눈으로 보는 것에 주의를 기울이게 하시옵소서. 하나님 앞에서 영적인 나실인으로서 보는 것을 분별하는 은혜를 주시기를 소망합니다. 보는 것이 생각을 지배할 수 있고 행동을 충동할 수 있음을 깨달아 조심하게 하시옵소서.

오늘은 우리 민족의 설날이온데, 저의 아이에게 조상들이 지켜온 새해를 맞이하는 이 날에 어른을 공경함과 자기의 생활에 대한 다짐을 하는 은혜로운 시간을 주시옵소서. 우리 조상들은 우상을 숭배하면서 이 명절을 지켰으나 하나님 앞에서 가족과 부모의 의미를 묵상하도록 이끌어 주시옵소서.

예수님의 이름으로 기도드립니다. 아멘.

❖ 십자가에 못 박힌 그리스도를   2월 17일

"우리는 십자가에 못 박힌 그리스도를 전하니 유대인에게는 거리끼는 것이요 이방인에게는 미련한 것이로되"(고전 1:23)

　십자가를 주신 하나님,
　저희 가족에게 십자가에 못 박힌 그리스도를 만나게 해주시니 감사드립니다. 주님의 십자가를 알고서 우리가 죄인이었다는 것을 깨닫고, 회개하게 하셨습니다. 오늘도 십자가로 한 날을 지내게 하시옵소서.
　저의 아이에게 십자가의 삶으로 이끄시는 하나님을 바라기를 소망합니다. 모세에게 떨기나무의 불꽃 가운데 나타나셔서 이스라엘 백성들을 인도하라 하셨던 것처럼 그에게도 하나님 앞에서 살아가야 할 삶을 보여 주시옵소서.
　여호수아에게 말씀으로 찾아오셔서 담대하라 하셨던 것처럼 그에게도 어떠한 삶을 살아야 하는지 말씀해주시옵소서.
　영으로 인도하시는 주님,
　저의 아이가 아직은 어리고, 깊은 영의 세계를 몰라도, 하나님의 인도하심을 바라보기 원합니다. 하나님께서 자신에게 계획을 갖고 계심에 주목하게 하시옵소서. 여호와의 생각에 예민함을 보이게 하시옵소서. 삶의 거룩한 소명에 대한 환상을 보여 주시어 소망 가운데 주님의 사람으로 살아가게 하시옵소서.
　오늘, 벌써 한 주간의 삶을 마칩니다. 저의 아이가 여호와의 이름을 높여드리며 예배드리는 시간을 사모하기를 소망합니다. 주님의 날이 세상으로부터 구별되고 하나님께 영광을 드리기를 바라게 하시옵소서.
　하나님께 산제사를 드리는 복된 시간의 예배를 기다리게 하시옵소서. 주일을 기다리기 위하여 오늘 밤에는 거룩히 보내게 해주시옵소서.
　　　　　　　　　　　예수님의 이름으로 기도드립니다. 아멘.

❖ 각기 장막 문에 서서 예배하며   2월 18일

"모든 백성이 회막 문에 구름 기둥이 서 있는 것을 보고 다 일어나 각기 장막 문에 서서 예배하며"(출 33:10)

장막 문에 서게 하시는 하나님,

저희 가족에게 여호와를 하나님으로 삼는 은혜를 주셨음에 감사드립니다. 오늘, 저희 가족이 하나님께로 나아가 얼굴을 뵈어드리게 하시옵소서. 아침의 이른 시간에 여호와의 이름을 높여드리게 하시옵소서.

이 복스러운 날 아침에, 저의 아기가 기쁨으로 여호와를 섬기고, 찬송을 부르며 예배하러 나아가기 원합니다. 주님께서 차려 놓으신 은혜의 식탁을 생각하며 감격하는 예배를 드리게 하시옵소서. 이 날을 주신 여호와의 이름을 부르는 것만으로 은혜의 시간이 되게 하시옵소서.

예배 시간에 신령과 진정을 경험하게 하시옵소서. 마음을 다하고, 성품을 다하여 머리를 조아리게 하시옵소서. 예배의 한 순서, 한 순서에 정성껏 따르게 하시고 오직 영광을 하나님께 드리려는 마음으로 뜨겁게 하시옵소서. 함께 예배하는 친구들에게 마음을 빼앗기지 않게 하시옵소서.

예배에 함께 하시는 주님,

오늘, 주일의 종일에, 저의 아이에게 보는 것으로도 주님을 영화롭게 해드리게 하시옵소서. 그리하여 자신에게 유익이 되지 않는 것들에는 거절하는 용기를 지니게 하시옵소서. 주님께 영광이 되지 않는 것은 쳐다보지 않기를 원합니다.

그의 마음과 몸이 성도의 삶으로 선택되었으니, 더러운 것은 거절하게 하시옵소서. 혹시 세상 친구들의 꼬임에 빠지거나 으스대도록 충동질하는 말에 빠져 주님께로부터 멀어지지 않도록 붙들어 주시옵소서.

                         예수님의 이름으로 기도드립니다. 아멘.

❖ 온 백성 앞에서 내 영광을 　　　　2월 19일

"이르시기를 나는 나를 가까이 하는 자 중에서 내 거룩함을 나타내겠고 온 백성 앞에서 내 영광을 나타내리라 하셨느니라"(레 10:3중)

　영광을 나타내도록 하시는 하나님,
　오늘, 저희 가정이 여호와 앞에서 거룩한 성소가 되기를 축복합니다. 이 집에서 지내는 모든 이들에게 하나님의 거룩함을 나타내게 하시옵소서. 하나님께 영광이 되는 삶을 이어가게 하시옵소서. 주님의 은혜로 저희 가족이 하늘에 소망을 두게 하심을 믿습니다.
　한 주간의 생활을 시작하면서 주님의 이름으로 저의 아이를 축복합니다. 하나님을 마음에 두고 지내게 하시옵소서. 주님을 가까이 함이 그에게 복스러운 시간이 되기를 소망합니다. 여호와의 얼굴을 바라보는 심령에 생명의 빛이 들어옴을 느끼게 하시고, 그 빛줄기가 생기를 갖게 하는 경험을 하게 하시옵소서.
　소망의 주님,
　저의 아이가 소망의 말을 하는 입술을 갖기 원합니다. 자기 자신을 향해서 소망을 주는 말씀을 증거 하게 하시옵소서. 친구들에게도 주님의 이름으로 소망의 말로 나누게 하시옵소서. 그리하여 상심한 친구에게는 용기를 북돋아주고 연약한 친구에게는 힘을 갖도록 해주며, 낙심 중에 있는 친구에게는 희망을 선물하게 하시옵소서.
　저의 아이에게 하나님은 진실로 인자하셨습니다. 이스라엘 백성들을 애굽에서 빼어내셨던 것처럼, 저의 아이가 주님의 손길로 인도되고 있음을 느끼게 하시니 참으로 감사드립니다. 주님께서 생명의 말씀으로 위로해주셨으니, 이 말씀을 마음에 새기게 해주시옵소서.
　　　　　　　　　　예수님의 이름으로 기도드립니다. 아멘.

❖ 착함과 의로움과 진실함에 2월 20일

"빛의 열매는 모든 착함과 의로움과 진실함에 있느니라"(엡 5:9)

열매를 묵상하게 하시는 하나님,

오늘, 저희 가족은 하나님께 빛의 열매를 맺어드림으로 충만하기를 원합니다. 저희 부부와 자녀, 모두가 빛의 열매로 하나님의 영광에 주목하게 하시옵소서. 저의 아이가 하나님의 사랑을 입고 그 은혜로 자기의 부족을 채울 수 있게 하시옵소서. 주님은 그의 어리석음을 아시니, 가르쳐 기도하게 하시옵소서. 위로부터 은혜가 임해야 함을 깨닫기를 소망합니다.

주님은 그의 연약함을 아시니, 굳세게 되는 힘을 구하게 하시옵소서. 주님은 그의 교만을 아시니, 겸손을 배우게 하시옵소서. 저의 아기가 오늘을 지내는 중에 어느 곳에 있든지, 마음과 성품 그리고 힘을 다하여 주님께만 이끌려지게 하시옵소서. 그의 한 날이 바로 여호와께는 행실로 말미암은 열매를 맺어드림이 되게 하시옵소서.

가르쳐주시는 주님,

오늘도 저의 아이가 학교에서 공부할 때, 성령님의 도와주심을 구합니다. 교실에서 공부할 때, 선생님의 가르침에 열심히 배우게 하시옵소서. 다른 생각을 하거나 허탄한 것에 마음을 두지 않고, 집중해서 전심전력할 수 있도록 이끌어주시옵소서. 책을 읽을 때 문장의 내용을 바르게 이해하도록 하시고 선생님의 설명을 귀담아 듣게 하시옵소서.

저의 아이가 수업을 할 때, 지혜의 하나님께서 역사해 주시기를 소망합니다. 새로운 지식을 이해하도록 도와주시는 성령님의 은총으로 잘 배우게 하시옵소서. 교실에서의 생활에도 하나님의 함께 해주시옵소서.

예수님의 이름으로 기도드립니다. 아멘.

✧ 그들을 그의 손에 넘겨주시매 2월 21일

"이에 입다가 암몬 자손에게 이르러 그들과 싸우더니 여호와께서 그들을 그의 손에 넘겨 주시매"(삿 11:32)

입다의 하나님-나의 하나님,

오늘, 저희 가정에 입다의 신앙을 본받게 하시옵소서. 저희 부부와 자녀에게 입다를 세워주신 하나님께 집중하게 하시옵소서.

이로써 저의 아이에게도 입다가 하나님만 의지하고 바라보면서 성숙한 사람으로 세워졌던 은혜를 사모하도록 이끌어주시옵소서. 입다를 만드신 하나님의 열심이 저의 아이를 만져 주시기 원합니다.

비록 기생의 아들로 태어났으나 하나님께서 함께 해 주셨고, 형제들로부터는 외면당하고 쫓겨나는 신분이었으나 하나님은 그를 버리지 않으셨던 은혜를 받은 사실을 깨닫게 하시옵소서. 저의 아이에게도 입다가 누렸던 은혜를 경험하게 하시옵소서.

세워주시는 주님,

입다의 믿음이 저의 아이의 것이 되어서 사람은 자신을 버려도 하나님께서는 자신과 함께 하신다는 믿음으로 살게 하시옵소서. 아울러 입다가 암몬 족속과의 전쟁에서 수고를 다하여 승리를 거두었을 때, 그 영광을 여호와께 돌렸던 것을 본받게 하시옵소서. 주님께서 받으셔야 하는 영광을 가로채는 교만함이 없게 하시기를 소망합니다.

바라기는, 이 고요한 순간으로부터 흐르는 사랑의 빛과 성령께서 주시는 기쁨이 충만하기 원합니다. 공부하는 학생으로서 수업에 충성실과 근면을 나타내게 하소서. 오늘도 하루의 삶에서 예수님의 향기를 드러내도록 은혜를 주시옵소서.

예수님의 이름으로 기도드립니다. 아멘.

❖ 이에 내가 희락을 찬양하노니   2월 22일

"이에 내가 희락을 찬양하노니 이는 사람이 먹고 마시고 즐거워하는 것보다 더 나은 것이 해 아래에는 없음이라"(전 8:15상)

복을 주시는 하나님,

저희 가족에게 하늘로부터 임하는 희락을 주셔서 찬양으로 영광을 드립니다. 축복의 언어를 주신 하나님의 인자하심을 찬양합니다. 저희 부부와 자녀가 하늘의 언어를 사용하기를 축복합니다. 아침에 일어났을 때, 먼저 자신들을 향해서 축복하도록 이끌어 주시옵소서.

오늘, 축복의 사람으로 보내졌으니, 한 날을 지내면서 만나는 모든 이들에게 복을 빌게 하시옵소서. 미움의 말을 버리고 축복의 말을 입에 담게 하시옵소서. 비난의 말을 버리고 축복의 말을 하는 입술이 되게 하시옵소서. 허물을 덮어주고 용서하면서 축복하게 하시옵소서.

깨달아 알게 하시는 주님,

저의 아이가 하나님 앞에서 자신의 삶을 통해서 주님께 의의 제물이 되는 모습을 보이게 하시옵소서. 주님께서 그에게 주신 것 가운데 일부를 돌려드리는 것에 언제나 민감하게 하시옵소서.

그가 부모나 이웃의 어른들로부터 용돈을 받았을 때, 우선적으로 십분의 일을 떼어서 드리게 하시옵소서.

저의 아이가 돈을 사용하는 일에 하나님께 정직하게 하시옵소서. 하고 싶은 것들이 많지만, 그것들이 주님께 영광을 드리는 일인지를 살펴서 돈을 쓰게 하시옵소서. 자신의 돈이라 하여 마음이 내키는 대로 쓰지 않도록 하시옵소서. 아주 적은 돈이지만 거기에서부터 청지기의 지혜를 훈련받게 해주시옵소서.

예수님의 이름으로 기도드립니다. 아멘.

✣ 예수의 흔적을 지니고 있노라   2월 23일

"이 후로는 누구든지 나를 괴롭게 하지 말라 내가 내 몸에 예수의 흔적을 지니고 있노라"(갈 6:17)

하나님 아버지,

저희 가족에게 예수님을 주님으로 모시고 살아가도록 강권해주시옵소서. 온 가족의 몸에 예수님의 흔적을 지니도록 하사 주님의 증인이 되어 살게 하시옵소서. 오늘, 삶이 바로 주님의 증인이기를 원합니다.

저의 아이에게 여호와의 은혜를 기다리면서 오늘을 시작하게 하시옵소서. 하나님의 뜻을 구할 때, 그의 인생을 복 되게 하심을 믿습니다. 저의 아이가 평안하고, 기쁘게 살기를 원하니, 하나님을 찾게 해 주시옵소서. 만일, 여호와를 의지하고 바랄 때, 약속된 복을 누림을 믿습니다.

아직 분별력이 약하고, 지혜가 부족하니, 지금 그에게 필요한 것은 하나님의 말씀입니다. 말씀의 지혜를 따르는 생활이 하나님 보시기에 좋게 된다는 것을 믿게 하시옵소서. 이스라엘 백성들이 십계명을 사랑했던 것처럼, 그에게 주시는 말씀을 귀중히 여기는 믿음을 주시옵소서.

복을 주시는 주님,

저의 아이가 복의 주인공이기 원합니다. 하나님의 말씀에 순종하고, 그 뜻에 따라 살기를 최고의 소원으로 삼게 하시옵소서. 영생을 약속해 주시고, 번성케 해주심을 선언하신 그 은혜를 온전히 누리게 하시옵소서. 하나님의 언약에서 힘을 얻어 하루를 지내게 하시옵소서.

인생을 위해서 예비하신 복을 경험하게 하시옵소서. 이로써 푸른 하늘에서 조각구름이 흐르는 것을 보기만 해도 하나님의 위대하심을 찬양하도록 성령님께서 강권해주시옵소서.

                               예수님의 이름으로 기도드립니다. 아멘.

✧ 긍휼과 평강과 사랑이   2월 24일

"긍휼과 평강과 사랑이 너희에게 더욱 많을지어다"(유 1:2)

사랑에 풍성하신 하나님,

오늘, 하나님의 사랑으로 저희 가족의 한 날을 시작하게 하시옵소서. 저희 가정을 하나님의 사랑이 넉넉한 보금자리로 삼아주시옵소서. 이 사랑으로 이웃에게로 나아가며 한 날을 살아드리게 하시옵소서.

저의 아이를 축복합니다. 추운 겨울을 보내는 동안, 건강하게 지내게 하시고, 주님을 더욱 깊게 알아가게 하셨음을 즐거워합니다. 방학 동안에도 그의 공부와 삶을 간섭해 주신 은혜를 기억합니다. 주님께서 베풀어 주신 사랑에 찬양으로 감사드리며 살기 원합니다.

제가 보건대, 방학 기간을 통하여 새로운 시작을 하지 못하였음을 뉘우치게 하시옵소서. 세월을 아끼는 지혜가 부족하여 시간을 낭비했음을 깨닫기 원합니다. 시간을 아꼈어야 하는데, 쓸데없이 보냈던 날들에 대하여 회개합니다.

결실을 주시는 주님,

길게 여겨졌던 방학을 보낸 저의 아이가 새 학기를 맞이합니다. 게으르게 지내다가 새 학기를 맞이함을 용서해주시옵소서. 저의 아이가 새 학기에는 열심히 살아가게 하시고, 규모 있게 지내게 하시옵소서.

저의 아이가 주 여호와의 이름을 높여드리며 예배드리는 시간을 사모하기를 소망합니다. 주님의 날이 세상으로부터 구별되고, 하나님께 영광을 드리는 시간이기를 바라는 마음을 주시옵소서. 하늘의 하나님께는 영화로움을 드리고 주님께서 세상을 향해서 복을 주시는 예배를 기다리게 하시옵소서.

                         예수님의 이름으로 기도드립니다. 아멘.

❖ 성전을 향하여 예배하리이다 2월 25일

"오직 나는 주의 풍성한 사랑을 힘입어 주의 집에 들어가 주를 경외함으로 성전을 향하여 예배하리이다"(시 5:7)

주의 집을 찾게 하시는 하나님,
여호와 하나님의 날을 맞이해서 아침의 이른 시간에 예배당으로 가게 하시니 감사드립니다. 성전을 찾기 전에 저희 가족을 사랑해주신 하나님을 기억하게 하시옵소서. 저희 가정을 복되게 하시고, 믿음으로 사는 자녀를 주신 은혜를 찬양합니다.

간절히 빕니다. 저의 아이에게 몸으로만 예배당으로 향하지 말게 하시고 마음으로 우리 주님을 찬송하게 하시옵소서. 언제나 함께하시며, 자비하심으로 함께 하신 손길을 찬송하게 하시옵소서.

저의 아이에게 어려서부터 주일을 구별하여 하나님께 돌려드리는 습관을 배우게 하셨습니다. 오늘 예배와 성경공부, 교회의 여러 자지 활동들을 통해서 천국에서의 하루를 살게 하시옵소서. 교회에서 경험하는 활동으로 말미암아 신령함에 대한 도전을 받게 하시옵소서.

낙망하지 않게 하시는 주님,
저의 아이가 어려운 집안 형편으로 말미암아 낙심하지 않도록 하시옵소서. 가난하기 때문에 해보고 싶은 것들을 하지 못할 때, 괴로워하지 않기를 소망합니다. 하나님께서 소망이 되어주시옵소서.

존 번연은 어려운 집안에서 태어나 학교도 다녀보지 못 하였으나 '천로역정'이라는 훌륭한 책을 썼던 것같이, 저의 아이에게도 번연이 가졌던 은혜를 지니게 하시옵소서. 가정의 형편보다도 하나님의 도우심이 우선이라는 은혜를 깨닫게 해주시옵소서.

예수님의 이름으로 기도드립니다. 아멘.

✧ 하나님과 가까이 하기를   2월 26일

"의로운 판단을 내게 구하며 하나님과 가까이 하기를 즐거워하는도다"(사 58:2)

    가까이하게 해주시는 하나님,
    하나님과 가까이 하기를 즐거워하는 가족이 되기를 축복합니다. 저희 가정이 하나님을 가까이하는 자리가 되게 하시옵소서. 부모는 일터에서, 자녀는 학교에서 하나님과 동행함을 경험하게 하시옵소서.
    주님의 이름으로 저의 아이를 축복합니다. 이 주간의 하루하루에 그의 생애를 빛나게 하시려고 예비해 두신 복을 허락하시옵소서. 하나님의 사람으로 거룩하게 자신을 세워가도록 하시옵소서. 그리고 마귀로 틈을 타지 못하도록 지켜주시기 원합니다.
    네 입의 말로 네가 얽힌다는 말씀에 주의하여 언제나 하늘에 소망을 둔 말을 하게 하시옵소서. 자신을 낙심으로 처하게 하는 어리석은 말은 피하게 하시고, 혹시 남들로부터 부정적인 말을 들었을 때는 즉시 거절하게 하시옵소서. 땅에서 묶으면 하늘에서도 매어 주신다고 하셨으니, 입술의 선포로 저주를 묶는 담대함을 주시기 원합니다.
    사랑하라 하시는 주님,
    저의 아이에게 이웃을 주셨음을 감사드립니다. 이웃을 향하여 마음을 열고 손을 내미는 친절함을 통해서 하나님의 사랑이 전해지기를 원합니다. 그에게 여호와의 사랑을 전하시도록 이웃을 보게 하셨고, 함께 지내게 하셨음을 믿게 하시옵소서.
    그가 이웃을 존귀히 여기게 하시옵소서. 하나님께로부터 사랑을 받고 있는 존재로서의 이웃에 대한 생각을 품게 해주시옵소서.
                                     예수님의 이름으로 기도드립니다. 아멘.

❖ 겸손한 자에게는 지혜가 　　　　2월 27일

"교만이 오면 욕도 오거니와 겸손한 자에게는 지혜가 있느니라"(잠 11:2)

　살아계신 하나님,
　오늘, 세상이 주는 지혜가 아니라 하늘이 주는 지혜로 살아가기를 빕니다. 저희 가족에게 하나님의 말씀이 삶의 가르침이 되게 하시옵소서. 온 가족이 하나님의 뜻을 생활의 원리로 삼게 하시옵소서.
　저의 아이를 축복합니다. 추운 겨울 동안에 건강을 지켜주셨고, 긴 겨울방학을 마치고 학교에 다니도록 함께 해주셨음에 감사드립니다. 저의 아이에게 복을 주사 마음껏 공부를 하고, 자신의 소질도 계발하는 기회를 주셨음을 감사드립니다. 이제, 새 학년에 오르고 새 학기를 맞으면서 더욱 하나님과 사람들에게 사랑을 받도록 이끌어 주시옵소서.
　2월을 지내도록 하신 주님,
　이제, 곧 새 학년의 새 학기가 시작되고, 새로운 선생님을 만나게 될 것입니다. 새 학년에는 좀 더 공부에 흥미를 느끼게 하시고, 하나님 앞에서 자신을 준비하는 근면함을 허락해주시옵소서. 선생님의 가르침을 통해서 배워야 할 과목을 잘 학습하도록 이끌어 주시옵소서. 나아가 경건한 교사를 담임으로 만나 좋은 영향을 받는 복을 주시옵소서.
　하나님의 자녀로서의 복을 누리는 가운데 2월의 마지막 날을 맞이합니다. 저의 아이를 지켜주셔서 은혜 가운데 한 달을 믿음으로 지내온 것에 감사드립니다. 이 달에 행하고자 마음먹은 것들을 잘 해낼 수 있게 도와주신 여호와의 손을 자랑합니다. 내일, 새롭게 시작되는 달에 소망을 품게 해주시옵소서.
　　　　　　　　　　예수님의 이름으로 기도드립니다. 아멘.

예수의 머리에 부으니

2월 28일

"한 여자가 매우 값진 향유 곧 순전한 나드 한 옥합을 가지고 와서 그 옥합을 깨뜨려 예수의 머리에 부으니"(막 14:3하)

옥합을 깨뜨린 여인의 하나님-나의 하나님,

오늘, 저희 가족에게 주님을 사랑하여 향유를 담은 옥합을 깨뜨려 주님의 발에 부은 여인을 본받게 하시옵소서. 저희 부부에게 먼저, 하나님의 사랑에 감격하게 하시고, '향유를 부어드림'의 은혜를 경험하게 하시옵소서. 저희들의 신앙행실이 자녀에게 복이 된다는 것을 잊지 않기를 원합니다.

하나님께서는 죄인들 중 한 여인이 향유가 담긴 옥합을 깨뜨리게 하셨습니다. 여인으로 하여금 향유를 주님께 붓도록 하신 하나님의 열심이 저의 아이를 만져주시기 원합니다. 여인이 예수님의 발을 자신의 눈물로 씻고, 향유를 부었음을 깨닫게 하시옵소서.

마음을 드리게 하시는 주님,

다른 이들보다 주님을 더욱 사랑하였기에 그 사랑을 표현하려던 여인의 마음을 경험하게 하시옵소서. 옥합을 깨뜨린 여인의 사랑이 저의 아이의 것이 되어서 주님께 모든 것을 드리게 하시옵소서. 값이 비싼 향유보다도 주님을 향한 사랑을 표현하려고 옥합을 깨드려야 했던 그 사랑을 닮겠다는 은혜를 주시옵소서.

여인의 행동을 주님께서 기뻐하시어 죄를 사해주신다는 선언이 있었음을 사모하게 하시옵소서. 그래서 저의 아이가 주님께서 기뻐하실 만큼 사랑을 나타내 보이게 하시옵소서. 주님을 향한 그의 믿음이 굳건해지게 하시고, 주님을 사랑함으로 저의 삶이 채워지게 해주시옵소서.

예수님의 이름으로 기도드립니다. 아멘.

여호와를 구하는 자들은

3월 1일

"그의 거룩한 이름을 자랑하라 여호와를 구하는 자들은 마음이 즐거울지로다"
(시 105:3)

여호와 하나님,

오늘, 저희 가족에게 여호와를 구하는 은혜를 주시니 감사드립니다. 이 땅에 많고, 많은 이들이 있지만 그들은 자기 자신을 신으로 여기는데 여호와를 찾도록 구별해주셨습니다. 이미 저희 가정을 하나님께 드렸으니 오늘도 영광이 되도록 이 가정을 사용해주시옵소서.

삼일절을 맞이하면서 고아처럼 되어버린 이 민족을 구원하시기 위해 대한독립만세를 외치게 하셨던 하나님을 찬양합니다. 오늘 저의 아이가 우리 민족을 위해 간구하게 하시옵소서.

이 나라, 이 백성을 사랑하사, 하나님께 소망을 두었던 선조들의 자세를 본받도록 이끌어 주시옵소서. 우리 조국에 대한 사랑으로, 저의 아이의 가슴이 뜨거워지게 하시옵소서. 하나님께서 이 민족을 사랑하셔서 나라를 위하여 자신의 몸을 드리는 이들이 나오게 하셨습니다.

나라를 지켜주시는 주님,

저의 아이에게도 나라와 민족을 위해 기도하는 은혜를 경험하게 하시옵소서. 저의 아이가 이 땅을 사랑함으로써 천국도 사랑할 수 있게 하시옵소서. 이 나라와 민족의 복은 하나님께 있음을 믿습니다.

또한, 방백들을 의지하지 말고, 도울 힘이 없는 인생도 의지하지 않기를 바라셨으니, 오직 하나님께서 이 민족을 지켜주심을 믿습니다. 저의 아이가 이 나라의 국민이 된 것에 대한 하나님의 섭리를 깨닫고, 민족을 위해서 봉사할 기회를 주시옵소서.

예수님의 이름으로 기도드립니다. 아멘.

✦ 예수의 죽음을 몸에 짊어짐은 3월 2일

"우리가 항상 예수의 죽음을 몸에 짊어짐은 예수의 생명이 또한 우리 몸에 나타나게 하려 함이라"(고후 4:10)

자비로우신 하나님,

저희 가정에 주님의 보혈이 흐르고 있음을 확인하면서 살아가도록 강권해 주시옵소서. 식구들이 오늘을 지내면서 어디에서, 무엇을 하든지 예수님을 나타내는 삶으로 삶아주시옵소서.

저의 아이에게 새 학기를 시작하게 하신 하나님을 기뻐합니다. 새로운 마음으로 시작하려는 그들에게 희망을 품게 해 주시옵소서. 시험의 실패로 낙심되었고, 그 낙심으로 공부를 하려니 괴로워하였고, 자연히 성적이 오르지 못하여 또 다시 아픔을 맛보아야 했습니다.

지난 학년의 실패가 가져다 준 상처를 주님의 보혈로 말끔히 치료해 주시기 원합니다. 십자가의 사랑을 통해서 실패했던 자신이 치유되는 은혜를 누리게 하시옵소서.

구별하도록 하시는 주님,

특별히 새 교실에서 새로운 친구들과 지내게 될 때, 어울리는 자리를 조심하도록 인도 하시옵소서. 분별의 영으로부터 가르침을 받아 옳지 않은 어울림은 알게 하시고, 그 자리를 피하게 하시옵소서. 하나님을 가까이 할 수 있는 어울림을 따르게 하시고, 죄를 도모하거나 쾌락을 쫓는 자리라면 거절하게 하시옵소서.

이어서 주님의 도우심을 맛보는 가운데 즐거움이 넘치는 새 학기의 학습이 되게 하시옵소서. 선생님 앞에서 겸손함으로 있게 하시고, 친구들과는 존경과 관대로서 대하는 교실이 되도록 해주시옵소서.

예수님의 이름으로 기도드립니다. 아멘.

✧ 아무것도 알지 아니하리로   3월 3일

"내가 너희 중에서 예수 그리스도와 그가 십자가에 못 박히신 것 외에는 아무 것도 알지 아니하기로 작정하였음이라"(고전 2:2)

십자가의 은혜를 주신 하나님,

저희 가족에게 주님을 믿는다는 것, 보혈을 흘려주신 십자가를 하나로 만족하게 해주시니 감사드립니다. 십자가는 하나님의 사랑을 배우게 해주었습니다. 십자가는 어떻게 살아야 하는가를 깨닫게 해줍니다.

오늘, 성령님께서 저의 아이의 마음을 다스려 주시기를 소망합니다. 십자가의 보혈을 찬송하게 하시옵소서. 거룩한 마음을 갖고자 하는 소원을 품게 하시고, 주님께서 미워하시는 일에 대한 유혹은 거절하게 하시옵소서. 하나님께서 기뻐하시는 생각들로 채워지게 하시옵소서.

저의 아이가 사탄을 대적하도록 하시옵소서. 그의 마음에 사탄의 거짓말이나 더러운 일들에 대한 생각이 들어오지 않게 하시옵소서. 십자가 군병이 되어 하나님의 일을 훼방하는 세력들을 물리치게 해주시옵소서. 악한 일들을 물리치고, 유혹해 오는 일들도 거절하게 하시옵소서.

주일을 주시는 주님,

3월에, 첫 번째 주일을 맞이합니다. 하나님의 돌보심으로 한 주간을 지내왔음에 감사드립니다. 하나님의 지켜주심으로 죄를 이기고, 사탄의 유혹도 물리치며 지내왔음에 감사드립니다.

이제, 오늘밤이 지나면 주일인데, 저의 아이가 주 여호와의 이름을 높여드리며 예배드리는 시간을 사모하게 하시옵소서. 하늘의 하나님께는 영화로움을 드리고 주님께서 세상을 향해서 복을 주시는 예배를 기다리게 해주시옵소서.

예수님의 이름으로 기도드립니다. 아멘.

❖ 우리 하나님을 높이고 3월 4일

"너희는 여호와 우리 하나님을 높이고 그 성산에서 예배할지어다 여호와 우리 하나님은 거룩하심이로다"(시 99:9)

높은 데 계신 하나님,

오늘, 하나님을 높여드리게 하시옵소서. 하늘에서 인생을 굽어보시고, 그 높은 데서 영광을 받으실 하나님께 경배하는 한 날이 되게 하시옵소서. 하늘은 파랗고, 자연의 만물이 주님의 날을 찬양하기 원합니다.

저의 아이가 찬양을 하며 교회로 가게 하시니 감사드립니다. 그에게서 받으셔야 될 영광을 드리게 하시옵소서. 오늘은 저의 아이가 자신의 모습을 통해서 여호와 하나님을 기쁘시게 해드리게 하시옵소서.

오직 하나님의 영광에 주목하여 주일을 지키는 은혜의 자리로 들어가게 하시옵소서. 주일을 온전히 지킴으로써 자신의 인생을 하나님께 구별해 드림을 경험하게 하시옵소서. 이로써 하나님을 예배하면서, 저의 시간을 주님께 드리고자 합니다. 오늘의 예배로 하나님과 함께 하는 시간들이 되게 하시고, 그의 인생에 기름을 부어 주시옵소서.

새롭게 하시는 주님,

"누구든지 그리스도 안에 있으면 새로운 피조물이라 이전 것은 지나갔으니 보라 새 것이 되었도다"라고 약속하심에 따라 새로워짐이 경험되는 예배를 드리는 주일이 되게 하시옵소서. 육에 속했던 사람의 모습은 버리게 하시옵소서.

저의 아이에게 기름 부음을 경험하게 하사, 새 사람으로 살려는 다짐의 결단을 하게 하시옵소서. 이제는 땅에 속한 사람이 아니라, 천국 시민으로서 새롭게 살아가도록 이끌어주시옵소서.

예수님의 이름으로 기도드립니다. 아멘.

❖ 너희를 가까이하시리라   3월 5일

"하나님을 가까이하라 그리하면 너희를 가까이하시리라 죄인들아 손을 깨끗이 하라 두 마음을 품은 자들아 마음을 성결하게 하라"(약 4:8)

성결케 하시는 하나님,
하나님께서 저희 가족과 함께 하사, 성결의 은혜로 풍성하기를 축복합니다. 우리 주님께서 하나님 아버지께 거룩하셨던 것처럼 저희 가정이 하나님을 거룩하게 해드리는 장소로 삼아주시옵소서.

주님의 이름으로 저의 아이를 축복합니다. 하나님의 자녀로서 마땅히 성경 말씀에 순종하기를 위해 무릎을 꿇게 하시옵소서. 공부하는 중에 있는 자신을 위해서 간구하는 아이가 되게 하시옵소서. 교실에서 만난 친구들 가운데 불우한 이들을 위해 기도하는 아이가 되게 하시옵소서.

저의 아이가 주님의 품에서 자라감에 감사드립니다. 오늘은 그의 생활태도를 위해 간구하오니, 기도의 사람으로 자라게 하시옵소서. 믿음의 사람들이 기도하게 하셨듯이 기도의 영을 부어주시옵소서. 어려서부터 기도의 습관을 갖고 성장하는 은혜를 자기의 것으로 삼게 하시옵소서.

늘 이끌어주시는 주님,
저의 아이가 주님의 품에서 자라게 하시고, 좋은 학교에 다니게 해주심을 감사드립니다. 이 학교에서 공부하는 가운데, 성령님의 도우심으로 하나님께서 바라시는 모습을 갖추게 하시옵소서. 날마다, 경건한 마음으로 교실로 들어가도록 저의 마음을 이끌어 주시옵소서.

매시간 공부할 때, 배우는 것을 분명히 이해할 수 있도록 도와주시옵소서. 친구들과 서로 사귀면서, 우정을 키워가게 하시옵소서. 주님께서 즐거워하시는 행동만 할 수 있게 해주시옵소서.

예수님의 이름으로 기도드립니다. 아멘.

❖ 사랑 가운데서 서로 용납하고 3월 6일

"모든 겸손과 온유로 하고 오래 참음으로 사랑 가운데서 서로 용납하고"(엡 4:2)

용납해주시는 하나님,
오늘, 저희 가정에 하나님의 용서가 따사로운 햇살처럼 들어오기를 구합니다. 하나님의 용서가 저희들의 것이 온 가족이 용서의 은혜를 누리게 하시옵소서. 그 용서에서 주님의 보혈을 찬양하게 하시옵소서.

저의 아이가 사람들과 교제하면서 주님의 용서로 섬기게 하시옵소서. 십자가에서 흘려주신 보혈의 은혜로 용서를 나누는 삶을 경험하게 하시옵소서. 용서로 말미암아 용납의 은혜를 누리게 하시옵소서.

저의 아이를 새롭게 해주시는 하나님께 원합니다. 쓰라렸던 실패의 경험을 기억하지 않고, 주님의 도우심을 바라보게 하시옵소서. 주님께서 함께 하시면 해낸다는 비전에 도전하는 마음을 갖게 하시옵소서. 하나님께서 그의 손을 붙들어 주시면 해낼 수 있음을 믿게 하시옵소서.

지혜를 더하시는 주님,
교실에서 공부할 때, 가르침에 집중해서 전심전력할 수 있기를 소망합니다. 새로운 지식을 이해하도록 도와주시는 성령님의 은총으로 잘 배우게 하시옵소서. 책을 읽을 때 문장의 내용을 바르게 이해하도록 하시고, 선생님의 설명을 귀담아 듣게 하시옵소서.

저의 아이가 봄의 식탁에 오르는 새 음식을 좋아하게 하시옵소서. 얼었던 땅을 뚫고 나온 봄나물의 생명력을 즐기게 하시옵소서. 새싹의 음식들을 통해서 입맛을 돋우게 하시며, 건강한 몸을 가꾸게 하시옵소서. 하나님께서 주신 새 음식으로 즐거움을 풍성하게 해주시옵소서.

예수님의 이름으로 기도드립니다. 아멘.

❖ 그에게 어떻게 행하리이까　　　　3월 7일

"마노아가 이르되 이제 당신의 말씀대로 되기를 원하나이다 이 아이를 어떻게 기르며 우리가 그에게 어떻게 행하리이까"(삿 13:12)

　　삼손의 하나님-나의 하나님,
　　오늘, 저희 가정에 나실인으로 선택을 받아 세상에 대하여 자신을 구별했던 삼손의 자세를 본받게 하시옵소서. 저희 가정을 세상으로부터 구별해 주시옵소서. 그 구별을 기쁨으로 받아들여 성결하기를 즐거워하게 하시옵소서. 온 가족이 여호와께 성결입니다.
　　이 시간에, 삼손을 만드신 하나님의 열심이 저의 아이를 만져 주시기 원합니다. 삼손이 하나님의 뜻을 이루어 드리기 위해 자신을 거룩하게 하였던 은혜를 누린 사실을 깨닫게 하시옵소서. 하나님이 사람은 자신의 거룩함을 위해서 세상과 구별되어야 하는 대가를 치루는 것에 대한 의미를 경험하게 하시옵소서.
　　천국 백성으로 삼아주신 주님,
　　삼손의 믿음이 저의 아이의 것이 되어서 영적인 나실인으로 부름을 받아 주님의 뜻을 이루어 드려야만 하는 사명을 갖고 있음을 알게 하시옵소서. 그리고 부름을 받은 사람으로서 사명을 감당하기 위해서 자신을 준비해야 하는 의미도 깨닫기를 소망합니다.
　　저의 아이가 주 하나님의 얼굴을 구하지 못하도록 막는 것들로부터 떠나도록 하시옵소서. 여호와를 가까이 하지 못하도록 방해하는 것들을 버리도록 은혜를 주시옵소서. 텔레비전, 비디오 게임, 만화의 남용을 버릴 수 있도록 성령님께서 강권해주시옵소서. 주님의 음성을 듣기 위하여 이런 것들에 대하여 금식을 하는 은혜를 경험하게 해주시옵소서.
　　　　　　　　　　　　　　예수님의 이름으로 기도드립니다. 아멘.

✧ 하나님의 아들이라 일컬음을   3월 8일

"화평하게 하는 자는 복이 있나니 그들이 하나님의 아들이라 일컬음을 받을 것임이요"
(마 5:9)

　화평을 주시는 하나님,
　십자가 은혜로 하나님과 화평을 누리게 해주셨습니다. 오늘, 저희 가정에 화평의 바람이 불게 하시옵소서. 온 가족의 심령에 주님의 화평이 풍성하게 하시옵소서. 이웃을 화평케 하는 가정으로 삼아주시옵소서.
　저의 아이가 하나님의 화평케 하는 말씀으로 사는 오늘이 되게 하시옵소서. 말씀으로 세상이 창조되었듯이 하나님의 능력이 말씀에 있음을 감사드립니다. 이 말씀을 저희에게 주셨으니, 화평의 말씀을 마음에 품고 사는 한 날로 만들어 주시옵소서.
　저의 아이가 말씀의 사람이 되기를 원합니다. 성경을 읽기를 좋아하고, 감동을 주시는 말씀은 외워서 가슴에 두게 하시옵소서. 생명의 말씀으로 소망을 품고, 낙심되어 있는 마음을 극복하게 하시옵소서.
　성령으로 인도해주시는 주님,
　성령님의 도우심으로 소원을 이루고, 머리가 되게 하시옵소서. 성령님의 다스리시는 능력이 시간, 시간마다 저의 아이와 함께 하게 하시옵소서. 교실에 들어서면서부터 점수를 얻기 위한 전쟁이 시작되지만, 사람들 앞에서 높아지려는 마음을 버리는 훈련이 있게 하시옵소서.
　저의 아이에게 예수님을 믿는 학생의 아름다운 학창시절이 교실에서 꽃피어지게 하시옵소서. 저의 아이가 주님의 말씀을 마음에 담고 소원을 품게 하시옵소서. 내게서 나가는 말도 헛되이 내게로 돌아오지 않는다고 하셨던 것처럼 말씀의 운동력을 보게 해주시옵소서.

　　　　　　　　　예수님의 이름으로 기도드립니다. 아멘.

❖ 그리스도 예수의 마음이니 3월 9일

"너희 안에 이 마음을 품으라 곧 그리스도 예수의 마음이니"(빌 2:5)

자비로우신 하나님,

오늘, 저희 가족의 심령이 그리스도로 채워진 것을 보게 해주시옵소서. 한 날을 지내면서 저희 부부와 자녀의 심령에 주님의 마음이 풍성하기를 원합니다.

저의 아이가 주님의 마음이 자기에게 있음을 확인하는 은혜를 누리기를 원합니다. 깊이를 잴 수 없고, 넓이를 헤아릴 수 없는 주님의 마음을 갖게 하시옵소서.

세상에는 하나님의 자비를 그리워하는 이들이 많습니다. 주님의 심정으로 그들을 보게 하시며, 거저 받은 기쁨을 거저 나누어주도록 하시옵소서. 하나님의 사랑을 나누게 하시옵소서.

이 땅에 있는 사람들은 모두가 주 예수님이 사랑으로 하나가 될 지체들임을 믿습니다. 십자가에서 흘리신 주님의 보혈로 인한 사랑을 이웃에게 전할 수 있게 하셨음에 감사드립니다. 여호와 하나님께로부터 거저 받은 은혜와 사랑을 나눌 수 있게 하시옵소서. 그 사랑 속에서 모든 사람들과 하나 되어야 하는 거룩함을 경험하게 하시옵소서.

나라를 품게 하시는 주님,

저의 아이에게 나라를 사랑하는 심령을 주시옵소서. 이로써 공무원들을 위해서 기도하게 하시옵소서. 나라의 업무를 보는 이들을 축복하게 하시옵소서. 그들이 지혜롭게 일을 처리하도록 기도하게 하시옵소서.

공무원들을 위해서 기도하는 동안에 그의 마음이 나라를 사랑함에 더욱 뜨거워짐을 믿습니다. 공무원들이 나라의 발전과 국민들의 평안함을 위하여 헌신하는 심부름꾼들이 되도록 기도를 하게 해주시옵소서.

예수님의 이름으로 기도드립니다. 아멘.

✧ 십자가에 못 박히신 것이 3월 10일

"어리석도다 갈라디아 사람들아 예수 그리스도께서 십자가에 못 박히신 것이 너희 눈 앞에 밝히 보이거늘 누가 너희를 꾀더냐"(갈 3:1)

십자가에 달리신 주님을 보여주신 하나님,

오늘, 저희 가족은 십자가의 그리스도로 살아가기를 원합니다. 주님의 십자가에서 이루어진 구원의 복음을 믿게 하시옵소서. 저희 가족은 누가 무어라하고 어떤 말을 듣더라도 구원이 오직 주님의 십자가로 말미암았음을 확신하게 하시옵소서.

오늘도 저의 아이에게 공부할 수 있는 시간을 주시니 감사드립니다. 하나님께서 그를 학교로 보내신 줄로 믿습니다. 공부에 힘을 쏟게 하시고, 이전보다 더욱 더 하나님의 자녀로서 올바른 행실을 힘쓰게 하시옵소서.

빌립을 광야로 보내셔서 복음을 전하게 하심처럼 그를 이 학교로 보내셔서 주님을 증거 하게 하시니 감사드립니다.

이웃에게로 보내시는 주님,

저의 아이가 교실에서 있는 동안에 주님의 보내심으로 지내게 하시옵소서. 친구들과 대화를 할 때, 예수님의 사랑을 나타내게 하시옵소서. 친구들을 격려하는 말을 하게 하시며, 칭찬과 감사의 말을 하게 하시옵소서. 남의 실수나 잘못된 행동에 대하여 헐뜯지 말게 하시고, 안타깝게 여기는 마음을 주시옵소서.

예배를 받으시는 하나님께 찬양과 영광을 드립니다. 저의 아이가 주 여호와의 이름을 높여드리며 예배드리는 시간을 사모하게 하시옵소서. 하늘의 하나님께는 영화로움을 드리고 주님께서 세상을 향해서 복을 주시는 예배를 기다리게 하시옵소서.

예수님의 이름으로 기도드립니다. 아멘.

❖ 그를 예배하며 그에게 제사를   3월 11일

"오직 큰 능력과 편 팔로 너희를 애굽에서 인도하여 내신 여호와만 경외하여 그를 예배하며 그에게 제사를 드릴 것이며"(왕하 17:36)

살아계신 하나님,

주님이 날을 주셔서 감사드립니다. 오늘, 저희 가정에서 이 날을 구별하여 지키는 은혜를 누리게 하시옵소서. 세상을 향해서 주일을 지키는 가정이라는 것을 선포하게 하시옵소서. 아울러 오늘, 온 식구가 예배의 공동체로 나아갈 때, 기름을 부어주시옵소서.

하나님께로 나아가는 저의 아이에게 경배와 두려움의 마음을 주시옵소서. 예배 시간에, 여호와 그 이름에 합당한 마음을 갖도록 이끌어 주시옵소서. 하나님의 이름을 부를 때, 그의 심령이 겸손해지게 하시고, 불꽃같은 눈으로 보실 하나님 앞에서 머리를 숙이는 은혜를 주시옵소서.

예배로 이끌어주시는 주님,

예배를 드리면서 주님의 은혜를 누리기를 소망합니다. 하늘의 문을 여시고 내려주시는 은혜로 무장하게 하시옵소서. 세상이 그를 거절한다 하여도 하나님을 두려워하는 마음이 더욱 크게 하시옵소서.

저의 아이들에게 두려움의 고비를 넉넉히 이겨내는 여유로움을 갖게 하시옵소서. 믿음을 지켰던 이들에게는 누구나 어려웠던 순간들이 있었음을 인정하여 어려움에 부딪힐 때, 뒤로 물러가거나 타협하지 않도록 이끌어 주시옵소서.

저의 아이가 때로는 험담을 듣기도 하고, 중상모략을 당하기도 하며, 억울한 누명을 쓸지 모릅니다. 그러나 그때마다 넉넉히 이김을 허락해 주시고, 유혹의 위기를 참음으로 이겨내도록 이끌어주시옵소서.

예수님의 이름으로 기도드립니다. 아멘.

✦ 이스라엘아 여호와를 의지하라 3월 12일

"이스라엘아 여호와를 의지하라 그는 너희의 도움이시요 너희의 방패시로다"
(시 115:9)

　복의 근원이신 하나님,
　오늘, 저희 가족에게 도움이 되어주심을 약속해주신 하나님을 찬양합니다. 험한 세상에서 살아갈 때, 방패가 되어주시는 하나님을 의지합니다. 저희 부부와 자녀에게 하나님의 자비를 찬양하게 하시옵소서.
　한 주간의 생활을 시작하면서 저의 아이를 축복합니다. 저의 아이에게 오늘이라는 시간이 여호와를 의지함이 되게 하시옵소서. 여호와를 자기의 도움과 방패로 삼아 지내게 하시옵소서. 친구들과 지내는 가운데 갈등을 경험하고, 공부를 하는 과정 속에서 성적이 오르지 않아 두려움을 느끼게 되지만, 하나님의 도우심과 방패로 물리치게 하시옵소서.
　사명을 깨닫게 하시는 주님,
　착한 행실로 말미암아 하나님께 영광을 돌리게 하시옵소서. 세상을 향해서 빛이 되라 하셨으니, 빛처럼 지내 어두운 세상을 밝히 드러내게 하시고, 소금이 되라 하셨으니 소금으로 녹아져 맛을 내고 썩어지는 것을 막아 세상에 유익을 끼치게 하시옵소서. 저희 아이가 불신자들과 어울릴 때, 기쁨으로 빛과 소금의 역할을 감당하게 하시옵소서.
　저의 아이가 특별한 소질을 갖고 있음에 감사드립니다. 하나님께서 그의 인생을 위해서 남다른 재주를 선물로 주셨으니 그것을 잘 계발하게 하시옵소서. 부모인 저희가 아이의 재능을 키워주기 위해서 애를 쓰게 하시고, 마음껏 뒷바라지를 할 수 있도록 이끌어 주시옵소서. 재능을 선물로 받았으니 그것으로 하나님을 영화롭게 해드리게 하시옵소서.

　　　　　　　　　　　　　예수님의 이름으로 기도드립니다. 아멘.

❖ 행함과 진실함으로 하자   3월 13일

"자녀들아 우리가 말과 혀로만 사랑하지 말고 행함과 진실함으로 하자"(요일 3:18)

진실하신 하나님,

오늘, 저희 가족은 하나님의 진실을 배우기를 원합니다. 온 식구들이 하나님께와 사람들에게 진실하게 하시옵소서. 진실로 말미암아 사랑을 전하게 하시며 섬김으로 봉사하게 하시옵소서. 저희 가정을 진실함에의 공동체로 구별해주시옵소서.

저의 아이가 하늘나라에 속한 자로서 진실 된 생활에 힘쓰기를 소망합니다. 세상의 불신자들과는 구별된 삶을 살기를 원하게 하시옵소서. 스스로를 진실퓨되
게 하느라 생활 속에서 하나님께 따로 떼어놓는 은혜를 경험하게 하시옵소서.

드림을 좋아하게 하시는 주님,

은혜로 받은 것이니 감사로 돌려드리는 은총을 체험하기를 원합니다. 이로써 저의 아이에게 자신의 시간을 하나님께 드리는 기회를 주시옵소서. 시간에서 십분의 일 크기만큼 따로 떼어서 하나님을 가까이 하는 시간으로 사용하게 하시옵소서. 성경을 읽고 묵상하며, 찬송을 부르고 기도를 하는데 시간의 십일조를 드리게 하시옵소서.

아울러 돈을 쓰는 가운데 수입의 십일조를 따로 구별하여 하나님께 드림을 경험하게 하시옵소서. 예배시간에 헌금으로 드리든지, 여호와의 이름을 높여 드리는데 쓰는 기쁨을 주시옵소서. 어렵게 지내는 친구들에게 도움을 줄수 있는 마음을 허락하여 주시옵소서. 때로는 가난한 친구들과 간식을 함께 먹는 즐거움도 주시옵소서.

예수님의 이름으로 기도드립니다. 아멘.

❖ 나를 따르라 하시니   3월 14일

"그 후에 예수께서 나가사 레위라 하는 세리가 세관에 앉아 있는 것을 보시고 나를 따르라 하시니"(눅 5:27)

세리 레위의 하나님-나의 하나님,

오늘, 저희 가정에 레위를 부르신 주님을 경험하게 하시옵소서. 저희 가족도 부르셔서 주님을 따르게 하셨으니 오늘, 제자의 삶을 다짐하게 하시옵소서. 제자됨에서 모자란 점은 반성하여 새롭게 하시고, 주님의 길을 걷기를 결단하게 하시옵소서.

저의 아이에게 '나를 따르라'는 주님의 부르심을 듣고서 즉시 순종하여 따라나섰던 레위의 자세를 갖게 하시옵소서. 레위를 구원하시려는 하나님의 계획이 있어, 그가 주님을 영접하도록 하셨다는 사실을 깨닫게 하시옵소서. 모든 것을 버리고 주님을 따라나선 믿음의 자세가 저의 아이에게도 경험되게 하시옵소서.

결단하게 하시는 주님,

레위를 따름이 저의 아이의 삶이 되어서 주님의 초청에 즉시 순종하는 결단을 보이게 하시옵소서. 주님의 말씀을 듣는 순간에 자신의 모든 곳을 버릴 수 있는 은혜를 내려 주시옵소서. 레위가 주님을 영접한 기쁨 때문에 잔치를 열어 친구와 다른 죄인들을 초대했던 사실이 주는 은혜를 알게 하시옵소서. 예수님을 믿는 기쁨을 누리기 원합니다.

저의 자녀가 믿음으로 살고자 할때 먼저 부딪치는 유혹을 물리기를 원합니다. 사탄이 하나님을 대적하여 연약한 그를 시험하려 할 때, 성령님의 도우심이 있으시기를 바랍니다. 성령님께서 담력을 허락해 주시고, 사탄의 유혹을 거절하는 믿음을 주시옵소서.

                     예수님의 이름으로 기도드립니다. 아멘.

❖ 화평으로 심어 의의 열매를   3월 15일

"화평하게 하는 자들은 화평으로 심어 의의 열매를 거두느니라"(약 3:18)

의의 열매를 바라보게 하시는 하나님,
오늘, 저희 가족에게 한 날의 삶이 곧 하나님께 열매를 맺어드림이 되게 하시옵소서. 하나님께서 원하시는 의의 열매를 드리는 저희 가정으로 삼아주시옵소서. 화평으로 오늘을 살아드리게 하시옵소서.

저희에게 부모의 특권을 주시고, 자녀들을 사랑하게 하심에 감사드립니다. 아이들을 키우면서 늘 인자하지 못하였음을 회개하오니 용서해 주시옵소서. 오늘도 간절히 바라기는 저의 아이가 자신을 사랑해주는 부모가 있음을 감사하는 마음을 갖게 해주시기 원합니다.

자신을 사랑해 주는 부모가 있음에 소망을 갖게 하시고 하나님을 찬미하게 하시옵소서. 언제나 자신감을 잃지않고 매사에 긍정적으로 살아가도록 이끌어 주시옵소서.

온전함을 주시는 주님,
좋은 선생님을 만나게 하심에 감사드립니다. 그의 가르침을 통해서 학문의 지식만을 쌓을 것이 아니라, 인격적으로 훈련이 되기를 소망합니다. 교회생활에 의해서 영적인 인격이 갖추어지듯이 학교생활에서는 인격적으로 준비되는 선물을 받게 하시옵소서.

저의 아이가 믿음의 글이 담긴 책을 읽고자 하는 마음을 갖게 하시옵소서. 어린 시절부터 읽기에 좋은 신앙 서적이 많음은 복된 것이라 여깁니다. 윌리엄 케리가 소년시절에 읽었던 책 한 권에 의해 선교사가 되기로 결심했던 은혜를 저의 아이에게도 허락해주시옵소서.

예수님의 이름으로 기도드립니다. 아멘.

❖ 나와 함께 고난을 받으라 3월 16일

"너는 그리스도 예수의 좋은 병사로 나와 함께 고난을 받으라"(딤후 2:3)

예수의 병사가 되게 하시는 하나님,

오늘, 저희 가족이 주님의 병사로 살아가기를 원합니다. 주님께 인정받는 병사로서 살아드리게 하시옵소서. 식구들마다 자기의 자리에서 주님의 병사로 지내게 하시옵소서.

저의 아이의 심령에 하나님을 향한 은혜가 있기를 소망합니다. 주님만이 큰 은혜를 주실 수 있으십니다. 주님의 손에 잡혀있을 때만 큰 사람이 될 수 있음을 믿습니다. 하나님을 구하는 아이가 되게 하시옵소서.

저의 아이에게 부지런함이 습관으로 붙기를 소망합니다. 자주 산만함을 보이고, 틈만 있으면 게을러지려 하는 아이에게 열심을 품도록 하시옵소서. 노력하는 자세를 갖게 하시고, 수업에 임하게 하시옵소서.

올바른 성장을 바라시는 주님,

스스로 공부를 하는 재미를 알게 하시고, 마음을 집중해서 공부하는 시간을 갖게 해주시옵소서. 성령님께서 그의 마음을 붙잡아 주셔서 생각의 한 눈을 파는 일이 없도록 도와주시옵소서. 학교에 입학하여 이제까지 훌륭한 교사들을 만나게 하시고, 그들의 영향을 받아 잘 자라게 하심을 기뻐합니다. 저의 아이의 장래를 위하여 좋은 이들을 만나게 하셨음에 잘 배우고 따르게 하시옵소서.

신앙서적을 통해서 자신의 미래에 대한 도전을 경험하는 은혜도 내려 주시옵소서. 믿음은 오직 바라는 것들의 실상이라 하셨으니, 성령 하나님께서 가슴에 안겨주신 비전만을 바라보도록 이끌어 주시옵소서.

예수님의 이름으로 기도드립니다. 아멘.

✧ 십자가의 원수로 행하느니라 3월 17일

"내가 여러 번 너희에게 말하였거니와 이제도 눈물을 흘리며 말하노니 여러 사람들이 그리스도의 십자가의 원수로 행하느니라"(빌 3:18)

인자하신 하나님,

오늘, 아직도 우리 주변에는 십자가를 거절하고 사는 이들이 있음을 보게 하셨습니다. 저희 가족에게 그리스도의 십자가에 대하여 원수로 지내는 이들을 안타깝게 여기는 마음을 주시옵소서. 그리스도를 영접하려는 마음이 없는 이들을 불쌍히 여기게 하시옵소서.

저희들이 오늘을 살아가는 의미를 복음을 전하는 것에 두게 하시옵소서. 저의 아이에게도 예수님을 믿지 않는 영혼들을 향한 사랑을 갖게 하시옵소서. 불신자 친구들에게 주님의 사랑을 전하게 하시옵소서.

오늘, 토요일을 지내면서 주일을 기다리게 하시옵소서. 저의 아이가 주님의 자녀로 부르심을 입은 지체들이 하나로 모여 예배하는 자리를 즐거워하게 하시옵소서. 하나님을 경외하는 한 몸이 되게 하셨으니 공동체를 소중히 여기게 하시옵소서.

더불어 지내게 하시는 주님,

한 사람, 한 사람이 인격을 존중하고, 주님의 지체로서 받아들이는 마음을 주시옵소서. 또한, 서로 교제할 때, 예수님의 사랑을 나누도록 이끌어 주시옵소서. 저의 아이가 믿음의 친구들과 더불어 주 여호와의 이름을 높여드리며 예배드리는 시간을 사모하기를 소망합니다.

주님의 날이 세상으로부터 구별되고, 하나님께 영광을 드리는 시간이기를 바라는 마음을 주시옵소서. 하늘의 하나님께는 영화로움을 드리고 주님께서 세상을 향해서 복을 주시는 예배를 기다리게 하시옵소서.

예수님의 이름으로 기도드립니다. 아멘.

❖ 몸을 굽혀 예배하니라   3월 18일

"다윗과 선견자 아삽의 시로 여호와를 찬송하게 하매 그들이 즐거움으로 찬송하고 몸을 굽혀 예배하니라"(대하 29:30하)

    찬송을 받으실 하나님,
    주일을 구별하시고, 저희 가족에게 예배의 날로 지키게 하시니 감사드립니다. 오늘은 종일 거룩하게 하며, 여호와의 이름에 찬송을 드리게 하시옵소서. 저희 부부와 자녀가 예배의 시간이 다르지만 그 이름을 영화롭게 해드리고, 하나님을 높여드리게 하시옵소서.
    일찍 일어나서 예배를 드릴 준비를 하게 하신 인도하심의 손길에 가슴이 벅찹니다. 저의 아이가 부지런히 예배당으로 향했으니, 영과 진리로 드리는 예배의 기쁨을 맛보게 하시옵소서. 예배하는 한 시간 동안에 오직 하나님의 영광에 집중하게 하시옵소서.
    언어를 새롭게 하시는 주님,
    봄의 꽃들이 예배하는 듯이 흐드러지게 피어있습니다. 그 꽃들로 말미암아 저의 아이의 입술에 찬양의 언어를 주시옵소서. 하나님께 영광이 되는 입술과 언어가 되기를 원합니다.
    지난 시간 동안에, 실패를 하여 쓰라린 시간들을 보내기도 하였습니다. 그렇지만 결코 좌절하거나 스스로를 저주하는 말을 입에 담지 않게 하시옵소서. 꽃들을 바라봄으로써 주님께서 주시는 희망을 품게 하시고, 복스러운 입술을 지니도록 이끌어 주시옵소서.
    저의 아이가 예배 시간에, 하나님께의 믿음을 고백한 그대로 입술로 말을 하면서 살아가게 하시옵소서. 하나님께 헌신을 약속한 그대로 입술로 말을 하면서 살아가도록 도와주시옵소서.
                       예수님의 이름으로 기도드립니다. 아멘.

❖ 하나님 여호와를 경외하며   3월 19일

"네 하나님 여호와를 경외하여 그를 섬기며 그에게 의지하고 그의 이름으로 맹세하라"
(신 10:20)

복의 근원이신 하나님,
새로운 주간의 삶을 시작하면서 저희 가족이 여호와만 하나님으로 섬기는 성소가 되기를 축복합니다. 이 가정을 하나님께 드릴 것에 대한 묵상으로 오늘을 시작하게 하시옵소서. 한 주간의 생활을 시작할 때, 저희 가족은 축복의 사람들이 되게 하시옵소서.

저의 아이가 하나님께 복된 자녀가 되어, 그가 복을 누리고 남들에게도 복의 영향을 끼치게 하시옵소서. 저의 아이로 말미암아 그가 다니는 학교에도 복이 임하기를 원합니다. 선생님들과 모든 학생들이 복을 누리게 하시고, 성령님의 인도하심을 경험하게 하시옵소서.

하늘에 마음을 두게 하시는 주님,
주님의 자비하심으로 자라는 저의 아이를 하나님 앞에서 착한 학생으로 만들어 주시옵소서. 배우는 과목들을 통한 선생님의 가르치심은 저의 아이로 하여금 배워야 할 가치가 있는 것만 다루어지게 하시기 원합니다. 하나님의 사람으로 성장하게 하시옵소서.

또한, 교실에서 배울 때, 하나님을 더욱 깊이 알 수 있는 것들을 배우게 하시옵소서. 공부를 통해서 하나님의 오묘하심과 참 진리를 더 배울 수 있게 하시옵소서. 공부를 하는 중에 죄를 짓지 않기 원합니다.

배움이라 하여 불의한 사실을 받아들이지 않게 하시옵소서. 진리가 아닌 것을 진리인양 받아들이지 않게 하시옵소서. 그래서 주님께서 보시기에 옳지 않은 것은 무엇이든지 거절하는 자세를 갖게 하시옵소서.

예수님의 이름으로 기도드립니다. 아멘.

✤ 진실함이 주 앞에 있나이다 3월 20일

"의와 공의가 주의 보좌의 기초라 인자함과 진실함이 주 앞에 있나이다"(시 89:14)

인자와 진실하심의 하나님,

오늘, 저희 가족에게 하나님의 인자와 하나님의 진실하심을 묵상하게 하시옵소서. 저희 가정이 하나님의 성품으로 충만해지기를 원합니다. 부모에게 먼저 하나님을 닮기를 소원하게 하시고, 자녀에게는 인자와 진실에 대하여 영향을 끼치는 부모가 되게 하시옵소서.

저의 아이에게 하나님을 더 사랑할 수 있도록 은혜를 내려 주시옵소서. 제자들이 주님께 청하기를 믿음을 더해달라고 했던 것처럼, 저의 아이도 주님이 바라시는 믿음을 갖도록 하시옵소서. 하나님을 목자로 섬기고, 하늘나라에 소망을 두는 믿음을 간직하게 하시옵소서. 지금까지 신실하셨던 하나님을 기억하는 중에 즐거워하게 해 주시기 원합니다.

성도의 마음을 주시는 주님,

교실에서 공부할 때, 가르침에 집중해서 전심전력할 수 있기를 소망합니다. 새로운 지식을 이해하도록 도와주시는 성령님의 은총으로 잘 배우게 하시옵소서. 책을 읽을 때 문장의 내용을 바르게 이해하도록 하시고, 선생님의 설명을 귀담아듣게 하시옵소서.

저의 아이에게 하나님을 바라는 간절함을 주시옵소서. 더욱 하나님께 매달리는 삶을 살게 하시옵소서. 목이 마른 사슴이 물을 그리워하는 심정같이 하나님의 은혜를 갈망하도록 이끌어 주시옵소서.

여호와의 이름을 부름에서 삶을 시작하게 하시고, 순간마다 하나님의 손길을 기다리게 하시옵소서. 주님이 그에게 전부가 되어주시옵소서.

예수님의 이름으로 기도드립니다. 아멘.

❖ 여호와의 권능이 내 위에 3월 21일

"갈대아 땅 그발 강 가에서 여호와의 말씀이 부시의 아들 제사장 나 에스겔에게 특별히 임하고 여호와의 권능이 내 위에 있으니라"(겔 1:3)

에스겔의 하나님-나의 하나님,

오늘, 저희 가정에 멸망된 민족을 향해서 소망의 메시지를 던지는 사명을 다한 에스겔이 누렸던 은혜를 사모하게 하시옵소서. 에스겔이 이방의 포로로 지내던 중에 조국을 간절히 사모하다가 예언자로의 부름을 받은 사실을 깨닫게 하시옵소서.

지금, 저의 아이를 축복합니다. 그에게 갖고 계시는 하나님의 계획에 주목하도록 하시옵소서. 자신이 주님의 손에 들려서 쓰여 지는 사명이 있음을 알기를 원합니다.

택하심을 알게 하시는 주님,

하나님께서 이스라엘 백성들에게 민족적인 소망을 주시려고 에스겔이 쓰여 졌음을 배우기 원합니다. 에스겔을 예언자로 사용하신 하나님의 손길로 저의 아이도 만져주시옵소서. 하나님의 사람으로 기름 부음을 받아 사명을 감당하는 천국 일꾼이 되게 하시옵소서.

하나님의 영은 죽음 위에도 생명을 불어넣어 주실 수 있음을 깨닫고, 우리에게 소망을 주시는 하나님을 바라보게 하시옵소서. 그리고 영적으로 죽어있는 이들에게 복음을 전하게 하시옵소서.

하나님의 나라를 넓히는 일에 자신에게 있는 모든 것을 드리게 하시옵소서. 예수님을 알지 못하고, 믿지 않아서 지옥으로 가는 이들에게 복음을 전하게 하시옵소서. 주님만이 우리의 희망이 됨을 전하고, 구원에 이르도록 수고하기를 즐거워하게 해주시옵소서.

예수님의 이름으로 기도드립니다. 아멘.

❖ 모든 사람과 더불어 3월 22일

"모든 사람과 더불어 화평함과 거룩함을 따르라 이것이 없이는 아무도 주를 보지 못하리라"(히 12:14)

거룩함에의 소원을 갖게 하시는 하나님,

오늘, 저희 가정이 화평함과 거룩함의 자리가 되는 비전을 품기 원합니다. 주님께서 십자가에서 이루어주신 화평함과 거룩함의 옷을 저희 가족에게 입혀 주시옵소서.

저의 아이를 복 되게 하사, 주어진 일에 열심히 임하기 원합니다. 집에서는 부모에게 공경을 하고 가족을 위해서는 섬기고 봉사하는 일에 성실하게 하시옵소서. 최선을 다하여 지식을 쌓고 인격의 훈련을 받는 것에 최대의 노력을 기울이게 하시옵소서.

저의 아이가 학교나 과외활동을 하는 곳에서 만나는 친구들에게 주님의 은혜를 베풀게 하시옵소서. 그가 갖고 있는 용돈을 가지고, 힘들어 하는 친구들에게 사랑을 나누어주도록 하시옵소서. 함께 군것질을 하게 하시고, 때에 따라서는 간식을 사 주기도 하기를 원합니다.

제자의 삶으로 인도하시는 주님,

베푸는 행동으로 말미암아 주님의 제자가 된 모습을 보여주고, 천국시민으로 사는 모습을 나타내도록 이끌어 주시옵소서. 이로써 저의 아이에게 주님의 사람으로서의 비전을 갖게 하시옵소서. 하나님의 나라를 위해 헌신된 일꾼으로 자람에 대한 성장의 비전을 품게 하시옵소서.

여호와 앞에서 그를 존귀하게 해주시고, 하나님을 영화롭게 해드려야 하는 생애의 목표를 분명히 하게 하시옵소서. 주님의 보내신 자로서 세상에서 살아야 하는 소명감을 갖게 해주시옵소서.

예수님의 이름으로 기도드립니다. 아멘.

❖ 다 자기 일을 구하고   3월 23일

"그들이 다 자기 일을 구하고 그리스도 예수의 일을 구하지 아니하되"(빌 2:21)

하나님 아버지,

오늘, 저희 가족에게 예수님의 일을 구하면서 살아가도록 강권해주시옵소서. 저희 가정에서 주님의 일이 흥왕하게 일어나도록 성령님께서 강권해주시옵소서. 이로써 저의 아이가 어디에서 어떤 모습으로 있던지 하나님께 영광이 되기를 소망합니다.

어려서부터 하나님을 찾을 때, 성인이 되어서도 하나님께 가까이 함을 믿습니다. 여호와를 자신의 편으로 삼고 지내기를 즐거워하며, 죄를 짓게 하거나 죄악을 충동질하는 곳에는 가지 않게 하시옵소서.

저의 아이에게 공부하게 하시는 성령님이십니다. 그가 싫어하는 과목을 극복하고 공부에 전념할 수 있게 하시옵소서. 하나님께서 그의 인생을 위해서 학업을 연마하도록 하셨으니 부지런히 공부하도록 생각과 마음을 다스려 주시옵소서.

다스려주시는 주님,

하나님께서 바라시는 사람으로 준비되어진다는 의도에서 공부하는 것을 소중히 여기게 하시옵소서. 순간순간 싫증이 나고, 때로는 마냥 놀고 싶은 유혹을 받을때도 주님의 이름으로 물리치게 하시옵소서. 성령님의 은혜로 학업에 임하게 해주시옵소서.

복된 인생이 되기 위해서 저의 아이에게 분별의 영으로 함께 해주시옵소서. 그 은혜로 가는 곳, 머무르는 자리에 대하여 주의하게 하시옵소서. 발로 밟는 자리가 주님 앞에서 복스러운 곳이기를 원합니다.

                                    예수님의 이름으로 기도드립니다. 아멘.

❖ 능하신 손 아래에서 겸손하라　　　3월 24일

"그러므로 하나님의 능하신 손 아래에서 겸손하라 때가 되면 너희를 높이시리라"
(벧전 5:6)

　　인생이 겸손하기를 원하시는 하나님,
　　오늘, 여호와께 겸손하기를 원합니다. 저희 가족이 하나님 앞에서 낮아지도록 기름을 부어주시옵소서. 그리고 하나님을 기다리며 지내게 하시옵소서. 하나님께 가정을 드리는 저희 부부이기를 원합니다.
　　저의 아이가 어미의 태에 조성되기 전부터 그의 편이 되어주셨음에 감사드립니다. 그가 보이지 않으시는 하나님께서 보이는 부모의 손길에 나타나 자기를 돕고 계심을 배우게 하시옵소서. 이에, 강하고 담대히 하나님을 의지하면서 주님의 보내심으로 살아가게 하시옵소서.
　　저의 아이가 가정과 부모에 대하여 묵상하도록 이끌어 주시옵소서. 부모와 자녀가 여호와의 형상을 따라 지어졌다는 사실 앞에서 감사드리지 않을 수 없습니다. 주님께서 저희 가족을 주셨음을 생각하여, 작은 일에도 감사하는 저의 아이의 심령이 되기를 소망합니다.
　　예배하는 마음을 주시는 주님,
　　오늘, 토요일을 맞이했습니다. 지난 엿새 동안에도 게으르지 않고 잘 지내도록 해주셨으니 감사드립니다. 저의 아이가 주 여호와의 이름을 높여드리며 예배드리는 시간을 사모하게 하시옵소서.
　　주님의 날이 세상으로부터 구별되고, 하나님께 영광을 드리는 시간이기를 바라는 마음을 주시옵소서. 하늘의 하나님께는 영화로움을 드리고 주님께서 세상을 향해서 복을 주시는 예배를 기다리도록 성령님께서 강권해주시옵소서.
　　　　　　　　　　　　　　　예수님의 이름으로 기도드립니다. 아멘.

✧ 거룩한 산 제물로 드리라 (종려주일) 3월 25일

"너희 몸을 하나님이 기뻐하시는 거룩한 산 제물로 드리라 이는 너희가 드릴 영적 예배 니라"(롬 12:1하)

아들을 내어주신 하나님,

영원히 멸망을 받아 죽을 수밖에 없던 저희를 위해서 주님께서 십자가에 달리셨음을 묵상합니다. 저의 아이가 주님의 고난을 당하셨음이 자신의 죄 때문이었음을 깨닫기 원합니다. 십자가에서 흘리신 보혈의 은혜로 뜨거운 마음을 갖게 하시옵소서.

오늘, 종려주일을 지키면서 주님의 고난에 감격하게 하시옵소서. 주님의 피 흘리심으로 누리게 된 은혜를 감사하면서 오늘을 보내게 하시옵소서. 주님의 십자가와 흘려주신 보혈에 감사하게 하시옵소서.

저의 아이를 복 되게 하사, 예수님의 이야기가 제일 재미있게 하시옵소서. 성경을 좋아하며, 주님의 이야기를 읽고 싶어 하는 마음을 갖도록 이끌어 주시옵소서. 십자가에 대한 이야기를 많이 듣게 하시옵소서.

십자가를 보게 하시는 주님,

저희의 허물 때문에 예수님께서 찔리셨음을 감사하며, 구원을 베풀어 주신 하나님을 찬양합니다. 오늘, 저의 아이가 하나님의 아들이 고난당하셨음을 기억하며 예배하는 심정으로 하루를 지내게 하시옵소서. 오직 하나님만 영광을 받으시기 원합니다.

그가 자신의 죄악 때문에 상하신 주님을 기억하며 감사드리게 하시옵소서. 주님께서 그를 위하여 피 흘려주셨음을 헛되이 받지 않게 하시옵소서. 인간의 죄가 의로우신 하나님의 아들을 죽게 했건만 또 다시 죄를 지을 수밖에 없었던 그를 용서해주시옵소서.

예수님의 이름으로 기도드립니다. 아멘.

❖ 그의 앞에 마음을 토하라 3월 26일

"백성들아 시시로 그를 의지하고 그의 앞에 마음을 토하라 하나님은 우리의 피난처 시로다(셀라)"(시 62:8)

피난처이신 하나님,

오늘, 여호와를 의지해야만 한다는 것에 다시 주목하기를 축복합니다. 여호와께 마음을 토해야 하는데 그러하지 못했음을 회개합니다. 저희 가족에게 피난처가 되어주신 하나님을 사랑하게 하시옵소서.

여호와의 은혜로 시작하는 새로운 주간에 복을 기원합니다. 주님의 도우심을 바라면서 살아가려는 저의 아이를 축복합니다. 그에게 있게 되는 모든 일들에 하나님의 손으로 만져 주심이 있기 원합니다.

주님의 의로운 손으로 붙잡아 주시고, 번성함을 경험하는 시간들이 되게 하시옵소서. 이에, 여호와의 이름을 입에 붙이고 살아가는 아이들이 되게 하시옵소서. 주님의 이름이 견고한 망대가 되어서 그 이름을 부를 때, 안전하게 해주심을 믿습니다.

마음을 집중하게 하시는 주님,

다윗이 골리앗에게 나아갈 때, 하나님의 이름을 불렀던 것을 기억합니다. 그 이름으로 저의 아이가 죄의 유혹을 물리치게 하시고, 의롭게 살고자 다짐한 그대로 지내게 하시옵소서. 주님의 이름으로 귀신들이 쫓겨 갔던 것처럼 그 이름으로 사탄을 대적하게 하시옵소서.

주님께서 원하시는 대로 저의 아이를 주관하여 주시옵소서. 그의 손과 발을 민첩하게 하사, 주님의 일을 위하여 쓰게 하시옵소서. 고난을 당하고 있는 자들과 외로운 자들에게 예수님처럼 위로의 손길을 펼 수 있게 하시기를 소망합니다.

예수님의 이름으로 기도드립니다. 아멘.

◈ 진실하여 허물없이   3월 27일

"너희로 지극히 선한 것을 분별하며 또 진실하여 허물 없이 그리스도의 날까지 이르고" (빌 1:10)

진실하기를 원하시는 하나님,

오늘, 저희 가족에게 하나님의 진실을 묵상하게 하시니 감사드립니다. 주님께서 입혀주신 의의 옷으로 말미암아 주님의 다시 오심을 기다리며 지내게 하시옵소서. 선한 것을 분별하며 지내기를 원합니다.

저의 아이에게도 하나님께서 선하다 여기시는 것을 원하게 하시옵소서. 허물이 없이 지내도록 날마다 기름을 부어주시옵소서. 저의 아이를 은혜로 이끌어 주시옵소서.

최근들어, 저의 아이가 상심하여 우울해 하고 있으니 슬픔을 달래주시옵소서. 만일, 자신의 부족함이나 잘못으로 실패를 맛볼 수 있으나 그로 인하여 자신을 학대하는데 이르지 않게 해주시옵소서. 성령님의 은혜가 희락의 기름으로 나타나 부어주시기를 간절히 구합니다.

기쁨을 주시는 주님,

그의 마음을 성령님으로 위로해 주시고, 찬송으로 그 근심을 대신하도록 인도해주시옵소서. 기쁨의 영이 충만하기를 소원합니다. 교실 안에서는 우정을 두텁게 하게 하시며, 섬겨야 할 친구들에게 사랑의 손을 내어밀게 하시옵소서.

저의 아이가 이웃을 사랑하기를 소망합니다. 스스로 할 수 없는 친구에게 가서 돕기를 원합니다. 타락한 자들을 붙들어 주며, 불쌍한 자들에게 주님의 사랑을 나타내며, 주린 자들을 돌아보며, 약한 자들을 일으켜 주고, 마음이 상한 자들을 위로하게 해주시옵소서.

                     예수님의 이름으로 기도드립니다. 아멘.

✧ 회개의 세례를 전파하니 3월 28일

"세례 요한이 광야에 이르러 죄 사함을 받게 하는 회개의 세례를 전파하니"(막 1:4)

세례 요한의 하나님-나의 하나님,

오늘, 저희 가정에 회개를 외치고 세례를 베풀면서 주님의 길을 예비했던 세례 요한의 삶을 본받게 하시옵소서. 당시의 사람들에게 있었던 교만의 산과 절망의 골짜기를 메우었으며, 그릇된 심성을 곧게 해서 예수님을 영접하도록 한 요한에 대하여 깨닫게 하시옵소서.

이 시간에 빕니다. 요한을 주님의 사람으로 살게 하신 하나님의 열심이 저의 아이를 만져주시옵소서. 하나님께서도 저의 아이에게 거룩하게 구별된 계획을 갖고 계시리라 믿습니다. 이로써 요한의 은혜를 경험하게 하시옵소서. 오늘, 광야의 요한처럼 지내게 하시옵소서.

거룩함을 주시는 주님,

광야의 소리가 되기 위해서 스스로 가정과 사회에서 자신을 격리하여 지냈던 그의 삶을 배우기 원합니다. 적막한 광야에서 오직 하나님만을 묵상하면서 지낸 요한의 경건이 저의 아이의 것이 되게 하시옵소서. 바로 오늘, 하나님의 사람으로 자신을 지키며, 공부하는 가운데 성장을 소망하게 하시옵소서.

아울러, 저의 아이가 삶의 목표를 놓치지 않도록 항상 깨어있게 하시옵소서. 바다로 나간 배에 목적지가 있어 나아갈 때는 항해라 하듯이 저의 아이들에게도 주님 앞에서 삶의 목적지를 분명히 하게 하시옵소서. 목적지가 없어 표류하는 배처럼, 삶의 목표가 없이 그날, 그날을 보내지 않도록 인도해주시옵소서.

예수님의 이름으로 기도드립니다. 아멘.

❖ 막힌 담을 자기 육체로 허시고 3월 29일

"그는 우리의 화평이신지라 둘로 하나를 만드사 원수 된 것 곧 중간에 막힌 담을 자기 육체로 허시고"(엡 2:14)

자비로우신 하나님,

오늘, 저희 가정에 화평을 선물로 주셨음을 묵상하기를 원합니다. 주님이 보혈로 하나님과 원수 되었던 인간의 죄를 씻어주시고 하나님과 하나 되게 하신 은혜를 기억하게 하시옵소서. 저희 부부와 자녀에게 십자가를 지신 주님께 감사하는 마음을 새롭게 해주시옵소서.

저의 아이가 주님께서 고난당하셨던 것을 생각하면서 하나님께 마음을 두게 하시옵소서. 십자가의 사랑으로 나타난 하나님의 은혜를 가슴에 담게 하시옵소서. 주님께서 베풀어주실 하늘의 은혜를 기다리면서 세상이 주는 달콤함의 유혹을 거절하게 하시옵소서.

저의 아이가 하나님이 미워하시는 일들의 달콤함에 자신을 내어주지 않게 하시옵소서. 믿음을 지키려 하다가 어려움을 만날 수도 있지만 두려워하지 말고 담대히 나아가게 하시옵소서. 순간적인 감각의 즐거움과 자극을 주는 쾌감에 마음을 빼앗기지 않게 하시옵소서.

부르심을 깨닫게 하시는 주님,

어두워져 가는 세상에서 의롭게 살도록 명령을 받았으니 빛으로 지내기를 감사하게 하시옵소서. 힘겨워하는 친구를 도와줌으로써 함께 지내도록 하신 하나님의 사랑을 향유하게 하시옵소서.

만일, 공부를 어려워하는 친구가 있다면 자신이 아는 것을 가르쳐 주게 하시옵소서. 십자가를 지심으로써 하나님의 뜻을 이루신 주님처럼, 저의 아이가 하나님께 대하여 순종하도록 이끌어주시옵소서.

예수님의 이름으로 기도드립니다. 아멘.

❖ 화목제물로 세우셨으니   3월 30일

"이 예수를 하나님이 그의 피로써 믿음으로 말미암는 화목제물로 세우셨으니"
(롬 3:25)

구속의 하나님,

오늘, 저희 가족에게 구원을 위해서 제물이 되어주신 주님 앞에서 살아가도록 강권해주시옵소서. 주님께서 주님 자신의 '죽으심'을 드려 제물이 되어주신 은혜에 대한 감격으로 한 날을 시작하게 하시옵소서.

예수님께서 지신 십자가를 사랑합니다. 예수님의 십자가에서 이루어진 구속의 은혜에 감사드립니다. 머리에 가시관을 쓰시고 창에 허리를 상하시면서 저희를 위해 고난을 받으신 주님의 은혜를 바라봅니다. 저의 아이가 주님의 십자가에 들어 있는 구속의 은총을 누리게 하시옵소서. 보혈에서 나타난 하나님의 사랑을 깨달아 찬양하게 하시옵소서.

오늘도 하나님의 은혜로 저의 아이의 작은 가슴에 소원을 품게 하시니 감사드립니다. 소망 중에 믿음을 더욱 굳게 하고, 소망을 통하여 하나님을 더욱 의지하는 삶의 시간이 되도록 이끌어 주시옵소서.

사랑으로 이끌어 주시는 주님,

아버지의 사랑으로 소원을 품게 하셨으니, 간절한 기대와 소망으로 기다리게 하시옵소서. 저의 아이에게 주님께서 가지셨던 인내를 닮게 하시옵소서. 하나님의 뜻을 이루어 드리려고 자신을 십자가에 내어주시기까지 인내하셨던 주님을 본받기 원합니다.

저의 아이에게 소원을 주셨으니 그것이 이루어지기를 고대하게 하시옵소서. 소원이 이루어지는 때를 기다리게 하시고, 이로 말미암아 소원이 이루어지기까지 참아 기다리는 훈련을 받게 해주시옵소서.

예수님의 이름으로 기도드립니다. 아멘.

❖ 겸손한 자를 구원하시리라   3월 31일

"사람들이 너를 낮추거든 너는 교만했노라고 말하라 하나님은 겸손한 자를 구원하시리라"(욥 22:29)

아들을 버리신 하나님,
인류의 죄 값을 치루기 위해 아들을 버리신 하나님의 사랑을 알게 하시옵소서. 주님께서 음부에까지 내려가시게 하신 하나님의 사랑을 저의 아이가 느끼게 하시옵소서. 그 사랑으로 저희는 구원의 은혜를 누리고 있습니다. 그 사랑으로 저희는 영생을 얻었습니다.

오늘, 가시관을 쓰셔야 하셨던 주님을 생각하게 하시옵소서. 사랑하시던 제자에게 배신을 당하시고, 스스로 죽음의 길을 가셨던 주님의 은혜를 생각하게 하시옵소서. 주님의 고난이 저희의 대속이었음을 깨달아 감격하도록 하시옵소서. 십자가에서 이루어진 영생의 은혜를 묵상하면서 부활하셨던 날을 기다리게 하시옵소서.

십자가를 가까이 하게 해주셨던 주님,
종려주일을 보내고 지냈던 한 주간이었습니다. 주님의 고난을 묵상하면서 고난주간을 살아왔습니다. 저의 아이도 그리스도의 남은 고난에 참여하려는 심정으로 지냈습니다. 부활절을 맞이하는 심령에 복을 내려주시옵소서.

오늘, 토요일에 주일을 기다리는 저의 아이의 심령을 거룩하게 하시옵소서. 저의 아이가 주 여호와의 이름을 높여드리며 예배드리는 시간을 사모하기를 소망합니다. 주님께서 죽음의 권세를 이기시고 부활하신 영광에 예배하려 합니다. 세상은 주님을 죽이고 가두어두려 했지만 하나님께서 일으켜주셨습니다. 그 승리를 찬양하게 하시옵소서.

예수님의 이름으로 기도드립니다. 아멘.

✧ 죽은 자 가운데서 살아나셨고(부활주일)　　4월 1일

"그가 죽은 자 가운데서 살아나셨고 너희보다 먼저 갈릴리로 가시나니 거기서 너희가 뵈오리라 하라"(마 28:7)

하나님 아버지,

죽음의 권세를 이기신 주님을 찬양하면서 부활절의 아침을 열기 원합니다. 저의 아이가 주님께서 죽은 자 가운데서 다시 살아 잠자는 자들의 첫 열매가 되셨음을 찬양하도록 하시옵소서. 영광을 받으실 주님을 기뻐하며 찬양하는 가운데 예배가 드려지기 원합니다.

하늘의 하나님께는 영화로움을 드리고 주님께서 세상을 향해서 복을 주시는 예배를 기다리게 하시옵소서. 주일의 은혜로 저의 아이를 축복합니다. 그가 예배당에 들어섰을 때, 주님께서 죽음을 이기시고 부활하사 남겨진 빈 무덤을 보는 마음으로 예배하게 하시옵소서.

부활의 승리를 주신 주님,

마귀의 권세를 깨뜨리신 예수님이 우리의 구주이시니 찬양을 드리게 하시옵소서. 저의 아이가 주님의 부활을 기뻐하면서 예배에 참여할 때, 갈릴리의 바닷가에서 다시 사신 주님을 뵈었던 제자들의 심정을 느끼기를 소망합니다.

선한 싸움을 이기시고 하늘의 문을 여신 예수님을 구주를 섬기는 기쁨에 감격하게 하시옵소서. 부활의 첫 열매이신 예수님을 높여드리기 원합니다. 오늘을 지내는 중에, 부활하신 주님을 찬미하게 하시옵소서.

다시 살아나신 주님께서 못에 박히신 손과 발을 보여주시는 은혜를 경험하는 예배의 한 시간이기를 소망합니다. 예배하는 시간에, 저의 아이도 부활을 경험하게 하시옵소서.

　　　　　　　　　　　　예수님의 이름으로 기도드립니다. 아멘.

❖ 하나님 여호와를 사랑하고 4월 2일

"네 하나님 여호와를 사랑하고 그의 말씀을 청종하며 또 그를 의지하라"(신 30:20)

사랑하고 의지해야 할 하나님,

부활절 후에 맞이하는 첫 주간을 시작하면서 저희 가족이 부활의 증인으로 살 것에 대하여 바라봅니다. 주님의 이름으로 저의 아이를 축복합니다. 그에게 주님의 부활로 말미암은 은혜의 복을 허락하시옵소서.

부활의 첫 열매가 되신 주님이 영생의 보증이 되어 주셨음을 믿고, 영원을 바라보며 제자의 삶을 살게 하시옵소서. 무엇보다도 먼저 하나님과의 바른 관계가 맺어지는 신령한 복을 주시옵소서.

저의 아이가 믿음을 주신 하나님의 사랑에 감사하면서, 믿음으로 한 날을 시작하게 하시옵소서. 믿음을 주신 그 은혜로 구원을 받았고, 믿음으로 살게 하셨으니 하나님을 영화롭게 해드리는 믿음이 있는 자가 되게 하시옵소서.

하나님을 품게 해주시는 주님,

각 사람에게 분량대로 믿음을 주신 하나님을 사랑합니다. 저의 아이에게도 믿음을 주셨으니 그가 그 믿음대로 순종하게 하시옵소서. 하나님을 사랑하고 하나님의 뜻에 순종하는 삶을 첫째로 여기게 하시옵소서. 이로써 믿음으로 자신을 하나님께 보여드리게 하시옵소서.

아무리 다급한 일에 몰릴지라도 인간적인 생각으로 행동하지 말게 하옵소서. 또한, 눈에 보이는 것으로 판단하는 믿음이 없는 자의 행동을 하지 말도록 이끌어 주시옵소서. 열매를 맺게 하시는 성령님의 은혜로 하나님의 도우심을 구하는 기도의 열매를 맺게 해주시옵소서.

예수님의 이름으로 기도드립니다. 아멘.

❖ 그의 기뻐하심을 받느니라   4월 3일

"거짓 입술은 여호와께 미움을 받아도 진실하게 행하는 자는 그의 기뻐하심을 받느니라" (잠 12:22)

거짓을 미워하시는 하나님,
저희 가족은 하나님께 정직한 삶에 대하여 묵상하기를 원합니다. 정직한 영이 저희 가정에 충만하게 하시옵소서. 저희 부부와 자녀가 하나님의 정직에 주목하게 하시옵소서. 어떠한 경우에라도 자신을 위하여 한 마디의 말이라도 거짓말을 하지 않게 하시옵소서.
하나님께서 저의 아이에게 정직히 대해주심을 믿습니다. 저의 아이도 여호와께 정직한 모습을 보여드리게 하시옵소서. 거짓을 미워하고, 자신에게 불리할지라도 정직하게 하시옵소서. 하나님께서 용납하시지 않는 것은 저의 아이도 받아들이지 않게 하시옵소서.
정직하게 하시는 주님,
주님의 신실하심에 대한 고백을 배우도록 하시고, 생활 속에서 하나님의 버리지 아니하심과 떠나지 아니하심을 체험하게 하시옵소서. 믿음을 훼방하고, 하나님의 영광을 빼앗는 이들 앞에서 담대히 전진할 수 있게 하시옵소서. 설령, 친구들이 떠난다 할지라도 십자가의 주님을 사랑함에서 한 걸음도 뒤로 물러나지 않도록 이끌어 주시옵소서.
저의 아이에게 학교에 다닐 수 있도록 해 주셨음에 감사드립니다. 교실에서 공부할 때, 가르침에 집중해서 전심전력할 수 있기를 소망합니다. 새로운 지식을 이해하도록 도와주시는 성령님의 은총으로 잘 배우게 하시옵소서. 책을 읽을 때 문장의 내용을 이해하게 하시고, 선생님의 설명을 귀담아 듣게 하시옵소서.
　　　　　　　　　　　예수님의 이름으로 기도드립니다. 아멘.

❖ 모든 사람보다 많이 넣었도다 4월 4일

"이르시되 내가 참으로 너희에게 말하노니 이 가난한 과부가 다른 모든 사람보다 많이 넣었도다"(눅 21:3)

가난한 과부의 하나님-나의 하나님,

오늘, 저희 가정에 자신의 소유를 다 드린 과부의 자세를 본받게 하시옵소서. 하나님을 사랑하기 때문에 자신의 전부를 드려도 그 사랑을 다 표현할 수 없었던 과부의 신앙을 배우게 하시옵소서. 저희에게도 하나님을 사랑하게 하시옵소서.

저의 아이가 자신의 것을 모두 드린, 마음을 다한 헌금에서 하나님에의 사랑을 표현한 믿음을 배우기를 소망합니다. 형식적인 종교행위가 아니라, 진심으로 마음을 바치는 믿음을 갖고 신앙생활을 하도록 이끌어 주시옵소서. 주님을 사랑함에 있어서 전심을 다하게 하시옵소서.

드림으로 만족하게 하시는 주님,

이로써 가난한 과부가 누렸던 전심의 은혜를 저의 아이도 경험케 하시옵소서. 하나님께 무엇이든지 드린다 할 때, 자신의 일부, 또는 부분만 드리는 경우가 없게 하시옵소서. 그가 주님께 드릴 때는 언제나 다 드릴 수 있는 순전함을 허락하시옵소서.

저희를 자녀로 불러 주시고, 날마다 보호하시는 사랑을 찬양합니다. 저의 아이가 주님의 친절하신 팔에 안겨서 마음이 쉼을 얻게 하신 사랑을 찬양합니다. 그가 언제나 어디에서나 함께 하시며, 어려울 때 위로해 주시고, 힘들 때는 피할 길을 열어 주신 사랑을 찬양합니다.

성령님께서 오늘, 저의 아이의 마음을 열어주시옵소서. 크고도 놀라운 하나님을 찬양하도록 마음을 모아 주시옵소서.

예수님의 이름으로 기도드립니다. 아멘.

❖ 부족함이 없게 하려함이라 4월 5일

"인내를 온전히 이루라 이는 너희로 온전하고 구비하여 조금도 부족함이 없게 하려함이라"(약 1:4)

온전하게 하시는 하나님,
오늘, 저희 가족에게 하나님 앞에서의 온전함을 묵상하게 하시옵소서. 온 식구들이 하나님께 부족함이 없는 사람으로 자라는 것에 대하여 기도하게 하시옵소서. 인내를 배워서 하나님께 온전해지기를 원합니다.
저의 아이에게는 성경을 읽으면서 하나님의 인내를 배우게 하시니 감사드립니다. 날마다 규칙적으로 성경을 읽어서 주님의 인내를 제 것으로 삼는 소원을 품게 하시옵소서. 일용할 양식처럼 성경을 읽는 중에, 고요하게 말씀하시는 주님의 음성을 듣게 하시옵소서.
이 지구상에는 오늘도 2억이 넘는 이들이 살아가고 약 6천 여 곳의 방언으로 말을 하고 있습니다. 예수님을 통해서 나타나신 구원의 사랑이 전해지게 하시옵소서. 하나님의 말씀이 모든 민족에게, 그들의 말로 전해지기 원합니다. 이 복음이 전해짐을 위하여 기도하게 하시옵소서.
십자가를 사랑하게 하시는 주님,
오늘 살아가는 삶 속에서 주 예수님께서 우리를 위해 십자가에 달리시도록 하신 하나님을 예배합니다. 저의 자녀가 오늘을 지내면서 주 하나님을 영화롭게 해드리는 것을 자신의 소망으로 삼게 하시고, 그 마음에 찬송이 가득 차게 하시옵소서.
간절히 빕니다. 저의 자녀가 생각하는 것이나 행동하는 것에 여호와 하나님께 합당한 것이 되게 하시옵소서. 십자가의 은총으로 구속함을 받은 자처럼 생활하기를 원하는 마음을 갖게 해주시옵소서.

예수님의 이름으로 기도드립니다. 아멘.

❖ 그리스도 예수의 날까지 4월 6일

"너희 안에서 착한 일을 시작하신 이가 그리스도 예수의 날까지 이루실 줄을 우리는 확신하노라"(빌 1:6)

소원을 주시는 하나님,

오늘, 저희 가족에게 하나님께의 착한 일에 대한 마음을 품게 하시옵소서. 하나님의 선하심이 저희 가족에게 그대로 이어지기를 원합니다. 하나님의 성품을 저희의 것으로 삼게 하시옵소서.

주님의 십자가를 바라보는 저의 아이의 가슴이 뜨거워지게 하시옵소서. 성령님의 감동하심에 순종하여 열매를 맺는 생활이 이루어지게 해 주시옵소서. 주님 앞에서 거룩함으로 살기에 부지런하게 하시고, 하나님을 가까이 하기를 재미있어 하게 하시옵소서.

하나님께서 저희의 힘이 되어주심에 감사드립니다. 이에, 약함을 두려워하지 않고, 약하다는 말은 입에서 꺼내지도 말게 하시옵소서. 주님께서 강하게 해주셨으니 그 은혜를 찬양하면서 강한 자로 살아가게 하시옵소서. 성령님의 인도로 주님의 사람답게 살아가게 하시옵소서.

보혈의 은혜를 주시는 주님,

갈보리에서 흘리신 주님의 보혈이 저의 아이에게 새 생명을 얻게 하셨습니다. 저의 아이가 하늘의 복을 받아 복스러운 사람으로 지내게 하시옵소서. 하나님께서는 요셉에게 복을 주셔서, 보디발의 집에 복이 임하였음을 기억합니다.

저의 아이로 말미암아 저희 가정이 복되었음에 감사드립니다. 그의 영혼이 잘되고 범사가 잘 되게 하시옵소서. 그에게 내려주시는 복으로 말미암아 이 나라와 이 민족에게도 복을 내려주시옵소서.

        예수님의 이름으로 기도드립니다. 아멘.

❖ 화목하게 되기를 기뻐하심이라   4월 7일

"만물 곧 땅에 있는 것들이나 하늘에 있는 것들이 그로 말미암아 자기와 화목하게 되기를 기뻐하심이라"(골 1:20하)

    우리에게 주목하시는 하나님,
    오늘, 저희 가족에게 자신을 돌아봄에 대한 묵상의 시간을 주시기를 빕니다. 비난을 받을 때, 그 비난으로 자신을 돌아보게 하시옵소서. 감정으로 대하여 혹시라도 하나님의 음성을 놓치지 않게 하시옵소서.
    저의 아이가 자신의 죄를 깨달아 알고 고백하면서 예배를 드리는 생활을 하게 하시옵소서. 그를 불쌍히 여겨 주시옵소서. 자기의 죄 때문에 주님께서 십자가의 고난당하셨던 아픔을 함께 느끼기 원합니다.
    지은 죄를 뉘우쳐 회개하고자 하는 저의 아이가 되게 하시옵소서. 주님 앞에서 자신을 내어 놓고 죄를 고백할 때, 용서해 주심을 믿습니다. 겸손한 마음으로 주님을 사랑하면서 살게 하시옵소서.
    예배의 영을 주시는 주님,
    주일을 기다립니다. 저의 아이가 주 여호와의 이름을 높여드리며 예배드리는 시간을 사모하기를 소망합니다. 주님의 날이 세상에서 구별되고, 하나님께 영광을 드리는 시간이기를 바라는 마음을 주시옵소서. 하늘의 하나님께는 영화로움을 드리는 예배를 기다리게 하시옵소서.
    하나님의 자녀로서의 복을 누리는 가운데 3월의 마지막 날을 맞이합니다. 저의 아이를 지켜주셔서 은혜 가운데 한 달을 믿음으로 지내온 것에 감사드립니다. 이 달에 행하고자 마음먹은 것들을 잘 해낼 수 있게 도와주신 여호와의 손을 자랑합니다. 내일, 새롭게 시작되는 달에 소망을 품게 해주시옵소서.
                      예수님의 이름으로 기도드립니다. 아멘.

❖ 엎드려 얼굴을 땅에 대고 4월 8일

"하나님 앞에서 자기 보좌에 앉아 있던 이십사 장로가 엎드려 얼굴을 땅에 대고 하나님께 경배하여"(계 11:16)

영광이 되시는 하나님,

하나님의 백성들이 여호와의 이름 아래로 나아갑니다. 저의 가족이 거룩한 이 시간을 거룩하게 지키도록 은혜를 주셨음에 감사드립니다. 저희에게 얼굴을 땅에 대고 엎드림의 한 날로 지내게 하시옵소서.

저의 아이가 어려서부터 주 하나님의 사랑을 깨달아 알게 하시니 참 좋습니다. 주님의 날을 승리의 날로 지키게 하시옵소서. 주님께서 이기신 것처럼 저의 아이에게도 승리가 있기 원합니다. 예수님의 이름으로 세상의 죄악 된 일들과 싸워 이기도록 이끌어주시옵소서.

성부와 성자, 성령님의 자비로우심으로 구원의 사랑을 베풀어 주시니 감사드립니다. 그 사랑 때문에 죄에서 구원을 받아 이 날을 주님의 날로 지킵니다. 구속함을 받은 것을 즐거워하게 하시옵소서.

불의를 미워하게 하시는 주님,

저의 아이가 죄를 고백하면서 저희를 사랑하시는 주님 앞으로 나아가게 하시옵소서. 죄를 지은 사실을 애통해 하며, 주님을 사랑해드리는 제자가 되고자 예배하기를 소망합니다. 겸손한 마음으로 예배를 드리게 하시고, 불쌍히 여기시는 주님을 배우게 하시옵소서.

저의 아이가 거룩한 시간을 보낼 때, 하나님의 사랑으로 이웃에게로 나아가는 경험을 하도록 인도해주시옵소서. 저의 아이가 주님의 손과 발, 마음으로 불쌍한 이웃에게로 가도록 기름을 부어주시옵소서. 하나님께서 세상을 사랑하심을 갖고 세상으로 나아가게 하시옵소서.

예수님의 이름으로 기도드립니다. 아멘.

❖ 그의 성실을 먹을거리로   4월 9일

"여호와를 의뢰하고 선을 행하라 땅에 머무는 동안 그의 성실을 먹을 거리로 삼을지어다"(시 37:3)

의뢰하라 하시는 하나님,

오늘, 저희 가족에게 여호와를 주목하는 은혜를 경험하기를 축복합니다. 저희 가족이 사랑해야 될 하나님, 청종해야 하는 하나님의 말씀에 대한 각오를 경험하도록 성령님께서 강권해주시옵소서.

한 주간의 생활을 시작하면서 저의 아이를 축복합니다. 저의 아이가 주님께로부터 받은 것을 헤아릴 줄 아는 지혜를 주시옵소서. 그가 여호와 하나님의 은혜로 누리는 것들 가운데 일부를 따로 구별해서 주님께 드리게 하시옵소서.

주님의 자비하심으로 돈을 쓰면서 지내고 있으니, 그가 지니고 있는 돈을 주님께 드리는 생활을 하게 하시옵소서. 자신의 돈의 일부를 가지고 어려운 이들을 돕게 하시옵소서. 어려운 이들을 불쌍히 여기시는 주님의 손이 되어 자신의 돈을 기증하게 하시옵소서.

자비로우신 주님,

어른들이 쓰는 것에 비해서는 아주 적은 돈이지만, 선을 베풀 힘이 있을때, 마땅히 받을 자에게 베푸는 것을 경험하게 하시옵소서. 그 선행을 통해서 하나님은 영광을 받으시고, 어려운 이들에게 주님의 은혜가 퍼지게 하시옵소서.

오늘은 특별히, 하늘의 문을 여시고, 말씀으로 강하게 하셨으니, 육체적으로 강건하게 지낼 것을 믿습니다. 십자가에서 흘리신 보혈로 은혜를 누리고 담대하게 해주셨으니, 믿음으로 강하게 살게 하시옵소서.

예수님의 이름으로 기도드립니다. 아멘.

너희는 진실한 재판을 행하며   4월 10일

"만군의 여호와가 이같이 말하여 이르시기를 너희는 진실한 재판을 행하며 서로 인애와 긍휼을 베풀며"(슥 7:9)

인애와 긍휼의 하나님,

오늘, 저희 가족에게 하나님의 인애와 긍휼을 묵상하게 해주실 것을 원합니다. 사랑하는 식구들을 하나님의 자녀로 삼아주시고, 부활의 약속을 받게 하심도 세상에 대하여 하나님의 인애와 긍휼로 세상을 섬기라 하심이라 깨닫습니다.

하나님의 예정된 은혜가 저희 가정을 믿음의 성소로 삼아주시고, 저의 아이는 믿음의 자손이 되게 하셨으니, 주님만을 바라보며 소망으로 살게 하시옵소서. 믿음으로 주님의 부활에 동참하였으니, 다시 살아나신 주님을 증거 하는 삶이 있게 하시옵소서.

성경을 가까이 하고 말씀을 읽기를 즐기게 하시옵소서. 성령님의 감동하심으로 말씀을 외우게 하시고, 순간마다 기억해내어 말씀을 활용하기 원합니다. 예수님께서 사탄의 유혹을 말씀으로 물리치신 것처럼 저의 아이도 가슴에 말씀을 두어 그 말씀을 적용하게 하시옵소서.

사랑으로 넘치게 하시는 주님,

저의 아이가 이웃을 사랑하여 교실 안에서 우정을 두텁게 하게 하시며, 섬겨야 할 친구들에게 사랑의 손을 내어밀게 하시옵소서. 스스로 할 수 없는 친구에게 가서 도와야 함을 간직하게 하시옵소서.

힘겨워하는 친구를 도와줌으로써 함께 지내도록 하신 하나님의 사랑을 향유하게 하시옵소서. 만일, 공부를 어려워하는 친구가 있다면 자신이 아는 것을 가르쳐 주게 하시옵소서.

예수님의 이름으로 기도드립니다. 아멘.

✧ 그도 이스라엘을 구원하였더라 4월 11일

"에훗 후에는 아낫의 아들 삼갈이 있어 소 모는 막대기로 블레셋 사람 육백 명을 죽였고 그도 이스라엘을 구원하였더라"(삿 3:31)

삼갈의 하나님-나의 하나님,

오늘, 저희 가정에 삼갈의 삶을 본받게 하시옵소서. 삼갈을 구별하신 하나님의 은혜가 저희 가족에게도 있음을 확인시켜주셨습니다. 저희 가정을 사사의 사명을 감당했던 삼갈의 은혜로 세워주시옵소서.

저의 아이가 우상을 숭배하는 집안에서 태어난 삼갈이 사사로 부름을 받아 사명을 완수했음을 배우게 하시옵소서. 자신의 신분과 처지에 아랑곳 하지 않고, 주님의 사람으로 살았던 진리를 깨닫게 하시옵소서.

삼갈의 하나님이 저의 아이의 하나님이기를 소망합니다. 그리하여 삼갈을 사사로 세워주셨던 은혜로 저의 아이도 세워지기를 소원합니다. 그에 의한 하나님의 역사가 저의 아이에게도 나타나게 하시옵소서.

사람을 찾아 세우시는 주님,

그를 사용하여 지금 이루시려는 하나님의 일들이 이루어지기 원합니다. 동네에서 여러 아이들과 어울릴 때, 빛과 소금의 역할을 잘 감당하여 착한 행실의 열매를 맺게 하시옵소서. 학교에서 친구들에게 복음을 전하게 하시옵소서.

저의 아이가 들어오고 나가고 할 때, 그들의 발을 보호해 주시고, 하나님의 자비하심에 따라 인도해 주시옵소서.

성경에서 가르쳐 주는 대로 따르고 순종하는 생활에 힘쓰게 하시옵소서. 그가 집에서 받은 부모의 사랑으로 든든히 서게 하시고, 그 든든함이 학교생활에 적극적인 모습을 띠도록 이끌어주시옵소서.

예수님의 이름으로 기도드립니다. 아멘.

❖ 서로 뜻이 같게 하여 주사 4월 12일

"이제 인내와 위로의 하나님이 너희로 그리스도 예수를 본받아 서로 뜻이 같게 하여 주사"(롬 15:5)

인내와 위로의 하나님,
저희 가족에게 위로해주시고, 오래 참아주심에 감사드립니다. 여호와의 위로와 인내를 저희 것으로 삼게 하여주시옵소서. 식구들이 서로에게 위로하게 하시며 인내로 대하도록 주장해주시옵소서.

오늘, 저의 아이가 경험하는 시간들 속에서 어떤 때는 기도가 찬양으로 바뀌게 하시고, 어떤 때는 기막힌 어려움이 찬양으로 바뀌게 하시기를 원합니다. 이로써 살아가는 삶의 은혜를 체험하여 성경에서 약속해주신 복을 기다리면서 사는 믿음을 갖게 하시옵소서.

오늘을 지내면서 저의 아이가 교회를 세우시는 하나님을 찬양하게 하시옵소서. 주님께 구하니 인류를 구원하시려는 하나님의 뜻이 더욱 더 이루어지는 교회가 되게 하시옵소서. 저희 부부와 자녀는 이 교회로 모여서 주님께 합당한 영광을 드리게 하시옵소서.

경외하는 마음을 주시는 주님,
저의 아이의 예배 속에 하나님의 권세가 드러나게 하사, 하나님의 말씀이 선포되는 교회로 이끌어 주시옵소서. 이 땅에 하나님의 나라가 이루어지게 하는데 충성을 다하는 교회가 되게 하시옵소서.

여호와의 이름을 높이려는 소망으로 모든 일에 잘 함을 경험하게 하시옵소서. 아울러 다른 사람들과 어울릴 때, 자신감을 갖고 임하게 하시옵소서. 인간의 모든 도움이 천지를 지으신 여호와로 말미암사오니, 그 은혜를 소망하도록 이끌어 주시옵소서.

예수님의 이름으로 기도드립니다. 아멘.

주 예수의 이름으로 하고 4월 13일

"또 무엇을 하든지 말에나 일에나 다 주 예수의 이름으로 하고 그를 힘입어 하나님 아버지께 감사하라"(골 3:17)

주님의 이름을 주신 하나님,

오늘, 저희 가족에게 예수님의 이름으로 살아가도록 강권해주시옵소서. 죄에서 구원을 받는 순간, 예수님의 이름을 주셨으니 감사드립니다. 주님의 이름으로 세상을 이기며 지내게 하시옵소서.

저의 아이에게 천국백성이 되어 살아가는 법칙으로서 하나님의 말씀을 주셔서 감사드립니다. 주님께서는 성경을 통해서 그의 마음과 영을 향해 직접 말씀하심을 믿습니다. 그가 날마다 성경을 외움으로써 삶의 교훈을 받기를 원합니다.

공부나 다른 일들로 그가 바쁠수록 하나님의 말씀만이 저의 행실에 대한 증거임을 깨닫게 하시옵소서. 성경을 암송하고, 성경대로 살아감으로써, 크리스천의 생활을 이루기를 소망합니다.

따르게 하시는 주님,

저의 아이가 자신의 몸을 볼 때마다 육신의 생활에도 주님의 뜻을 따름이 있기 원합니다. 건강한 몸을 유지하도록 운동을 즐기게 하시고, 몸을 많이 사용하도록 하시옵소서. 게으르지 않게 하시며, 부지런히 활동하고, 좋은 생각을 품고 살아가게 하시옵소서.

음식을 섭취할 때 하나님께서 주신 그대로 자연적인 식습관을 갖게 하시옵소서. 빠르고 편하다는 이유로 가공된 음식을 즐기지 않도록 하시옵소서. 하나님께서 주신 몸의 청지기로서 균형이 잡힌 몸을 위하여 자연의 음식을 즐겨 먹도록 하시옵소서.

예수님의 이름으로 기도드립니다. 아멘.

❖ 죄의 몸이 죽어   4월 14일

"죄의 몸이 죽어 다시는 우리가 죄에게 종 노릇 하지 아니하려 함이니"(롬 6:6하)

죄를 이기도록 해주신 하나님,

오늘, 저희 가족에게 그리스도와 함께 죄의 몸이 죽었음을 경험하게 하시니 감사드립니다. 죄에게 종 노릇을 하지 않고 지낼 것을 다시금 다짐하게 하시옵소서.

저의 아이에게 주님의 부활에 따른 진리를 알게 하사, 주님의 부활이 우리에게 이김을 주시는 능력에 대하여 알게 하시옵소서. 저의 아이가 부활신앙으로 세상을 이기신 주님의 능력을 힘입어 담대하게 하시며, 사탄의 유혹도 물리치게 하시옵소서.

저의 아이가 자신에 대한 하나님의 계획에 주목하는 훈련을 받게 하시기를 원합니다. 천국의 시민으로서 여호와 앞에서 살아가도록 이끌어 주시옵소서. 주님께서 기뻐하시지 않는 일들이라면 모양에서부터 거절하도록 용기를 주시고, 자녀 된 모습으로 살게 하시옵소서.

이김을 주시는 주님,

한 주간의 삶을 승리하게 해주셨습니다. 자기의 삶에 간섭하시는 하나님의 손짓을 느끼는 가운데, 믿음에 흔들리지 않고, 굳건히 서서 나아가도록 인도해 주시옵소서. 그가 주 여호와의 이름을 높여드리며 예배드리는 시간을 사모하기를 소망합니다.

이로써 하늘의 하나님께는 영화로움을 드리고 주님께서 세상을 향해서 복을 주시는 예배를 기다리게 하시옵소서. 이를 위해서 오늘 밤의 시간을 거룩히 보내게 해주시옵소서.

                                            예수님의 이름으로 기도드립니다. 아멘.

❖ 너를 자기 기업의 백성으로 4월 15일

"너는 여호와 네 하나님의 성민이라 네 하나님 여호와께서 지상 만민 중에서 너를 자기 기업의 백성으로 택하셨나니"(신 7:6)

영광의 하나님,

오늘, 저희 가정을 성소로 삼고자 할 때, 기름을 부어주시옵소서. 저희 가족이 교회에서 예배할 때, 천사들이 하늘에서 화답하기 원합니다. 영원하신 만유의 주님을 인정해드리고, 그 영화로우심을 세상에 선포하는 예배의 한 시간이 되게 하시옵소서.

저의 아이는 오늘, 천국의 백성이 된 은혜를 기억하면서 최고의 것을 여호와의 이름 앞에 놓아드리는 경험이 되게 하시옵소서. 저의 아이에게 하나님의 말씀을 사모하는 은혜를 내려 주시옵소서. 성경을 읽을 수 있는 복을 주셨음에 감사드립니다.

진리를 사모하게 하시는 주님,

스스로 성경을 펼쳐 읽으려는 마음을 갖게 하시고, 성경에서 지혜를 구하게 하시옵소서. 성경을 읽고 생각하며 지내는 가운데 신앙심이 자라났고, 장래에 대한 꿈도 키우기를 원합니다. 이제, 저희 부부가 경험했던 성경애독에 대한 은혜를 저의 아이도 누리게 하시옵소서.

또한, 바라기는 성경으로 말미암아 기도와 찬송의 시간을 갖기 원합니다. 저의 아이가 감사와 기쁨으로 찬양 드리기를 원하오니, 노래하려는 목청도 부드럽게 하시고, 찬양의 예배가 드려지게 하시옵소서.

저의 아이에게 오늘은 하나님께만 주목하는 날로 삼게 하시옵소서. 주일을 지내는 종일 동안에, 주님을 찬양하기 원하는 마음으로 지내게 해주시옵소서. 주일의 은총이 풍성함을 경험하게 하시옵소서.

예수님의 이름으로 기도드립니다. 아멘.

❖ 나를 의뢰하는 자는   4월 16일

"나를 의뢰하는 자는 땅을 차지하겠고 나의 거룩한 산을 기업으로 얻으리라"
(사 57:13)

땅을 약속하신 하나님,

오늘, 저희 가족에게 하나님의 나라를 받음에 대한 확신을 가질 것을 축복합니다. 하나님은 복을 주시는 분이시라 인생에게 약속을 주셨습니다. 저희 가정은 그 약속을 다 받아 누리게 하시옵소서.

이에, 저의 자녀는 지금까지 지켜 주시는 은혜에 감사로 나아가게 하시옵소서. 주님의 크신 사랑에 찬송과 감사로 아버지를 영화롭게 해드리기를 원합니다. 생명의 말씀으로 만물을 지으시고, 그 언약하신 말씀대로 복을 누리며 살게하시는 하나님을 높입니다.

학교에서 공부를 하는 시간 시간마다 새롭게 형상되는 지식이 하나님께로 연결되기 원합니다. 공부하는 내용들 속에서 하나님의 살아계심을 발견하게 하시고, 지식을 활용하려는 다짐을 하게 하시옵소서.

성령님께 충만하게 하시는 주님,

이제, 간절히 바라기는 저의 아이의 입술이 성령님께 드려지기를 원합니다. 자신의 입술로 주님의 진리를 전파하게 하시옵소서. 어떤 힘이 저의 입을 막는다 해도, 굽히지 않고 복음을 전하는 입이 되어, 사랑의 진리를 외치게 하시옵소서.

이를 위해서는 주님께서 주신 모든 물질도 기꺼이 드리기 원합니다. 그에게 있는 모든 것을 하나님께 드리며 주님께 영광 돌리게 하시옵소서. 하나님께 영광을 드리는 것에 대한 생각을 품고 지내도록 이끌어 주시옵소서.

예수님의 이름으로 기도드립니다. 아멘.

너희가 사람의 과실을 용서하면 4월 17일

"너희가 사람의 잘못을 용서하면 너희 하늘 아버지께서도 너희 잘못을 용서하시려니와" (마 6:14)

용서로 지내게 하시는 하나님,

오늘, 이미 여호와께로부터 용서를 받았음에 감사하는 저희 가족이 되기를 원합니다. 주님의 십자가에서 이루어진 용서를 저희에게 누리게 하셨습니다. 그 용서를 기뻐하면서, 저희들도 이웃을 용서하고자 하는 마음을 갖게 하시옵소서.

나아가, 저의 자녀에게 주님으로 말미암는 소망을 주시옵소서. 공부하는 내용이 어려울 때, 소망이 없다면 책의 뚜껑을 덮고 말 것입니다. 학교생활이 부담스러울 때, 소망을 갖지 못 한다면 낙심하여 다른 곳으로 갈 것입니다. 공부하는 것이 힘들고, 학교생활이 어려울지라도 하나님께서 세워주신다는 소망을 갖도록 해주시옵소서.

지켜주시는 주님,

저의 아이에게 학교에 다닐 수 있도록 해주셨음에 감사드립니다. 교실에서 공부할 때, 가르침에 집중해서 전심전력할 수 있기를 소망합니다. 새로운 지식을 이해하도록 도와주시는 성령님의 은총으로 잘 배우게 하시옵소서. 책을 읽을 때 문장의 내용을 바르게 이해하도록 하시고, 선생님의 설명을 귀담아 듣게 하시옵소서.

크신 팔과 강하신 손으로 저의 아이를 지켜주시는 그 은혜에 오늘도 만족한 한 날이 되게 하시옵소서. 여호와 우리 주님의 인자하신 은혜로 새 사람이 되었으니 가슴이 뜨겁도록 말씀으로 채워주시옵소서. 오늘도 영생의 말씀으로 삶이 지어지게 해주시옵소서.

예수님의 이름으로 기도드립니다. 아멘.

❖ 내 상에서 떡을 먹으리라   4월 18일

"그러나 네 주인의 아들 므비보셋은 항상 내 상에서 떡을 먹으리라 하니라"
(삼하 9:10중)

므비보셋의 하나님-나의 하나님,

오늘, 저희 가정에 하나님의 환대에 주목하는 삶이 되게 하시옵소서. 저희로 하여금 살아갈 수 있는 은혜는 하나님의 너그러우심입니다. 그 은총으로 이제까지 지내왔고, 앞으로도 그러하게 하시옵소서.

저의 아이에게는 다윗의 너그러움과 자비심을 통하여 평안을 누리게 되었던 므비보셋의 은혜를 묵상하게 하시옵소서. 므비보셋을 만드신 하나님의 열심이 저의 아이를 만져 주시기 원합니다. 절뚝발이요, 가난뱅이며, 자신을 돌볼 수 없는 처지의 그가 다윗에게 은총을 받아 왕궁에서 왕자 중의 한 사람처럼 지냈었음을 깨닫게 하시옵소서.

확신을 주시는 주님,

저의 아이에게도 므비보셋이 누렸던 은혜를 경험하게 하시옵소서. 그리고 므비보셋의 믿음을 저의 아이도 경험하여 돕는 이들을 만나게 하시옵소서. 이로써 자비를 베푸는 이들을 사귀게 하시옵소서. 그에게 은혜를 베풀어주는 사람들을 친구로 사귀게 하시고, 그를 만나는 사람들마다 그의 편이 되게 해 주시기를 소망합니다.

저의 아이가 올해도 자신의 비전을 품고 살아감을 기뻐합니다. 하나님의 뜻을 구하면서 자기를 향한 하나님의 계획에 마음을 두게 하셨습니다. 어려서부터 하나님의 사람으로 사는 인생관을 지니도록 기름을 부어주시옵소서. 하나님의 보내심으로 세상으로 나가는 보냄을 받은 자의 삶을 경험하게 하시옵소서.

                        예수님의 이름으로 기도드립니다. 아멘.

❖ 그리스도인의 인내에 들어가게   4월 19일

"주께서 너희 마음을 인도하여 하나님의 사랑과 그리스도의 인내에 들어가게 하시기를 원하노라"(살후 3:5)

인도해주시는 하나님,

오늘, 저희 가족에게 하나님의 사랑으로 들어가게 해주심을 묵상합니다. 그리고 주님의 인내를 경험하게 해주실 은혜를 묵상합니다. 저희 가정에서 하나님의 사랑이 풍성함을 누리게 하시옵소서.

저의 아이의 앉고 일어섬을 아시고, 그들의 길과 눕는 것도 감찰하시는 하나님을 찬양합니다. 부모로서 저희가 돌보지 못하는 순간에도 하나님께서는 그들과 함께 하시고, 바다 끝에 거할지라도 주님의 손이 인도해주심을 믿습니다.

은혜를 넘치게 하시는 주님,

저의 아이가 하나님의 택하심을 입은 자녀가 되어 인도하심의 은혜를 받음에 감사함을 고백하게 하시옵소서. 그리하여 그가, 오늘을 사는 동안에 주님의 팔에 안기기를 소망합니다. 주님께서는 저의 아이를 사랑하시고, 친절하시므로 그 크신 팔로 안아주심을 믿습니다.

그 팔에 안겨서 사탄의 유혹을 물리치게 하시고, 악한 일들로부터 지켜주심을 믿습니다. 그 팔에 안겨 있음으로 하늘나라에 가는 그 때까지 보호하심을 믿습니다. 영원한 팔로 감싸주시옵소서.

저의 아이가 자신의 모든 생각을 주님께 맡기기를 소망합니다. 하나님을 가까이 하면, 하나님의 손이 높이 들어주신다 하셨으니, 주님의 손길을 의지하게 하시옵소서. 어떤 경우에라도 좌절하지 않게 하시고, 선을 이루시는 하나님을 바라보게 해주시옵소서.

예수님의 이름으로 기도드립니다. 아멘.

❖ 신령한 복을 우리에게 주시되   4월 20일

"찬송하리로다 하나님 곧 우리 주 예수 그리스도의 아버지께서 그리스도 안에서 하늘에 속한 모든 신령한 복을 우리에게 주시되"(엡 1:3)

    신령한 복을 주시는 하나님,
    오늘, 저희 가족에게 하나님께서 이미 주신 복에 대하여 찬송을 드리는 삶으로 살아가도록 강권해주시옵소서. 이미 주신 복에 감사하면서 누리는 삶에 집중하며, 찬송을 드리는 가정으로 삼아주시옵소서.
    저의 아이에게 공부하기에 부족함이 없게 해주셨습니다. 이 또한 저의 아이가 찬송을 드릴 이유입니다. 하늘의 문을 여시고 넉넉하게 하셔서 아무런 어려움이 없이 지냄을 감사하게 하시옵소서. 교실에 들어설 때, 주님의 베풀어주심으로 말미암은 감사의 고백을 먼저 하기 원합니다.
    주님의 은혜로 학교에 다니고 있으니, 공부하는 중에 혹시 성적이 떨어졌다 하여 실망하지 않게 하시옵소서. 선생님의 가르치심에 대하여 불평하는 어리석은 죄를 짓지 말게 하시옵소서.
    소망으로 이끌어 주시는 주님,
    생각보다 떨어진 점수로 말미암아 지나치게 낙심하지 않도록 붙들어 주시옵소서. "우리가 알거니와 하나님을 사랑하는 자 곧 그 뜻대로 부르심을 입은 자들에게는 모든 것이 합력하여 선을 이루느니라"고 말씀하셨음을 믿게 하옵소서.
    저의 아이가 주님의 은혜가 생각될 때마다 감사로 고백하게 하시옵소서. 순간마다 도우시고, 약할 때, 강하게 하시며 즐겁게 하시는 손길에 감사의 노래를 드리게 하시옵소서. 여호와의 팔은 강하고, 길어서 언제나 저의 아이의 편이 되심을 믿고 감사하면서 지내도록 해주시옵소서.
                           예수님의 이름으로 기도드립니다. 아멘.

✦ 십자가에 못 박히셨으나　　　　　4월 21일

"그리스도께서 약하심으로 십자가에 못 박히셨으나 하나님의 능력으로 살아 계시니"
(고후 13:4상)

　능력이 많으신 하나님,
　오늘, 우리 자신은 약하지만 하나님의 능력 안에서 강하다는 것에 주목하기를 원합니다. 예수님께서 죄인 되었던 우리를 구원해주시려고 약해지셨던 것에 감사하게 하시옵소서. 하나님의 능력으로 부활하사, 우리에게 부활의 보증이 되신 예수님을 묵상합니다.
　오늘, 장애인의 날을 맞이해서 저의 아이에게 장애인들을 사랑하는 마음을 주시옵소서. 저희들 주변에는 안타깝게도 사고로 인하여 몸에 장애를 입은 이들이 많습니다. 어떤 이들은 태어나는 순간부터 장애를 지니게 되었습니다. 그렇지만 그들 모두는 하나님께 사랑을 받는 사람들임을 믿습니다.
　낮은 자들의 주님,
　하나님께서 장애인들을 특별하게 아끼시는 것을 깨닫습니다. 저의 아이가 주님의 손길로 장애인들을 돌아보게 하시고, 작은 사랑으로 그들을 섬기게 하시옵소서. 장애자들을 사랑하시는 하나님의 손길을 따르게 하시옵소서. 하나님의 도우심을 거저 받고 있기에, 장애인들을 거저 도울 수 있도록 마음을 열어 주시옵소서.
　오늘, 토요일을 지내면서 저의 아이가 주 여호와의 이름을 높여드리며 예배드리는 시간을 사모하기를 소망합니다. 주님의 날이 세상으로부터 구별되고 하나님께 영광을 드리는 시간이기를 바라는 마음을 주시옵소서. 하늘의 하나님께는 영화로움을 드리게 해주시옵소서.
　　　　　　　　　　　예수님의 이름으로 기도드립니다. 아멘.

❖ 유월절 제사를 드리되 4월 22일

"여호와께서 자기의 이름을 두시려고 택하신 곳에서 소와 양으로 네 하나님 여호와께 유월절 제사를 드리되"(신 16:2)

존귀하신 하나님,

오늘, 예배의 날과 장소를 정하신 하나님을 주목하기를 원합니다. 저희 가족이 이 날을 지키듯이, 하나님께서도 저희를 거룩하게 해주시옵소서. 저희 가정을 신령하게 하사, 하나님께 영광을 드리게 하시옵소서.

주님께서 영광을 받으신 이 날에 저의 아이가 예수님께 왕관을 드리는 은혜를 경험하게 하시옵소서. 세상의 권세를 다 물리치시고 승리하신 것을 기념하는 주님의 날이기를 소망합니다.

부활의 승리로 만왕의 왕이 되셨음을 선포하는 예배를 드리게 하시며 면류관을 드리는 은혜를 주시옵소서. 저의 아이가 금 같은 복종의 자세로 예배하기를 소망합니다. 예배당에서 행해지는 모든 순서에 마음을 다 바쳐서 여호와께 경배하는 은혜를 누리게 하시옵소서.

섬김으로 이끌어주시는 주님,

그에게 왕 앞에서의 신하와 같은 겸손함을 주시옵소서. 하나님을 주님으로 섬기는 저의 아이의 마음이 평안해질 것을 믿습니다. 하나님의 도우심을 기대하게 이끌어 주시옵소서. 주님께서 그들을 사랑하시고, 그들을 기대하신다는 사실을 받아들여 용기를 갖게 하시옵소서.

주님께서 소망을 주시는데, 어리석게도 눈에 보이는 현상들로 말미암아 포기하지 않게 하시옵소서. 조금도 나아져 보이지 않는다 하여 공부를 포기하지 않게 하시옵소서. 자신의 인생과 장래의 삶에 대하여서도 포기하지 않도록 은혜를 주시옵소서.

예수님의 이름으로 기도드립니다. 아멘.

❖ 여호와는 의지할 이시니라 4월 23일

"대저 여호와는 네가 의지할 이시니라 네 발을 지켜 걸리지 않게 하시리라"(잠 3:26)

지켜주시는 하나님,

오늘, 저희 가족에게 하나님의 지켜주심의 은혜 안에서 지내기를 축복합니다. 식구들이 영적으로와 육적으로 보호해주시는 하나님께 감사로 나아가게 하시옵소서. 저희 가정이 시온의 성소가 되는 경험을 하게 하시며, 여호와의 보호해주심에 찬양을 드리게 하시옵소서.

주님의 이름으로 저의 아이를 축복하니, 이번 주간에도 복된 삶이 이어지게 하시고, 그의 마음에 이루고자 하는 일들을 성취시켜 주시옵소서. 여호와는 형통케 해 주시는 하나님이심을 믿게 하시옵소서. 하나님의 은혜가 위로부터 내려오고, 하늘의 권능으로 지낼 줄로 믿습니다.

저의 아이가 활기차고 영성으로 거룩하게 하기 위해서 성령님을 모셔 들이게 하시옵소서. 성령님께 충만하기 위해서 자신을 준비시키게 하시옵소서. 자신의 생각과 욕심으로 가득 차 성령님께 내어드릴 빈자리가 없는 상태를 불쌍히 여겨 주시옵소서.

은혜로 인도해주시는 주님,

주님과 함께 하기 위해서, 자기 자신이 거룩한 심령으로 준비하게 하시옵소서. 죄를 이기게 하시고, 하나님의 자녀로서 거룩함에 힘쓰게 하심에 감사드립니다.

마음이나 감정에 자신을 내어주지 않고, 오직 찬송과 기도의 생활에 힘쓰는 중에 성령님의 인도하심을 따르게 하시옵소서. 주님의 생각을 자기의 생각으로 품고자 하나님의 뜻을 추구하게 해주시옵소서.

예수님의 이름으로 기도드립니다. 아멘.

❖ 너희를 용서하신 것과 같이 4월 24일

"누가 누구에게 불만이 있거든 서로 용납하여 피차 용서하되 주께서 너희를 용서하신 것 같이 너희도 그리하고"(골 3:13)

용서의 은혜를 주시는 하나님,

오늘, 저희 가족에게 용서의 은혜를 누리게 하시옵소서. 하나님의 용서에 감사하며, 그 증거로 이웃에게 용서의 손을 내어밀게 하시옵소서. 용서로 말미암은 거룩함에의 은총을 고백하게 하시옵소서.

저희 아이가 화를 내게 되는, 억울한 상황을 만나게 될 때, 분노하지 않기를 원합니다. 화가 치밀어 오르는 경우에라도 하나님의 용서를 자기의 것으로 삼는 훈련을 받게 하시옵소서.

아울러 애굽의 종살이에서, 홍해 바다의 몰살되는 위험에서 자기 백성을 구해주셨던 그 손길을 기다리는 은혜를 체험하게 하시옵소서. 구름기둥과 불기둥의 인도, 만나와 메추라기의 먹이심의 은총을 허락해 주시옵소서. 낙심을 이기는 학교의 시간이 되기를 원합니다.

감사함을 주시는 주님,

하나님을 사랑하는 저의 아이가 이웃을 사랑하기를 소망합니다. 담임 선생님을 비롯해 모든 교사들을 존경하게 하시며, 그들을 존귀하게 여기게 하시옵소서. 그분들의 수고에 감사하는 마음을 갖게 하시옵소서. 그리고 교실 안에서는 우정을 두텁게 하게 하시며, 섬겨야 할 친구들에게 사랑의 손을 내어밀게 하옵소서.

스스로 할 수 없는 친구에게는 가서 돕기를 원합니다. 힘겨워하는 친구를 도와줌으로써 하나님의 사랑을 향유하게 하시옵소서. 도움을 필요로 하는 이들에게 손을 내어주는 삶을 원하도록 이끌어주시옵소서.

예수님의 이름으로 기도드립니다. 아멘.

❖ 네게 지시하는 땅에 거주하라 4월 25일

"여호와께서 이삭에게 나타나 이르시되 애굽으로 내려가지 말고 내가 네게 지시하는 땅에 거주하라"(창 26:2)

이삭의 하나님-나의 하나님,

오늘, 저희 가정에 하나님께서 간섭하셨던 이삭의 삶을 본받게 하시옵소서. 저희 가정에도 하나님의 섭리가 있음을 확신합니다. 부모는 부모의 삶에서 자녀는 자녀의 위치에서 하나님을 기다리게 하시옵소서. 하나님의 지시에 순종하게 하시옵소서.

저의 아이에게 이삭을 배우게 하시옵소서. 흉년이 들어 좋은 땅을 찾으려 할 때 하나님께서 지시하시는 땅에 머물라는 말씀을 듣고 지켜 순종했던 믿음을 배우게 하시옵소서. 더 좋은 땅으로 옮길 수도 있었으나, 하나님의 약속에 머물렀던 은혜를 사모하게 하시옵소서.

하나님의 말씀에 순종하는 믿음을 저의 아이에게 주시옵소서. 이삭의 하나님이 그의 하나님이 되시기를 구합니다. 하나님의 말씀을 믿고 순종한 믿음을 본받게 하시옵소서. 아무리 어려운 환경에 몰린다 해도 하나님을 사랑하는 고집을 지니게 하시옵소서.

섬김을 주시는 주님,

가족공동체 안에서 저의 아이가 사랑을 공유하기를 원합니다. 서로의 사이에서 생각이 다르고, 의견의 충돌이 일어날 수 있지만, 가족이라서 자기만의 주장을 앞세우지 않고 이해하려 하게 하시옵소서.

가족은 서로에 대하여 도와주고, 상대방이 할 수 있도록 해주어야 함을 깨닫게 하시옵소서. 가족 안에서 경험되는 사랑과 이해의 삶을 살아가도록 복되게 해주시옵소서.

예수님의 이름으로 기도드립니다. 아멘.

❖ 약속하신 것을 받기 위함이라 4월 26일

"너희에게 인내가 필요함은 너희가 하나님의 뜻을 행한 후에 약속하신 것을 받기 위함이라"(히 10:36)

뜻을 성취하시는 하나님,
오늘, 저희 가족에게 하나님의 뜻을 이루어드림에 대하여 소원하기를 원합니다. 약속해주신 상급이 있으므로 상을 받기 위해서 하나님의 뜻에 주목하는 저희들이 되게 하시옵소서.
저의 아이도 부모가 갖고 있는 소원에 따라 하나님의 뜻에 주목하게 하시옵소서. 주님의 이름으로 축복하니, 천국 백성으로 살아드리는 자세를 더하게 하시옵소서.
주님의 은혜로 살아갈 때, 순간순간이 기쁨으로 이어지게 하시옵소서. 하나님께 순종하는 생활을 하게 하시옵소서.
저의 아이가 주님을 사랑하는 만큼 주님의 말씀이 기록된 성경을 옆에 두게 하시옵소서. 성경을 읽으면서 하나님께서 자신에게 말씀하심을 체험하기 원합니다. 이로써 하나님의 뜻이 성취되는 것을 경험하게 하시옵소서.
진리로 들어가게 하시는 주님,
성령님께서 강권하셔서 성경을 읽는 중에, 그 말씀을 자신의 것으로 여기는 경험으로 들어가기를 원합니다. 성경을 읽을 때, 그 내용이 지금, 자신에게 말씀하시는 하나님의 음성으로 들려지고, 자신의 삶에 적용하게 하시옵소서. 이로써 생활 속에 주님을 경험하게 하시옵소서.
말씀으로 임하시는 성령님의 은혜를 누리게 하시옵소서. 주님께서 다스리실 때 그 마음에 평강이 넘치게 되고, 거룩한 삶을 사는 인생으로 이끌어주시옵소서.
예수님의 이름으로 기도드립니다. 아멘.

❖ 너희는 그리스도의 것이요 4월 27일

"너희는 그리스도의 것이요 그리스도는 하나님의 것이니라"(고전 3:23)

자녀라 불러주시는 하나님,

오늘, 저희 가정을 하나님께 올려 드립니다. 이 가정은 여호와의 것이니 하나님께서 영광을 취하시기를 빕니다. 이로써 부모와 자녀가 다 같이 하나님의 소유된 백성으로 살아가게 하시옵소서.

저의 아이가 믿음으로 살아가려 할 때, 자신이 하나님의 것임을 기뻐하게 하시옵소서. 그리고 무엇을 하려고 시도할 때, 하나님과 사람 사이에서 흔들리지 않게 하시옵소서. 오직 하나님을 기쁘시게 해드리려는 생각을 놓치지 않게 하옵소서.

저의 아이를 축복합니다. 하늘의 문을 여시고, 하나님께서 받으실 만한 것을 선택할 수 있는 지각을 주시옵소서. 그가 하나님의 영광을 구할 때, 때때로 친구들로부터 따돌림이 되고, 비난거리가 된다 할지라도 의로운 편을 택하는 용기를 갖게 하시옵소서.

긍휼에 풍성하신 하나님,

저의 아이가 오늘을 지내면서 자신의 유익을 위해서 결정을 할 때가 많을 것입니다. 자기를 위해서 결정을 해야 할 때, 하나님의 말씀에 마음을 두게 하시옵소서. 하나님께 영광이 되는 편을 선택하는 고집을 보이도록 담대함을 갖도록 해 주시옵소서.

하나님은 언제나 저의 아이에게 은혜로우신 아버지이셨습니다. 주님을 십자가에 내어주시기까지 사랑해 주셨음을 깨닫고 있습니다. 이제, 그 사랑에 감격해서 그가 하나님을 영화롭게 해드리고 자신에게는 만족한 한 날로 이끌어 주시옵소서.

예수님의 이름으로 기도드립니다. 아멘.

✧ 그는 십자가를 참으사   4월 28일

"그는 그 앞에 있는 기쁨을 위하여 십자가를 참으사 부끄러움을 개의치 아니하시더니 하나님 보좌 우편에 앉으셨느니라"(히 12:2하)

소망의 하나님,

오늘, 저희 가족에게 고난과 영광에 대하여 묵상하게 하시니 감사드립니다. 십자가의 고난을 겪으신 후에, 하나님의 우편에 앉으신 주님을 생각합니다. 저희도 하나님의 약속을 받았으니 참아야 될 고난을 견디게 하시옵소서. 온 식구들이 세상에서의 고난을 천국에서의 승리로 바라보게 하시옵소서.

저의 아이가 하늘의 시민권을 가진 자로 택함을 받았음에 감사드립니다. 그에게 긍휼의 손을 펴서 구속의 은혜를 누리게 하시고, 영생을 얻은 기쁨으로 살게 하시옵소서.

하늘의 시민답게 하나님과 하나님의 뜻을 이루어드리는 일에 소망을 품는 고집이 있게 하시옵소서. 그 소망으로 열매를 맺는 생활을 하게 하옵소서.

천국을 살게 하시는 주님,

하늘의 시민이면서 한 가정의 부모에게 자녀가 된 저의 아이에게 가족의 사랑을 묵상하는 시간을 주시옵소서. 성령님의 감동하시는 은혜로 부모를 존경하는 아이들이 되게 하시옵소서. 부모를 공경하는 가운데 하나님을 공경하는 믿음의 자세로 나아가게 하시옵소서.

저의 아이가 주 여호와의 이름을 높여드리며 예배드리는 시간을 사모하기를 소망합니다. 부모를 주신 하나님께 감사와 영광의 찬양을 드리는 예배를 원하게 하시옵소서. 부모에게 순종하고, 존귀하게 여기는 마음을 갖고 예배하는 주일을 기다리게 해주시옵소서.

예수님의 이름으로 기도드립니다. 아멘.

❖ 하나님께 소망을 두는 자는   4월 29일

"야곱의 하나님을 자기의 도움으로 삼으며 여호와 자기 하나님에게 자기의 소망을 두는 자는 복이 있도다"(시 146:5)

하늘의 하나님,

오늘, 저희 가족에게 주님의 날을 주셔서 감사드립니다. 지난 엿새 동안에 부지런히 지내게 하셨다가 여호와의 이름을 부르게 하셨습니다.

거룩한 백성으로 예배를 드리게 하시옵소서. 저의 아이에게도 하늘을 우러러 영화로운 찬양으로 주님을 경배하게 하시옵소서. 동방의 박사들이 예물을 드려 아기 예수님을 경배하였던 그대로 믿음과 사랑, 소망으로 예물을 드리는 예배가 되게 하시옵소서.

저의 아이가 거룩한 날의 아침에, 하늘 보좌에 앉아계신 주님을 찬양하면서 예배를 드리게 하시옵소서. 삼위일체 하나님께 영광이 되기를 소망합니다. 영화로운 그 이름을 높이 찬양하는 은혜를 주시옵소서.

찬미를 즐겁게 하시는 주님,

저의 아이가 여호와 하나님을 예배하면서 천군과 천사들도 하늘의 보좌 앞에서 찬양을 드리는 것을 느끼기 원합니다. 오직 주님의 이름을 높여드리는 한 시간으로 이끌어 주시옵소서. 의인의 찬송을 받으시는 하나님을 느끼는 복된 시간이 되게 하시옵소서.

예배의 순서가 진행되는 동안에 하나님의 부드러운 손길로 만져주심을 느끼게 하시며 성령님의 감동하심에 따라 벅찬 감격의 시간을 경험하게 하시옵소서. 순간순간 하나님의 살아계심을 확인하는 설렘으로 뜨거운 한 시간이 되기를 소망합니다. 하나님에 대한 체험으로 담대함을 갖게 하시옵소서.

예수님의 이름으로 기도드립니다. 아멘.

❖ 의를 따라 엄위하신 일로 4월 30일

"우리 구원의 하나님이시여 땅의 모든 끝과 먼 바다에 있는 자가 의지할 주께서 의를 따라 엄위하신 일로 우리에게 응답하시리이다"(시 65:5)

복을 주시는 하나님,

하나님의 자녀로서의 복을 누리는 가운데 4월의 마지막 날을 맞이합니다. 저희 가족과 함께 해주셔서 하나님께 영광을 구하며 지내온 것에 감사드립니다. 이제, 새로운 달에는 더욱 더 의지하게 하시옵소서.

저의 아이가 한 달을 은혜 가운데 자켜주셔서 믿음으로 지내온 것에 감사드리게 하시옵소서. 이 달에 행하고자 마음먹은 것들을 잘 해낼 수 있게 도와주신 여호와의 손을 자랑합니다.

내일, 새롭게 시작되는 달에 소망을 품게 해주시옵소서.

주님의 이름으로 그를 축복합니다. 저의 아이에게 힘이 되시는 여호와를 기뻐합니다. 하나님의 신실하심으로 생활에 필요한 모든 것들을 채워주시며, 하나님의 도우심이 나타나 믿음으로 할 수 있게 하시옵소서.

불쌍히 여기시는 주님,

주님께서는 그에게 능력이 되시고, 그로 인한 은혜를 찬미하는 아이들이 되게 하시옵소서. 저의 아이가 열심히 노력을 하고, 공부에 힘을 쏟을 때, 원하지 않는 결과를 볼 때가 더러 있습니다, 자신의 뜻대로 공부가 되어 지지 않는다 해서 고통스러워하지 않게 하시옵소서.

때때로 저희의 삶은 희미하게 여겨질 때가 있음을 알고, 주님의 도우심을 기다리게 하시옵소서. 오직 하나님의 손길을 기다리게 하시옵소서. 이런 시간들이 있기에 인내가 훈련되고, 하나님의 은혜를 바라도록 이끌어 주시옵소서.

예수님의 이름으로 기도드립니다. 아멘.

✤ 여호와는 선하시도다 5월 1일

"기다리는 자들에게나 구하는 영혼들에게 여호와는 선하시도다"(애 3:25)

여호와 우리 주여,

저희에게 가정을 주셨음에 감사드립니다. 하나님은 이제까지 저희 가정을 돌보아주시고, 가족에게 선하셨음에 영광을 드리게 하시옵소서. 5월에도 하나님을 기다리는 저희들이 되게 하시옵소서.

오늘, 저의 아이가 부모의 은혜를 새롭게 기억하며, 하나님을 예배하게 하시옵소서. 두 번 다시 만날 수 없는 부모를 주신 하나님을 경배하면서, 저희에게 기쁨을 주는 자식들이 되게 하시옵소서. 저의 아이에게 누구에게서든지 배우려 하는 마음을 주시기 원합니다.

저의 아이가 마음을 다하여, 성품을 다하여 부모님을 받들어 섬기게 하시옵소서. 그리고 그 순종의 자세에서 보이지 않으시는 하나님을 섬기는 것이 되기 원합니다.

여호와를 바라게 하시는 주님,

오늘도 하루를 마치고 집으로 돌아와 주님께서 해주신 일들에 대하여 이야기를 나눌 것을 기대하게 하시니 참 감사드립니다. 오르지 않는 성적 때문에 근심하지 말고, 기도가 바로 응답되지 않는 것 같아 초초해 하지 않게 하시옵소서.

여호와의 품에 있는 것이 새끼가 어미의 품에 있을 때 느끼는 행복함같이 저의 아이가 경험하기를 소망합니다. 예수님으로 말미암은 평안함이 충만하게 하시옵소서. 오늘 학교에서나 또 다른 곳에서 어떠한 환경에 처하게 되더라도 주님의 보호하심을 경험하는 평안을 주시옵소서.

예수님의 이름으로 기도드립니다. 아멘.

✦ 하나님의 도를 더 정확하게   5월 2일

"그가 회당에서 담대히 말하기 시작하거늘 브리스길라와 아굴라가 듣고 데려다가 하나님의 도를 더 정확하게 풀어 이르더라"(행 18:26)

아볼로의 하나님-나의 하나님,

오늘, 저의 가정에 아볼로의 겸손함을 본받게 하시옵소서. 그가 브리스길라와 아굴라로부터 예수님의 생애와 관련된 진리에 대하여 가르침을 받은 자세는 저희들 것으로 삼게 하시옵소서.

저의 아이에게도 아볼로가 자신이 알지 못하는 것에 대하여 가르침을 받은 겸손을 배우게 하시옵소서. 하나님께서 그를 세워주시려고 브리스길라와 아굴라에게서 진리를 깨닫게 하셨음이 저의 아이에게도 있기를 소망합니다.

하나님은 저의 아이에게도 계획을 갖고 계시다고 믿습니다. 아볼로를 부족함이 없는 일꾼으로 만들어 주신 하나님의 열심히 저의 아이에게도 나타나도록 하시옵소서. 그리하여 하나님께서 원하시는 사람으로 만드셔서, 그가 하나님께 영광이 되게 하시옵소서.

이웃을 보게 하시는 주님,

하나님의 은혜 가운데서 자신이 깨달은 진리를 다른 이들과 나눈 아볼로의 은혜를 저의 아이도 경험하게 하시옵소서. 아볼로가 은혜로 말미암아 믿는 자들에게 많은 유익을 끼쳤듯이 저의 아이도 함께 신앙생활을 하는 친구들에게 유익함을 주게 하시옵소서.

저의 아이들과 함께 하나님의 은혜를 누리며 화목하게 지내게 하심에 감사드립니다. 저희 부부에게 복을 주셔서 아이들을 하나님과 사람들에게 사랑을 받는 존재로 키우도록 이끌어주시옵소서.

예수님의 이름으로 기도드립니다. 아멘.

✦ 자비한 자에게, 완전한 자에게 5월 3일

"자비한 자에게는 주의 자비하심을 나타내시며 완전한 자에게는 주의 완전하심을 보이시며"(삼하 22:26)

나타내어 주시는 하나님,

오늘, 저희 가족을 주님의 이름으로 축복합니다. 저희 부부와 자녀가 여호와 앞에서 복 있는 사람이 되게 하시옵소서. 하나님의 자비하심과 온유하심을 누리는 인생으로 살게 하시옵소서.

저의 아이에게는 가정에 있는 천국의 비밀을 알려 주시옵소서. 자기를 사랑하셔서 가정을 주셨음을 통하여 하나님의 품으로서의 천국에 대한 깨달음이 있기를 소망합니다. 저의 아이가 자신의 성장을 위해서 부모를 선물로 주셨음에 감사하게 하시옵소서.

사람의 말로 형언할 수 없는 하나님의 사랑으로 저의 아이를 소생시켜 주시옵소서. 주님만이 주시는 은혜로 담대해지기 원합니다. 사람으로는 할 수 없으되 하나님의 능으로는 할 수 있음을 믿사오니, 주님께서 저의 아이의 소원을 이루어 주시옵소서.

소망을 주시는 주님,

소망을 주신 그 은혜로 영광의 주님을 바라볼 때, 앞길 환하게 보이게 하시옵소서. 부모의 보호에서 아버지 하나님의 은혜를 누리게 하시고, 부모를 통하여 하나님 아버지께로 나아가게 하시옵소서.

그가 어리다고 마냥 어리광을 부리며 지낼 것이 아니라, 주님 앞에서 가족과 가정의 의미를 생각하도록 이끌어 주시옵소서. 자녀가 된 신분으로 부모와 형제들에게 취해야 하는 도리를 깨닫게 하시고, 가정을 통하여 영광을 드리게 해주시옵소서.

예수님의 이름으로 기도드립니다. 아멘.

✧ 그리스도로 말미암아 넘치는도다　　5월 4일

"그리스도의 고난이 우리에게 넘친 것 같이 우리가 받는 위로도 그리스도로 말미암아 넘치는도다"(고후 1:5)

위로해주시는 하나님,

하나님의 위로에 한 날을 시작하는 삶으로 살아가도록 강권해주시옵소서. 하늘로부터 위로가 있어, 오늘을 다시 힘주어 봅니다. 비록 이 땅에서는 절망만 주고 있지만 하늘의 소망을 보는 저의 아이에게 하나님의 위로에 소망을 거는 믿음을 지니기를 원합니다.

저의 아이에게 '하나님의 은혜로만이 믿음을 지닐 수 있는' 진리를 깨닫게 하시옵소서. 그리하여 그가 자신의 생활에 대한 계획을 세우거나 장래의 꿈을 가질 때, 먼저 주님의 은혜를 구하게 하시옵소서. 오직 하나님의 은혜로만 가능하다는 생각을 갖게 하시옵소서.

복 되게 하시는 주님,

저의 아이를 지켜주심을 믿습니다. 하나님의 사랑이 무한하신 얼굴을 그에게 돌리시어 오늘이 복 되게 하시옵소서. 크신 은총으로 참 평강을 누리게 하시고, 그 얼굴로 말미암은 은혜가 해 같이 빛나기를 원합니다. 함께 해 주시는 주님의 은혜를 기뻐하면서 찬양으로 영광을 돌리게 하시옵소서.

저의 아이들이 자신의 생각보다는 하나님의 뜻을 따름에 대한 훈련을 받게 하시옵소서. 하나님의 사람들이 언제나 순종을 통해서 하늘의 문이 열리는 기적을 보았던 것을 누리게 하시옵소서.

믿고 순종하여 담대히 전진하는 은혜를 허락해 주시고, 하나님의 방법에 따라 명령을 지키도록 이끌어주시옵소서.

　　　　　　　　　　　　예수님의 이름으로 기도드립니다. 아멘.

❖ 내게 오는 것을 용납하고(어린이 날) 5월 5일

"어린 아이들이 내게 오는 것을 용납하고 금하지 말라 하나님의 나라가 이런 자의 것이니라"(눅 18:16하)

   복의 근원이신 하나님,
   오늘, 어린이날에 저의 가족을 복 되게 해주시옵소서. 저희 부부에게 키우라고 맡기신 자녀, 그에게 복을 더하시옵소서. 부모로서 제일 먼저 해야 될 것은 축복이라 여깁니다.
   이 시간에, 저의 아이 뿐만 아니라 이 땅에서 자라는 모든 어린이들을 축복합니다. 간절히 간구하니, 그들이 주님께 복 받기를 소망하게 하시옵소서. 예수님의 만져 주심을 바라서 주님께 달려오기를 좋아하였던 어린이의 마음으로 그의 가슴을 채워 주시옵소서.
   하늘의 하나님, 미처 셀 수 없도록 주신 복에 감사하여 영광을 드리는 귀한 시간되게 하시옵소서. 주 하나님을 경배하도록 이끌어 주시옵소서. 하나님 앞에서는 늘 어린 아이가 되게 하시옵소서.
   정직한 영을 주시는 주님,
   바르지 못한 거짓으로 자신을 꾸미지 않는 어린이만의 천진스러움으로 살아가게 하시옵소서. 어린이로부터 겸손을 배우며 주님과 함께 하게 하시옵소서. 벳세다의 소년처럼 헌신하는 믿음으로 살도록 하시옵소서.
   이제까지 저의 아이를 길러주신 하나님의 은총을 찬양합니다. 여호와 앞에서 주님의 귀한 어린양으로 지내게 해주시옵소서. 주님의 인도하심 속에서 아쉬운 것을 모르고 지내도록 하시옵소서. 오늘도 학교에서 공부하는 시간에 친구들과 지내는 시간에 푸른 풀밭 맑은 시냇물가로 인도하여 주심을 고백하게 해주시옵소서.

                       예수님의 이름으로 기도드립니다. 아멘.

❖ 하나님의 기업으로 선택된 5월 6일

"여호와를 자기 하나님으로 삼은 나라 곧 하나님의 기업으로 선택된 백성은 복이 있도다"(시 33:12)

보좌에서 복을 주시는 하나님,

오늘, 저희들에게 어린이주일로 하나님께 나아가도록 하셨습니다. 주님의 날로 구별하는 영광을 어린이주일로 드리게 하시옵소서. 이 땅에 어린이를 보내신 하나님께 찬미의 제사를 드리게 하시옵소서.

주님의 자녀들이 예배하러 예배당에 모일 때, 저의 아이가 여호와께 진심을 드리도록 기름을 부어주시옵소서. 자기를 지켜주신 하나님의 자비하심에 감사로 영광을 드리게 하시옵소서. 지난 한 주간 동안에도 크신 은혜로 돌보아주신 하나님의 손길을 헤아려보기를 원합니다.

산 소망을 주신 하나님의 은혜에 감사하면서 찬양을 드립니다. 살아가면서 좌절이 되고 낙심할 수밖에 없는 상황에 처하게 될지라도 소망을 품게 하시옵소서. 하는 일마다 엉키고, 바라는 것들은 이루어지지 않아 주저앉게 될 때, 산 소망을 주신 십자가의 주님을 바라보게 하시옵소서.

오래 참음을 배우게 하시는 주님,

저의 아이에게 인내심을 누리게 하시옵소서. 때로는 학교생활이 즐겁지 않게 여겨질지라도 공부하는 것을 좋게 생각하는 마음을 갖게 하시옵소서. 새로운 것을 배워야 하는 데는 힘들기도 하지만 그렇기에 보람을 느끼게 됨을 알게 하시옵소서.

또한, 교실에서 친구들과 사귀는 것을 즐겁게 여기도록 하시옵소서. 친구들 또한 등을 돌리는 것 같은 외로운 시간이지만, 기쁨의 시간이 올 것을 생각하면서 참게 해주시옵소서.

예수님의 이름으로 기도드립니다. 아멘.

❖ 자기 하나님께 의지할지어다 5월 7일

"흑암 중에 행하여 빛이 없는 자라도 여호와의 이름을 의뢰하며 자기 하나님께 의지할지어다"(사 50:10하)

여호와 하나님,

오늘, 어둠에 있어서 길을 찾지 못해도 여호와를 의지할 수만 있다면 소망이라는 것을 축복합니다. 저희 가족에게 영원히 의지할 자가 되어주시는 하나님을 사랑하게 하시옵소서. 빛이 없어 헤맬지라도 하나님께서 소망이 되어주심을 확신하게 하시옵소서.

저의 아이가 예배당을 중심으로 지내게 하심을 즐거워합니다. 학교생활로 분주하면서도 그의 심령에 하나님을 사랑하게 하시며, 찬양을 드리고 보혈을 흘려주신 주님을 묵상하게 하시니 감사드립니다. 이제, 교회에서 사귄 친구들과 함께 천국을 사모하게 하시옵소서.

천국을 바라게 하시는 주님,

저의 아이가 주님의 이름을 부를 때, 세상이 주지 못하는 소망을 갖게 하시고 이 소망으로 한 걸음 더 하늘나라로 가까이 가게 하시옵소서. 주 예수님의 이름이 하늘나라의 즐거움을 맛보게 해 주시는 기쁨이 되기 원합니다. 교회를 통해서 주님의 이름을 부르고, 그 이름의 은총에 따라 하나님의 능력으로 보호하심을 입고 있음을 즐거워합니다.

혹시, 저의 아이가 혼자라는 외로움에 던져질 때, 여호와의 손길을 바라보도록 이끌어 주시옵소서. 주변에 모여드는 아이들이 많다가도 어느 순간에는 다 떠나도 혼자 있을 때가 있음을 잘 견디게 하시옵소서. 사람은 그의 곁을 다 떠나도 하나님께서는 보호해주시고, 내 편이 되어주심에 감사하도록 성령님께서 강권해 주시옵소서.

예수님의 이름으로 기도드립니다. 아멘.

❖ 각 사람은 부모를 경외하고 (어버이 날) 5월 8일

"너희 각 사람은 부모를 경외하고 나의 안식일을 지키라 나는 너희의 하나님 여호와이 니라" (레 19:3)

하나님이 되어주신 하나님,

오늘 저희 가족에게 하나님을 부르게 하시니 감사드립니다. 여호와께서 저희를 위하여 하나님이 되어주셨음을 찬송하게 하시옵소서. 하나님께서 우리 모두의 아버지이심처럼, 이 땅에서 사는 동안에 육체의 아버지와 어머니가 있게 하심을 찬양합니다.

여호와 그 이름의 거룩하심처럼, 부모를 주셔서 모든 이들이 그들의 사랑과 헌신으로 자라게 하셨습니다. 저의 아이도 부모를 주신 하나님께 감사하는 시간을 경험하게 하시옵소서.

부모를 깨닫게 하시는 주님,

저의 아이의 인생에 복을 주시어 부모와 함께 지내게 하심을 감사드립니다. 부모에 대한 주님의 의도를 깨닫기 원합니다. 부모의 말에서 하나님의 말씀을 들을 수 있도록 하시옵소서. 부족하지만, 부모가 그들에게 하나님을 보여주는 도구가 되게 하시옵소서.

그리하여 부모의 고통에서 하나님의 고통을 느끼도록 해주시옵소서. 부모의 눈물에서 하나님의 눈물을 볼 수 있도록 해주시옵소서. 부모의 사랑에서 하나님의 사랑을 느끼도록 해주시옵소서. 부모와 함께 지내는 시간에 하나님을 보게 하시옵소서.

어버이날에 부모를 향한 하나님의 말씀에 주의를 기울이기를 원합니다. 부모에 대한 순종과 공경을 통하여 하나님을 섬기는 아이가 되도록 하시옵소서. 부모의 하나님을 자신의 주로 섬기게 해 주시옵소서.

예수님의 이름으로 기도드립니다. 아멘.

✦ 이삭을 제단 나무 위에 놓고   5월 9일

"아브라함이 그 곳에 제단을 쌓고 나무를 벌여 놓고 그의 아들 이삭을 결박하여 제단 나무 위에 놓고"(창 22:9하)

아브라함의 하나님-나의 하나님,
오늘, 저희 가족에게 아브라함을 찾아오신 하나님께 대하여 사모하는 마음을 주시옵소서. 온 식구들은 하나님의 특별하신 섭리로 100세에 아이를 얻었으나 그를 드리라고 했을 때, 즉시 순종했던 아브라함의 은혜를 사모하게 하옵소서.
아브라함에게 이삭을 드릴만한 순종의 마음을 주신 하나님이십니다. 그리고 그가 순종했을 때, 제물도 준비해주신 하나님이십니다.
저의 아이가 아브라함의 순종으로 이삭 대신에 제물로 드릴 짐승을 예비하신 하나님에 대하여 깨닫게 하시옵소서. 이 일로 아브라함은 여호와 이레의 신앙을 확인하였습니다.
믿음의 확신을 주시는 주님,
저의 아이에게도 여호와 이레로 살아가게 하시옵소서. 아브라함을 믿음과 순종의 사람으로 세워주신 하나님의 열심이 저의 아이를 만져 주시기 원합니다.
하나님은 우리가 가는 길을 미리 아시고, 준비해주시는 하나님이심을 믿게 하시옵소서. 준비해주시는 하나님에의 신앙으로 아브라함을 닮겠다는 은혜를 주시옵소서.
저의 아이가 앞으로 살아가는 시간들 속에서 하나님의 미리 아시고, 준비해 주심에 대한 여호와이레의 신앙을 확실히 붙잡게 하시옵소서. 비록 눈에는 어떤 변화가 안 보이고, 마음에는 초조함의 그림자가 다가올 때, 눈을 들어 하늘을 보게 하시옵소서.

예수님의 이름으로 기도드립니다. 아멘.

❖ 가서 너도 이와같이 하라   5월 10일

"이르되 자비를 베푼 자니이다 예수께서 이르시되 가서 너도 이와 같이 하라 하시니라"
 (눅 10:37)

　행동하게 하시는 하나님,
　오늘, 저희 가족에게 하나님의 뜻에 순종하는 신앙을 배우게 하시니 감사드립니다. 행함이 없는 저희들의 신앙을 신랄하게 꾸짖어 주시옵소서. 행함은 멀리하고 복만 요구하는 입술을 성령님의 불로 태워주시기를 빕니다. 복만 비는 것이 신앙이 아님을 배우게 하시옵소서.
　저의 아이가 주의 이름 앞에 무릎을 꿇게 하시고, 주님을 찬양하는 노래가 가득하게 하시옵소서. 주님의 가족이요, 하나님의 나라임을 고백하게 하시옵소서. 주님의 마음으로 거듭나는 나라와 민족이 되어서 예수님의 이름을 높여드리도록 이끌어 주시옵소서.
　저의 아이가 하늘의 그 아름다운 자리를 버리시고 이 땅에 오신 예수님을 생각하며 지내도록 이끌어 주시옵소서. 주님의 십자가를 묵상할 때마다, 높아지기 원하는 교만함을 회개하게 하시옵소서.
　하나님을 생각하게 하시는 주님,
　우리의 죄 된 성품은 높아지려는 것만 좋아하게 하였음을 고백합니다. 하나님을 기쁘시게 해드리기보다 자신의 기쁨을 따랐기 때문에 오만했었음을 용서해 주시옵소서.
　저의 아이가 오늘도 섬겨야 할 자들에게 주님의 이름으로 손길을 내어밀게 하시옵소서. 하나님의 사랑을 나타내시려고 저의 아이를 사용하시려 할 때, 순종하여 주님의 손길로 쓰여 지게 하시옵소서. 세상을 향하여 주님의 손길이 되기를 기뻐하도록 인도해주시옵소서.
　　　　　　　　　　　예수님의 이름으로 기도드립니다. 아멘.

❖ 너희가 그리스도의 것이면 5월 11일

"너희가 그리스도의 것이면 곧 아브라함의 자손이요 약속대로 유업을 이을 자니라"
(갈 3:29)

　약속을 따르게 하시는 하나님,
　오늘, 저희 가족에게 아브라함의 자손의 길에서 살아가도록 강권해주시옵소서. 신앙의 선배들이 보여주었던 삶의 길을 저희도 걸어가게 하옵소서. 그 길을 저희 부부와 자녀가 따르기를 원합니다.
　하나님은 좋으신 분이시라, 저의 아이를 위해 선생님들을 세워 주셨습니다. 선생님들께서는 오직 아이가 온전케 되는 것에 소망을 품고 수고하셨습니다. 봉사의 일을 하게하며 그리스도의 몸을 세워 갈 수 있도록 애쓰시기를 멈추지 않으셨습니다. 선생님들을 본받아 그리스도의 형상을 닮아가기를 다짐하도록 이끌어 주시옵소서.
　사랑으로 인도해 주시는 주님,
　주님의 사랑을 입은 저의 아이에게 오늘도 복된 자리에 앉게 하시옵소서. 여호와의 이름을 높이고 찬송하는 자리에 앉을 수 있게 하시며, 하나님의 도우심을 구하는 기도의 자리를 좋아하게 하시옵소서. 하나님을 믿으려 하지 않은 아이들과 함께 하는 자리에는 앉지 말게 하시고, 오락이나 놀이 등으로 시간을 허송하는 자리에도 앉지 말게 하시옵소서. 혹시 그런 자리에 앉았다면 속히 일어나게 하시옵소서.
　저의 아이가 하나님을 아버지로 부르고 교제하는 자리를 사모하게 하시옵소서. 하나님께로 가까이 감이 그에게 복이라는 사실을 깨달아 찬송의 시간, 말씀을 묵상하는 시간 등을 즐기게 하시옵소서. 그리고 자신의 현재와 장래를 위해서도 끊임없이 간구하게 하시옵소서.
　　　　　　　　　　　　　예수님의 이름으로 기도드립니다. 아멘.

✧ 오직 내 안에 그리스도께서　　　　　5월 12일

"내가 그리스도와 함께 십자가에 못 박혔나니 그런즉 이제는 내가 사는 것이 아니요 오직 내 안에 그리스도께서 사시는 것이라"(갈 2:20상)

그리스도 안에서 지내게 하시는 하나님,

오늘, 저희 가정이 그리스도 안에서 거하는지를 확인하게 해주시니 감사드립니다. 생각이나 말로만이 아니라 삶의 현장을 그리스도 안으로 가져가는 저희 가정이 되게 하시옵소서.

저의 아이에게 주님을 사랑하는 마음으로 가슴을 뜨겁게 채우게 하시옵소서. 집을 나서면서부터 그들의 눈을 자극하는 것들로부터 마음을 지켜내기 위하여 주님께 대한 사랑이 뜨거워지기 원합니다.

거룩하게 하는 것들로부터 멀어지게 하는 유혹을 물리치기 위해서 주님을 사랑하게 하시옵소서. 영혼을 깨끗케 하고, 거짓이 없는 삶을 살아가면서 하나님을 향한 열정이 뜨거워지도록 이끌어 주시옵소서. 주님을 사랑하면서 자라나기 원합니다.

자신을 보호하게 하시는 주님,

저의 아이가 육체적인 건강에도 관심을 갖게 하시옵소서. 바른 식사의 습관으로 강건한 몸을 유지하게 하시옵소서. 사랑과 정성을 쏟아 만든 음식을 볼 때, 감사한 마음으로 식탁에 앉으며, 음식을 먹으면서 하나님께서 건강하게 돌보아 주실 것을 기대합니다.

토요일을 맞이한 오늘, 저의 아이가 주 여호와의 이름을 높여드리기를 소망합니다. 주님의 날이 세상으로부터 구별되고, 하나님께 영광을 드리는 시간으로 지내게 하시옵소서. 하늘의 하나님께서는 영화로움을 드리고 세상을 향해서 복을 주시는 예배를 기다리게 해주시옵소서.

　　　　　　　　　　　　　　예수님의 이름으로 기도드립니다. 아멘.

❖ 그의 이름을 송축할지어다   5월 13일

"감사함으로 그의 문에 들어가며 찬송함으로 그의 궁정에 들어가서 그에게 감사하며 그의 이름을 송축할지어다"(시 100:4)

살아계신 하나님,

오늘, 주일을 구별하려는 저희 가족에게 구별의 은혜를 경험하게 하시옵소서. 주일을 지킴에 대한 기름을 부으심으로 거룩하게 하시옵소서. 저희 가족이 종일 여호와께 제물의 삶으로 봉헌되게 하시옵소서.

아침에, 저의 아이를 축복합니다. 그를 위해 예비해 두신 복을 허락하시옵소서. 그 복을 통하여 저의 아이가 자신을 하나님께 드리는 경험을 하게 하시옵소서. 사람을 부르시고, 그를 사용하셔서 하늘의 일을 이루시는 하나님의 섭리가 저의 아이로 인하여 이루어지기 원합니다.

성령님의 역사가 나타나 물이 바다를 덮음 같이 여호와의 은혜로 덮여지게 하시옵소서. 주님께서 그의 영혼을 만져주셔서 하나님의 뜻을 알려는 마음으로 채워 주시옵소서. 하늘의 신령한 지혜와 총명으로 채워주시며 주 하나님의 이름에 맞는 생활을 하도록 이끌어 주시옵소서.

우선순위를 배우게 하신 주님,

저의 아이가 오늘 행하는 모든 일에 있어서 하나님을 기쁘게 해드리기를 원합니다. 이로써 그가 이웃을 사랑하기를 소망합니다. 교실 안에서 우정을 두텁게 하시며, 섬겨야 할 친구들에게 사랑의 손을 내어밀게 하시옵소서. 스스로 할 수 없는 친구에게 가서 돕기를 원합니다.

힘겨워하는 친구를 도와줌으로써 함께 지내도록 하신 하나님의 사랑을 향유하게 하시옵소서. 만일, 공부를 어려워하는 친구가 있다면 자신이 아는 것을 가르쳐 주기를 원하는 마음도 갖게 해주시옵소서.

예수님의 이름으로 기도드립니다. 아멘.

❖ 하늘에서는, 땅에서는　　　　　　　5월 14일

"하늘에서는 주 외에 누가 내게 있으리요 땅에서는 주 밖에 내가 사모할 이 없나이다"
(시 73:25)

영원히 사모할 하나님,

오늘, 하나님은 저희 가족에게 사모함이 되기를 축복합니다. 저희 가정을 하나님을 사모하는 자리로 삼아주시옵소서. 저희 부부와 아이가 함께 전심을 여호와께 드리게 하시옵소서.

저의 아이가 하나님의 사람으로 자라기를 소망합니다. 하늘나라의 일꾼이 되기를 원하여 자신을 주님의 손에 맡기게 하시옵소서. 어리지만 지금부터 하나님의 일꾼으로 지내게 하시옵소서. 성인이 된 후의 비전에 대해서도 하나님을 위하여 쓰임을 받는 도구가 되게 하시옵소서.

저의 아이가 하늘의 사람으로 살아갈 것을 결단하게 하시옵소서. 이로써 자신을 거룩한 산제사로 드리는 은혜를 경험하게 하시옵소서. 이제까지는 자기중심의 마음에서 지내왔으나, 이후로는 하나님 중심의 생각으로 바뀌어 지게 하시옵소서.

제물로 드려지게 하시는 주님,

저의 아이가 생각하는 것이나 말을 하는 것, 또한 행동하는 모든 것에서 하나님을 향하게 하시옵소서. 주님의 일을 기쁨으로 성취하게 하는 하나님의 나라를 소망하게 하시옵소서.

이 나라를 사랑하셔서, 이 나라 어디를 가나 교회를 볼 수 있게 하셨습니다. 그렇지만 아직까지 전도하고 선교해야 할 곳은 많이 있는 땅들을 바라보게 하시옵소서. 저의 아이가 전도와 선교하는 일에 열심을 내도록 이끌어주시옵소서.

　　　　　　　　　　　　　　예수님의 이름으로 기도드립니다. 아멘.

❖ 너희를 용서하심과 같이   5월 15일

"서로 친절하게 하며 불쌍히 여기며 서로 용서하기를 하나님이 그리스도 안에서 너희를 용서하심과 같이 하라"(엡 4:32)

누리게 하시는 하나님,

예루살렘의 제자들이 서로를 인자하게 여기던 삶이 저희 가정에서 실천되게 하시옵소서. 불쌍히 여기며, 서로 용서하는 삶을 나누게 하시옵소서. 이로써 하나님의 용서를 누리게 하시옵소서.

오늘, 저의 아이가 승천하시면서 하신 주님의 말씀에 순종한 제자들의 다락방이 주는 은혜를 묵상하기 원합니다. 주님을 따르던 이들이 예루살렘을 떠나지 않고 아버지의 약속하신 것을 받으려고 다락방으로 모였음을 깨닫게 하시옵소서. 여자들과 예수님의 가족들 그리고 제자들은 마음을 같이 하여 기도에 힘썼음을 배우기 원합니다.

무릎의 시간을 주시는 주님,

다락방의 기도하는 모임을 통해서 제자들에게 은혜를 주신 하나님의 열심히 저의 아이에게도 나타나기를 소망합니다. 성경을 통해서 말씀해주신 하나님의 뜻에 순종해서 다 지켜 따르는 은혜를 주시옵소서. 그 은혜로 그를 만져 주셔서 주님의 약속을 기다리게 하시옵소서.

나아가 이 시간에, 교회에서 함께 지내는 친구들과 마음을 같이 하여 신앙생활을 해야 한다는 원칙을 배우게 하시옵소서. 겸손을 기뻐하시는 주님을 따르기를 원합니다. "각각 자기 일을 돌아볼 뿐더러 또한 각각 다른 사람들의 일을 돌아보아 나의 기쁨을 충만케 하라"는 주님의 말씀을 실천하며 살게 하시옵소서. 낮아지심의 본이 되어 주신 예수님의 마음을 품게 해주시옵소서.

예수님의 이름으로 기도드립니다. 아멘.

✧ 주께서 어찌 그리 진노하사   5월 16일

"주께서 어찌 그리 진노하사 딸 시온을 구름으로 덮으셨는가 이스라엘의 아름다움을 하늘에서 땅에 던지셨음이여"(애 2:1상)

예레미야의 하나님-나의 하나님,

오늘, 저희 가정에 선지자로서 사명을 감당했던 예레미야의 삶을 본받게 하시옵소서. 시온의 하나님께서 시온에게 원수가 되어 성전을 멸망시키셨음에 주목하게 하시옵소서.

저의 아이는 이스라엘 민족을 사랑하여 하나님의 말씀을 선포한 예레미야에게 주셨던 은혜를 묵상하기를 원합니다. 동족을 사랑하는 그에게 이스라엘의 심판을 예언해야 하는 아픔을 이기도록 예레미야를 세워주신 하나님의 열심히 저의 아이를 만져 주시옵소서.

하나님의 말씀을 전하지 않고는 견딜 수 없었던 그의 심정을 배우게 하시옵소서. 그가 누렸던 하나님에의 사랑을 저의 아이도 경험하게 하시옵소서. 예레미야의 하나님이 저의 아이의 하나님이 되셔서 자기 백성에게 말씀하시는 하나님을 사모하게 하시옵소서.

하나님께 세워주시는 주님,

저의 아이가 주님의 사람으로 세워지기 위해서 예수님의 어린 시절을 본받아 그대로 자라나게 하시옵소서. 하나님께 사랑스러워 가셨던 주님의 모습처럼 하나님을 사랑하면서 살아가게 하시옵소서. 하나님에 대한 지혜에 풍성하게 하시옵소서.

자람의 목표를 예수님께 두어서 본을 보여주셨던 주님의 행동을 자기의 것으로 삼는 아이들이 되도록 이끌어 주시옵소서. 그리하여 주님의 겸손하심과 인자하심에까지 자라게 해주시옵소서.

예수님의 이름으로 기도드립니다. 아멘.

◈ 그 은혜의 지극히 풍성함을   5월 17일

"이는 그리스도 예수 안에서 우리에게 자비하심으로써 그 은혜의 지극히 풍성함을 오는 여러 세대에 나타내려 하심이라"(엡 2:7)

은혜가 풍성하신 하나님,

오늘, 저희 가정에 하나님의 은혜가 풍성함을 누리게 하시옵소서. 한 날을 시작하는 아침부터 종일 하나님의 은혜에 휩싸이는 경험이 있기를 원합니다. 그 은혜의 신비로움을 찬양하게 하시옵소서.

이로써 저의 아이에게는 은혜를 경험하게 해주는 성령님의 감동하심이 크기를 소망합니다. 믿음의 선배들이 예수님을 향한 사랑이 불같았던 경험을 저의 아이에게도 내려주시옵소서. 이로써 그가 주님을 사랑하는 마음이 불 같이 뜨거워지게 하시옵소서.

성령님의 감동하심으로 그가 예수님을 향한 마음으로 뜨거워지게 하시고, 예수님의 이름을 찬양하게 하시옵소서. 역사 속에서 쓰임을 받았던 이들을 하나님의 사람으로 부르셨듯이 저의 아이에게도 부르심의 기름 부으심이 있기를 원합니다.

말씀을 따르게 하시는 주님,

또한 저의 아이의 영혼이 하나님의 말씀을 사모하기를 소망합니다. 하나님의 말씀에 순종하여 열매를 맺기를 바라게 하시옵소서. 저 시냇가에서 흐르는 물소리를 들을 때, 주님의 손길을 바라보게 하시옵소서. 자신의 전신을 돌에 부딪치며 흐르는 물처럼, 살게 하시옵소서.

저의 아이가 주님께 자신을 드림의 은혜를 내려주시옵소서. 하나님께서 자신을 도구로 사용하심에 대한 비전을 갖게 하시옵소서. 참으로 떨리는 입술로 주님의 이름을 부르는 믿음을 주시옵소서.

                         예수님의 이름으로 기도드립니다. 아멘.

❖ 우리 죄를 담당하셨으니 5월 18일

"친히 나무에 달려 그 몸으로 우리 죄를 담당하셨으니 이는 우리로 죄에 대하여 죽고 의에 대하여 살게 하심이라"(벧전 2:24상)

살려주시는 하나님,

오늘, 저희 가족에게 의에 대하여 살아가도록 강권해주시옵소서. 이미 저희는 죄에 대하여 죽은 몸이니, 산다는 것은 오직 의일 뿐임을 생각하기를 원합니다. 저희 가정을 하나님께 성소로 드리고, 온 가족이 여호와 앞에서 의를 구하게 하시옵소서.

저의 아이가 하늘나라에 소망을 품고 지내게 하셨음을 감사드립니다. 하나님의 자녀로 살아갈 때, 먼저 입술에 은혜를 내려 주시옵소서. 성령님의 도우심으로 말에 하나님의 권능이 나타나게 하시옵소서. 말의 권능이 주어져 저의 아이의 인생을 새롭게 해주시옵소서.

말의 은혜를 받아 자기 스스로를 향하여 긍정적이며, 창조의 능력이 나타나는 말을 하게 하시옵소서. 친구들을 비롯해서 이웃에게 하는 말에는 주님의 자비하심과 권고하심이 나타나는 말을 하게 하시옵소서. 용기가 필요한 이들에게는 격려를 하게 하시옵소서.

인자하신 주님,

많은 이들 가운데 저의 아이에게 주님의 사람이 되게 하시니 감사드립니다. 자기 자신에 대하여 하나님의 일꾼이 되었음을 말하게 하시고, 믿음의 눈으로 세계의 모든 사람들을 보게 하여 주시옵소서.

이 마음은 성령님께서 주신 것인 줄 믿사오니 그들을 가슴에 품고 기도하도록 이끌어 주시기 원합니다. 참으로, 저의 아이의 입술을 통하여 생명의 열매들이 맺혀지도록 이끌어주시옵소서.

예수님의 이름으로 기도드립니다. 아멘.

❖ 하나님 앞에서 그리스도의 향기니 5월 19일

"우리는 구원 받는 자들에게나 망하는 자들에게나 하나님 앞에서 그리스도의 향기니"
 (고후 2:15)

 살아계신 하나님,
 오늘, 저희 가족에게 하나님 앞에서 거룩한 의무가 주어졌음을 깨닫게 하시옵소서. 저희 가족이 세상에 대하여 그리스도의 향기를 발하기를 원하시는 하나님께 주목합니다. 지옥불로 들어가는 자들의 발걸음을 막는 생명의 향기가 되게 하시옵소서.
 저의 아이에게는 언제나 예수님의 품 안에서 지낼 수 있도록 도와주시옵소서. 성령 하나님의 다스리심을 기다립니다. 저의 마음과 생각을 다스려주시옵소서. 저의 손과 발을 다스려서 주님의 뜻대로 살아지게 하시옵소서. 성령의 열매를 맺는 삶이 되도록 인도해주심을 믿습니다.
 저의 아이가 주 여호와의 이름을 높여드리며 예배하는 시간을 사모하기를 소망합니다. 주님의 날에, 하나님께 영광을 드리는 시간이기를 바라는 마음을 주시옵소서. 하늘의 하나님께는 영화로움을 드리고 주님께서 세상을 향해서 복을 주시는 예배를 기다리게 하시옵소서.
 지체를 경험하게 하시는 주님,
 저의 아이에게 교회에서 함께 지낼 친구들을 주셨음에 감사드립니다. 주님의 몸을 이루는 친구들의 의미를 깨닫게 하시고, 지체들을 축복하고, 소중히 여기게 하시옵소서.
 성령님의 감동하심에 순종해서 지체들을 자신의 몸과 같이 여기게 하시옵소서. 꼭 도와야 할 지체에게는 주님의 손길로 섬기게 하시옵소서. 이로써 그리스도의 향기를 나타내며 지내게 하시옵소서.

  예수님의 이름으로 기도드립니다. 아멘.

❖ 주일, 주의 이름이 가까움이라   5월 20일

"하나님이여 우리가 주께 감사하고 감사함은 주의 이름이 가까움이라 사람들이 주의 기이한 일들을 전파하나이다"(시 75:1)

전파하게 하시는 하나님,

오늘, 저희 가정에서 하나님이 전파되기를 원합니다. 하나님께서 베풀어주신 사랑, 하나님께 독점적으로 받고 있는 은혜를 이웃에 전파하는 가정이 되게 하시옵소서.

복된 주일 아침, 세상의 온갖 유혹이 밀려옴에도, 주님의 날을 지키게 하시니 감사드립니다. 주님을 향한 마음이 한 송이의 꽃처럼 피어나게 하시옵소서. 저의 아이의 마음에서 거룩하게 피는 꽃이게 하시옵소서.

주님을 찬양하는 가운데, 불순종하려는 마음을 멀리하게 하시옵소서. 그의 교만이 하나님께서 세우신 권위에 도전을 하고, 부모에게도 순종하지 않아 마음을 애태우고 있습니다. 거역하는 것은 사술의 죄와 같다 하셨는데, 반항의 고리를 끊게 하시옵소서.

순종을 배우게 하시는 주님,

저의 아이가 부모에게 순종하지 않고, 하나님의 말씀에 순종하지 않음으로 저주의 대상이 되지 않게 하시옵소서. 오늘도 하늘로부터 내려지는 은혜가 충만하기를 소망합니다. 그 은혜로 하늘과 땅에 있는 모든 만물들이 여호와 하나님을 찬양하는 것을 보게 하시옵소서.

산은 푸르고, 골짜기는 아름다워지는 모습에서 하나님의 위대하심을 찬양하게 하시옵소서. 이 땅의 모든 만물이 주님의 사랑을 기뻐 찬양하고 있음을 느끼면서 하나님의 광대하심에 대한 고백을 하도록 이끌어 주시옵소서.

예수님의 이름으로 기도드립니다. 아멘.

❖ 여호와를 영원히 신뢰하라   5월 21일

"너희는 여호와를 영원히 신뢰하라 주 여호와는 영원한 반석이심이로다"(사 26:4)

신뢰하도록 하시는 하나님,

오늘, 저희 가족에게 여호와를 신뢰하도록 은혜를 내려주시는 삶으로 들어가기를 축복합니다. 하나님께서 저희에게 신뢰할 아버지이시며, 하늘에서 이루신 뜻을 저희 가정에서도 이루어주실 것을 믿습니다.

저의 아이가 하늘을 볼 때, 주 하나님을 마음에 담게 하시옵소서. 그 거룩하심과 전능하심을 담게 하시옵소서. 그래서 마음으로 무릎을 꿇고 예배하는 한 날이 되기를 소망합니다.

오늘 하루 동안에, 하늘의 하나님께서는 그의 마음과 입술로 영광을 받으시기 원합니다. 더러운 죄를 그리스도의 보혈로 씻어 주신 주님께 그의 생명을 드리는 하루의 삶이 되게 하시옵소서. 몸과 마음이 하나님의 나라를 이루는데 쓰여 지는 도구가 되기 원합니다.

여호와께 마음을 드리게 하시는 주님,

복된 시간을 거룩하게 지킨 저의 아이가 신령한 만족을 누리기를 소망합니다. 하나님께 가까이 하여 영에 속하게 하시고, 성령님의 이끄심에 자신을 내어드리게 하시옵소서. 성령 하나님께서 그의 행실을 살피시사 주님께 합한 자의 삶을 살게 하시옵소서.

도화지에 물감을 푼 것처럼 파란 하늘에 하나님의 손이 보이는 듯합니다. 맑고도 푸른 하늘이 우리 하나님의 거룩하심을 보여주고 있습니다. 오늘을 지내는 동안에, 어떠한 목적이나 어떠한 방법으로든지 주님이 원하시는 대로 쓰임을 받는 아이가 되게 해주시옵소서.

                     예수님의 이름으로 기도드립니다. 아멘.

❖ 너는 용서하라 하시더라　　　　　5월 22일

"만일 하루에 일곱 번이라도 네게 죄를 짓고 일곱 번 네게 돌아와 내가 회개하노라 하거 든 너는 용서하라 하시더라"(눅 17:4)

하나님 아버지,

오늘, 저희 가족이 주님 앞에서 모든 사람들에 대하여 용서함의 백성으로 세워지기를 소망합니다. 하나님께서 저희 부부를 용서해주셨듯이, 저희 가정에서는 용서로 살아가는 은혜를 보게 하시옵소서.

저의 아이에게 여호와께 용서를 받아 구속하신 자로 살아가게 하시옵소서. 하나님의 은혜로 지내오고 있음에 감사하면서, 그 사랑에 반응하는 마음을 지니게 하시옵소서. 주님의 뜻을 살피고, 잠시의 짧은 시간일지라도 여호와의 이름에 영광을 드리는 일을 하게 하시옵소서.

이로써 오늘을 지낼 때, 용서를 받은 자의 은혜에 감사하며 자기를 지키게 하시옵소서. 그리하여 용서의 사람으로서 주님께서 받으실 만한 것을 구별하여 거룩한 자리에 있게 하시옵소서. 그의 심령이 의롭고 청결해서 하나님이 받으실 만하기를 원합니다.

누리게 하시는 주님,

교실에서 함께 해주시는 하나님을 느끼게 하시옵소서. 친구들과 어울려 있을 때, 하나님을 보게 하시옵소서. 그들과 지내는 동안에 하나님의 자녀 된 모습을 나타내게 하시고, 하늘을 소망하게 하시옵소서.

모르시는 것이 없으신 하나님 앞에서 그 누구도 감출 수 없다는 것을 압니다. 그러므로 저희들이 지은 죄를 고백하게 하시옵소서. 알면서도 잠깐 동안의 이익 때문에 저지른 죄를 회개하게 하시옵소서. 참으로 위대하신 하나님을 예배하는 한 날이 되게 해주시옵소서.

　　　　　　　　　　　예수님의 이름으로 기도드립니다. 아멘.

❖ 베드로는 옥에 갇혔고 5월 23일

"이에 베드로는 옥에 갇혔고 교회는 그를 위하여 간절히 하나님께 기도하더라"
 (행 12:5)

베드로의 하나님-나의 하나님,

오늘, 저희 가정에서 베드로의 열정이 주는 은혜를 묵상하게 하시옵소서. 자신을 부인하지 못해서 한 때는 예수님을 부인하였으나 부활하신 주님을 만난 이후로 새롭게 된 그가 주는 은혜를 깨닫게 하시옵소서.

교회를 세우시고, 땅 끝까지 복음이 전파되기를 위해서 베드로를 세워주신 하나님의 은혜를 저의 아이가 배우기를 원합니다. 그 은혜로 저의 아이도 만져주시옵소서. 그의 삶이 하나님께 영광이 되게 하시옵소서. 베드로의 하나님을 자신의 하나님으로 고백하게 하시옵소서.

베드로가 누렸던 하나님의 사랑을 저의 아이도 경험하게 하시옵소서. 베드로가 전도의 사명을 잃지 않고, 집에 있던지, 성전에 있던지 가르치기와 전도하기를 쉬지 않았던 열정을 고스란히 저의 아이가 닮기 원합니다. 이로써 하나님의 도구가 되게 하시옵소서.

복음을 전하게 하시는 주님,

핍박하는 자들이 불처럼 일어났으나 복음을 전하는 것에 목숨을 내놓았던 베드로의 담대함이 저의 아이의 것이 되게 하시옵소서. 그에게도 전도자로 세우시는 기름 부으심을 간구합니다. 동네와 학교에서 어떤 일에든지 주님의 사람으로 살아가게 하시옵소서.

저의 아이가 주님을 의지하며 언제나 그 품 안에서 지낼 수 있도록 도와주시옵소서. 때때로 세상에서의 즐거움에 빠짐을 회개합니다. 세상의 유혹을 이기려고 하나님의 사랑을 찬양하며 지내게 해주시옵소서.

예수님의 이름으로 기도드립니다. 아멘.

❖ 죄를 속량하려 하심이라   5월 24일

"이는 하나님의 일에 자비하고 신실한 대제사장이 되어 백성의 죄를 속량하려 하심이라"
 (히 2:17하)

　죄를 속량해주신 하나님,
　오늘, 저희에게 주님의 대속에 대하여 다시금 생각하게 하시니 감사드립니다. 주님께서는 저희를 죄에서 구원해주신 주님이실 뿐만 아니라 대제사장이십니다. 저희 가정이 그 은혜로 지켜지고 있습니다.
　대제사장 예수님을 모시고 사는 가족의 복을 누리고, 서로 사랑하며 지냄을 기뻐합니다. 가족의 은혜를 묵상할 때, 저의 아이에게 부모의 사랑에 감사하는 마음이 깊어지게 하시옵소서. 부모의 사랑을 느끼는 마음이 넓어지게 하시옵소서.
　부모에 대한 경험으로 말미암아 하나님의 사랑을 체험하는 데까지 나아가기를 소망합니다.
　부모를 공경하게 하시는 주님,
　저의 아이가 부모와 함께 사는 동안에 하나님을 더 많이 알게 하시옵소서. 부모를 공경하는 과정에서 믿음이 자라게 하시옵소서. 부모에게 순종함에서 하나님의 말씀을 지키고 따르는 훈련이 되기 원합니다.
　또한 사람들과의 관계에서 갈등을 겪을 때, 자신을 포기하게 하시옵소서. 나아가서 믿음으로 살려 할 때, 어려움을 당할지라도 꿋꿋하게 나아가는 자녀가 되기 원합니다. 우겨 쌈을 당해도 주님께서 넉넉히 이기게 해주실 것을 바라도록 이끌어 주시옵소서.
　자신의 계획이나 뜻대로 되지 않아 답답해질 때도 하나님의 영광만을 바라보고 다른 것에 마음을 두지 않게 하시옵소서. 주님의 은혜는 모든 것이 합력하여 선을 이루어주시니 실망하지 않게 하시옵소서.
　　　　　　　　　　　　　　예수님의 이름으로 기도드립니다. 아멘.

❖ 그리스도의 마음을 가졌느니라 5월 25일

"누가 주의 마음을 알아서 주를 가르치겠느냐 그러나 우리가 그리스도의 마음을 가졌느니라"(고전 2:16)

그리스도의 마음을 주신 하나님,

오늘, 저희 가족에게 그리스도를 품고 살아가도록 강권해주시옵소서. 주님의 은혜와 자비에 주목하게 하시고, 주님이 전부가 되게 하시옵소서. 이로써 저희 가정에서 주님과 함께 걷는 하루가 되게 하시옵소서.

저의 아이에게 주님의 영화로우심을 찬양하게 하시옵소서. 그의 마음이 주님께 드리는 찬양으로 넘치게 하시옵소서. 집을 나서 골목을 지날 때, 얼굴을 모르는 사람들을 보면서 하나님의 사랑을 나타내는 찬양을 들려주게 해 주시기를 소망합니다.

사랑하는 저의 아이가 공부를 하기 위해서 학교에 들어갈 때, 오늘도 함께 하실 하나님으로 기뻐하게 하시옵소서. 주님의 아름다우심을 찬양하면서 교실로 들어가게 하시옵소서. 더 이상 세상의 헛된 것들을 좇지 않고 그에게 주신 하루의 삶을 채우기 원합니다.

그리스도의 마음을 주시는 주님,

이로써 주님의 얼굴을 마음에 새기기를 소망합니다. 주님께서 웃으시는 얼굴을 생각하면서 오늘 하루의 생활을 이루게 하시옵소서. 주님께 웃음을 선물해 드릴 행동에 대하여 묵상하게 하시옵소서. 하나님께 영광이 되는 한 날이 되게 하시옵소서.

하나님은 날마다 그에게 기쁨을 주시고 계십니다. 그 사랑과 은혜에 감격하여 저의 아이도 주님께 웃음을 선물할 수 있도록 이끌어 주시옵소서. 저의 아이로 말미암아 웃으시는 주님을 바라보게 해주시옵소서.

예수님의 이름으로 기도드립니다. 아멘.

❖ 온 세상의 죄를 위하심이라   5월 26일

"그는 우리 죄를 위한 화목 제물이니 우리만 위할 뿐 아니요 온 세상의 죄를 위하심이라"
 (요일 2:2)

여호와 하나님,
죄로부터 구원해주시려고 예수님을 화목 제물로 주셨으니 감사드립니다. 저희 가족은 주님께서 대신 죽어주심으로 하나님의 자녀 된 삶을 누리고 있습니다. 오늘, 제물이 되신 주님께 찬양을 드리게 하시옵소서.

주님의 사랑을 받는 저의 아이가 찬양과 시를 통해서 하나님을 경배하기를 소망합니다. 찬양으로 말미암아 감사와 영광을 하나님께만 돌리게 하시옵소서. 찬양으로 말미암아 그가 자신을 발견할 수 있게 도와주시고, 자신의 신앙표현을 하나님께 고백하는 기회를 갖도록 하시옵소서. 주님께 찬양을 드리며 신앙의 성장을 도모하게 하시옵소서.

단련하시는 주님,
저의 아이에게 주님을 사랑하는 헌신과 훈련을 경험하게 하시옵소서. 하나님을 사랑함으로써 하늘에 소망을 둔 인격으로 온전해지기를 소망합니다. 이에 성령님의 강권하심으로 자기중심적인 이기심과 교만함을 물리쳐 주시기 원합니다. 또한, 죄를 고백할 때, 더러워진 심령을 주님의 보혈로 깨끗하게 씻어 주시옵소서.

저의 아이가 주 여호와의 이름을 높여드리며 예배드리는 시간을 사모하기를 소망합니다. 한 주간 동안 주님의 은혜로 살아왔음을 예배를 통하여 감사하는 시간을 갖게 하시옵소서. 하늘의 하나님께는 영화로움을 드리고 주님께서 세상을 향해서 복을 주시는 예배를 기다리는 마음으로 사모하게 해주시옵소서.

예수님의 이름으로 기도드립니다. 아멘.

✧ 성도들아 여호와를 찬송하며 5월 27일

"주의 성도들아 여호와를 찬송하며 그의 거룩함을 기억하며 감사하라"(시 30:4)

삼위일체의 하나님,

오늘, 성령강림절에 저희에게 주일을 구별할 수 있는 은혜를 주시니 감사드립니다. 성령님을 보내어 생명의 역사를 충만하게 하셨습니다. 성령님께 사랑한다는 고백을 드리고, 성령님과 동행하게 하시옵소서.

하나님의 영광을 위하여 구별해드리는 시간에 성령님의 충만하심이 나타나기를 소망합니다. 오늘, 주님의 전으로 나아가기를 기뻐하는 저의 아이에게 성령님의 임재를 통한 예배를 경험하게 해주시옵소서. 그의 신앙생활을 도우시는 보혜사 성령님을 기뻐합니다.

성령님의 감동과 강권하심으로 온전히 세워지기 원합니다. 죄의 유혹을 넉넉하게 이기는 힘을 주시옵소서. 성령님께 그를 드립니다. 영과 진리로 예배하게 하시고, 뜨겁게 해주시는 성령님의 감동에 따라 자신을 성결케 하는 은혜가 임하도록 이끌어 주시옵소서. 예배가 진행되는 시간에 하나님의 함께 하심을 느끼게 하시옵소서.

찬송으로 이끌어 주시는 주님,

비둘기 같이 온유하신 성령님의 은혜를 경험하는 한 날이 되게 하시옵소서. 성령님의 알게 하시고, 깨닫게 하시는 지혜의 은사로 진리를 배워 주님의 뜻을 바르게 이루어 나가기를 소망합니다.

하나님의 선하시고, 기뻐하심을 알아 그대로 따르게 하시옵소서. 저의 아이가 삼위일체의 신비를 경험하게 하시며, 삼위 하나님에의 신앙을 고백하도록 이끌어주시옵소서.

예수님의 이름으로 기도드립니다. 아멘.

✧ 견고히 서리라, 형통하리라   5월 28일

"너희는 너희 하나님 여호와를 신뢰하라 그리하면 견고히 서리라 그의 선지자들을 신뢰하라 그리하면 형통하리라 하고"(대하 20:20하)

형통하게 하시는 하나님

저희 가족에게 하나님을 찾도록 해주시니 찬양으로 감사하게 하시옵소서. 저희가 주님을 영접해드렸던 그날부터 예수님을 모시고 살게 하셨으니 주님을 사랑하는 가족이 되기를 축복합니다.

저의 아이가 왕이 되면서 나라 곳곳에 있었던 우상을 깨뜨려 없애고, 하나님만을 섬기도록 했던 히스기야에게 주신 은혜를 묵상하기 원합니다. 여호와의 손이 함께 하는 중에 이스라엘 민족을 신앙적인 간음에서 정결케 한 것을 배우게 하시옵소서.

히스기야가 왕위에 있는 동안 하나님께서 주시는 힘만 의지했기 때문에 언제나 형통했던 사실을 깨닫게 하시옵소서. 그리고 성전을 청결케 하면서 하나님의 영광을 되찾았던 자세를 저의 아이도 경험하게 하시옵소서. 믿음의 선진이 물려준 길을 단 마음으로 따르게 하시옵소서.

여호와를 신뢰하게 하시는 주님,

하나님께서 저의 아이의 하나님이 되셔서 자신을 돌아보는 은혜를 내려 주시옵소서. 혹시, 불신앙의 모습이나 주님께 드려야 하는 영광을 바치지 못하고 있다면 깨달아 알게 하시옵소서. 세상에서 하나님의 자녀로 구별됨처럼 하나님의 것을 하나님께 드리게 하시옵소서.

오늘도 그의 손에서 주님께서 받으셔야 하는 영광을 제 것처럼 여기지 말게 하시고, 모든 일에서 주님이 소유를 분명히 하게 하시옵소서. 자신이 것인 양 집착하여 주님의 것을 도적질하지 않게 해주시옵소서.

예수님의 이름으로 기도드립니다. 아멘.

❖ 혐의가 있거든 용서하라

5월 29일

"서서 기도할 때에 아무에게나 혐의가 있거든 용서하라"(막 11:25상)

용서로 살게 하시는 하나님,

저희 가족에게 하나님께 구하기보다 하나님께서 저희에게 구하시는 것에 먼저 주목하도록 하시옵소서. 하나님을 찾는 자는 하나님의 말씀을 지킨다는 것을 늘 기억하며 지내게 하시옵소서. 저희 가정이 예수님을 구주로 모신 가정이라는 증거를 나타내보이게 하시옵소서.

저의 아이가 언제나 주님의 마음을 품고 지내도록 지켜주시옵소서. 세상적인 것들이 즐거워져서 그것들에 마음을 주지 않도록 성령님의 막아주심이 있으시기를 소망합니다. 생각과 말 그리고 행동이 언제나 주 예수님의 말씀으로부터 빚어지게 하시옵소서.

마귀가 저의 아이를 쓰러뜨리려고 음란하고 쾌락적인 이들로 유혹해 올때 성령님의 역사로 보호해 주시옵소서. 혹시라도 세상에서 나오는 즐거움을 탐하지 않게 하시옵소서.

기도로 지내게 하시는 주님,

저의 아이가 주님께서 흘리신 보혈의 은혜로 거룩한 가족이 되었음을 즐거워하게 하시옵소서. 예배를 드릴 때나 예배당 밖에서 지내는 동안에도 한 마음으로 서로 섬기는 친구들이 되게 하시옵소서. 교회공동체를 통하여 한 몸을 이루는 섬김의 도를 실천하게 하시옵소서.

저의 아이에게 가족을 주신 하나님께 감사하면서 가정을 위하여 기도하게 하셨습니다. 가족을 사랑하고, 여호와 앞에서 가정을 위하여 기도하는 자녀가 되게 하시옵소서. 가정에서 하나님의 나라를 경험하도록 이끌어주시옵소서.

예수님의 이름으로 기도드립니다. 아멘.

❖ 악에서 떠난 자더라　　　　　　　　5월 30일

"우스 땅에 욥이라 불리는 사람이 있었는데 그 사람은 온전하고 정직하여 하나님을 경외하며 악에서 떠난 자더라"(욥 1:1)

욥의 하나님-나의 하나님,
오늘, 저희 가족에게 욥의 경건과 하나님께의 순전함을 본받게 하시옵소서. 하나님께서 욥을 인정하셨듯이, 저희 가족도 인정해주심을 믿습니다. 이 가정에서 지내는 이들이 모두 하나님께 순전하게 하시고, 자녀를 위해서 기도하는 부모가 되게 하시옵소서.

저의 아이가 하나님을 순전한 마음으로 경외하고, 악에서 떠난 욥의 은혜를 묵상하기 원합니다. 그를 하나님 앞에서 정직하게 하시고, 악을 멀리하게 하셨던 하나님의 열심히 저의 아이를 만져 주시기 원합니다. 이 시대에 욥과 같은 믿음의 자세로 하나님을 섬기게 하시옵소서.

하나님을 두려워하는 마음으로 섬기던 욥의 경건이 저의 아이의 것이 되게 하시옵소서. 욥으로 하여금 여호와 앞에서 순전하도록 하신 하나님의 은혜가 저의 아이에게도 충만하게 나타나기를 소망합니다.

죄악을 미워하게 하시는 주님,
생일을 축하하는 자녀들이 혹시 죄를 지었을까 하여 번제를 드렸던 욥의 경건을 배우게 하시옵소서. 주님께서 주신 믿음의 자녀들이 아멘의 신앙을 통해서 자라가게 하시옵소서.

그들이 부모의 믿음을 물려받고, 신앙 선조들의 교훈을 받아 성장하는 복을 주시옵소서. 어려서부터 자기 인생을 주님에게 맡기고, 하나님의 능력으로 인도함을 받기를 원합니다. 여호와 앞에서 복 된 인생으로 자기를 준비하는 자녀가 되게 하시옵소서.

　　　　　　　　　　　　　예수님의 이름으로 기도드립니다. 아멘.

❖ 베푸신 큰 은총을 말하리라   5월 31일

"그의 사랑을 따라, 그의 많은 자비를 따라 이스라엘 집에 베푸신 큰 은총을 말하리라" (사 63:7하)

크신 은총의 하나님,

오늘, 하나님의 사랑이 저희를 새롭게 하셨으니, 이 은혜에서 떠나지 않게 하시옵소서. 이 은혜가 있어, 상한 심령이 말씀으로 치료를 받고, 위로함을 얻게 하셨습니다. 사랑하는 가족이 주님의 뜻이 무엇인지 분별하게 하시옵소서.

하나님께서 구별해주신 저의 아이가 하늘의 복으로 살아가게 하시옵소서. 주님의 사랑과 복이 날마다 더하여 주시기를 원합니다. 그래서 그들의 살림이 윤택하게 하시고, 가정에 필요함을 날마다 넉넉하게 채워주시는 하나님의 은혜를 경험하게 하시옵소서.

부요하여 남에게 꾸어주고 나누어 주기도 하는 섬김의 삶을 누리게 하시옵소서. 손길을 이웃에게 펼치는데도 인색하지 않게 하시옵소서.

5월을 살도록 하신 하나님,

주님의 자녀들에게 천국의 법도를 가르쳐 주시기를 원합니다. 저희들을 믿음에서 믿음으로 이르게 하사, 듣고 배운 말씀에 따라 순종의 삶을 살게 하시옵소서. 오직 마음의 소원을 하나님께 두고 살기를 소망하게 하시옵소서. 하나님의 사람으로 살도록 기름을 부어주시옵소서.

하나님의 자녀로서의 복을 누리는 가운데 5월의 마지막 날을 맞이합니다. 저의 아이를 지켜주셔서 은혜 가운데 한 달을 믿음으로 지내온 것에 감사드립니다. 이 달에도 기쁨을 주신 하나님이십니다. 내일, 새롭게 시작되는 달에도 소망을 품게 해주시옵소서.

예수님의 이름으로 기도드립니다. 아멘.

❖ 우리를 불쌍히 여기소서   6월 1일

"만군의 여호와가 이르노라 너희는 나 하나님께 은혜를 구하면서 우리를 불쌍히 여기소서 하여 보라"(말 1:9상)

자비로우신 하나님,

오늘, 저희 가족을 불쌍히 여겨주시는 하나님께 주목해서 살아가도록 강권해 주시옵소서. 그 은혜로 오늘을 맞이하니 하나님의 은총에 매달리게 하시옵소서. 저희 가정을 여호와의 손에 올려드리게 하시옵소서.

은혜 가운데서 날마다 지켜 보호하여 주심을 깨달을 때 더욱 더 감사를 드립니다. 주님의 함께 하심이 저의 아이에게 죄를 이기고 믿음으로만 살게 하시니 좋으신 주님을 찬양합니다. 거룩하신 하나님의 품을 사모하는 가운데 영광스러운 소망으로 나아가게 하시옵소서.

예수님 안에서 새 생명을 입었음에 찬양을 드립니다. 자신이 사는 것이 주님의 은혜임을 찬송하기 위함임을 알게 하시옵소서. 늘 순간마다 새 노래로 여호와를 노래하려는 저의 아이가 되도록 마음을 열어 주시기 원합니다.

그리고 목소리로만 주님을 찬양하려는 것이 아니라, 성품을 다하여 찬송하기를 원합니다.

은혜를 주시는 주님,

저의 아이가 주님 앞에서 사는 동안에 때를 아는 지혜를 주시옵소서. 하나님께서 그를 하늘의 사람으로 만드시고자, 때를 따라서 은혜를 주심을 믿습니다.

좋을 때 기쁨으로 감사하게 하시고, 힘겨울 때는 소망으로 인도해주시는 부드러운 손길을 기다리게 하시옵소서. 때에 알맞게 자신을 다스려서 인내로서 즐거운 마음이 되어 살아가게 해주시옵소서.

예수님의 이름으로 기도드립니다. 아멘.

한 사람이 순종하심으로   6월 2일

"한 사람이 순종하지 아니함으로 많은 사람이 죄인 된 것 같이 한 사람이 순종하심으로 많은 사람이 의인이 되리라"(롬 5:19)

살아계신 하나님,

오늘, 저희 가족에게 의롭다 함을 얻게 해주신 은혜를 다시 묵상하게 하시니 감사드립니다. 아담 안에서 죄인이 되었던 인생에게 주님으로 말미암아 의인이 되게 하셨습니다. 이 은혜를 늘 기억하게 하시옵소서.

저의 아이가 교회를 통하여 믿음의 형제들과 사귀게 하여 주시옵소서. 하나님을 한 아버지로 섬기는 형제와 자매들이 사랑을 하게 하시옵소서.

저의 아이가 주님의 몸을 이루는 은혜 안에서의 사귐이 하늘나라에서 누릴 교제의 모형임을 깨닫기 원합니다. 주님의 품 안에서 만난 지체들이 믿음과 소망과 사랑으로 하나 되게 하시옵소서.

순종하기를 달게 하시는 주님,

주님의 사랑으로 저의 아이가 참 사랑의 의미를 깨닫게 하시옵소서. 하늘로부터 임하는 그 사랑의 깊이와 넓이를 측량할 수 없음에 감격하게 하시옵소서. 하나님의 사랑은 햇빛과 같사오니, 그 사랑으로 충만해 죄악을 물리치게 하시기를 소망합니다. 그 사랑을 저의 아이의 마음에 부어주셔서 주님을 향한 가슴으로 뜨겁고도 충만하게 하시옵소서.

저의 아이가 우리나라의 국민이 된 사실에 자부심을 갖게 하시옵소서. 지상의 통치를 인정하신 만큼, 저의 아이가 나라의 주권을 받아들이고 정해진 법에 순종하게 하시옵소서. 나라에 대한 국민의 질서를 지키는 가운데 하나님을 사랑하게 해주시옵소서.

                       예수님의 이름으로 기도드립니다. 아멘.

❖ 내가 그리로 들어가서 6월 3일

"내게 의의 문들을 열지어다 내가 그리로 들어가서 여호와께 감사하리로다"
(시 118:19)

   복의 근원이신 하나님,
   한 주간의 생활을 시작하면서 주님의 날을 맞게 하셨습니다. 오늘, 저희 가정에서 주님의 날을 지키는 은혜가 풍성하게 하시옵소서. 사랑하는 식구들이 기름 부으심을 받고, 교회로 나가게 하시옵소서.
   저의 아이를 축복합니다. 그를 위하여 예비해 두신 복을 내려주시옵소서. 성령님의 인도하심으로 그의 발걸음도 가볍게 예배당으로 가게 하시옵소서. 마음과 뜻과 힘을 다해서 하나님을 경배하고, 주님의 이름을 종일 묵상하는 하루가 되게 하시옵소서.
   예배를 드리는 시간과 주일의 활동을 통해서 하나님의 품을 누리게 하시옵소서. 여호와 하나님의 넓으신 품과 든든하신 품을 느끼게 하시옵소서. 그 품에서 아버지 하나님께 찬양을 드리게 하시고, 죄를 이길 힘을 공급받게 하시옵소서.
   힘이 되어 주시는 주님,
   하늘의 힘으로 새롭게 해 주시기 원합니다. 바라지 않는 일들을 만나 마음이 상하게 될 때, 참음의 훈련을 받기 원합니다. 요셉이 시련의 시간을 잘 참고 보냄으로써 애굽의 총리가 되는 영광을 누렸음을 기억합니다. 화가 치밀 때 참음의 시간을 잘 보내게 하시옵소서.
   사소한 일에 화를 내지 않고, 자신을 다스리는 시간으로 이끌어주시옵소서. 하나님의 손길을 바라보고 인내하는 시간을 경험하게 하시옵소서. 하나님의 인도하심을 기다리며 지내는 은총을 보게 하시옵소서.
                      예수님의 이름으로 기도드립니다. 아멘.

전심으로 주께 감사하며 6월 4일

"내가 전심으로 주께 감사하며 신들 앞에서 주께 찬송하리이다"(시 138:1)

    찬송을 받으시는 하나님,
    오늘, 저희 가족이 하나님께 찬양을 드리는 삶을 살 것을 결단하도록 축복합니다. 하나님은 저희 가정에서 찬송이십니다. 베풀어주신 은혜를 기억하며 찬송을 드리게 하시옵소서.
    저의 아이에게는 하나님의 은혜에 대한 응답으로 봉사하는 마음을 주시옵소서. 주님의 섬기심의 모습을 자기 것으로 삼게 하시옵소서. 선한 청지기 같이 서로 봉사하는 삶을 살려 다짐하기를 소망합니다.
    사실, 지금까지 저의 아이는 섬기려는 것보다 섬김을 받는 것을 좋아 했습니다. 그의 어리석음을 용서하시고 봉사를 배우게 하시옵소서. 먼저 하나님께의 섬김으로 예배를 사모하게 하시옵소서. 하늘의 하나님께는 영화로움을 드리는 시간을 귀하게 여기게 하시옵소서.
    교회를 주신 주님,
    좋은 교회를 저의 아이가 경험하게 하심에 감사드립니다. 하나님 앞에서 경건하고, 신앙적으로 균형이 잡힌 교회공동체를 누리게 하시니 즐겁습니다. 교회 안에서 자기의 역할을 감당하고, 하나님께 영광이 되는 삶을 사모하게 하옵소서.
    이제, 교회 안에서 친구들을 섬기는 은혜를 배우게 하시옵소서. 연약한 친구들을 도와주고, 격려하는 은혜를 주시옵소서. 주일을 지키지 못하는 친구에게 찾아가서 위로하게 하시옵소서. 그가 하나님 앞에서 남을 섬기는 삶을 배우기 위하여 봉사하려 하오니 길도 열어 주시옵소서.
                    예수님의 이름으로 기도드립니다. 아멘.

❖ 자기 목숨을 버리면　　　　　　　　6월 5일

"사람이 친구를 위하여 자기 목숨을 버리면 이보다 더 큰 사랑이 없나니"(요 15:13)

예수님을 친구로 주신 하나님,

오늘, 저희 가족에게 예수님께서 친구가 되어주셨음에 감사드립니다. 오늘도 주님의 친 백성이 된 것을 즐거워하며, 주님과 친밀한 관계를 맺고 살아가는 것을 좋아라 하는 소망으로 지내게 하시옵소서.

저의 아이에게 자기 목숨을 우리를 위해 버려주신 예수님을 늘 기억하게 하시옵소서. 그리고 찾는 자에게 만나주시며, 가까이 하는 자에게 가까이 해주시는 여호와를 바라보게 하시옵소서. 하늘에 소망을 두고 하나님의 거룩하심을 쫓아 살도록 이끌어주심을 믿습니다..

그렇게 되기 위하여 어려서부터 성경을 통독하고, 그 말씀을 묵상하면서 지혜를 갖추게 하시옵소서. 그가 자신의 인생에 대한 계획을 갖고 계신 하나님을 주목하게 하시옵소서. 역사를 보면 하나님께 주목했던 이들이 아름다운 삶을 살았듯이, 그렇게 되게 하시옵소서.

여호와를 구하게 하시는 주님,

하나님의 영광을 위하여, 세상에 유익을 끼치는 인생을 위하여 여호와를 찾게 하시옵소서. 그래서 성경을 읽고 연구하기를 즐거워하며, 천국 백성의 원칙을 삼게 하시옵소서.

저의 아이에게 학교에 다닐 수 있도록 해주셨음에 감사드립니다. 교실에서 공부할 때, 가르침에 집중해서 진력할 수 있기를 소망합니다. 이해하도록 도와주시는 성령님의 은총으로 잘 배우게 하시옵소서. 책을 읽을 때 문장의 내용을 바르게 이해하도록 도와주시옵소서.

　　　　　　　　　　　예수님의 이름으로 기도드립니다. 아멘.

✥ 골육의 친척을 위하여(현충일)   6월 6일

"나의 형제 곧 골육의 친척을 위하여 내 자신이 저주를 받아 그리스도에게서 끊어질지라도 원하는 바로라"(롬 9:3)

   기도를 들으시는 하나님,
   현충일에 나라와 자기의 목숨을 바꾼 선배들을 생각하며 감사드립니다. 저희 가정에서 나라를 사랑하는 기도가 끊이지 않도록 기름을 부어주시옵소서. 나라를 사랑하고, 나라를 위해 헌신하게 하시옵소서.
   저의 아이에게 조국을 위하여 불의와 싸우다 자신의 목숨을 바친 이들의 정의를 본받게 하시옵소서. 저희들은 지금, 고인들을 추모하며, 하나님 앞으로 나아가기를 원합니다.
   하나님께서 세우신 이 나라를 지켜야만 한다는 애국심을 갖기 원합니다. 하나님께서 친히, 파수꾼이 되셔서 보호해주시옵소서. 저의 아이의 기도가 나라를 위한 일이 되게 하시고, 그의 믿음이 나라를 사랑하는 것으로 드러나기 원합니다.
   나라를 생각하게 하시는 주님,
   나를 위해서 자신의 목숨을 바친 이들의 유가족을 위로하여 주시기 원합니다. 그들의 죽음에 대한 보답으로, 하나님께서 보시기에 좋아하시는 나라를 만드는 일에, 몸과 마음을 바치게 하시옵소서.
   저희는 나라를 사랑하는 일에 자신을 바치게 하시옵소서. 선배들의 죽음으로 물려받은 이 나라의 자유를 지키고, 국민들이 편안하게 살아가는 나라를 만들고자 애쓰는 저희들이 되게 하시옵소서. 하나님께서 보호하시고, 국민들은 서로 사랑하는 영광스러운 조국을 후손에게 물려주어야 함을 잠시라도 잊지 말게 해주시옵소서.

                              예수님의 이름으로 기도드립니다. 아멘.

✧ 그의 옷 가에 손을 대니 6월 7일

"예수의 뒤로 와서 그의 옷 가에 손을 대니 혈루증이 즉시 그쳤더라"(눅 8:44)

혈루증을 앓던 여인의 하나님-나의 하나님,

오늘, 저희 가족에게 치료자가 되시는 주님을 사모하게 하시옵소서. 죄를 사하시며 육체의 고통에서 구원해주시는 예수님을 주님으로 고백하며 지내게 하시옵소서. 주님은 저희 가정에서 의사이십니다.

이에, 저의 아이가 한 여인을 혈루증에서 낫게 해주신 주님을 생각하게 하시옵소서. 여인이 주님의 옷자락에 손을 대기만 해도 고침을 받을 것을 소원했던 그 믿음을 그에게도 경험하게 해주시옵소서. 여인이 치유의 은혜를 입게 하신 그 사랑으로 저의 아이도 만져주시옵소서.

하나님의 은혜가 그녀에게 예수님을 향한 소망을 갖게 하셨고, 믿음에 따라 순종하여 질병에서 고침을 받았습니다. 혈루증을 앓던 여인이 치유의 은혜를 저의 아이도 경험하게 하시옵소서.

여호와를 소원하게 하시는 주님,

주님께서는 그녀의 육체적인 질병과 함께 인격적인 만남으로 구원의 복도 선포해주셨습니다. 그 은혜가 저의 아이에게도 임하여 날마다 주님과 인격적으로 교제하며 지내기를 소망합니다. 이로써 주님과의 관계를 맺고 지내는 인격이 되게 하시옵소서.

아울러, 그가 배우는 모든 지식으로 주님을 섬기기 원합니다. 아는 것이 많아질수록 그 놀라운 지식을 펴신 하나님을 발견하기 원합니다. 그리하여 그의 몸과 그가 사는 동안의 모든 것은 주님의 것임을 깨닫고 주님께서 원하실 때는 즐거움으로 드리게 해주시옵소서.

예수님의 이름으로 기도드립니다. 아멘.

✥ 이제도 보지 못하나 믿고　　　　　　6월 8일

"예수를 너희가 보지 못하였으나 사랑하는도다 이제도 보지 못하나 믿고 말할 수 없는 영광스러운 즐거움으로 기뻐하니"(벧전 1:8)

자비로우신 하나님,

오늘, 저희 가족에게 주님을 사랑하는 삶으로 살아가도록 강권해주시옵소서. 천국을 약속해주신 은혜에 놀라워하며 한 날을 시작합니다.

그 은혜가 저의 아이에게도 경험이 되어, 주님의 가슴을 품게 하시옵소서. 사랑에 목말라 있는 이들에게 여호와의 돌보심을 보여주게 하시옵소서. 그들에게 눈을 돌리게 하시옵소서.

어린 아이에게 냉수 한 그릇을 대접한 친절이 곧 주님께 해드린 것이라 하셨는데, 그처럼 대접하게 하시옵소서. 달라고 손을 내미는 이들을 뿌리치지 말게 하시옵소서. 이로써 주님의 손길이 되어 이웃을 섬김으로써 경건해지게 하시옵소서.

어려서부터 돕는 손을 가질 때, 장성해서는 더욱 큰 손으로 남을 돕게 될 줄 믿습니다. 아주 적은 돈으로 남을 도울 때, 많은 돈으로 남을 돕게 될 것을 믿습니다. 돕는 사람으로 자라나도록 이끌어주시옵소서.

위로해 주시는 주님,

저의 아이를 위해서 특별히 간구하니, 하나님의 위로를 베풀어 주시옵소서. 아침 해의 빛나는 마음을 주셔서 즐겁게 해 주실 것을 바라보게 하시옵소서. 이미 주님께서 베풀어 주셨던 은총을 새롭게 기억하면서 더 한층 기쁨으로 바꾸어 주실 것을 바라보게 하시옵소서.

오늘, 한 날을 지내면서 소망을 여호와께 두게 하시옵소서. 약해진 마음을 강하게 하시고, 여호와의 붙들어 주심을 소망하게 해주시옵소서.

　　　　　　　　　　　　　　예수님의 이름으로 기도드립니다. 아멘.

❖ 육체의 고난을 받으셨으니 6월 9일

"그리스도께서 이미 육체의 고난을 받으셨으니 너희도 같은 마음으로 갑옷을 삼으라 이는 육체의 고난을 받은 자는 죄를 그쳤음이니"(벧전 4:1)

갑옷을 삼게 하시는 하나님,

오늘, 주님의 고난을 묵상하면서 천국 백성으로서의 한 날을 생각하게 하시니 감사드립니다. 지금도 이 땅에서 이루어져야 할 일들을 위해 사람을 찾으시는 하나님을 생각하게 하시옵소서.

저의 아이가 하나님의 일꾼으로 준비되기를 원합니다. 지금도 하나님의 나라를 위해 눈물과 기도로 씨를 뿌리고 있는 귀한 종들처럼 그 거룩하신 손길이 저의 아이에게도 동일하게 나타나기를 원합니다.

이로써 주님의 뜻이라면 어디에든지 가고, 무엇이라도 하게 하시옵소서. 주님의 뜻대로 살게 하시옵소서. 그의 나아가는 걸음을 힘차게 하셔서 죄를 멀리하고 마귀의 유혹을 물리치며, 자신과 싸워서 이기는 것을 경험하도록 인도해주시옵소서.

그리스도로 옷을 입혀주시는 주님,

참 구할 것은 믿음으로 사는 것임을 잊지 말게 하시고, 주님께 영광된 삶을 살려는 소망을 품기 원합니다. 믿음 안에서, 소망을 품고 사랑으로 모든 것들을 대하게 하시옵소서. 오직 성령의 충만함으로 마귀의 유혹과 싸워서 이기는 하루가 되어 지게 하시옵소서.

토요일을 맞이합니다. 예배드리는 시간을 사모하게 하시옵소서. 주님의 날을 구별해서 지키고, 하나님께 영광을 드리기를 바라는 마음을 주시옵소서. 하나님께 영화로움을 드리는 예배를 기다리게 하시옵소서.

예수님의 이름으로 기도드립니다. 아멘.

❖ 주일, 만민 중에서 주께 감사하고   6월 10일

"여호와여 내가 만민 중에서 주께 감사하고 뭇 나라 중에서 주를 찬양하오리니"
(시 108:3)

감사로 나아오게 하시는 하나님,

오늘, 날과 시간을 여호와 앞에서 구별하게 해주셨습니다. 저희 가정에 주일의 은총을 받게 하시고, 공예배에 참여하게 하시니 감사드립니다. 온 식구가 오늘은 주님의 날로 즐거워하게 하시옵소서.

저의 아이도 주님의 사랑을 인하여 하나님을 찬양하기 원합니다. 감사하는 마음으로 주님께 찬양을 드리게 하시옵소서. 그 사랑이 예수님을 구주로 내어 주셨고, 십자가에서 구원을 이루셨습니다. 십자가에서 이루어진 크신 사랑에 감격하여 늘 찬양하는 아이가 되게 하시옵소서.

저의 아이를 위해서 지금도 중보자가 되어 주시는 예수님을 즐거워합니다. 자기를 위해서 기도하시는 주님의 사랑에 감격하게 하시옵소서. 그를 거룩하게 해주시려고 작정해주신 주님의 대속에 감격하도록 이끌어 주시옵소서. 그 사랑에 감사하여 하나님만 섬기게 하시옵소서.

감사로 넘치게 하시는 주님,

주님의 품 안에서 한량없는 기쁨을 누리게 하시옵소서. 그리고 불신앙으로 살았던 조상들의 죄와 그 습성이 저의 아이에게 유전되지 않게 하시옵소서. 자식은 부모의 육체와 함께 정서까지도 물려받는데, 그에게서는 불신앙의 기질을 끊어 주시옵소서.

저희 집안에 예수님으로 인한 생명의 문화가 꽃이 피게 하시고, 신앙적인 유산을 물려받게 하시옵소서. 주님의 공로로 하나님의 후사가 되었으니, 하늘의 유산을 상속받게 해주시옵소서.

예수님의 이름으로 기도드립니다. 아멘.

❖ 주께 부르짖어, 주께 의뢰하여   6월 11일

"그들이 주께 부르짖어 구원을 얻고 주께 의뢰하여 수치를 당하지 아니하였나이다"
(시 22:5)

수치로부터 건져주시는 하나님,

오늘, 저희 가족의 부르짖음을 들어주시는 하나님께 감사드립니다. 여호와를 의지하면 악인의 수치를 피하게 해주실 것을 확신합니다. 저희 가정의 찬송 중에 거하시는 하나님을 사랑하게 하시옵소서.

저의 아이에게 우리나라를 사랑하는 사람이 되도록 이끌어주시옵소서. 여러 모습으로 나라와 사회를 위해서 자신을 희생하는 이들이 있습니다. 그들의 헌신으로 저희는 안락한 밤을 맞기도 하는데, 그 수고를 귀하게 여기도록 이끌어 주시옵소서.

저의 아이가 하나님께서 주신 나라에 대한 부르심을 갖기 원합니다. 조국에 대한 경건함을 지니면서 인간에게 세운 모든 제도에 순복하게 하시옵소서. 이 나라를 위해서 특별히 부름을 받아 헌신하는 통치자들을 위해 중보하는 은혜를 허락해주시옵소서.

부르짖음의 시간을 주시는 주님,

저의 아이에게 남을 위해서 간구할 수 있는 마음을 주시옵소서. 성령님의 충만하심으로 이웃을 보는 눈이 뜨여지게 하시옵소서. 대통령을 비롯해서 정부를 관리하는 공무원들을 위하여 기도하기를 소망합니다.

민족을 사랑하고 나라를 위해서 헌신하는 이들을 위해 기도하게 하시옵소서. 나라의 지도자들이 주님의 영광을 나타내도록 기도하게 하시옵소서. 그들이 민족애를 갖고 섬김의 리더십으로 봉사하도록 기도하는 저의 아이가 되게 해주시옵소서.

                       예수님의 이름으로 기도드립니다. 아멘.

❖ 모든 채주는 그것을 면제하고 6월 12일

"면제의 규례는 이러하니라 그의 이웃에게 꾸어준 모든 채주는 그것을 면제하고 그의 이웃에게나 그 형제에게 독촉하지 말지니"(신 15:2상)

이웃을 사랑하게 하시는 하나님,
오늘, 저희 가족에게 이웃을 사랑하며 살겠다는 각오를 새롭게 하시니 감사드립니다. 저희를 사랑해주시는 하나님의 사랑을 이웃에게로 나누는 가정으로 삼아주시옵소서. 어려움을 당하고 있는 이들에게는 불쌍히 여김으로 섬기게 하시옵소서.

저의 아이에게 남들에 대하여 불쌍히 여기는 마음을 주시옵소서. 하나님의 보내심으로 불쌍한 이들에게 도움을 주고, 그들을 위하여 기도하도록 하시옵소서. 남을 불쌍히 여김으로써 주님을 닮게 해주시옵소서.

이웃과 함께 하는 문화를 경험하게 하시옵소서. 주님의 자비와 긍휼로 이웃에게 다가가는 문화를 접촉하게 하시옵소서. 자기만을 알고, 자기중심적으로 살려는 생각을 거절하게 하시옵소서.

만족하게 해주시는 주님,
갖가지의 여름 과일을 주심에 감사드립니다. 저의 아이가 신비로운 맛의 여름 과일을 즐기게 하시고, 그로 말미암아 감사의 마음을 갖게 하시옵소서. 과일에 담겨있는 풍부한 영양소들은 저의 아이에게 건강함을 더하게 하시고, 생활조차도 즐겁게 하시기를 소망합니다.

여름에 만나는 풍성한 과일들을 통해서 성령의 열매를 묵상하게 하시옵소서. 열매를 맺게 하시는 성령님의 은혜로 자비의 열매를 맺어드리게 해 주시기를 소망합니다. 아름다운 열매를 맺는 좋은 나무에 대한 의무를 느끼게 하시옵소서.

예수님의 이름으로 기도드립니다. 아멘.

❖ 죽으면 죽으리이다 6월 13일

"나도 나의 시녀와 더불어 이렇게 금식한 후에 규례를 어기고 왕에게 나아가리니 죽으면 죽으리이다 하니라"(에 4:16)

에스더의 하나님-나의 하나님,

오늘, 저희 가정에 민족이 위기를 겪게 되었을 때, 자신의 목숨을 버려 민족을 구하려 했던 에스더의 은혜를 사모하게 하시옵소서. 온 식구가 바사의 이방 나라에서 여호와의 백성들을 구하시는 하나님의 손길을 배우게 하시옵소서.

저의 아이에게 에스더를 사용하셔서 유다 백성을 구하시는 하나님의 의도를 깨닫게 하시옵소서. 에스더로 말미암아 애국, 애족의 마음을 지니도록 이끌어주시옵소서. 하나님의 음성을 들려주시옵소서.

에스더가 누렸던 민족애의 은혜를 저의 아이도 경험하기를 소망합니다. 그를 만드신 하나님의 열심히 저의 아이도 만져 주시기를 소망합니다. 민족을 사랑하는 동포애와 나라를 위해 염려하는 애국심을 지니게 하시옵소서. 민족을 사랑하는 그의 심령에 기름을 부어주시옵소서.

나라와 민족을 품게 하시는 주님,

에스더가 하만의 계략으로부터 유다 민족을 구했다면, 저의 아이는 사탄의 계략으로부터 사람들의 영혼을 구하게 하시옵소서. 저의 아이가 복음을 전하고 하나님과 하나 되게 하신 주님의 사랑을 이웃과 나누게 하시옵소서. 하나님의 가슴으로 이웃을 섬기도록 하시옵소서.

저의 아이의 섬김으로 말미암아 이 민족의 가슴에 그리스도가 전해지기를 원합니다. 많은 불신자들이 주님께로 돌아오고, 마음과 마음이 연결되어 하나님의 뜻이 이루어지는 민족이 되게 하시옵소서.

예수님의 이름으로 기도드립니다. 아멘.

◈ 모든 착한 일을 넘치게   6월 14일

"너희로 모든 일에 항상 모든 것이 넉넉하여 모든 착한 일을 넘치게 하게 하려 하심이라"
 (고후 9:8하)

넉넉하게 하시는 하나님,

저희 가족에게 누구의 도움이나 요구가 필요 없도록 채워주시는 하나님의 자비를 봅니다. 사람에게 손을 내밀지 않고, 오직 하나님으로 만족하게 해주시니 감사드립니다.

저의 아이에게는 그의 생명이 지어지기 전부터 그에 대하여 갖고 계신 계획대로 인도해 주시고 계심을 기뻐합니다. 그가 지난 한 주간 동안에도 아버지의 사랑을 묵상하면서 지내게 하셨습니다.

저의 아이가 하나님의 사랑을 받고 있음에 감사드립니다. 여름의 뜨거운 햇빛을 보면서 주님을 향한 그의 사랑이 불타오르기를 소망합니다. 그의 작은 가슴이 하나님을 향해서 뜨거워지게 하시옵소서.

늘 넘치게 하시는 주님,

오늘도 저의 아이에게 위로의 복을 경험하게 하시옵소서. 요즈음 계속되는 실수로 매우 낙심해 있는데, 성령님의 새롭게 하시는 은혜를 구합니다. 사탄의 훼방으로 부정적인 감정에 사로잡힐 때마다 성령님께서 그의 마음을 붙들어 주시옵소서.

저의 아이를 정욕의 영으로부터 보호해주시옵소서. 음란한 내용을 다루고 있는 만화나 비디오를 가까이 하지 않도록 해주시고, 자신의 영혼에 상처를 입히는 정욕의 욕구로부터 자유롭게 하시옵소서. 성령님께서 그의 마음에 정욕을 제어할 힘을 주시고, 넘어서는 안 될 선을 그어주시기 원합니다.

예수님의 이름으로 기도드립니다. 아멘.

✦ 예수님을 변함없이 사랑하는   6월 15일

"우리 주 예수 그리스도를 변함 없이 사랑하는 모든 자에게 은혜가 있을지어다"
(엡 6:24)

축복하라 하시는 하나님,

오늘, 저희 가족에게 축복의 사람으로 살아가도록 강권해주시옵소서. 믿음의 사람들이 축복의 증인으로 지냈던 것처럼 저희의 오늘을 축복의 시간으로 삼게 하시옵소서.

저희 가정에 귀한 아이를 주셨으니 감사드립니다. 이 아이가 저희 부부의 사랑으로 자라는 동안 주님의 사람으로 성장하기 원합니다. 그의 생애를 축복하니 천국의 일군으로 세워지게 하시옵소서. 그에게 하나님의 사람으로 살아갈 수 있도록 기름을 부어주시옵소서.

성령의 인도를 받게 하시는 주님,

오늘, 한 날의 생활이 여호와께 드리는 예배가 되기를 원합니다. 성령님께서 그의 마음을 주관하시고, 입술을 열게 하셔서 찬양을 드리게 하시옵소서. 아버지 하나님께 바칠 마땅한 찬양을 드리게 하시옵소서.

성령님의 감화로 우리 하나님 같으신 이가 어디에 있을까 하는 감격의 마음을 주시옵소서. 주님 앞에서 좀 더 겸손해지고, 하나님은 크게 보는 은혜를 주시옵소서. 하나님 앞에서 겸손함으로 무장하게 하시기 바랍니다. 누구보다도 하나님 앞에서 겸손한 이들이 되게 하시옵소서.

오만한 사람은 결코 주님의 뜰에 서지 못한다는 것을 알고 있습니다. 교회에서 봉사를 할 때, 자신을 낮추는 겸손의 옷을 입게 하시옵소서. 가지가 나무에 붙어 있을 때 열매를 맺음과 같이 주님의 겸손을 자기 것으로 하게 해주시옵소서.

                    예수님의 이름으로 기도드립니다. 아멘.

✦ 이와같이 이루셨느니라 6월 16일

"자기의 그리스도께서 고난 받으실 일을 미리 알게 하신 것을 이와 같이 이루셨느니라" (행 3:18하)

미리 알려주시는 하나님,

오늘, 저희 가족에게 성경을 대하면서 하나님의 예언에 주목하게 하시니 감사드립니다. 자기 백성에게 미리 언약하시고, 그것을 성취하시는 하나님을 알게 하시옵소서. 성경에 기록된 하나님의 말씀 중에서 단 한 마디도 미리 언급되지 않은 것이 없음을 배웁니다.

저의 아이에게 하나님을 아는 지식에 대한 열정을 갖게 해주시옵소서. 자기의 뜻을 알려주시고, 정해진 시간이 되었을 때 그 약속을 이루시는 하나님을 배우게 하시옵소서. 성경을 읽을 때마다 하나님께서 말씀하심을 깨닫게 하시옵소서.

저의 아이 때문에 조바심이 나게 하심을 감사드립니다. 이 조바심을 주님께 드리기 위하여 머리를 숙였으니 받아 주시옵소서. 여호와께서 자신의 출입을 영원까지 지키신다는 믿음을 간직하게 하시옵소서.

인생을 인도하시는 주님,

저의 아기가 하나님의 손에 자신의 인생을 맡기는 은혜를 허락해주시옵소서. 이미 어미의 태 안에서 한 생명으로 조성될 때부터 그의 생명에 대한 계획을 갖고 계신 하나님의 뜻대로 하시옵소서. 저희 부부에게 양육하도록 하셨으나, 이 아이의 모든 것을 주님께 드립니다.

그가 주 여호와의 이름을 높여드리며 예배드리는 시간을 사모하게 하시옵소서. 주님의 날이 세상으로부터 구별되고, 하나님께 영광을 드리는 시간이기를 바라는 마음을 주시옵소서.

예수님의 이름으로 기도드립니다. 아멘.

✦ 주의 영화로운 이름을 6월 17일

"우리 하나님이여 이제 우리가 주께 감사하오며 주의 영화로운 이름을 찬양하나이다" (대상 29:13)

찬송을 받으시는 하나님,

오늘, 저희 가족을 위하여 베풀어 주신 은혜를 기억하며 찬양을 드리게 하시옵소서. 저희 가족이 무엇이기에 이처럼 하나님의 사랑을 받는지요? 종일 찬송을 드린다 해도 모자랄 것입니다.

저의 아이에게 그의 믿음을 꽃봉오리처럼 피워 여호와의 이름을 찬양하게 하시옵소서. 오늘, 거룩한 날에, 여호와의 이름이 영영히 선포되기 원합니다. 이렇게 좋은 날에 저의 아이가 친구들과 함께 한 마음으로 주 예수님을 기리고 찬양을 드리게 하시옵소서. 예배당에서 하나님의 말씀이 온전히 선포되고, 저의 아이는 아멘으로 받게 하시옵소서.

진리와 은혜가 하나님께 있으니, 예배를 드릴 때, 앙망하게 하시옵소서. 주님의 몸인 교회가 하나님께 영광이 되게 하시옵소서. 하나님의 영광을 더욱 영광되게 하는 예배가 되기를 소망하게 하시옵소서.

감사로 살게 하시는 주님,

살아계신 하나님을 경배하는 마음에 하늘의 은혜를 내려 주시기를 소망합니다. 하나님의 살아계심을 기뻐하면서, 즐거움을 예배하게 하시옵소서. 주님의 집에서 흘러나오는 힘을 공급받아 천국의 시민으로서 담대하게 하시옵소서. 예배하는 시간에 기름을 부어주시옵소서.

믿음에서 믿음으로 이르는 굳세게 하심을 경험하게 하시옵소서. 오늘, 예배하는 시간 동안에, 하나님의 자비하심에 대하여 예배로서 감사하도록 이끌어주시옵소서.

예수님의 이름으로 기도드립니다. 아멘.

내 눈이 주께 향하며 6월 18일

"주 여호와여 내 눈이 주께 향하며 내가 주께 피하오니 내 영혼을 빈궁한 대로 버려 두지 마옵소서"(시 141:8)

눈을 들어 바라보게 하시는 하나님,

오늘, 저희 가족에게 하나님을 바라는 삶을 좋아하도록 축복합니다. 우리에게 도움은 오직 하나님께 있음을 믿게 하시옵소서. 식구들에게 우리의 도움이 하나님께만 있음을 확신하게 하시옵소서. 자기 백성이 부르짖을 때, 귀를 기울여 들어주시는 하나님을 사랑합니다.

저의 아이에게 오늘 그가 의지해야 될 대상은 하나님이심을 깨닫게 해주시옵소서. 하나님께서 도와주셔야만 그가 오늘, 후회가 없는 하루로 살아간다는 것을 확신하게 하시옵소서. 이로써 여호와의 이름을 부르고 하나님 앞에서 겸손하게 하시옵소서.

도움이 되어 주시는 주님,

오늘, 자기를 도와주실 하나님을 생각하게 하시옵소서. 성령님께서 그와 동행해주시며, 교실에서는 공부하는 시간에 함께 하심을 믿게 하시옵소서. 기름을 부어주심을 경험하게 하시옵소서.

오늘도 주님께서는 하나님의 나라를 이루시려고 그를 사용하실 줄로 믿습니다. 아브라함에게 방주를 짓도록 하셨던 것처럼 저의 아이가 해야 될 일을 보여주시고, 그것에 순종하도록 이끌어 주시옵소서. 이로써 주님의 손에 들려진 도구임을 감사함으로 받아들이게 하시옵소서.

주님을 영화롭게 해드리기 위해서 자신이 지어졌음을 깨닫게 하시옵소서. 말씀을 통해서 순종하게 하시며, 주변에서 일어나는 상황을 보고 순종하게 하시옵소서.

예수님의 이름으로 기도드립니다. 아멘.

❖ 아무도 판단하지 아니하노라 6월 19일

"너희는 육체를 따라 판단하나 나는 아무도 판단하지 아니하노라"(요 8:15)

    판단을 금지하신 하나님,
    오늘, 저희 가족에게 남들에 대하여 판단하지 않는 은혜를 경험하게 해주시옵소서. 판단하시지 않고 도리어 긍휼을 베푸시는 하나님을 배우게 하시옵소서. 용납해주시는 하나님을 닮게 하시옵소서.
    저의 아이가 주님의 자비하심으로 세상에서 의의 열매를 맺게 하시옵소서. 주님의 일을 하느라 땀을 흘리게 하시옵소서. 하나님께서 사랑하시는 세상을 위해 봉사의 손을 부지런히 펴게 하시옵소서. 여호와의 이름을 나타내고, 하나님의 계심을 증거 하는 행동을 하게 하시옵소서.
    주님의 마음으로 세상을 보고, 기도하기 원합니다. 주님의 눈빛으로 본 세상에서 찬양을 부르게 하시옵소서. 하나님을 알아야 할 사람들이 주님을 섬기려 하지 않음을 볼 때, 안타까운 마음을 주시옵소서. 나라와 민족을 위해서 기도하는 손을 갖도록 해주시옵소서.
    세워주시는 주님,
    저의 아이에게 하나님께서 보호하시는 이 땅을 위하여 헌신하기를 즐거워하게 하시옵소서. 이 나라가 더 좋은 곳이 될 수 있도록 봉사하는 일에 자신을 드리기를 기뻐하게 하시옵소서.
    오늘도 1분밖에 걸리지 않는 시간을 드려 길에 떨어져있는 쓰레기 등을 치우고 다른 이들에게 친절함을 나타내게 하시옵소서. 길을 건널 때, 노인이나 장애자들을 돕게 하시고, 좋은 사회를 만드는 일에 손을 내어밀게 하시옵소서.
                              예수님의 이름으로 기도드립니다. 아멘.

❖ 걷기도 하고 뛰기도 하며 　　　　6월 20일

"뛰어 서서 걸으며 그들과 함께 성전으로 들어가면서 걷기도 하고 뛰기도 하며 하나님을 찬송하니"(행 3:8)

'나면서 못 걷게 된 이'의 하나님-나의 하나님,

오늘, 저희 가정에 주님의 치유에 대하여 주목하며, 그 은혜를 사모하게 하시옵소서. 치유하시는 하나님을 생각하게 하시옵소서. 지금, 저희 가정에서도 일어나 걷고, 뛰며, 하나님을 찬미하게 하시옵소서.

저의 아이가 베드로와 요한에 의해 고침을 받은 은혜를 묵상하기 원합니다. 기도하러 성전으로 올라가던 사도들에 의하여 고침을 받게 하신 하나님의 손길을 깨닫게 하시옵소서. 그 은혜를 저의 아이가 누리게 하시옵소서.

나면서 못 걷게 된 이를 고쳐주신 하나님의 자비하심을 저의 아이도 맛보게 하시옵소서. 구걸하던 그가 걷고, 뛰는 모습에서 많은 이들이 하나님께 영광을 돌렸습니다. 저의 아이도 주위의 사람들에게 하나님의 영광을 나타내게 하시옵소서.

천국 백성으로 지내라 하시는 주님,

저희와 저의 자녀가 주님의 사랑으로 하나님의 가족이 되고, 새 사람으로 살게 하심을 감사드립니다.

주님을 따라나선 제자들에게 사람을 낚는 어부가 되라 하심처럼, 저희 가족에게도 소금과 빛으로 살라 하시니 순종하게 하시옵소서.

저의 아이에게 새 사람으로서 새 일을 맡겨 주신 하나님을 사랑합니다. 그는 비록 어리지만, 소금되어 살고, 빛이 되어 살아 하나님의 나라가 이 땅에서 이루어 지지기를 소망합니다.

　　　　　　　　　　　　예수님의 이름으로 기도드립니다. 아멘.

❖ 하나님이 용서하심과 같이   6월 21일

"서로 친절하게 하며 불쌍히 여기며 서로 용서하기를 하나님이 그리스도 안에서 너희를 용서하심과 같이 하라"(엡 4:32)

용서하라 하시는 하나님,
오늘, 저희 가족에게 하나님의 용서를 나누게 하시니 감사드립니다. 용서의 증인이 되기를 원합니다. 죄인이었던 저희에게는 용서가 없었으나 하나님께서 용서를 주셨으니 용서하는 저희들이 되게 하시옵소서.

저의 아이에게는 하루가 열리는 첫 마음의 입술로 주님을 경배하게 하시옵소서. 그에게 주님이 제일의 우선순위가 되게 해 주시옵소서. 그의 첫 말 한마디가 주의 이름을 찬양하게 하시고, 저의 첫 동작은 주님 앞에 무릎을 꿇어 기도하게 하시옵소서. 주님의 은혜를 찬양합니다.

어제도 저의 아이와 동행해 주셨던 여호와를 오늘도 바라보게 하시옵소서. 주님께서는 믿음대로 은혜를 내리시고, 소원대로 이루시니, 저의 아이가 오늘도 그 손길을 기다리게 하시옵소서.

용납을 경험하게 해주시는 주님,
크신 사랑을 베푸시는 손길을 기대하면서 순간순간을 보내게 하시옵소서. 좋은 것으로 기쁘게 해주시고, 만족하게 하셔서 하나님을 찬양하게 이끌어 주시옵소서. 오늘, 종일토록 주님을 바라보며 베푸시는 은혜를 기다리는 하루가 되게 하시옵소서.

주님을 기다리면서 두려움이 없고, 낙심될 것이 없음을 믿습니다. 주님을 기다릴 때, 소망으로 인도하시고, 합력하여 선을 이루시는 것을 보게 하심을 믿습니다. 흔들리지 않고, 초조해 하지 않으면서 하나님의 도우심을 기다리게 해주시옵소서.

예수님의 이름으로 기도드립니다. 아멘.

✧ 예수와 함께 우리도   6월 22일

"주 예수를 다시 살리신 이가 예수와 함께 우리도 다시 살리사 너희와 함께 그 앞에 서게 하실 줄을 아노라"(고후 4:14)

   부활을 약속해주신 하나님,
   오늘, 저희 가족에게 부활신앙의 삶으로 살아가도록 강권해주시옵소서. 부활의 첫 열매가 되신 주님을 따라 저희들도 다시 살아서 하나님 앞에 서는 날을 기다리게 하시옵소서. 부활로 말미암아 저희들에게 승리자의 영광을 안겨주시옵소서.
   저의 아이에게도 부활신앙으로 지내게 하시옵소서. 부활에 대한 소망을 품고 지내도록 축복합니다. 사람의 외모를 보고 택하시는 것이 아니라, 중심을 보고 택하시는 하나님이심을 압니다. 이제, 그 마음의 중심에 오직 하나님만 모시고 주어진 일들을 담당하게 하시옵소서.
   저의 아이가 하나님 앞에서 은사를 통한 삶을 살기를 소망합니다. 그의 인생을 위하여 틀림없이 은사를 주셨다고 믿습니다. 아직 어려서 잘 모르지만 은사를 발견하게 하시옵소서. 성령님께서 지각을 주셔서 자신에게 주어진 은사를 찾아내어 그것을 계발하도록 하시옵소서.
   날마다 살려주시는 주님,
   하나님을 경외하고 이웃을 사랑하기에 조금도 부족함이 은사를 쓰게 하시옵소서. 믿음의 선진들은 은사를 발휘하여 평생을 주님의 영광을 위해서 살았습니다. 그 은총을 저의 아이에게도 내려주시옵소서.
   자신의 은사를 찾아 가꾸도록 하시고, 그 은사로 말미암아 주님께 영광을 드리게 하시옵소서. 하나님의 나라를 구하는 기도를 계속하게 하시며, 그의 사람이 곧 하나님의 나라를 확장함이 되게 하시옵소서.

                       예수님의 이름으로 기도드립니다. 아멘.

✤ 고난을 보이신 주께서   6월 23일

"우리에게 여러 가지 심한 고난을 보이신 주께서 우리를 다시 살리시며 땅 깊은 곳에서 다시 이끌어 올리시리이다"(시 71:20)

이기도록 하시는 하나님,

오늘, 저희 가족에게 고난을 당할 때 믿음으로 견디어 이기게 하시니 감사드립니다. 고난으로 말미암아 연단을 경험하게 하시고, 하나님께서 원하시는 삶을 지탱하게 하시옵소서. 온 식구들이 고난도 잠시 당하는 것일 뿐, 더 큰 영광이 기다리고 있음을 바라보게 하시옵소서.

저의 아이에게 집에서 하나님의 교회를 경험하게 해주시옵소서. 저희의 집이 작은 교회되고, 저희들 모두가 교회로 모일 때는 그 모임으로 말미암아 큰 집, 하늘나라를 이루게 하시옵소서.

교회 공동체의 활동으로 저의 아이가 건강한 성도의 모습을 갖추어가게 하시는 하나님께 찬양을 드립니다. 교회에서 하나님의 나라를 경험하고, 신자 된 삶을 살게 하셨습니다. 여러 친구들과 어울려 하는 활동으로 하나님께는 영광을 드리는 저의 아이가 되게 하시옵소서.

심령을 새롭게 하시는 주님,

이제, 그에게 교회의 모든 활동에 적극적으로 참여하도록 기름을 부어주시옵소서. 지체들과 믿음을 나누는 가운데 하나님의 말씀으로 마른 심령이 적셔지는 은혜를 허락받게 하시옵소서. 그래서 아름다운 한 그루 백향목이 되어, 주님의 놀라우신 은혜를 찬양하게 하시옵소서.

저의 아이가 주 여호와의 이름을 높여드리며 예배드리는 시간을 사모하기를 소망합니다. 주일에, 하늘의 하나님께는 영화로움을 드리고 주님께서 세상을 향해서 복을 주시는 예배를 기다리게 하시옵소서.

                            예수님의 이름으로 기도드립니다. 아멘.

성도들이 주를 송축하리이다 6월 24일

"여호와여 주께서 지으신 모든 것들이 주께 감사하며 주의 성도들이 주를 송축하리이다"
(시 145:10)

성도의 송축을 받으시는 하나님,

오늘, 저희 가족에게 주일을 주셨습니다. 엿새 동안에, 청지기로서 하나님 앞에서 살게 하셨음을 감사드립니다. 매일, 매일을 하나님의 날로 살던 저희들에게 오늘은 주님의 날로 맞이하게 하시옵소서.

하나님 아버지께 영화로운 날을 맞아 저의 아이가 마음을 다해서 경배하기를 소망합니다. 교회를 찾아 예배하려 할 때, 먼저 죄를 고백하게 하시옵소서. 한 주간 동안의 생활 속에서 저지른 죄를 낱낱이 기억하여 회개하도록 성령님께서 강권해주시옵소서.

여호와 하나님의 자비하심을 기다리게 하시옵소서. 자신도 모르게 교만했던 일들이 있었다면 회개하게 하시고, 주님의 인도하심을 기다리지 못하고, 성급히 행동했던 오만함을 용서해주시옵소서.

감사로 시작하게 하시는 주님,

하나님의 시간을 하나님께 드리게 하시고, 예배할 수 있는 교회를 주시니 감사드립니다. 저의 아이가 주님의 이름을 높여드리고, 성경을 공부할 수 있는 좋은 교회를 선택하게 해주셨습니다. 오늘, 종일을 예배당에서 지낼 때, 은혜에 감사함으로 경배하도록 이끌어주시옵소서.

시온에서부터 흘러나오는 주님의 은혜를 기다리게 하시옵소서. 우리를 돌아보시고, 각 사람의 필요에 따라 은혜를 공급해 주시는 자비로우심을 깨닫게 하시옵소서. 주님께서 받아주시는 향기로운 예배를 드리게 하시고, 성전에서 하루를 참 안식으로 보내게 하시옵소서.

예수님의 이름으로 기도드립니다. 아멘.

❖ 영원히 주 앞에 세우시나이다   6월 25일

"주께서 나를 온전한 중에 붙드시고 영원히 주 앞에 세우시나이다"(시 41:12)

복의 근원이신 하나님,

한 주간의 생활을 시작하면서 주님의 이름으로 저희 가정을 축복합니다. 이 집에 있는 하나님의 백성에게 복을 두르게 하시옵소서. 저희 부부와 자녀를 위하여 예비해 두신 복을 내려주시옵소서.

저의 아이가 오늘, 하나님을 아버지로 만나기를 소망합니다. 하나님의 공급하시는 손길에 의해서 살아가도록 이끌어주시옵소서. 성경을 읽으면서 하나님을 가까이 하고 기도를 하면서 모든 것을 하나님께 맡겨드리게 하시옵소서. 매일 기름 부어주심을 경험하게 하시옵소서.

기도로 살아가겠다는 다짐을 하게 하시며, 자신의 필요를 기도를 통해서 공급받기를 원합니다. 이로써 예수님 안에서 믿음과 소망 그리고 사랑으로 살아가도록 이끌어주시옵소서.

하늘의 복을 구하게 하시는 주님,

지금, 이 시간에도 주님의 복이 나타나기 원합니다. 교실에서 공부할 때 모자라는 지혜에 주님의 은혜가 더하여 주시옵소서. 공부를 하는 시간이 지루하지 않게 하시고, 인내할 수 있는 힘과 건강함을 다해 주시옵소서.

사실, 저의 아이가 전에는, 아주 작은 일도 걱정하여 잠을 이루지 못한 밤도 있었으나, 모든 일을 아버지께 맡기고 지내게 하심을 감사드립니다. 끊임없이 찾아왔던 그의 근심을 기도로 날려 버리게 하시옵소서. 소망을 품게 하시는 하나님께 영광의 찬미를 드리게 하시옵소서.

                         예수님의 이름으로 기도드립니다. 아멘.

하나님의 심판을 피할 줄로

6월 26일

"이런 일을 행하는 자를 판단하고도 같은 일을 행하는 사람아, 네가 하나님의 심판을 피할 줄로 생각하느냐"(롬 2:3)

심판하시는 하나님,

오늘, 저희 가족에게 행실에 따라 하나님의 심판 앞에 서게 된다는 것을 기억하게 하십니다. 하나님의 심판을 피할 거라는 어리석은 생각을 하지 않도록 하시옵소서. 성령님께서 저희를 다스려 주시옵소서.

저의 아이가 생명을 주신 하나님 앞에서 청지기의 모습을 지니게 하시옵소서. 그에게 허락된 것들은 모두 하나님이 것이오니, 하나님 앞에서 올바르게 쓰게 하시옵소서. 청지기가 된 사명을 다할 때, 먼저, 시간의 청지기로 살게 하시옵소서.

하나님께 영광을 드리는 삶에 집중하도록 기름을 부어주시옵소서. 오늘의 시간도 주님께서 주신 것임을 깨달아 하나님의 뜻을 위해 사용하기를 원합니다. 하나님께 합하게 쓰여 지도록 강권해주시옵소서.

어리석지 않도록 해주시는 주님,

아울러 오늘은 돈도 쓸 줄 아는 지혜를 주시기를 소망합니다. 주님께서 그의 손에 맡기셨을 뿐이오니, 자신의 거룩한 생활을 위해 돈을 쓰는 지혜를 주시옵소서. 돈을 귀중히 여겨야 하지만, 그 돈을 주신 하나님을 더욱 귀중히 여기는 마음을 갖게 하시옵소서.

저의 아이가 여호와의 이름을 높이면서 지내는 동안, 거룩해지기를 소망합니다. 하나님의 나라에 소망을 두고 한 순간, 한 순간을 주님 앞에서 보내도록 도와주심을 믿습니다. 자유롭게 사용할 수 있는 모든 것들을 하나님을 위해서 쓰겠다는 결단을 하게 해주시옵소서.

예수님의 이름으로 기도드립니다. 아멘.

❖ 내가 여기 있나이다　　　　　　　6월 27일

"그 때에 내가 이르되 내가 여기 있나이다 나를 보내소서 하였더니"(사 6:8하)

이사야의 하나님-나의 하나님,

오늘은 저희 가정에 은혜를 누린 이사야의 신앙을 본받게 하시옵소서. 하나님에게서 떠난 이스라엘 민족을 향해서 회개하고 돌아오기를 외쳤던 이사야를 생각하게 하시옵소서. 하나님께서 이사야를 선택하셨듯이, 저희 부부와 자녀도 선택되기를 소망합니다.

저의 아이가 이사야가 여호와 하나님을 사랑하는 믿음으로 자기 동족을 사랑했던 그 사랑을 배우게 하시옵소서. 이사야를 민족적인 선지자로 만드신 하나님의 열심을 저의 아이도 누리도록 도와주시옵소서.

이사야가 누렸던 민족애의 삶을 저의 아이에게도 경험하게 하시옵소서. 왕이 죽고, 나라가 위태로움에 빠지자, 기도하러 성전에 갔던 그가 하나님의 영광을 보게 하셨음처럼, 저의 아이에게도 민족을 위해서 기도하는 열정을 주시옵소서.

나의 분깃으로 지내게 하시는 주님,

어두운 세상에서 빛으로 살도록 하신 하나님께 영광을 드립니다. 주님께서 세상에 계셨으나 세상에 물들지 않으신 것처럼 거짓되고 타락한 세상의 문화를 거슬러 의의 아들답게 살게 하시옵소서.

하나님의 영광을 나타내기 위해서 거룩함에 헌신하는 저의 아이가 되기를 원합니다. 날이 갈수록 부패한 문화들이 일어나 유혹할 때, 주님의 거룩함으로 물리치게 하시옵소서. 모든 이들이 가지 않는 길을 두려움 없이 가도록 이끌어 주시옵소서.

　　　　　　　　　　예수님의 이름으로 기도드립니다. 아멘.

✥ 성실히 그들에게 갚아주고   6월 28일

"무릇 나 여호와는 정의를 사랑하며 불의의 강탈을 미워하여 성실히 그들에게 갚아 주고"(사 61:8상)

자기 백성에게 성실하신 하나님,

오늘, 저희 가족에게 한 번도 실망을 시키지 않으신 하나님이시라 감사드립니다. 날마다 일용할 양식을 주시는 하나님을 즐거워합니다. 그 은혜를 생각하게 되면 저희 가정을 여호와께 드리게 됩니다. 온 식구들이 하나님께 성실하게 하시옵소서.

저의 아이가 생활하는데 부족함이 없게 하시며 필요에 따라 돈을 쓰게 하심에 감사드립니다. 돈을 쓰는 가운데 도와주시는 여호와를 체험하고, 하나님께 구하는 경험을 하게 하시옵소서.

그가 돈을 사용하는데 자유롭고, 부유한 생활하기를 소망합니다. 그러나 물질에 대하여 탐욕하지 않게 하시옵소서. 돈에 마음을 빼앗기는 노예가 되지 않게 하시옵소서. 주님께서 그에게 돈을 주심은 하나님을 영화롭게 해드리는데 쓰는 것임을 알게 하시옵소서.

누림의 은혜로 이끌어 주시는 주님,

돈으로 말미암아 하나님의 뜻을 살피는 지혜를 주시고, 그것을 다스리는 기쁨을 주시옵소서. 이웃을 사랑하는 것에 쓰는 것임을 알게 하시옵소서. 이로써 자기 자신을 위하여, 또는 이웃을 위하여 돈을 쓰면서 하나님의 살아계심이 경험되기 원합니다.

돈을 통해서 만물의 주관자이신 여호와를 인정해 드리는 은혜가 있게 하시옵소서. 저의 아이에게 사용할 만큼 돈을 주시고, 주어진 돈을 하나님의 뜻 안에서 쓰는 은혜를 누리게 해주시옵소서.

                     예수님의 이름으로 기도드립니다. 아멘.

❖ 하나님의 의가 되게 하려 6월 29일

"우리로 하여금 그 안에서 하나님의 의가 되게 하려 하심이라"(고후 5:21)

    의를 이루게 하시는 하나님,
    오늘, 저희 가정에서의 한 날이 하나님께 의롭기를 주목하는 삶으로 살아가도록 강권해주시옵소서. 주님께서 십자가에서 이루어주신 의를 따르게 하시옵소서. 삶이 곧 여호와께 드릴만 하게 하시옵소서.
    저의 아이의 기도에 침묵하고 계시지만 기도를 들으시는 하나님 이신것을 알고 침묵하시는 하나님을 알아가는 훈련을 받기 원합니다. 재미있는 것이라곤 찾을 수 없고, 자신이 마음을 먹은 대로 되어지는 것이 없는 것처럼 여겨지는 시간을 잘 이기게 하시옵소서. '나와 함께 하시는 하나님이 어디에 계시느냐'고 투정을 부리고 싶은 시간도 잘 이기게 하시옵소서.
    저의 아이에게 집중하사 넉넉한 삶으로 채워주신 은혜에 감사드립니다. 그가 자기를 위해서 긍휼의 손을 펴신 하나님을 찬양하기를 소망합니다. 여호와께서 큰일을 행하여주셨습니다. 그에게 은혜를 베푸심으로써 저희 집안에는 즐거움이 차게 하였음을 기억합니다.
    감사를 헤아리게 하시는 주님,
    이제, 맥추감사절로 예배드리는 주일을 맞이합니다. 구하는 것마다 이루어 주시고, 하나님의 인자하셨음을 즐거워하는 예배를 드리게 하시옵소서. 주 하나님께 감사로 나아가는 시간을 갖게 하시옵소서.
    그 은혜, 그 자비하심에 감사하는 예배를 드리게 하시옵소서. 머리털까지 세신 바가 되어 그를 지켜주셨고, 함께 해주셨던 주님의 긍휼에 무엇으로든지 감사하는 저의 아이가 되기를 원합니다.
                                예수님의 이름으로 기도드립니다. 아멘.

그 안에서 행하되

6월 30일

"그러므로 너희가 그리스도 예수를 주로 받았으니 그 안에서 행하되"(골 2:6)

예수 안에서 지내게 하시는 하나님,

오늘, 저희 가족에게 주 안에서 삶을 돌아보게 하시니 감사드립니다. 지나온 시간들을 돌이켜보면 저희 가정에 베풀어주신 하나님의 은혜였습니다.

저희 부부와 자녀에게 지금까지 도움이 되어주셨던 은혜를 새롭게 하게 하시옵소서.

저의 아이에게 특별히 여러 가지로 어렵고 힘든 일들을 겪어야 했던 중에도 낙심하지 않게 하셨음에 감사드리게 하시옵소서. 견디기 힘든 일들은 피하게 하시고, 언제나 돕는 손길이 있어서 이기게 하셨음을 깊이 깨닫게 하시옵소서.

저의 아이를 지켜주셔서 은혜 가운데 6월을 믿음으로 지내온 것에 감사드립니다. 이 달에 행하고자 마음먹은 것들을 잘 해낼 수 있게 도와주신 여호와의 손을 자랑합니다. 내일, 새롭게 시작되는 달에 소망을 품게 해주시옵소서.

6월을 살도록 하신 주님,

저의 아이가 주 여호와의 이름을 높여드리며 예배드리는 시간을 사모하기를 소망합니다. 주님의 날이 세상으로부터 구별되고, 하나님께 영광을 드리는 시간이기를 바라는 마음을 주시옵소서.

하늘의 하나님께는 영화로움을 드리고 주님께서 세상을 향해서 복을 주시는 예배를 기다리게 하시옵소서. 하나님께 예배하는 시간을 사모하고, 교회에서 교제하게 될 친구들을 향해서 마음을 열어 주시옵소서.

예수님의 이름으로 기도드립니다. 아멘.

❖ 전심으로 여호와께 감사   7월 1일

"할렐루야, 내가 정직한 자들의 모임과 회중 가운데에서 전심으로 여호와께 감사하리로다"(시 111:1)

    은혜로우신 하나님,
    맥추감사절을 맞이해서, 베풀어 주신 사랑을 묵상하게 하시니 감사드립니다. 여호와께서 샘으로 골짜기에서 솟아나게 하시고 산 사이에 흐르게 하셔서 밭의 곡식들을 거두게 하시니 감사드립니다. 그 은혜가 저희 가정에도 임하였습니다.
    저희들이 지내온 시간은 하나님의 은혜였습니다. 무엇으로, 어떤 언어로 감사하다는 표현을 드릴까요. 하나님의 자비를 나타낼 언어는 없습니다.
    감사드립니다. 하나님의 창조하심의 역사가 저희 가정에 번성의 은혜로 나타났음을 감사드립니다.
    저의 아이에게도 하나님의 은혜를 묵상하도록 권고해주시옵소서. 그를 생각할때, 크게 번성하도록 하셨으니, 그가 감사하게 하시옵소서. 하나님은 그를 자라게 하셨습니다.
    은혜를 묵상하게 하시는 주님,
    건강을 더하게 하셔서 키가 자라면서 신체적으로 성장하는 가운데 번성의 은혜를 맛보게 하셨으니 귀한 예물을 드리게 하시옵소서. 아버지 하나님의 손길로 말미암아 더욱 지혜롭게 성장하면서 공부를 하게 하셨으니, 그 은혜에 감사하는 기도를 하게 하시옵소서.
    올해의 첫 소출로 사람의 마음을 힘 있게 하는 양식을 주신 하나님께 감사드리게 하시옵소서. 우리 하나님께서 각종 좋은 것들로 밭을 채우셨으니, 감사의 예물을 하늘나라의 창고에 들이도록 하시옵소서.
                           예수님의 이름으로 기도드립니다. 아멘.

✥ 주께 합당하게 행하여　　　　　　　　7월 2일

"주께 합당하게 행하여 범사에 기쁘시게 하고 모든 선한 일에 열매를 맺게 하시며 하나님을 아는 것에 자라게 하시고"(골 1:10)

자라게 하시는 하나님,

오늘, 저희 가족에게 날마다 하나님의 영광을 생각하며 살아가도록 축복합니다. 언제나 마음으로 원하는 것은 하나님께의 합당함이었습니다. 온 식구들이 오늘을 지내면서 하나님을 기쁘시게 해드림이 되게 하시옵소서. 이로써 거룩한 성장을 경험하게 하시옵소서.

저의 아이가 학교에서 공부하는 동안에, 주님의 이름에 맞는 영광과 찬송을 드리기를 원합니다. 그가 배우는 만큼, 주님께 영광이 되게 하시옵소서. 수업시간에 노력할 때, 원하는 것을 모두 이룸으로써, 복된 결실을 맺게 하시옵소서.

믿음을 행함으로 배우게 하시는 주님,

하나님을 사랑하는 저의 아이가 이웃을 사랑하기를 소망합니다. 교실 안에서 우정을 두텁게 하게 하시며, 섬겨야 할 친구들에게 사랑의 손을 내밀게 하시옵소서.

스스로 할 수 없는 친구에게 가서 돕기를 원합니다. 힘겨워하는 친구를 도와줌으로써 함께 지내도록 하신 하나님의 사랑을 느끼게게 하시옵소서.

친구들에게서 허물이 보일 때, 주님의 은혜로 덮어주게 하시며, 남의 허물과 같이 자신에게도 약점이 있음을 기억하게 하시옵소서. 친구들과 함께 공부하는 가운데, 선교사적 마인드로 그들에게 다가가게 하시옵소서.

그로 말미암아 그의 학교에 하나님의 나라가 이루어져야 한다는 사명을 깨닫도록 성령님께서 강권해주시옵소서.

　　　　　　　　　　　　예수님의 이름으로 기도드립니다. 아멘.

❖ 누구이기에 이웃을 판단하느냐 7월 3일

"입법자와 재판관은 오직 한 분이시니 능히 구원하기도 하시며 멸하기도 하시느니라 너는 누구이기에 이웃을 판단하느냐"(약 4:12)

겸손을 기뻐하시는 하나님,

오늘, 저희 가족에게 남에 대하여 판단하거나 정죄하는 것에 주의하게 하시옵소서. 사람을 판단하실 수 있으신 분은 오직 하나님이시라는 사실을 다시 한 번 기억하게 해주시옵소서. 하나님의 자리를 침범하지 않게 하시옵소서.

저의 아이에게도 남들에 대하여 수군거리며 정죄하지 않게 하시옵소서. 남들의 행실을 보면서 자신을 살피고, 남들의 행실에 대하여 지적하지 않고 자기를 다스리는 기회로 삼게 하시옵소서.

저의 아이가 주님과 주님의 나라에 대한 관심보다 세상에서 자기들이 누릴 영광에 더 마음을 두었던 야고보와 요한을 잊지 않게 하시옵소서.

주님께로부터 마음이 멀어지면 세상과 육신적인 욕망이 눈에 들어온다는 진리를 배우게 하시옵소서.

여호와를 구하게 하시는 주님,

주님을 섬긴다 하면서 마음으로는 세상의 유익에 관심을 두는지 저의 아이가 자신을 돌아보게 하시옵소서. 사람을 섬기러 오신 주님의 마음을 주셔서 낮아지려는 겸손의 마음을 지니게 하시옵소서.

저의 아이가 자신만의 노력으로는 주님께서 원하시는 열매를 맺을 수 없음을 고백합니다. 아버지의 전능하신 힘이 제 안에 있을 때, 열매를 맺을 수 있으니 성령님의 충만함을 누리게 해주시옵소서.

예수님의 이름으로 기도드립니다. 아멘.

❖ 갈절이나 내게 있게 하소서 7월 4일

"나는 마음이 온유하고 겸손하니 나의 멍에를 메고 내게 배우라 그리하면 너희 마음이 쉼을 얻으리니"(마 11:29)

엘리사의 하나님-나의 하나님,

오늘, 저의 가족에게 엘리야에게 있었던 영감의 갑절이나 더 하기를 소원했던 엘리사의 은혜를 사모하게 하시옵소서. 저희 가정은 엘리사의 가정이 되기를 원합니다. 하나님의 일꾼이 되어, 자신의 스승보다 더 많은 능력으로 임하기를 원했던 그를 배우게 하시옵소서.

저의 아이에게는 엘리야를 삶의 모델로 해서 자기의 길을 간 엘리사의 신앙을 깨닫게 하시옵소서. 엘리사에게 임했던 성령님의 능력을 저의 아이도 경험하게 하시옵소서. 엘리사가 간직했던 하나님께의 소원을 그에게도 품도록 기름을 부어주시옵소서.

엘리사의 하나님이 저의 아이에게도 하나님이심을 믿습니다. 엘리사에게 소원을 품도록 하신 은혜로 하나님을 찾게 해주시옵소서. 언약을 지키시는 하나님의 은혜가 소원을 품고 주님을 가까이할 때 충만히 임하기를 간절히 구합니다.

은혜로 충만하게 하시는 주님,

성경을 가까이 하는 만큼 저의 마음과 생각이 죄를 멀리할 수 있음을 믿습니다. 하나님의 말씀을 추구하여 거룩해지게 하시옵소서. 약속하신 말씀으로 저의 부족함이 채워지기 원합니다.

한 절, 한 절의 말씀이 저의 심령을 뜨겁게 하시고, 믿음으로 살아가게 하심을 믿습니다. 주의 말씀의 교훈과 책망 안에서 날마다 새로워지는 경험으로 지내도록 해주시옵소서.

예수님의 이름으로 기도드립니다. 아멘.

❖ 충성되고 지혜있는 종　　　　　　　　7월 5일

"충성되고 지혜 있는 종이 되어 주인에게 그 집 사람들을 맡아 때를 따라 양식을 나눠 줄 자가 누구냐"(마 24:45)

지혜롭게 하시는 하나님,

오늘, 저희 가족에게 하나님의 지혜에 대하여 소망하게 하시니 감사드립니다. 세상을 살아가는 동안에 하나님의 지혜로 사명을 감당하게 하시옵소서. 저희 부부와 자녀를 하나님 앞에서 지혜로운 종으로 세워주시옵소서.

저의 아이가 하나님의 말씀 앞에서 굳게 세워지도록 이끌어 주시옵소서. 자신의 유익을 위해 때때로 하나님의 말씀을 가감하지 않게 하시옵소서. 녹이 다리를 받치고 있는 기둥을 조금씩 갉아먹는 사실을 알게 하시옵소서.

또는 지금 당장 벌이 주어지지 않는다 하여 자기를 위한 거짓말을 하지 않기를 소망합니다.

때를 따라 인도해 주시는 주님,

하나님의 정의로우심이 저의 아이의 품성을 결정지어 주심을 믿습니다. 주님을 사랑하고, 말씀을 배우며, 예배하는 가운데 하늘의 사람으로 기질이 길러지게 하시옵소서. 그래서 하나님의 정직하심이 저의 아이의 품성에도 간직되게 하시옵소서.

순간의 위기를 모면하기 위해서 꾀를 부리거나 죄를 짓지 않게 하시소서. 저의 아이에게 귀한 재능을 선물로 주셨으니, 그 은사를 통해서 하나님께 영광을 드리고 사람들로부터는 칭찬을 받게 하시옵소서.

하나님의 자녀로서 살아가라 은사를 주셨으니 은사대로 살게 하시옵소서. 이를 위하여 저희가 어떻게 이끌어 주어야 할지를 가르쳐주시옵소서.

　　　　　　　　　　　　　　예수님의 이름으로 기도드립니다. 아멘.

✦ 배설물로 여김은 그리스도를 얻고   7월 6일

"내가 그를 위하여 모든 것을 잃어버리고 배설물로 여김은 그리스도를 얻고"(빌 3:8하)

그리스도를 얻게 해주신 하나님,

오늘, 저희 가정에 예수님을 주인으로 모신 삶으로 살아가도록 강권해주시옵소서. 온 가족이 한 마음으로 예수님 앞에서 지내, 주님 안에서 같은 말, 같은 생각, 같은 뜻으로 살아가게 하시옵소서.

저의 아이에게는 하늘로부터 임하는 은혜로 거룩함에 이르게 하시옵소서. 주님의 은혜가 아니면 거룩함에 이를 수 없음을 고백합니다. 그에게 물을 부으시듯이, 은혜를 부어 주시옵소서. 그 은혜가 임하여 거룩함을 사모하며 주님의 인도를 기다리도록 강권해주시옵소서.

하늘로부터 임하는 은혜로 저의 아이에게 만족한 하루가 되기를 소망합니다. 은혜로만 거룩함으로 나아가고, 은혜로만 하늘의 도구로 살아갈 능력을 입음을 압니다. 그 은혜 아래 촉촉이 젖게 하시옵소서.

영생을 선물로 주신 주님,

저의 아이가 건강한 여름을 지내기 위해서 여름 채소를 즐기게 하시옵소서. 땅에서 얻게 되는 싱싱한 채소를 섭취하여 튼튼한 몸을 만들도록 하시옵소서. 인공감미료로 만든 즉석식품보다는 집에서 만든 것으로 간식을 즐기게 하시옵소서.

하나님의 함께 하심에 감사를 드리고, 기쁨이 넘치게 하시옵소서. 주님께서 도와주시면, 공부하는 중에 있는 그에게 형통한 하루가 될 것을 믿습니다. 공부를 비롯해서 오늘, 계획되어 있는 것들을 잘 해내어 소망의 하루를 경험하게 해주시옵소서.

예수님의 이름으로 기도드립니다. 아멘.

❖ 단번에 드리심으로 말미암아 7월 7일

"이 뜻을 따라 예수 그리스도의 몸을 단번에 드리심으로 말미암아 우리가 거룩함을 얻었노라"(히 10:10)

거룩함을 원하시는 하나님,

오늘, 저희 가족에게 죄인이었던 우리를 위해 제물이 되신 주님을 묵상하게 하시니 감사드립니다. 우리가 이전의 죄를 버리고, 그리스도의 속량으로 살아가라 하시니, 그 삶을 사모하게 하시옵소서.

지금은 주님께 영광을 드려야 하는 아침입니다. 영화로우신 보좌 앞으로 나아가는 저의 아이에게 복을 내려주시옵소서. 여호와의 존귀하신 보좌 앞에 엎드리게 하시옵소서. 감사의 기쁨으로 무궁한 찬송을 불러드리는 아이가 되게 하시옵소서. 하나님을 즐거워하게 하시옵소서.

이로써 참되고 높으신 하나님을 경배할 때, 그를 축복하여 주시옵소서. 그 은혜로 그가 천국을 이루는 백성이 되게 하시옵소서. 그리하여 사회라는 이름의 바다를 항해할 때, 축복의 사람이라 불려 지게 하시옵소서.

영화롭게 해주시는 주님,

이제, 자기로부터 시작하여 모든 이들을 축복할 수 있도록 훈련되기를 원합니다. 주님의 이름으로 감사하면서 사랑의 눈빛을 보내며 축복하게 하시옵소서. 거저 받은 복이니 거저 주는 사람이 되게 하시옵소서.

주님께서 십자가에서 이루어주신 사랑이 저의 아이의 것이 되기 원합니다. 그 사랑으로 형제를 사랑하고, 서로 우애하고, 존경하기를 서로 먼저 하라 하신 말씀으로 모든 이들을 대하도록 이끌어주시옵소서. 주님의 인자하심으로 축복의 사람이 되기를 기뻐하게 하시옵소서.

예수님의 이름으로 기도드립니다. 아멘.

❖ 주는 나의 하나님이시라 7월 8일

"주는 나의 하나님이시라 내가 주께 감사하리이다 주는 나의 하나님이시라 내가 주를 높이리이다"(시 118:28)

예배를 원하시는 하나님,

오늘, 저희 가족에게 주님의 날을 주시니 감사드립니다. 하늘의 높은 보좌에서 이 세상을 다스리시는 하나님께 존귀와 영광을 바치게 하시옵소서. 저희 가정이 먼저 교회로 경험되기를 빕니다.

저의 아이의 영혼이 깨어서 하나님의 크심을 찬양하게 하시옵소서. 크신 하나님을 크게 볼 수 있는 심령의 눈을 허락하시옵소서. 감히 헤아릴 수 없는 크심에 찬양으로 영광을 드리기를 소망합니다. 그 빛나는 위엄 앞에 경배하는 심정으로 찬송을 바치게 하시옵소서.

이로써 성전에 계신 하나님을 우러러보도록 기름을 부어주시옵소서. 영광을 받으셔야 하는 여호와의 이름 앞에 머리를 숙이게 하시고, 두려워하는 마음으로 예배에 참여하게 하시옵소서. 주님의 영광이 머무르시는 교회에서 예배할 때, 큰 은혜를 경험하게 하시옵소서.

예배의 영으로 인도하시는 주님,

크고도 크신 여호와의 권능을 우러러 예배하는 마음으로 이 날을 지키게 하시옵소서. 저의 아이가 자신의 생활 속에 사랑의 손길로 섭리하시는 하나님께 감격하는 마음을 갖기 원합니다.

오늘, 오전에 예배당에서는 한 시간의 예배지만, 그 예배로 오늘을 지키게 하시고, 거룩하고 복된 주일이 되게 하시옵소서. 저의 아이의 생애에 놀라움이 경험되는 주일이기를 바라고, 교회로 모인 친구들과 함께 주님의 몸을 이루도록 이끌어주시옵소서.

예수님의 이름으로 기도드립니다. 아멘.

❖ 내가 앉고 일어섬을 아시고　　　　　7월 9일

"주께서 내가 앉고 일어섬을 아시고 멀리서도 나의 생각을 밝히 아시오며"(시 139:2)

아시는 하나님,
오늘, 저희 가족에게 하나님 앞에서 살아가고 있음을 확인하게 하시옵소서. 여호와의 눈동자 앞에서 저희 가족이 숨을 수 없음을 인정하게 하시옵소서. 때로는 우리가 자신을 잊을 때도 있지만 저희 가정에서는 오히려 하나님을 의지하게 하시옵소서.

저의 아이가 하나님께 힘을 두고 지내게 하시옵소서. 능력이 많으신 권세로 그를 강하게 해주심을 기대합니다. 오늘도 끊임없이 사탄이 공격해 올지라도 능히 물리치게 하시옵소서. 감정에 마음을 빼앗겨 스스로 유혹에 빠지게 하는 일들도 능히 물리칠 수 있음을 믿습니다.

하나님의 말씀을 통하여 진리로 허리띠를 굳게 하는 경험을 하게 하시옵소서. 진리가 아닌 것은 생각에서부터 멀리하게 하시고, 진리를 쫓게 하시기를 소망합니다. 사탄의 거짓을 분별하는 지혜를 주시고, 악한 꼬임은 물리치는 담대함을 주시옵소서.

지도자들을 위해 기도하게 하시는 주님,
나라를 사랑하여 오늘은 국회의원들을 위해서 기도하게 하시옵소서. 국민을 대표해서 나라의 일을 처리하는 중요한 이들입니다. 그들이 국민의 삶을 위하여 지혜롭게 일을 하도록 기도하게 하시옵소서.

그가 국회의원들을 위해서 기도하는 동안에, 그의 마음이 나라를 사랑함에 더욱 뜨거워짐을 믿습니다. 국회의원들이 국민들의 평안함을 위하여 일하기를 바라면서 기도하는 하나님의 자녀로 삼아주시옵소서.

　　　　　　　　　　　　　　예수님의 이름으로 기도드립니다. 아멘.

✦ 아무것도 판단하지 말라　　　　　7월 10일

"그러므로 때가 이르기 전 곧 주께서 오시기까지 아무 것도 판단하지 말라"
(고전 4:5상)

　　세상만사를 다스리시는 하나님,
　　오늘, 저희 가족에게 하나님의 자리를 넘보거나 하나님의 것을 찬탈하지 않는 삶이 되도록 축복합니다. 저희 부부나 자녀가 하나님의 의를 구한다 하면서 주변의 상황들에 대하여 정죄하지 않게 하시옵소서.
　　저의 아이가 주님만을 바라보는 만족함의 은혜를 누리게 하시옵소서. 주님을 뵈올 때, 자신의 생명을 하나님께 드리고, 충성을 다하는 종이 되겠다는 결단을 하게 하시옵소서. 생애의 목표를 주님의 영광을 위한 것에 두기를 소망합니다.
　　집의 문 밖을 나서면서부터 마귀의 유혹과 마주치게 되는데, 주님의 영광을 생각함으로써 더러운 유혹을 물리치게 하시옵소서.
　　나쁜 말을 하려는 쾌감과 성적인 타락의 은밀한 유혹도 주님 앞에서 살고자 하는 경건함으로 거절하게 하시옵소서. 하나님의 거룩케 하시는 손길로 저의 아이를 보호해주시옵소서.
　　죄를 거절하게 하시는 주님,
　　주님의 거룩하신 사랑을 세상에 선포하는 찬양의 하루를 원합니다. 아직도 죄의 본성이 지배하여, 하나님 앞에서 어긋난 삶을 살고 있습니다. 저의 아이의 영혼이 늘 주님을 바라도록 은혜 베풀어 주시옵소서.
　　오늘도 죄 사함을 받은 그 놀라우신 은혜를 찬송하는 하루이기를 원합니다. 주님의 팔에 의지해서만 살 수 있음을 찬송으로 고백하고 싶습니다. 그의 영혼을 새롭게 하심을 찬양하게 해주시옵소서.

　　　　　　　　　　　　　예수님의 이름으로 기도드립니다. 아멘.

❖ 수일 동안 슬퍼하며   7월 11일

"내가 이 말을 듣고 앉아서 울고 수일 동안 슬퍼하며 하늘의 하나님 앞에 금식하며 기도하여"(느 1:4)

느헤미야의 하나님-나의 하나님,

오늘, 저희 가정에 하나님의 도성에 대하여 마음을 가졌던 느헤미야를 생각하게 하시옵소서. 그가 사랑했던 하나님, 그 사랑을 저희 가정에서도 풍성하게하시옵소서.

저의 아이가 하나님의 영광이 무너진 것에 대하여 아파했던 느헤미야의 은혜를 묵상하기 원합니다. 하나님의 도성인 예루살렘의 성벽이 무너졌다는 소식을 듣고, 여호와의 영광이 사라졌음에 괴로워하던 사실을 배우게 하시옵소서. 예루살렘에 있는 하나님의 이름을 위해서 수고를 다한 아름다움을 본받게 하시옵소서.

발자취를 따르게 하시는 주님,

하나님의 것이 하나님처럼 대접을 받지 못하여 슬퍼한 느헤미야의 마음을 깨닫게 하시옵소서. 거룩한 도시가 짓밟힘을 당한 것에 괴로워한 그의 마음을 닮게 하시옵소서. 주님은 영화로우셔야 하며, 어떤 것도 하나님의 영광을 무너뜨리지 못한다는 믿음을 갖게 하시옵소서.

느헤미야를 생각할 때, 저의 아이에게 회개의 영을 부어주시기를 원합니다. 주님께서 그를 은혜와 사랑 속에서 배려해 주셨건만, 그 귀한 사랑을 깨닫지 못하고 오히려 주님을 거역하였던 모습을 봅니다.

부모로서 중보하니 용서해주시옵소서. 너무도 부족하고 어리석으며, 죄의 유혹에 약하여 늘 넘어지고 실족할 수밖에 없었사오니 저를 버려두지 마시옵소서. 성령님의 거룩하심으로 새 힘을 얻게 하시옵소서.

예수님의 이름으로 기도드립니다. 아멘.

❖ 주인의 마음을 시원하게   7월 12일

"충성된 사자는 그를 보낸 이에게 마치 추수하는 날에 얼음 냉수 같아서 능히 그 주인의 마음을 시원하게 하느니라"(잠 25:13)

충성을 생각하게 하시는 하나님,

오늘, 저희 가족에게 하나님께의 충성에 대하여 집중하게 하시니 감사드립니다. 저의 가정이 하나님께 드려진 바가 되고, 종으로서 열심을 다하게 하시옵소서. 하나님의 마음을 시원하게 해드리는 가정으로 삼아주시옵소서.

저의 아이에게도 하나님께의 충성을 사모하는 마음을 주시옵소서. 성령님께서 교회를 세우시려고 일을 당부하실 때, 열심히 봉사하게 하시옵소서.

혹시라도 교회와 하나님의 영광에 훼방하지 않도록 성령님께서 강권해주시옵소서. 성령님의 은혜로 시작하지 않은 일에는 언제나 사탄이 역사할 수 있음을 알아 성령님께 충만하게 하시옵소서.

충성 되게 하시는 주님,

이로써 주님을 사랑하는 가슴으로 뜨거워지게 하시옵소서. 하나님의 영광을 위해서 헌신하려는 마음을 갖게 하시옵소서. 교회를 망가뜨리려는 사탄의 꼬임에 넘어갈 수 있음을 기억하고, 고의적으로 성령님과 교회를 속이는 일을 하지 않도록 그의 심령을 지켜주시옵소서.

저의 아이가 하나님을 가까이 하는 삶을 기쁨으로 받아들이게 하시옵소서. 주님께서 생명을 주시려고 들려주시는 말씀을 마음의 판에 새기고, 천국시민의 법도를 따르는 것을 즐겨하게 하시옵소서.

하나님께서 주관하시므로 아이의 생활에 균형이 잡혀지고, 위로부터 내려오는 평안을 누리게 하시기를 원합니다.

예수님의 이름으로 기도드립니다. 아멘.

✥ 예수를 위하여 죽음에 넘겨짐은 　　　　7월 13일

"우리 살아 있는 자가 항상 예수를 위하여 죽음에 넘겨짐은 예수의 생명이 또한 우리 죽을 육체에 나타나게 하려 함이라"(고후 4:11)

생명을 주시는 하나님,

오늘, 저희 가족에게 예수의 생명에 대하여 묵상하게 하셨습니다. 저희들, 온 식구가 예수의 생명을 가진 자들이 되게 하시니 감사드립니다. 저희들이 살아가는 현장에서 주님의 모습을 나타내도록 강권해주시옵소서.

저희 아이에게는 주님의 보혈로 죄를 씻음 받아 새 사람이 되었으니, 다시는 죄의 종이 되지 않게 하시옵소서. 새 사람으로 거룩함을 온전히 이루어 하나님의 뜻을 나타내는 도구가 되게 하시옵소서.

집에서나 학교에서 또는 친구들과 같이 있는 자리에서 하나님의 영광을 구하는 아들이 되게 하시옵소서. 오늘을 지내는 동안에, 오직 하나님께의 영광에 주목하여 지내게 하시옵소서.

열정을 회복시켜 주시는 주님,

진심으로 기도드리니 저의 아이가 주님을 향한 첫 사랑의 열정으로 돌아갈 수 있도록 도와주시옵소서. 미련한 그가 어디에서 떨어졌는지를 생각하고, 돌아볼 수 있기 원합니다. 주님의 인자하심으로 빛바랜 자신의 신앙 상태를 바로 볼 수 있게 하시옵소서.

세상의 유혹으로부터 돌아서게 하시옵소서. 하나님보다 세상의 헛된 욕망을 찾았던 그에게 새 길을 열어 주시옵소서. 성령님의 도우시는 힘으로 담대히 유혹을 물리치게 하시옵소서. 주님의 날에, 주님께서 세상을 향해서 복을 주시는 예배를 기다리도록 이끌어주시옵소서.

　　　　　　　　　　예수님의 이름으로 기도드립니다. 아멘.

❖ 불의한 자를 대신하셨으니   7월 14일

"그리스도께서도 단번에 죄를 위하여 죽으사 의인으로서 불의한 자를 대신하셨으니"
(벧전 3:18상)

의롭다 하신 하나님,

오늘, 저희 가족은 죄 없으신 예수님을 내어주신 은혜로 살아가도록 강권해 주시옵소서. 구원해주시려고 주님께서 제물이 되어주신 은혜를 온 가족이 누리고 저희 가정은 구원의 방주가 되기를 원합니다.

저의 아이와 함께 해주실 하나님을 찬양합니다. 그가 걸음을 옮길 때마다 인도해주실 하나님께 영광을 드립니다. 그가 하나님의 은혜를 느끼고, 그 사랑에 보답하는 생애를 살겠다고 결단하게 하시옵소서.

어려서부터 주님께 드려진 사람으로 살아갈 수 있도록 이끌어 주시옵소서. 헌신의 은혜를 경험하게 하시옵소서. 그리하여 지금부터 세상과 구별된 주님의 사람으로 살기 원합니다. 세상에 대하여 나그네로 사는 훈련을 받기 원합니다.

우리의 본향이 천국인 바, 천국을 사모하는 것보다 이 세상에서 지내는 것에 마음을 두지 않게 하시옵소서.

의의 영을 부어주시는 주님,

초대 교회의 성도들은 육신 안에 살았으나 육신에 치우치지 않았으니, 그들의 거룩함에 대한 열정을 주시옵소서. 이로써 저의 아이가 하나님 앞에서 지내는 삶에 대하여 도전하게 하시옵소서. 하늘에서 내려지는 그 귀하신 사랑에 감사하면서 주님의 이름을 높여드리게 하시옵소서.

공부를 하며 바쁘게 살아가는 한 낮에는 순간순간마다 은혜의 손길로 간섭하시고, 채워주시는 그 사랑에 감격하게 하시옵소서. 주님의 도우심을 의지하면서 믿음으로 행하는 자로 만들어주시옵소서.

예수님의 이름으로 기도드립니다. 아멘.

✦ 그가 행하신 일을 만민 중에   7월 15일

"너희는 여호와께 감사하며 그의 이름을 불러 아뢰며 그가 행하신 일을 만민 중에 알릴 지어다"(대상 16:8)

거룩하신 하나님,

오늘, 지난 엿새 동안에 함께 해주신 여호와께 감사드리게 하시옵소서. 날마다 함께 하셔서 기쁨으로 지내게 하셨음을 즐거워합니다. 하나님의 이름을 높여드리고, 저희 가정에 행하신 하나님의 은혜를 만민 중에 알리는 한 날로 삼아주시옵소서.

저의 아이에게 성령님의 감화하심으로 평안을 누리게 하셨으니 그의 생활로 영광을 받으시옵소서. 저의 아이의 삶이 곧 하나님을 영화롭게 해드리는 것이 되기를 소망합니다. 그의 생각에서 말과 행동이 주 하나님께 바쳐지는 예배가 되게 하시옵소서.

하나님을 묵상하게 하시는 주님,

지난 이레 동안에 은혜로 지켜주셔서 마음이 낙심될 때에도 소망을 갖게 하셨습니다. 부주의로 인하여 몸이 아플 때에도 크신 사랑으로 곧 치료하여 주셨습니다. 저의 아이를 연약함 가운데서 구해주셨듯이 모든 악한 유혹들로부터 지켜주시고, 혹시 악에 대하여 태만할 때는 성령님의 강한 손길로 막아주시옵소서.

저의 아이의 영적인 눈을 뜨게 해 주시옵소서. 믿음의 눈을 떠서 하나님을 아버지로 보게 해 주시옵소서.

그리고 주님께서는 잠시도 떠나지 않으시고, 그의 곁에 계심을 알게 하시옵소서. 언제나 하나님을 아버지로 부르며 바라보게 하시옵소서. 그에게 믿음을 주셔서 더 이상 흔들리지 않게 하시옵소서.

예수님의 이름으로 기도드립니다. 아멘.

❖ 내 마음이 확정되었사오니   7월 16일

"하나님이여 내 마음이 확정되었고 내 마음이 확정되었사오니 내가 노래하고 내가 찬송하리이다"(시 57:7)

확정하게 하시는 하나님,
오늘, 저희 가족에게 하나님만을 사랑하며 지내기를 축복합니다. 식구들이 오직 하나님을 섬기는 가정으로 삼아주시옵소서. 저희 부부와 자녀에게 하나님을 신뢰하는 기쁨을 주시옵소서. 저의 아이에게 언제 어디서나 함께 하시는 은혜에 감사드립니다.
저의 아이가 우리 하나님 같으신 분이 어디에 또 있을까를 묵상하여 감사하기를 소망합니다. 여호와 하나님의 무궁하신 사랑에 감사함으로 찬송하며 나아가게 하시옵소서.
신자 되게 하시는 주님,
성령님의 인도하심에 따라 주 하나님께 즐거움의 찬양을 부르게 하시옵소서. 여호와의 이름을 높이 외치며 기쁘게 받으실 찬양을 부르게 하시옵소서.
찬양 속에서 하나님의 사람으로 세워져 가기를 원합니다. 저의 아이에게 온 세상의 만물들이 이른 아침부터 주 하나님을 찬송하는 것을 보여주시옵소서.
그의 생활을 인도하시고, 그 자비가 넓으신 품에서 살게하셨음을 인하여 찬송을 드리기 원합니다.
교실에서 그리스도인 학생의 본분을 다하는 저의 아이가 되기를 소망합니다. 모든 친구들이 앞을 다투어 앞서 나가기를 원할 때, 선생님의 가르치심을 이해하지 못 하는 친구들을 도울 수 있는 마음의 여유를 갖도록 하시옵소서. 이해하지 못하여 어려워하는 친구들과 배움을 나누게 하시옵소서.

                     예수님의 이름으로 기도드립니다. 아멘.

✣ 악한 생각으로 판단하는 (제헌절)   7월 17일

"너희끼리 서로 차별하며 악한 생각으로 판단하는 자가 되는 것이 아니냐"(약 2:4)

교만하지 않게 하시는 하나님,
오늘, 저희 가족에게 악한 생각을 품지 않도록 하시니 감사드립니다. 남을 대할 때, 차별하거나 남을 모함하지 않도록 성령님께서 강권해주시옵소서. 저희 가정이 하나님께 온전함을 보여드리게 하시옵소서.
하나님께서는 이 나라를 세우시고, 모든 것에 질서가 유지되게 하시려고 법규를 제정하셨습니다. 저의 아이에게 세상의 법규를 대할 때 하나님을 두려워하게 해 주시기를 소망합니다.
이 나라에서 사는 사람들을 보호해 주시려고 법을 제정하게 하시고, 만인이 그 앞에서 평등하게 하셨으니 법을 존중하여 따르게 하시옵소서.
법의 진리를 깨닫게 하시는 주님,
저의 아이가 세상의 법을 통해서 하나님을 공경하게 하심을 배우게 하시옵소서. 하나님께서는 이 법규를 통해서 사람이 교만해지지 않게 하시고, 하나님을 섬기도록 하셨습니다. 저의 아이가 법규에 순종함으로써 하나님을 더욱 가까이 섬기도록 하시옵소서.
저의 아이의 인생에 특별하신 계획을 갖고 계심을 깨닫게 하시옵소서. 주님의 사람으로 쓰임을 받는 인생이기를 소망합니다. 그가 자신의 인생에 대한 소원을 품게 하시고, 학교생활에 몰두할 수 있도록 은혜를 베풀어주시옵소서.
언제나 주님 앞에서 배우는 학생다운 자리를 지키게 하소서. 학급의 친구들에게는 친절하며, 학습하는 자세에서는 용감하게 해주시옵소서.
예수님의 이름으로 기도드립니다. 아멘.

❖ 하나님의 말씀을 듣는 것보다　　　7월 18일

"베드로와 요한이 대답하여 이르되 하나님 앞에서 너희의 말을 듣는 것이 하나님의 말씀을 듣는 것보다 옳은가 판단하라"(행 4:19)

초대 사도들의 하나님-나의 하나님,

오늘, 저희 가정에 초대 교회의 은혜를 내려주시옵소서. 온 식구들이 초대 교회의 신앙으로 하나님을 섬기기를 원합니다. 저희 부부는 사람을 보지 않고 하나님께 순종하여 지내게 하시옵소서. 그래서 자녀에게 부모의 신앙, 긍정적인 모습을 보이게 하시옵소서.

저의 아이에게도 복음을 증거하는 사명을 다했던 초대 사도들의 은혜를 묵상하게 하시옵소서. 온갖 핍박에도 굴복하지 않고, 자신의 목숨도 내려놓고 오직 복음을 전한 그들의 은혜로 저의 아이를 세워 주시옵소서. 하나님 앞에서의 신앙으로 담대히 사도의 길을 갔던 그들을 본받기를 원합니다.

신전 의식을 갖게 하시는 주님,

초대 사도들이 누렸던 하나님 앞에서의 신앙을 저의 아이도 경험하게 하시옵소서. 주님의 임재의식 앞에서 그들이 담대했던 것처럼, 성령님께의 충만함으로 하나님 앞에서 살아가는 마음을 갖게 하시옵소서.

그리스도인으로 살아가는 것에 두려워하지 말게 하시옵소서. 주님의 영광을 소원하도록 이끌어 주시옵소서.

마귀가 우는 사자 같이 두루 삼킬 자를 찾는 때에 저의 아이의 영혼과 생명을 지켜 주시기 원합니다. 오늘, 주 하나님의 크신 손으로 저의 아이를 지켜주심을 믿습니다. 정녕 기쁨으로 나아가며 평안히 인도함을 받을 것을 믿도록 강권해 주시옵소서.

　　　　　　　　　예수님의 이름으로 기도드립니다. 아멘.

❖ 남의 것에 충성하지 아니하면   7월 19일

"너희가 만일 남의 것에 충성하지 아니하면 누가 너희의 것을 너희에게 주겠느냐"
 (눅 16:12)

충성하는 자를 찾으시는 하나님,
오늘, 저희 가족에게 하나님께의 충성을 주목하게 하시니 감사합니다. 하나님은 명목상으로의 하나님이 아니라, 저희 가정에서 충성을 바칠 하나님이십니다. 하나님께 드려져서 지내게 하시옵소서.
저의 아이도 하나님께의 충성으로 지내기를 원합니다. 이로써 돈을 쓰는것에서도 하나님께 더 가까이 하고, 즐거움을 누리게 하시옵소서.
돈을 주시는 하나님을 기뻐하며, 돈으로 말미암아 하나님께 영광을 드리게 하시옵소서. 돈을 쫓지 않고, 돈의 주인이신 하나님을 바라보게 하시옵소서.
소유의 의미를 깨닫게 하시는 주님,
재물을 사용하면서 주님의 온전하심을 갖추어 거룩함이 나타나게 하시옵소서. 그리하여 하나님을 떠나 돈을 사랑하지 않기를 소망합니다.
맹목적으로 돈에 집착하지 않게 하시며, 돈으로 자신의 생각을 이루는 중에, 그 마음이 주님께로부터 멀어지지 않게 하시옵소서.
돈의 소유에 마음을 두어 그것이 곧 우상이 되지 않게 하시옵소서. 저의 아이가 자신의 주머니를 하늘나라의 창고로 바꾸게 하시옵소서.
세상에는 주님의 손이 되어 우리가 먹여야 할 이들이 있음을 알게 하시옵소서. 우리가 돕지 않으면 도움을 받을 수 없는 이들이 있음을 알게 하시옵소서.
하나님의 일을 하는데 돈을 쓰는 기쁨을 맛보게 해주시옵소서.

예수님의 이름으로 기도드립니다. 아멘.

✧ 밧모라 하는 섬에 있었더니 7월 20일

"하나님의 말씀과 예수를 증언하였음으로 말미암아 밧모라 하는 섬에 있었더니"
(계 1:9하)

다비다의 하나님-나의 하나님,

오늘, 예수님의 증언자로 살았던 신앙 선배들의 모습을 닮게 하시옵소서. 저희 가정을 복음 받은 가정으로 주님의 사랑을 전하게 하시니 감사드립니다. 하나님과 복음을 위하여 헌신하게 하시옵소서.

저의 아이는 다비다의 선행과 구제하는 일에 헌신했던 아름다움에 대한 은혜를 묵상하기 원합니다. 하나님의 손길을 펴서 어려운 이들을 돕고, 복음을 전했던 사실을 깨닫게 하시옵소서. 하나님의 손이 저의 아이에게도 선행을 소원하도록 하시옵소서. 주님의 사랑을 베푸는 아름다운 행실의 사람이 되게 하시옵소서.

다비다가 누렸던 선행에 대한 하나님의 은혜를 저의 아이도 경험하기 원합니다. 착한 일을 함으로써 열매를 맺기 바라시는 주님의 뜻을 이루어드리게 하시옵소서. 이제, 저의 아이가 주 안에서 한 가족이 된 교회의 친구들에게 사랑을 베풀기를 소망합니다.

천국의 모형을 주신 주님,

교회의 모임 속에서, 영광스러운 하늘나라를 바라보며 살아가도록 도와주시옵소서. 그들과 "날마다 마음을 같이 하여 성전에 모이기를" 힘쓰도록 이끌어 주시기 바랍니다.

저의 아이와 교회의 친구들이 사랑으로 모여서 주님의 몸을 이루도록 이끌어 주시옵소서. 하늘의 아버지만이 갖고 계신 큰 손에 맡기오니, 착한 일에 힘쓰는 저의 아이로 삼아주시옵소서.

예수님의 이름으로 기도드립니다. 아멘.

❖ 그의 피로 우리죄에서   7월 21일

"우리를 사랑하사 그의 피로 우리 죄에서 우리를 해방하시고"(계 1:5하)

임마누엘의 하나님,

오늘, 저희 가족에게 사랑의 하나님을 묵상하며 살아가도록 강권해주시옵소서. 저희 부부와 자녀가 예수님의 보혈로 말미암은 사랑, 죄로부터 구원해주신 사랑으로 살아가도록 이끌어주시옵소서.

그 사랑으로 저의 아이는 한 학기의 학교생활을 끝내게 되었습니다. 하나님은 좋으신 아버지시라 저의 아이가 부족함이 없는 한 학기를 마쳤으니 더욱 하나님을 의지하게 하시옵소서.

저의 아이를 위하여 훌륭하신 선생님을 담임으로 삼아주셨음에 감사드립니다. 시간마다 공부를 가르쳐 주시느라 애를 쓰시고, 아이들의 장래를 위하여 이끌어 주신 수고에 존경의 마음을 갖게 하시옵소서. 선생님의 영향을 받아 바른 인격을 갖추는 것을 사모하게 하시옵소서.

강건함의 은혜로 둘러 주신 주님,

건강한 몸을 주셔서 학교에 다니면서 배움의 시간을 갖게 하셨으니, 찬양으로 주님께 영광을 드리게 하시옵소서. 하나님께의 영광을 위한 첫 번째로 회개의 시간을 주시옵소서. 하나님의 보내심으로 지냈던 교실에서의 시간들에 대한 뉘우침이 있게 하시옵소서.

아울러 친구들과 지내면서 하나님의 자녀로서의 자리를 잘 지켰는지 돌아보는 지혜를 주시옵소서. 친구들 가운데 5리를 가자고 했을 때, 10리를 가주었는지를 돌아보기 원합니다. 1학기 동안에 교실에서 학생선교사로서의 사명을 다했는지도 살펴보고 회개하게 해주시옵소서.

　　　　　　　　　　　　　　예수님의 이름으로 기도드립니다. 아멘.

❖ 우리는 영원히 주께 감사하며 7월 22일

"우리는 주의 백성이요 주의 목장의 양이니 우리는 영원히 주께 감사하며 주의 영예를 대대에 전하리이다"(시 79:13)

영원히 감사하신 하나님,

오늘, 저희 가족에게 하나님께 영원히 감사하겠다고 결단하게 하시옵소서. 저희 가정에서 하나님께 감사할 것을 찾아 찬양을 드리게 하시옵소서. 온 식구들이 여호와께 감사함으로 지내기를 원합니다.

주일을 맞이해서 저희 아이에게 성일을 구별하게 하심에 감사를 드립니다. 오늘, 종일 동안에 하나님 앞에서 거룩하게 해드리고, 저의 아이에게 하나님과 교제하는 생활의 버릇을 길러 주시옵소서.

이로써 하나님을 가까이 하는 생활을 좋아하기를 원합니다. 날마다 일정한 분량의 성경을 읽게 하시고, 성령님의 감화에 따른 기도를 즐기게 하시며, 말씀의 내용에 따른 순종의 반응을 기뻐하게 하시옵소서.

저의 아이가 하나님을 향해서 눈을 뜨게 해주시옵소서. 주님께 기쁨을 드리는 사람으로 자라겠다는 각오를 하게 하시옵소서. 어떤 모습의 사람이 되던지 주님의 손길에 붙들린 종이 되게 하시옵소서.

영광에서 영광의 주님,

무엇을 하여 주님의 영광을 나타낼 수 있는지 알려 주시옵소서. 하나님의 뜻을 이루어 드리는 손과 발이 되게 하소서. 주님의 넘치는 은혜와 부드러운 보살핌으로 승리하게 하심을 믿으며 예수님의 이름으로 기도드립니다. 하나님의 사람으로 지내도록 인도하여 주시옵소서.

오늘, 주님의 은혜와 지혜로 채워져야 할 그에게 귀를 기울여 주시옵소서. 하나님의 긍휼로 살아가기를 소망하는 자세를 갖게 하시옵소서.

예수님의 이름으로 기도드립니다. 아멘.

❖ 우리가 주목하는 것은　　　　　7월 23일

"우리가 주목하는 것은 보이는 것이 아니요 보이지 않는 것이니 보이는 것은 잠깐이요 보이지 않는 것은 영원함이라"(고후 4:18)

전능하신 하나님,

오늘, 저희 가족에게 보이지 않는 것에 주목하는 삶을 살도록 축복합니다. 저희 안에서 행하시며, 저희의 하나님이 되시고, 저희를 백성으로 삼으시는 주님께 감사드리는 가정으로 삼아주시옵소서. 인자하심이 넘치신 하나님을 찬양하는 가정으로 구별해주시옵소서.

저의 아이의 마음에 하나님으로 가득하게 하시옵소서. 보이는 것에서가 아니라 보이지 않는 것에 마음을 두고 감사하기를 원합니다. 생활에서 일어나는 모든 일들에 감사함으로 받아들이게 하시옵소서.

한 주간 동안에도 아버지의 은혜가 크고 넘치심을 기대하면서 감사하는 마음이게 하시옵소서. 죄악 가운데서 구원해 주셨기에 그 사랑으로 저의 아이에게도 오래 참으시고, 노하심을 더디 하시니 기뻐합니다.

천국을 주목하게 하시는 주님,

저의 아이가 아직도 하나님의 사람으로 훈련되지 못하여 연약함을 갖고 살아감을 용납해주시니 즐거워합니다. 자신을 지키는 믿음이 저의 아이의 전 생활 영역에서 이루어지기 원합니다.

빛과 어두움이 사귈 수 없는 것처럼 저의 아이들이 믿지 않는 자들과 함께 하지 않도록 이끌어 주시옵소서.

하나님의 사람으로서 자신을 흠없고 거룩하게 하는데 열정을 품게 하시옵소서. 불신자들이 함께 하자는 멍에를 벗고 주님의 백성으로 살아가도록 이끌어주시옵소서.

　　　　　　　　　예수님의 이름으로 기도드립니다. 아멘.

❖ 사람을 차별하여 대하지 말라 7월 24일

"내 형제들아 영광의 주 곧 우리 주 예수 그리스도에 대한 믿음을 너희가 가졌으니 사람을 차별하여 대하지 말라"(약 2:1)

한 마음을 갖게 하시는 하나님,

오늘, 저희 가족에게 주님 안에서 이웃을 품게 하시옵소서. 남들에게 차별하지 않고, 하나님의 사랑으로 대하기를 원합니다. 예수님을 믿던, 믿지않던 한 몸으로 대하게 하시옵소서.

저의 아이가 하나님의 자녀로서 하늘나라에 마음을 두고 살게 하셨음에 감사드립니다. 또한, 날마다 하루하루를 저의 아이에게 복된 날이 되게 하신 하나님께 감사드립니다. 그가 자신을 사랑해 주시는 부드러운 손길을 바라보게 하시옵소서.

오늘도 위로부터 내려오는 은혜에 의해서 힘찬 하루를 살게 하시옵소서. 그가 때때로 부딪치게 되는 힘든 일들을 잘 극복하게 하시옵소서. 어려움을 통해서 하나님의 능력과 이기게 하심을 맛보기 원합니다.

영광을 누리게 하시는 주님,

주님의 사랑에 어려운 상황들도 불평과 불만이 감사로 바뀌어 지게 하시옵소서. 오늘, 만나는 이들에게 하나님의 사랑으로 다가가게 하시며, 하나님의 용납으로 대하게 하시옵소서. 햇빛 아래에서 어둠이 사라지듯이, 주님의 은혜로 말미암아 다툼과 원망이 사라지게 하시옵소서.

오늘은 잠시라도 나라를 사랑하는 마음을 품게 하시옵소서. 자신이 살아가고 있는 나라를 사랑하는 사람만이 하늘나라도 사랑할 줄로 믿습니다. 이 땅에서의 삶이 하늘나라의 모형이 되게 하시옵소서. 주님께서 주신 이 나라를 사랑하게 해 주시옵소서.

예수님의 이름으로 기도드립니다. 아멘.

❖ 로마에 있는 너희에게도 7월 25일

"그러므로 나는 할 수 있는 대로 로마에 있는 너희에게도 복음 전하기를 원하노라"
(롬 1:15)

   복음을 전하게 하시는 하나님,
   오늘, 저희 가족에게 하나님의 사랑을 품게 하시니 감사드립니다. 세상을 사랑하시는 하나님의 증인이 되기를 소원하게 하시옵소서. 주님의 증인으로 자기를 드렸던 바울을 모델로 삼게 하시옵소서.
   저의 아이에게도 하나님의 사랑에 감사하면서 그 은혜에 보답하는 삶을 살려 한 바울이 주는 교훈을 묵상하게 하시옵소서. 복음이 전해지는 것을 기뻐하면서 살았던 그의 사명을 배우게 하시옵소서.
   바울이 무슨 일에서나 하나님의 손길을 살피고, 선하신 뜻대로 인도해 주심을 믿었던 신앙을 저의 아이가 경험하도록 하시옵소서. 언제나 주님 앞에 서있기를 소망하면서 감사로 영광을 드린 신앙을 깨닫게 하시옵소서. 늘 하나님의 손길에 시선을 둔 바울의 생각을 품기 원합니다.
   전도의 영으로 인도하시는 주님,
   눈앞에 닥쳐진 그때그때의 사정보다 결국에는 주님의 영광을 위해서 상황을 이끌어 가시는 하나님을 바라보는 신앙을 갖기를 소망합니다. 언제나 일의 결국을 내다보면서 주님의 손길을 바라보게 하시옵소서.
   지나온 시간들의 생활을 돌아보면서 주님의 손길이 있었음에 감사하는 그가 되기를 소망합니다. 때때로 저의 아이는 실수를 하고, 실패를 했으나, 하나님의 손은 그것을 선으로 바꾸어 주셨습니다. 주님의 은혜를 소망하는 자에게 형통케 하심을 보게 하시고, 가장 좋은 것들로 만족하게 해 주실 것을 원합니다.
                   예수님의 이름으로 기도드립니다. 아멘.

❖ 친구의 충성된 권고가   7월 26일

"기름과 향이 사람의 마음을 즐겁게 하나니 친구의 충성된 권고가 이와 같이 아름다우니라"(잠 27:9)

    친구를 주시는 하나님,
    오늘, 저희 가족에게 남들, 이웃의 마음을 즐겁게 하는 삶에 대하여 묵상하게 하시니 감사드립니다. 주님의 사랑으로 이웃을 섬기도록 하시옵소서. 이웃에게 유익을 주는 사람, 이웃에게 섬김으로 권고하는 삶의 한 날이 되게 하시옵소서.
    만일, 저의 아이가 이웃에게 해를 끼치는 자가 되었었다면 용서해주시옵소서. 형제를 위해 기도하고, 나보다 남이 더 잘 되기를 원해야 하였으나 그렇지 못했다면 회개하게 하시옵소서. 만일, 남보다 자신을 낮게 여기면서 입으로는 겸손과 봉사를 말해왔다면 회개하게 하시옵소서.
    회개 이후에는 성령님의 은혜로 죄를 거절하는 담대함을 누리게 하시옵소서. 하나님께서 원하지 않으시는 것들은 저의 아이도 원하지 않는 성품을 지니게 하시옵소서. 사람을 즐겁게 하지 않고, 하나님을 기쁘시게 함에 마음을 두게 해주시옵소서.
    교제를 사모하게 하시는 주님,
    저의 아이가 주님의 은혜에 대하여 소성케 하심의 역사를 고백하기 원합니다. 성령님의 위로하심과 용기를 주시는 은혜로 즐거워하게 하시옵소서. 잃었던 기쁨을 하나님의 품에서 회복하도록 도와주시옵소서.
    자신이 연약하다고 해서 좌절하지 않게 하시옵소서. 위로부터 주어지는 은혜가 그를 새롭게 하시고, 소망을 갖도록 인도해주시기를 소망합니다. 그에게 하나님의 자녀로 세워지도록 이끌어 주시길 원합니다.

                          예수님의 이름으로 기도드립니다. 아멘.

❖ 서로 뜻이 같게 하여 주사   7월 27일

"이제 인내와 위로의 하나님이 너희로 그리스도 예수를 본받아 서로 뜻이 같게 하여 주사"(롬 15:5)

하나 됨을 원하시는 하나님,

오늘, 저희 가족에게 부모와 자녀가 주님을 중심으로 하나 됨을 경험하게 하시옵소서. 우리가 예수님을 본받아 주 안에서 한 몸이 되는 은혜로 살게 하시옵소서. 이때, 저희 가정이 교회가 됨을 믿습니다.

저의 아이에게 가정에서 한 몸이 됨의 열매를 맺게 하시옵소서. 그리고 이 땅에서 하늘나라의 열매를 맺는 일에 관심을 갖도록 이끌어주시옵소서. 성령님께 충만하여 사랑과 희락과 화평과 오래 참음과 자비와 양선과 충성과 온유와 절제의 생활에 힘써서 열매를 맺게 하시옵소서.

저의 아이가 사랑의 열매를 맺는 하나로 믿음이 여린 친구들을 위해서 기도하게 하시옵소서. 주일성수를 제대로 하지 못하는 친구들에게 관심을 갖기를 소망합니다. 주님의 사랑을 아직도 확실히 깨닫지 못하는 연약한 믿음의 형제들을 찾아보게 하시옵소서.

같은 마음을 주시는 주님,

저의 아이에게 영혼을 사랑하는 마음을 주시옵소서. 주일을 마땅히 하나님께 드리지 못하는 친구들을 섬기게 하시옵소서. 그리고 교회의 예배에는 나오지만 예수님을 영접하지 못한 친구가 하나님을 만나도록 기도하게 하시옵소서. 그의 모습에서 주님이 전해지기를 원합니다.

또한, 바라기는 친구들의 결석보다는, 그들의 영혼에 대한 사랑이 그의 가슴에서 솟구치게 해주시기를 원합니다. 연약한 친구들의 영혼을 보는 불쌍함으로 다가가게 해주시옵소서.

                        예수님의 이름으로 기도드립니다. 아멘.

❖ 의롭다 하심을 받았으니 7월 28일

"그러면 이제 우리가 그의 피로 말미암아 의롭다 하심을 받았으니 더욱 그로 말미암아 진노하심에서 구원을 받을 것이니"(롬 5:9)

영생을 주시는 하나님,

오늘, 저희 가족에게 죄를 씻어주신 주님의 피 공로를 의지하며 살아가도록 해 주시옵소서. 그 피로 하나님을 아버지라 부르게 하시고, 천국 백성의 삶을 살게 하신 은혜를 늘 기억하게 하시옵소서. 이로써 하나님이 뜻을 구하며 지내게 하시옵소서.

저의 아이에게도 주님의 보혈을 생각하게 하시옵소서. 하나님의 자녀가 되었으니 아버지의 뜻을 선택하도록 이끌어 주시옵소서. 비록 바라지 않은 일을 하게 되거나, 어려운 일에 부딪치더라도 감사함으로 받아들이며 살게 하시옵소서.

의의 길을 가르쳐 주시는 주님,

우리 하나님은 갈 길을 가르쳐 보이시는 분이심을 배우도록 하시옵소서. 저의 아이에게 주님의 마음으로 생각하고, 판단하는 지각을 주시옵소서. 하나님 아버지와 동행하는 인생이 되기 위해서 주님의 편을 선택하여 제 것으로 삼게하시옵소서.

죄와 멸망에 이르는 길은 버리고, 생명의 길을 선택할 수 있는 것을 훈련받게 하시옵소서. 앞으로도 살아가면서 선택하고, 결정해야 될 일들이 많은데 그때마다 하나님의 편을 자기의 것으로 삼게 하시옵소서.

그에게 오직 소원은 주님의 뜻이 성취되는 삶을 살게 하시옵소서. 지금은 방학 중이라 집에 있지만, 학교에 다니던 날들과 똑같이 기도하는 가운데 자율 학습에 임하게 하시옵소서.

예수님의 이름으로 기도드립니다. 아멘.

❖ 나는 주께 제사를 드리며 7월 29일

"나는 감사하는 목소리로 주께 제사를 드리며 나의 서원을 주께 갚겠나이다 구원은 여호와께 속하였나이다 하니라"(욘 2:9)

서원을 지키게 하시는 하나님,
오늘, 저희 가족에게 하나님 앞에서 지내는 삶을 생각하게 하시니 감사드립니다. 하나님께 드린 약속을 지켜드리는 저희 가정으로 삼아주시옵소서. 저희를 약속을 지키는 거룩함으로 세워주시옵소서.

저의 아이에게는 복음이 땅 끝까지 전해지기를 원하셔서 성령을 보내 주신 하나님의 뜻을 깨닫게 하시옵소서. 저희들에게도 성령이 임하셨으니, 이 성령님의 권능을 받아 땅 끝까지 이르러 내 증인이 되리라"는 주님의 말씀을 따르게 하시옵소서.

또한 그가 이웃들을 사랑하기를 소망합니다. 친구들에게 주의 이름으로 손을 내밀게 하시고, 하나님의 사랑을 베풀기 위하여 섬기게 하시옵소서. 힘겨워 하는 친구를 도와줌으로써 함께 지내도록 하신 하나님의 사랑을 느끼게 하시옵소서.

서원을 사모하게 하시는 주님,
이제 저의 아이를 도우시어 자신의 몸을 돌보는데 주의를 기울이게 하시옵소서. 성령님께서 거하시는 성전인 몸을 거룩하게 보존하는 것을 위해서 기도하게 하시며, 건강한 몸을 유지하도록 이끌어 주시옵소서. 신체의 단련을 위해서 규칙적으로 지내기를 즐겨하게 하시옵소서.

하나님의 은혜로 살게 된 몸이니, 주님께로부터 청지기적인 마음으로 자신의 몸을 관리하도록 하심을 믿습니다. 자신의 몸을 건강하게 관리함으로써 생각하는 것도 바르게 유지되게 하시옵소서.

예수님의 이름으로 기도드립니다. 아멘.

✧ 완전한 길을 주목하오리니 7월 30일

"내가 완전한 길을 주목하오리니 주께서 어느 때나 내게 임하시겠나이까"
(시 101:2상)

거룩하신 하나님,

오늘, 저희 가족에게 하나님의 완전함에 서기를 결단하는 삶이 되기를 원합니다. 저희를 완전함에 이르라고 가르쳐 주신 길을 지키게 하시옵소서. 그 길을 즐거워하게 하시옵소서.

저의 아이에게는 세상에서의 악한 것들을 하나님처럼 추구하지 않게 하시옵소서. 롯이 눈에 보이는 대로 쫓아 소돔으로 갔던 사실을 기억합니다. 저의 아이도 눈에 보이는 대로 마음을 허락하지 않게 하시옵소서. 하나님의 눈으로 바라보게 해주시옵소서.

저의 아이가 십자가를 달게 질수 있도록 이끌어 주시옵소서. 하나님을 사랑하기 위해 때로는 자신의 즐거움도 거절해야 하는 신비를 깨닫게 하시옵소서. 주님의 편에 서기 위해서라면 손해를 보는 것도 두려워하지 않게 하시옵소서. 주님이 주시는 쉽고도 가벼운 짐을 기꺼이 지려는 마음이 되게 하시옵소서.

완전하게 하시는 주님,

오늘은 저의 아이에게 군인들을 비롯하여 나라를 위해서 애쓰는 사람들에게 감사하는 마음을 주시옵소서. 군인들의 거룩한 수고로 편히 지내고 있음을 감사하여 그들을 위해 기도하게 해주시옵소서.

이 나라 곳곳에서 국가의 안전을 위해 애쓰는 그들에게 감사함으로 지내게 하시옵소서. 성령님의 감동하심에 따라 그들을 위해 기도하는 아이로 만들어 주시옵소서.

예수님의 이름으로 기도드립니다. 아멘.

❖ 뜻을 합하며 한마음을   7월 31일

"마음을 같이하여 같은 사랑을 가지고 뜻을 합하며 한마음을 품어"(빌 2:2)

한 마음의 하나님,

저희 가정에 하나님을 경험하는 은혜를 내려주시니 감사드립니다. 온 식구들에게 주 안에서 마음을 같이하게 하시옵소서. 하나님을 사랑하는 마음이 하나가 되어 뜻을 합하게 하시옵소서.

저의 아이에게 무더위와 불규칙한 일기 속에서도 균형을 잃지 않고, 지내게 하셨음은 여호와의 자비로우심이십니다. 저의 아이가 주님께 사랑을 입어 형통하게 하셨음에 영광을 드립니다. 주님께로부터 은혜를 받았은즉, 하나님의 영광을 위해서 열심을 내게 하시옵소서.

주님의 사랑을 누구든지 자기들의 말로 듣는 일에 저의 아이가 헌신하기를 소망합니다. 성경의 반포사업을 위해 특별히 헌금을 하는 믿음을 갖게 하시옵소서. 그의 작은 헌신으로, 한 부족의 성경이 더 만들어지게 하시옵소서. 거룩한 일에 마음을 바치게 하시옵소서.

7월을 살도록 하신 주님,

말은 있으나, 글이 없는 이들을 위해, 글을 만들고 성경을 번역하는 이들에게도 지혜를 더 하사 어서 빨리 성경이 전해지게 하시옵소서. 그리하여 말씀으로 생명을 얻은 이들이 많아지기 바랍니다.

하나님의 자녀로서의 복을 누리는 가운데 7월의 마지막 날을 맞이합니다. 저의 아이를 지켜주셔서 이 달에 행하고자 마음먹은 것들을 잘 해낼 수 있게 도와주신 여호와의 손길을 자랑합니다. 내일, 새롭게 시작되는 달에 소망을 품게 해주시옵소서.

예수님의 이름으로 기도드립니다. 아멘.

❖ 내 영혼을 받으시옵소서   8월 1일

"그들이 돌로 스데반을 치니 스데반이 부르짖어 이르되 주 예수여 내 영혼을 받으시옵소서 하고"(행 7:59)

스데반의 하나님-나의 하나님,

오늘, 저희 가정에 복음을 전하면서 헌신했던 스데반의 은혜를 사모하게 하시옵소서. 하나님과 교회를 위하여 드려지는 은혜를 경험하게 하시옵소서. 하나님께서 스데반에게 예수님이 그리스도임을 전하는데 자신을 바치게 하셨던 은혜에 저희 가정이 동참하게 하시옵소서.

저의 아이에게도 교회를 든든히 해야 하는 사명이 있음을 깨닫게 하시옵소서. 성령님의 충만하신 임재로 그의 얼굴이 천사와 같았음을 배우게 하시옵소서. 이로써 스데반이 누렸던 하나님의 은혜를 저의 아이도 경험하기를 소망합니다.

스데반처럼 그를 주님을 위한 일꾼으로 세워주시옵소서. 교회의 부흥을 위해 자신을 드리는 마음을 갖게 하시옵소서. 나아가 초대 교회의 성도들이 "사도의 가르침을 받아 서로 교제하며 떡을 떼며 기도하기를 전혀 힘썼던 것처럼, 교회에 모여 가르침을 받도록 강권해주시옵소서".

교회를 존귀하게 하시는 주님,

교회 안에서 형제와 자매가 모이기를 기뻐하며, 서로 사귐을 갖는 은혜를 사모하게 하시옵소서. 이로써 하나님 중심, 말씀 중심, 교회 중심의 신앙자세를 갖추도록 이끌어주시옵소서.

교회 안에서 주님의 사랑을 베푸는 자녀가 되기를 원합니다. 의롭게 해 주시고 승리의 보장이 되어 주신 주님께 찬양을 드리게 해주시옵소서. 스데반의 마음을 사모하여 그를 닮아가도록 이끌어주시옵소서.

예수님의 이름으로 기도드립니다. 아멘.

❖ 온유한 자는 복이 있나니   8월 2일

"온유한 자는 복이 있나니 그들이 땅을 기업으로 받을 것임이요"(마 5:5)

온유하신 하나님,

오늘, 저희 가족에게 온유함에 대하여 묵상하게 하시니 감사드립니다. 온유의 근본이 되어주셨던 주님의 모습을 통찰하게 하시옵소서. 저희 부부와 자녀에게 주님의 온유하심을 따를 것을 다짐하게 하시옵소서.

하나님 앞에서 복되게 살아갈 것을 바라보며, 주님의 이름으로 저의 아이를 축복합니다. 오늘도 하늘의 신령한 은혜로 충만하게 하시고, 땅에서 누려야 할 것들로 말미암아 기쁨이 가득하게 해 주심을 소망합니다. 물을 붓듯이 부어주시는 은혜를 경험하게 하시옵소서.

저희가 저의 아이에게 욕심을 부리는 부모가 되지 않도록 하시옵소서. 우리 곁에는 방학기간에 더 바빴던 아이들이 있습니다. 학교에 다니느라 하지 못했던 온갖 종류의 과외학원에 등록해서 바쁘게 다니는 모습을 봅니다. 방학은 오히려 지옥 같은 시간이 될 수도 있을 것입니다. 저의 아이에게는 쉼의 시간을 갖도록 하시옵소서.

온유함을 주시는 주님,

이제, 성령님께서 믿게 하시는 대로 믿기를 소망합니다. 성령님께서 사랑하라는 대로 하나님을 사랑하고, 이웃을 사랑하도록 이끌어 주옵소서. 성령님의 충만하심에 감동하여 순종하게 하시옵소서.

그에게 기름을 부으심으로 온유한 자로 세워지게 하시옵소서. 늘 그의 심령에 성령님에 대한 새로운 체험이 있게 하시옵소서. 성령님을 보내 주신 하나님의 거룩한 이름에 찬양을 드리는 자로 삼아주시옵소서.

예수님의 이름으로 기도드립니다. 아멘.

❖ 하나님이 그의 안에 거하시고   8월 3일

"누구든지 예수를 하나님의 아들이라 시인하면 하나님이 그의 안에 거하시고 그도 하나님 안에 거하느니라"(요일 4:15)

   시인을 원하시는 하나님,

   오늘, 저희 가족들이 여호와 앞에서 시인을 묵상하도록 하시니 감사드립니다. 하나님을 사랑하는 증거를 갖게 하시옵소서. 저희 가정에서 하나님께 복종과 순종으로 시인하게 하시옵소서.

   혹시라도, 저희 집안의 좋지 않은 내력이 저의 아이에게 영향을 끼치지 않게 해주시옵소서. 저희 집안은 대대로 사탄의 미혹에 끄려 우상을 숭배해왔고, 그로 인해서 윤리적으로도 좋지 않은 일들이 있어 왔음을 고백합니다. 조상들의 죄를 용서해주시옵소서.

   성령님의 역사로 죄악의 고리를 끊어주시옵소서. 저희 집안에 그리스도의 영이 들어옴으로써 사탄의 결박을 끊게 하셨음을 감사드립니다. 이제, 주님의 영으로 자유를 누리는 생활을 하게 하시옵소서.

   입술로 시인의 은혜를 주시는 주님,

   부모의 신앙으로 믿음의 가정에서 출생한 저의 아이는 믿음의 사람으로 새 역사를 쓰게 하시옵소서. 그가 조상의 죄악된 행실을 끊고, 부모의 신앙을 물려받게 하시옵소서.

   저의 아이에게 학교에 다닐 수 있도록 해 주셨음에 감사드립니다. 방학 동안에 자율적으로 학습에 임하게 하시옵소서. 그동안 부족했던 과목에 집중하게 하시고, 게으름으로 말미암아 부진했던 과목에 대해서는 학습에의 열정을 쏟게 하시옵소서. 새로운 지식을 이해하도록 도와주시는 성령님의 은총으로 잘 배우게 해주시옵소서.

                                예수님의 이름으로 기도드립니다. 아멘.

우리가 예수의 피를 힘입어

8월 4일

"그러므로 형제들아 우리가 예수의 피를 힘입어 성소에 들어갈 담력을 얻었나니"
 (히 10:19)

성소에 들어가게 해주신 하나님,

오늘, 주님의 피, 보혈의 공로에 대하여 감사드리게 하시옵소서. 저희 가족은 주님께서 흘려주신 피의 공로로 성소에 들어가게 되었습니다. 누구도 저희를 성소에 들어가는 것을 막을 수 없게 해주셨습니다.

저의 아이들의 삶을 간섭하시고, 부모 된 저희들보다 먼저, 그들의 인생에 대하여 일을 하시는 하나님을 찬양합니다. 그들이 자신들의 인생을 이끌어 주시는 하나님의 신실하심에 소망을 품기 원합니다. 신실하신 여호와를 전폭적으로 의지하고, 하나님을 기다리게 하시옵소서.

주 하나님의 목소리를 청종하는 복스러움의 은혜를 주시고, 하나님의 인도하심을 요청하는 자녀로 살아가게 하시옵소서. 여호와의 이름이 자석과 같아서 언제든 주님께 끌리는 아이가 되기를 소망합니다.

담대함을 주시는 주님,

세상의 추악한 것들을 탐하지 않고, 어떤 재미있는 일일지라도 하나님께 합당하지 않은 것에는 흥미를 느끼지 않게 하시옵소서. 육체의 감각이나 감정을 자극하는 즐거움을 거절하는 믿음을 지니게 하시옵소서. 자신을 거룩하게 하는 것에 힘쓰기를 원합니다.

저의 아이에게 여호와의 이름을 찬미하며 예배하는 시간을 사모하라고 강권해주시옵소서. 주님의 날이 세상으로부터 구별되고, 하나님께 영광을 드리기를 바라는 마음을 주시옵소서. 하늘의 하나님께 영화로움을 드리는 예배를 기다리는 그의 심령에 기름을 부어주시옵소서.

예수님의 이름으로 기도드립니다. 아멘.

✤ 주의 이름에만 영광을 8월 5일

"오직 주는 인자하시고 진실하시므로 주의 이름에만 영광을 돌리소서"(시 115:1하)

인자하신 하나님,

오늘, 저희 가족에게 하나님께 찬양을 드릴 이유에 대하여 깨닫게 하시니 감사드립니다. 저희들에게 인자하시니 찬양을 받으시기에 합당하십니다. 또한, 저희 가정에 진실하시니 찬양을 드립니다. 하나님의 인자와 진실은 저희 가정에서 영원한 찬양이 되십니다.

저의 아이가 오늘의 생활에서 의를 요구하시는 하나님께 착한 열매를 맺어드리기를 소망합니다. 주님이 도와주시면 열매를 맺을 수 있음을 믿습니다. 성령님께 자기 자신의 손과 발을 드려 주님의 뜻대로 살아가도록 이끌어 주시옵소서.

열매를 소원하게 하시는 주님,

그의 말이나 행동으로 성령의 열매를 맺는 삶이 되도록 인도해주시옵소서. 이로써 주님의 거룩하심을 닮으려는 마음을 주시옵소서. 하나님의 성결을 사모하게 하시고, 자신의 정결에 예민하게 하시옵소서.

성경을 자주 읽고 묵상하는 가운데 하나님의 거룩하심을 따르게 하시옵소서. 찬송을 부르며, 주님의 기쁨을 노래하는 가운데 더럽고 추한 육체의 감정들을 물리치게 하시옵소서.

저의 아이가 1학기의 공부를 하는 동안에 수도 없이 좌절을 맛보았을 것입니다. 자기 자신에 대해서도 실망했을 것입니다. 그러나 주님께서는 일곱 번 넘어질지라도 다시 또 일으켜 주심을 믿습니다. 주님의 평안으로 심령을 새롭게 해주시옵소서.

예수님의 이름으로 기도드립니다. 아멘.

◈ 잠잠히 하나님만 바라라   8월 6일

"나의 영혼아 잠잠히 하나님만 바라라 무릇 나의 소망이 그로부터 나오는도다"
(시 62:5)

소망이 되시는 하나님,

오늘, 저희 가족에게 잠잠히 하나님만 바라는 삶으로 살아가기를 축복합니다. 아버지 앞에서 자녀로서 마땅히 기다리는 삶을 경험하게 하시옵소서. 이로써 하나님께서 주시는 소망으로 인도받게 하시옵소서.

저의 아이가 복을 구하게 하시옵소서. 하나님께서 그를 복된 사람으로 만드시려고 복을 구하게 하셨음을 깨닫기를 원합니다. 인간의 복이 하나님께 있음을 알게 하시며, 주의 손으로 도와달라는 간구를 하게 하시옵소서. 야베스가 누렸던 복된 은혜를 경험하게 하시옵소서.

저의 아이에게도 환난을 벗어나 근심이 없는 생애를 살려는 소원을 품게 하시옵소서. 이제, 그가 방학 동안에 지치도록 놀며 지냈사오니, 이제는 들떴던 마음을 가라앉히고, 공부에 힘을 내기 원합니다. 친구들과 선의의 경쟁을 벌여 수업에 힘쓰게 하시옵소서.

부지런한 삶을 주시는 주님,

여름방학을 보내는 저의 아이에게 시간을 선용하는 지혜를 주시옵소서. 규칙적이었던 학교생활을 벗어나 자유롭게 지내다가 게을러 지지 않게 하시옵소서. 대부분의 시간을 집에서 생활하게 되면서 자유롭게 생활할 수 있는 이 기간에 짜임새 있는 생활을 하게 하옵소서.

방학의 시간을 하나님께서 주셨다고 믿습니다. 이번 방학 기간에는 하나님을 바라는 경험으로 충만하게 하시옵소서. 방학기간을 지내는 동안에 기름을 부어주심을 경험하게 하시옵소서.

예수님의 이름으로 기도드립니다. 아멘.

❖ 더불어 마음을 같이하여 8월 7일

"여자들과 예수의 어머니 마리아와 예수의 아우들과 더불어 마음을 같이하여 오로지 기도에 힘쓰더라"(행 1:14)

　기도하게 하시는 하나님,
　오늘, 저희 가정이 기도의 영으로 충만하게 하시옵소서. 저희 부부와 자녀에게 기름을 부어주셔서 마음을 같이하게 하시옵소서. 기도하는 가정으로 삼아주시옵소서. 하나님께 영광이 되도록 무릎을 드립니다.
　주님의 이름으로 저의 아이를 축복합니다. 오늘도 저의 아기가 생각해야 될 것들이 많겠으나 먼저 하나님의 이름을 부르도록 이끌어 주시옵소서. 주님께서 그에게 갖고 계시는 기대에 대하여 묵상하게 하시옵소서. 주님께서 그 크신 손으로 행하신 일들을 알게 해 주시옵소서.
　찬란한 햇빛과 함께 나타나는 여호와의 영광을 저의 아이가 보기를 소망합니다. 이미 하나님은 영광스러운 분이시지만, 저의 아이가 그 영광을 보고, 찬양을 드리게 하시옵소서. 그 영광의 빛 아래서 자신의 더러움을 보게 하시옵소서. 자신의 어리석음과 부족함을 보게 하시옵소서.
　착한 행실을 소원하게 하시는 주님,
　열매를 맺게 하시는 성령님의 은혜로 양선의 열매를 맺어드리게 하시옵소서. 착한 마음을 나타내어 남들을 이롭게 하는 일에 힘쓰게 하시옵소서. 사람들 앞에서 겸손히 나아가도록 이끌어주시옵소서.
　집에서 함께 살아가는 가족들을 위하여 착한 행동을 하게 하시고, 그동안 학교에 다니느라 바쁘다는 핑계로 가족들에게 하지 못했던 착한 일들을 한 가지 이상 하게 하시옵소서. 동네의 친구들에게도 착한 일을 하도록 해주시옵소서.
　　　　　　　　　　　　예수님의 이름으로 기도드립니다. 아멘.

❖ 내가 하나님을 대신하리이까   8월 8일

"요셉이 그들에게 이르되 두려워하지 마소서 내가 하나님을 대신하리이까"(창 50:19)

요셉의 하나님-나의 하나님,

오늘, 저희 가정에 형들의 시기로 애굽으로 팔려갔지만 형들을 용서한 요셉의 은혜를 사모하게 하시옵소서. 자신의 삶을 하나님께서 간섭하시는 것으로 받아들인 요셉의 믿음을 본받게 하시옵소서.

저의 아이도 자기에게 벌어지는 상황들을 감정으로만 반응하지 않고, 여호와 하나님의 인도하심을 찾은 그 믿음을 배우게 하시옵소서. 이로써 요셉이 형들에 대하여 관용하고, 하나님의 뜻을 찾을 수 있었던 은혜를 저의 아이도 경험하게 하시옵소서.

형들 때문에 요셉은 참으로 많은 날들을 고생을 하며 지내었으나, 그것을 하나님의 손길로 받아들인 너그러움을 배우게 하시옵소서. 저의 아이도 형제들과 지내는 가운데 하나님의 경륜을 깨닫기 원합니다.

교회로 지내게 하시는 주님,

저희 자녀들이 가정에서 교회를 경험하기를 원합니다. 자녀들이 서로 형제로서, 사랑으로 대하게 하시옵소서. 주님의 사랑을 받고 있는 애들이 그 사랑으로 형제의 화목과 하나가 됨을 위해서 기도하도록 이끌어 주시옵소서.

그들이 성령님의 감동에 순종하여 교회를 경험하는 관계가 되게 하시옵소서. 형과 동생이 서로에 대하여 주님 앞에 있게 하시옵소서. 사랑과 격려를 하고 이해하며, 섬기기를 먼저 하게 하시옵소서. 그들이 언제나 서로를 받아들일 마음으로 열리게 해주시옵소서.

                       예수님의 이름으로 기도드립니다. 아멘.

❖ 범사에 온유함을 모든 사람에게   8월 9일

"아무도 비방하지 말며 다투지 말며 관용하며 범사에 온유함을 모든 사람에게 나타낼 것을 기억하게 하라"(딛 3:2)

   온유하신 하나님,

  오늘, 저희 가족에게 하나님의 온유를 배우게 하시니 감사드립니다. 사람들을 대할 때, 우선 관용하는 눈을 갖게 하시옵소서. 저희 부부와 자녀가 하나님께 용서를 받았음에, 우리도 이웃에게로 나아갈 때, 먼저 용서하려는 마음을 지니게 하시옵소서.

  저의 아이에게 아침의 이른 시간에 여호와께 귀를 기울이게 하시옵소서. 그가 어떻게 할 수 없는 어려움에 닥친다 해도 낙심하지 않게 되었음은 주님의 은혜입니다. 남이 모르는 그의 깊은 한숨, 누구에게도 털어놓을 수 없어서 흘렸던 눈물을 하나님이 알고 계심을 믿습니다.

  사랑으로 참게 하시는 주님,

  오늘, 인내를 경험하게 하시옵소서. 지금은 저의 아이에게 힘든 시간입니다. 세상에서 즐길 수 있는 것들에 마음을 두지 않고, 도리어 더욱 주님을 바라보면서 살아가기를 원합니다. 하나님의 도우시는 때가 이르면 저를 괴롭히는 모든 문제들이 물러갈 것을 믿게 하시옵소서.

  나아가 주님을 사모하면서 사는 용기를 주시기를 원합니다. 제자들에게 근심하지 말라고 하신 예수님께서 성령을 보내어 주시어서 항상 함께 하게 하셨습니다. 제자들에게 근심 걱정 대신 큰 기쁨을, 성령님이 그들의 마음에 임재하심으로써 체험할 수 있었던 것처럼, 저의 아이에게 같은 신령한 은혜로 더해 주시옵소서. 오늘을 살아갈 때, 기름을 부어주시옵소서.

                            예수님의 이름으로 기도드립니다. 아멘.

✦ 예수를 깊이 생각하라 8월 10일

"그러므로 함께 하늘의 부르심을 받은 거룩한 형제들아 우리가 믿는 도리의 사도이시며 대제사장이신 예수를 깊이 생각하라"(히 3:1)

살아계신 하나님,

오늘, 저희 가족에게 예수님을 주로 고백하게 하시니 감사드립니다. 주님의 사랑을 입고 살아감에 가슴이 벅차게 하시옵소서. 사랑하는 식구들이 예수님을 사랑하는 가슴으로 뜨거워지게 하시옵소서.

저의 아이가 늘 주님을 향한 마음으로 충만하게 하시고, 주님을 사랑하기 때문에 세상의 것들이 눈에 보이지 않게 하시옵소서. 그의 귀에 사탄의 유혹하는 말들이 들리지 않게 하시고, 그의 마음에 사탄의 놀음이 들어오지 않도록 울타리를 쳐주시기 원합니다.

여름의 더위를 통해서 저의 아기가 계절이 주는 지혜를 배우게 하시옵소서. 뜨거운 햇빛을 받아 나무마다 열매들을 익혀가는 지혜를 배우게 하시옵소서. 조금이라도 더 햇빛을 받아 익어가는 곡식들도 알게 하시옵소서. 여름에는 여름에 맞게 나타나는 자연의 모습에서 삶의 지혜를 터득하게 하시옵소서.

근면의 마음을 주시는 주님,

저의 아기가 자칫 게으름에 자신을 내버려두지 않게 하시옵소서. 자신의 행동에 대하여 제약함이 없는 방학의 시간이 도리어 그를 방만하게 할까 염려됩니다. 학교에서의 생활처럼 짜여 지지는 않지만, 느슨한 가운데서도 규칙적으로 지내게 하시옵소서.

꾸준히 하는 공부와 몸을 튼튼히 하는 운동 그리고 취미활동의 조화를 이루며 시간을 보내게 해주시옵소서.

예수님의 이름으로 기도드립니다. 아멘.

❖ 그리스도의 피로 가까워졌느니라 　　　8월 11일

"이제는 전에 멀리 있던 너희가 그리스도 예수 안에서 그리스도의 피로 가까워졌느니라" (엡 2:13)

그리스도 안에 있도록 해주신 하나님,
오늘, 저희 가족에게 주님의 피로 죄 용서함을 받은 것을 기억하는 삶으로 살아가도록 강권해주시옵소서. 온 식구들이 예수 안에서 하나님의 자녀가 되어 살게 하신 은혜를 늘 생각하게 하시옵소서.
저의 아이를 주님께서 원하시는 대로 주관하여 주시옵소서. 그의 손과 발을 민첩하게 하사, 주의 일을 위하여 쓰게 하시옵소서.
고난을 당하고 있는 자들과 외로운 자들에게 위로의 손길을 펼 수 있게 하시며 타락한 자들을 붙들어 주며, 불쌍한 자들에게 주님의 사랑을 나타내며, 방탕한 자들을 일깨워 주고, 약한 자들을 일으켜 주고, 마음이 상한 자들을 위로하게 하시옵소서.
천국의 삶을 생각하게 하시는 주님,
저의 아이가 하나님을 사모하게 해주셨음에 감사드립니다. 하나님의 도구로 쓰임을 받는 것임을 깨닫고 지내게 하시니 즐겁습니다. 하늘을 소망하면서 영적인 일들만 생각하게 하시옵소서. 하나님의 나라가 넓혀지기를 원하시는 주님의 뜻에 순종하도록 이끌어 주시옵소서.
저의 아이가 주 여호와의 이름을 높여드리며 예배드리는 시간을 사모하기를 소망합니다. 주님께서 영광을 받으셔야 하는 날, 경배와 찬양으로 영광을 드리는 그로 삼아주시옵소서. 하늘의 하나님께는 영화로움을 드리고 주님께서 세상을 향해서 복을 주시는 예배를 기다리게 해주시옵소서.

　　　　　　　　　　　　　예수님의 이름으로 기도드립니다. 아멘.

❖ 여호와께 영광을 돌리며   8월 12일

"여호와께 영광을 돌리며 섬들 중에서 그의 찬송을 전할지어다"(사 42:12)

실하신 하나님,

오늘, 저희 가족이 하나님을 하나님으로 부르기 전부터 그의 삶에 함께 해주셨음을 기뻐합니다. 오늘도 온 식구들을 주님의 이름으로 축복합니다. 집에서부터 시작된 하나님의 은혜가 하루 종일 발등상에 함께 하기를 소망합니다. 주일의 은총을 받아 누리게 하시옵소서.

주일을 구별하여 지키는 오늘, 저의 아이에게 찾아오시는 하나님을 생각하게 하시옵소서. 주님을 찾으면서 하루를 지내게 하시옵소서. 하나님을 사랑하고, 말씀에 순종하게 하시옵소서.

에덴동산에 아담을 살게 하셨음은 하나님께 영광을 드리게 함이셨듯이, 저의 아이들이 이 땅에서 사는 동안에 하나님께 드릴 영광을 생각하게 하시옵소서. 주님의 영광을 구하는 것이 천국을 상속받을 자녀의 올바른 태도임을 깨닫게 하시옵소서.

헌신을 즐거워하게 하시는 주님,

저의 아이에게 무디의 어린 시절에 주셨던 헌신의 은혜를 주시옵소서. 드와잇 무디는 세상의 교육을 받지 못했으나 낙심하지 않았던 용기가 저의 아이에게도 있게 하시옵소서.

주님을 영접하던 순간에 자신을 주님께 드리겠다는 결단을 한 헌신의 역사가 저의 아이에게도 나타나게 하시옵소서. 무디의 하나님이 그의 하나님이 되셔서 아름다운 결단을 경험하도록 이끌어 주시기를 원합니다. 여호와께 영광을 돌리는 생애가 지금, 결정되도록 하시옵소서.

예수님의 이름으로 기도드립니다. 아멘.

❖ 우리를 사랑하시는 사랑을　　　8월 13일

"하나님이 우리를 사랑하시는 사랑을 우리가 알고 믿었노니 하나님은 사랑이시라"
(요일 4:16)

사랑에 풍성하신 하나님,

오늘, 저희 가족에게 '하나님은 사랑이시라'는 은혜를 묵상하며 지내기를 축복합니다. 저희도 사랑이어야 하는데, 저희 가정이 사랑이 되게 하시옵소서. 여호와께 귀한 식구를 사랑의 사람으로 삼아주시옵소서.

저의 아이가 자신의 생애를 사랑으로 살아가기를 기도하게 하시옵소서. 여호와께 사랑의 심령을 갖기를 소원하게 하시옵소서. 혼자의 힘으로는 사랑에 굳게 설 수 없으니 오직, 주님의 사랑의 힘으로 그의 심령을 이끌어 주시옵소서.

성령님의 충만하심으로 성결에 대하여 사모하게 하시고, 주님께 드려지는 몸으로 살게 하시옵소서. 자신이 하나님 앞에서 성결하기 위하여 자신의 몸을 돌보게 하시옵소서.

성결의 주님,

여기에는 하나님의 선물로 받은 성을 순결하게 간직하도록 도와주시옵소서. 순결이 그의 인격에 뿌리를 내리도록 이끄시고, 순결이 하나님 앞에서 사는 인생을 가꾸는 것이 되게 하시옵소서. 순전한 몸에서 순전한 생각이나 마음이 비롯된다는 사실을 잊지 않게 하시옵소서.

저의 아이를 세상의 패륜된 일들로부터 지켜 주시기를 소망합니다. 악한 의도를 가진 사람이 접근하지 않도록 하시고, 성적인 폭력을 당하지 않게 해주시옵소서. 성적인 부도덕한 일로 마음과 인격에 상처를 입지 않게 해주시옵소서.

　　　　　　　　　　　　　　　　　　예수님의 이름으로 기도드립니다. 아멘.

❖ 도리어 낮은데 처하며   8월 14일

"서로 마음을 같이하며 높은 데 마음을 두지 말고 도리어 낮은 데 처하며 스스로 지혜 있는 체 하지 말라"(롬 12:16)

겸손하기를 원하시는 하나님,

오늘, 저희 가족에게 겸손의 은혜 안으로 들어가게 하시옵소서. 저희 부부가 먼저 높은 데 마음을 두지 않고 지내게 하시옵소서. 그리하여 자녀에게도 낮은 데 처하는 삶을 사모하게 하시옵소서.

저의 아이에게 겸손의 열매로 경건함을 허락해주시옵소서. 하나님께 쓰임을 받았던 이들은 어려서부터 주님의 손에 들려졌는데, 그들의 어린 시절이 저의 아이의 것이 되기를 소망합니다. 어려서부터 기도하는 시간들 속에서 하나님을 경험하게 하시옵소서.

하나님 앞에서 거룩하기를 힘써야 할 아이에게 진리의 영을 부어주시기 원합니다. 이로써 사탄이 참소하여 거짓말을 하지 않게 하시며, 거짓을 즐기지 않도록 영혼을 지켜 주시옵소서. 사사로운 거짓말이나 악의가 없는 거짓말도 다 마귀에게서 나오니 거절하게 하시옵소서.

담대한 영을 주시는 주님,

마귀를 대적하고 정직하게 살려는 몸부림을 허락해 주시옵소서. 자신의 과실로 인하여 어려움을 당하게 될지라도 정직하려는 담대함을 갖게 하시옵소서.

방학을 보내면서 성경을 가까이 하게 하시옵소서. 말씀을 묵상하고 기도를 하는 시간을 갖도록 하시옵소서. 말씀이 주는 의미를 생각하고, 하나님의 약속을 기다리는 믿음을 갖게 하시옵소서. 말씀의 뜻을 이해하여 순종하게 하시고 말씀에 담겨있는 기도를 하게 해주시옵소서.

예수님의 이름으로 기도드립니다. 아멘.

❖ 여호와는 모든 나라의 주재　　　　8월 15일

"나라는 여호와의 것이요 여호와는 모든 나라의 주재심이로다"(시 22:28)

광복절을 주신 하나님,

오늘, 저희 가족이 한국 사람으로 살아가고 있음에 감사드립니다. 저희가 이 땅에서 태어난 것에 하나님의 섭리가 있으심을 믿게 하시옵소서. 저희 가정과 이 나라를 주재하시는 하나님께 겸손하게 하시옵소서.

광복절인 오늘, 저의 아이에게 주님의 은혜가 이 나라에 크게 나타남을 감사드리게 하시옵소서. 예수님을 믿는 이들이 많은 민족 중의 한 나라가 되게 하셨음을 감사드리게 하시옵소서. 하나님의 인자하심으로 이 민족을 보호해주시기를 기도하게 하시옵소서.

나라를 빼앗겨서 자유를 잃어버린 채, 노예처럼 살던 우리에게 나라를 찾게 하신 하나님을 찬양합니다. 이 민족을 일본의 압제에서 구해 주셨음을 감사드립니다. 자기 백성들을 사랑하시기 때문에 성도들의 눈물어린 기도를 들어 주신 하나님이심을 오래오래 기억하기 원합니다. 저의 아이가 자라면서 나라를 사랑하는 마음이 넓어지게 하시옵소서.

나라를 사랑하게 하시는 주님,

민족을 위하거나 민족공동체에 대한 마음을 품게 하시옵소서. 하나님께서 사랑하시는 민족을 위하여 자기의 목숨까지도 내어놓으려 하는 자세를 갖게 하시옵소서.

광복절에 감사하는 오늘, 저의 아이가 민족의 복음화를 위해서 기도를 드리기 원합니다. 아름다운 우리 금수강산에 예수님의 사랑이 드리워지도록 전도하는 아이가 되기를 소망합니다.

　　　　　　　　　　　　　　　　예수님의 이름으로 기도드립니다. 아멘.

❖ 하나님 앞에 값진 것이니라　　　　8월 16일

"오직 마음에 숨은 사람을 온유하고 안정한 심령의 썩지 아니할 것으로 하라 이는 하나님 앞에 값진 것이니라"(벧전 3:4)

　의로우신 하나님,
　오늘, 저희 가족에게 하나님 앞에서 회개와 용서를 경험하게 하시옵소서. 죄를 고백하기를 기다리시며, 혹시 죄가 주홍 같이 붉을지라도 흰 눈처럼 씻어주심을 믿습니다. 저희 가정이 하나님께 인정을 받는 안식처가 되도록 지켜주시옵소서. 거룩하게 해주시옵소서.
　저의 아이가 용서로 인하여 하나님의 자비하심을 배우게 하시옵소서. 그리고 이웃을 향해서 용서하는 데까지 나아가게 하시옵소서. 자기에게 잘못한 친구들에게 주님의 용서하심을 전해주는 은혜를 맛보게 하시옵소서. 세상은 용서로 아름다워지는 진리를 경험하게 하시옵소서.
　이로써 오늘을 지낼 때, 마음으로 주님께 가까이 하기를 소망합니다. 그가 어디에서 무엇을 하던지 여호와 하나님의 은혜를 입고 있음을 깨닫게 하시옵소서. 주님의 이름을 부르며, 하나님께 드려도 좋을 시간을 보내게 하시옵소서. 그 시간의 모습이 아름다운 제물이게 하시옵소서.
　하나님 앞에서 지내게 하시는 주님,
　하나님의 마음과 먼 곳에서 지내지 않게 해주시기를 원합니다. 성령님께서 그의 영혼을 거룩하게 보존해 주시옵소서.
　혹시 컴퓨터나 비디오 게임에 빠져서 여호와의 이름을 부르는 것을 잊지 않게 하시옵소서. 시간의 제약을 받지 않아, 몇 시간 동안을 컴퓨터 앞에 앉아있을 수 있으니 주의하게 하시옵소서. 친구들과 어울려서 컴퓨터를 보다가 음란물에 노출되지 않도록 하시옵소서.

　　　　　　　　　　　예수님의 이름으로 기도드립니다. 아멘.

✧ 예수님을 주라 시인하여 8월 17일

"모든 입으로 예수 그리스도를 주라 시인하여 하나님 아버지께 영광을 돌리게 하셨느
니라"(빌 2:11)

영광에 주목하시는 하나님,

오늘, 저희 가족에게 예수님을 주라 시인하게 하시니 감사드립니다. 예수님을 구주로 모시고 살아가게 하시옵소서. 하나님께 드릴 영광을 다른 데서 찾지 않고, 예수님을 주로 고백하게 하시옵소서.

이로서 저의 아이도 여름방학 동안에 주님과 교제하는 시간을 갖기를 소망합니다. 학교생활과 공부하는 것으로 분주하여 하나님의 말씀에 귀를 기울이는 시간이 부족하였습니다. 예수님을 구주라 부르게 하시고, 하나님의 말씀을 따르는 경험을 하게 하시옵소서.

하루에 한 가지씩이라도 성경의 가르침을 생활로 옮기게 하시옵소서. 이로써 세상에 오신 그리스도의 뒤를 따르는 저의 아이로 만들어 주시옵소서. 마땅히 세상에 있을 동안 세상의 필요를 채우고 세상을 돕는 삶을 살게 하시옵소서.

섬김의 영으로 인도하시는 주님,

봉사의 삶은 주님께서 친히 실천하시고 본을 보이셨음을 믿습니다. 그가 봉사로 이웃에게 나아가게 하시옵소서. 진리를 배우는 일의 완성이 생활 속에서 이루어지는 것임을 깨닫게 하신 주님께 감사드립니다.

성령님께서 좋은 곳으로 저의 아이의 마음과 생각을 이끄셔서, 착한 행실을 나타내게 하시옵소서. 이미 주님께서 눈동자처럼 보호하고 계시는데, 막연한 불안감에 억눌려 있음은 저희의 불신앙일 뿐임을 압니다. 여호와를 신뢰하지 못함을 용서하시고, 믿음을 갖게 해 주시옵소서.

예수님의 이름으로 기도드립니다. 아멘.

✥ 축복의 잔, 떼는 떡　　　　　　　　　　8월 18일

"우리가 축복하는 바 축복의 잔은 그리스도의 피에 참여함이 아니며 우리가 떼는 떡은 그리스도의 몸에 참여함이 아니냐"(고전 10:16)

　　좋은 것으로 베푸시는 하나님,
　　오늘, 주님의 몸을 경험하며 지내는 삶으로 살아가도록 강권해주시옵소서. 성찬식으로 주님의 피와 살을 기념합니다. 주님과 함께 있음을 누리게 하셨습니다. 저희 가정이 주님의 집이 되게 하시옵소서.
　　저의 아이가 부족한 것이 많아 때때로 화를 내지만, 그 부족함이 도리어 은혜가 되게 하시옵소서. 가난함에 대하여 불평하기보다는 가난한 환경에서 하나님을 섬기는 은혜를 주시옵소서. 어려운 환경에서 검소함을 배우게 하시며, 절약하는 생활이 몸에 배이기를 소망합니다.
　　환경의 어려움 속에서도 학교에 잘 다니게 해주셨음을 즐거워합니다. 낙심하지 않고, 공부에 열성을 쏟게 하시고, 제대로 뒷바라지가 안 되어도 실망하지 않게 하시옵소서. 사람의 행복이 재물의 많고 적음이나 편함과 불편함에 있지 않음을 깨닫게 하시옵소서. 가난한 형편이 자주 불편을 느끼게 하지만 그런 경험에서 겸손을 배우게 하시옵소서.
　　그리스도를 가까이 하게 하시는 주님,
　　저의 아이가 방학생활에서 하나님의 임재를 경험하게 하심에 감사드립니다. 학교에 가지 않는 까닭에 늦잠을 자게도 되고, 시간의 관리가 엉망이 되기도 하는데, 규칙적으로 지내게 하셨음을 즐거워합니다.
　　아침에 일어나는 시간, 밤에 잠자리에 드는 시간 등을 규칙적으로 살게 하시니 감사드립니다. 하루의 시간을 좀 더 지혜롭게 사용해서 유익하게 지내도록 해주시옵소서.

　　　　　　　　　　　　　　　예수님의 이름으로 기도드립니다. 아멘.

❖ 너희 몸으로 하나님께 영광을 8월 19일

"값으로 산 것이 되었으니 그런즉 너희 몸으로 하나님께 영광을 돌리라"(고전 6:20)

찬양을 받으실 하나님,

오늘, 저희 가족을 위하여 주님의 피 값을 지불하고, 하나님의 자녀로 삼아주셨음을 묵상합니다. 전에는 죄의 종이었지만 이제는 하나님의 소유가 되었음을 기억하게 하시옵소서. 저희 가정이 하나님께 드려진 제물이 되게 하시옵소서.

저의 아이에게 주님의 날, 주님께서 영광을 받으셔야 하는 시간을 잘 지키도록 해 주심에 감사드립니다. 이른 아침부터 마음으로 몸을 굽혀 주님의 이름을 높이 외치는 체험이 있게 하시옵소서. 교회에서 예배할 때, 온 몸을 드려 경배하는 시간이 되게 하시고, 여호와 하나님의 이름을 높여드리게 하시옵소서.

천국을 그리워하게 하시는 주님,

주일을 맞이한 지금, 저의 아이는 전능하신 여호와의 이름에 찬양을 드리면서 주일을 시작하게 하시옵소서. 바쁘게 지내왔던 한 주간의 삶이 하나님의 인도하심이었음을 깨달아 감사로 나아가게 하시옵소서. 자기의 자녀를 사랑하시는 하나님께 찬양을 드리기 원합니다.

저의 아이가 오늘, 주일을 지키면서 나라와 민족을 위해 기도하는 자로 삼아주시옵소서. 나라를 위하여 헌신하는 공무원들, 그리고 군인들을 위해서 중보하는 자로 삼아주시옵소서.

우리 사회에는 여러 모습으로 공익활동을 하는 이들이 있습니다. 자기를 위하여 살지 않고, 나라와 민족과 사회를 위해서 수고하는 이들을 위하여 기도하게 하시옵소서.

예수님의 이름으로 기도드립니다. 아멘.

하나님 여호와를 사랑하라

8월 20일

"그러므로 스스로 조심하여 너희의 하나님 여호와를 사랑하라"(수 23:11)

자비로우신 하나님,

오늘, 저희 가족에게 하나님을 사랑하며 살아가도록 축복합니다. 저희에 대하여 조심하면서 하나님께 사랑을 표현하는 삶으로 인도해주시옵소서. 저희 가정은 하나님을 사랑하는 공동체로 삼아주시옵소서.

지금, 주님의 이름으로 저의 아이를 축복합니다. 그가 여호와께로부터 받아야 할 복을 누리게 하시옵소서. 번성하게 하시는 여호와의 손이 그에게 나타나 형통하게 되는 것을 보게 하시옵소서. 주님의 복이 자기에게 있음을 확신하며 웃게 해 시옵소서.

이 시간에, 기도하도록 마음을 모아 주심을 감사드립니다. 저의 아이들이 기도로 살아야 하는데, 저의 교만함이 곧잘 주님을 잊게 하니 용서해 주시기 원합니다. 주님보다는 자신에 집착하도록 하는 죄의 유혹에 쓰러지는 그를 불쌍히 여겨 주시옵소서.

드려지게 하시는 주님,

그의 영혼과 육체를 주님 앞에 드립니다. 그의 생각을 제 뜻이 아니라 주님의 뜻으로 채워 주시기 원합니다. 이로써 오늘도 저의 아이와 함께 해주실 하나님을 찬양합니다. 그가 걸음을 옮길 때마다 인도해주실 하나님께 영광을 드립니다. 저의 아이가 하나님의 은혜를 느끼고, 그 사랑에 보답하는 생애를 살겠다는 결단을 하게 하시옵소서.

어려서부터 주님께 드려진 사람으로 살게 하시옵소서. 여호와께 자기를 드리는 헌신의 은혜를 경험하게 해주시옵소서.

예수님의 이름으로 기도드립니다. 아멘.

❖ 주 안에서 같은 마음을 품으라   8월 21일

"내가 유오디아를 권하고 순두게를 권하노니 주 안에서 같은 마음을 품으라"(빌 4:2)

온전케 하시는 하나님,

오늘, 저희 가족에게 '같은 마음을 품음'에 대하여 묵상하게 하시니 감사드립니다. 우리 주님께서 하나님께 같은 마음이 되셨던 것을 생각하게 하시옵소서. 저희 부부와 자녀가 서로에게 마음을 같이 하기를 원하게 하시옵소서.

오늘도 저의 아이가 위로부터 내려오는 은혜로 인해 매일의 삶을 시작하게 하심에 즐거워합니다. 어려서부터 세상과 구별된 주님의 사람으로 살기 원합니다. 세상에 대하여 나그네로 사는 훈련을 받게 하시옵소서. 하늘나라로 그의 마음이 채워지도록 기름을 부어주시옵소서.

하늘에 마음을 두게 하시는 주님,

이로써 믿음을 따라 살기 위해서 선진들의 신앙을 본받게 하시옵소서. 역사 속에서 그들이 남겨준 신앙의 유산을 물려받기 원합니다. 성경을 읽고, 선진들의 믿음을 배우게 하시옵소서. 초대 교회의 성도들의 육신에 치우치지 않았던 거룩함에 대한 열정을 경험하게 하시옵소서.

아울러, 세상에서 지내는 동안에 어려움을 당하면 자신을 돌아보는 훈련의 시간이기를 원합니다. 억울하다는 생각에 쉽게 분노하지 않고, 오직 착하게 지냄으로써 주님 앞에서 아름다움을 갖게 하시옵소서.

주님께서도 애매하게 고난을 당하셨던 사실을 묵상하며 하나님의 도우심을 바라보게 해주시옵소서. 큰 소리로 반박하고 싶을지라도 하나님을 먼저 생각하게 하시옵소서.

                     예수님의 이름으로 기도드립니다. 아멘.

❖ 칭찬받는 사람 일곱을
8월 22일

"형제들아 너희 가운데서 성령과 지혜가 충만하여 칭찬 받는 사람 일곱을 택하라 우리가 이 일을 그들에게 맡기고"(행 6:3)

일곱 집사들의 하나님-나의 하나님,

오늘, 저희 가정에 예루살렘 교회의 부흥을 가져온 일곱 집사들의 봉사를 사모하게 하시옵소서. 하나님께서 사람을 선택하여 일하시는 것을 깨닫게 하시옵소서. 교회를 든든히 하시려고 일곱 명의 집사들을 세우셨던 것처럼 저희 가족도 그렇게 세워주시옵소서.

이제, 일곱 집사들을 하나님의 일꾼으로 세워주신 역사가 저의 아이에게도 있기를 소망합니다. 그들에게 임했던 성령님의 은총을 보여주시옵소서. 그들을 세우신 하나님의 열심히 저의 아이를 어린이 성도로 온전케 해주심을 믿습니다. 저의 아이는 그들이 칭찬을 듣고, 성령님과 지혜에 충만하였기에 하나님의 교회가 부흥되는데 헌신했음을 알기 원합니다. 저의 아이가 하나님의 나라와 교회에 유익을 끼치고자 마음을 갖게 해주시옵소서.

여호와를 기다리게 하시는 주님,

여호와 앞에서 한 걸음의 앞도 내다보지 못하는 연약함을 인정하는 자녀들이 되게 하시옵소서. 자신의 생각이나 바람에 대하여 조급하게 행동하지 않게 하시옵소서. 무릇 주님의 인도하심을 기다리는 이들에게 복이 있다고 약속해주 셨습니다.

하나님의 응답하시는 때와 하나님의 일하시는 시간에 대하여 깨닫고 기다리는 훈련을 받기 원합니다. 자신의 모든 것들을 하나님께 맡기고, 인도하시는 대로 순종하게 해주시옵소서.

　　　　　　　　　　예수님의 이름으로 기도드립니다. 아멘.

❖ 너그러운 자가 되게 하라 8월 23일

"선을 행하고 선한 사업을 많이 하고 나누어 주기를 좋아하며 너그러운 자가 되게 하라" (딤전 6:18)

아름답게 하시는 하나님,

오늘, 저희 가족에게 착한 행실의 사람이 될 것을 도전해주시니 감사드립니다. 온 식구들에게 선을 행하여 하나님께 영광이 됨을 소원하게 하시옵소서. 저희 가정에서 의의 열매를 많이 맺어드리게 하시옵소서.

저의 아이에게 평안의 복을 누리게 하심에 감사드립니다. 찌는 듯한 더위 속에서도 강건하게 하시고, 즐겁게 하셨음을 기뻐합니다. 주님을 향한 그의 믿음이 굳건해지게 하시옵소서. 주님을 사랑함으로써 그의 삶이 채워지게 하시옵소서.

이제, 바라기는 고요한 순간으로부터 흐르는 사랑의 빛과 성령님께서 주시는 기쁨이 충만해지기를 소망합니다. 성령님의 다스리시는 능력이 시간 시간마다 그와 함께 하게 하시옵소서. 공부를 하는 것이 어쩌면 점수를 얻기 위한 전쟁 같으나 선한 사람으로 자라게 하시옵소서.

자기 몫의 삶을 깨닫게 하시는 주님,

간구하니, 저의 아이가 이 방학의 시간을 하나님 앞에서 아름답게 선용하게 하시옵소서. 학교에 다닐 때, 하지 못했던 활동들 중에서 몇 가지를 선택해서 해 보도록 하시옵소서.

하루를 지내다가 마땅히 할 일이 없을 때에는 부모를 돕는 마음을 갖게 하시옵소서. 엄마를 도와서 집안의 청소를 한다거나 정리를 하게 하시옵소서. 세탁을 마친 옷가지 등을 정리하여 서랍에 챙겨두는 일들도 하는 가운데 가족을 향한 사랑을 경험하게 해 주시옵소서.

예수님의 이름으로 기도드립니다. 아멘.

✧ 구주 예수 그리스도의 영광이

8월 24일

"복스러운 소망과 우리의 크신 하나님 구주 예수 그리스도의 영광이 나타나심을 기다리 게 하셨으니"(딛 2:13)

영광의 하나님,

오늘, 저희 가족에게 소망 중에 하루를 시작하게 하시니 감사드립니다. 주님의 영광을 보며, 한 날을 살았으면 하는 마음을 주시옵소서. 저희 부부와 자녀는 하나님의 영광에 주목하고, 가정에서는 천국의 영광으로 충만하게 하시옵소서.

저의 아이에게 생명을 주신 시간 동안에, 그의 삶이 주님께 드려지는 산제물이 되게 하시옵소서.

"너희 몸을 하나님이 기뻐하시는 거룩한 산 제사로 드리라"는 말씀을 쫓아 하나님을 영화롭게 해드리는 시간들이 되도록 이끌어 주시옵소서.

제물로 살게 하시는 주님,

날마다 그의 마음이 작은 성전이 되어서, 죄로 인하여 어두워진 마음의 창을 열고 소망의 빛으로 기도하기를 원합니다.

그의 마음을 주님께서 계시는 동산이 되게 하시옵소서. 그의 심령은 철따라 꽃을 피우고, 신령한 노래로 입술의 열매를 맺는 나무가 되게 하시옵소서. 그래서 마음은 언제나 예수님의 향기로 가득한 뜰이 되기를 원합니다.

저의 아이의 마음에 그리스도를 주로 삼아 거룩해짐을 기뻐하게 하시옵소서. 주 하나님을 위하여 세상과 구별되기를 기뻐하게 하시옵소서. 어두운 죄악의 세상에서 어울리지 않음을 오히려 감사하기 원합니다.

하늘에 소망을 두기 위해서 구별되는 것을 즐거워하게 하시옵소서. 생각과 마음 그리고 행동이 구별되는 은혜를 주시옵소서.

예수님의 이름으로 기도드립니다. 아멘.

✣ 그리스도의 보배로운 피로　　　　　　8월 25일

"오직 흠 없고 점 없는 어린 양 같은 그리스도의 보배로운 피로 된 것이니라"
(벧전 1:19)

인애하신 하나님,

오늘, 저희 가정에 우리를 위하여 피를 흘려주신 은혜로 살아가도록 강권해 주시옵소서. 주님의 피가 저희 가족을 하나님의 자녀가 되게 하였습니다. 주님의 피로 저희 가정은 세상으로부터 구별되었습니다. 주님께서 다시 오실 때까지 그 피를 기억하게 하시옵소서.

저의 아이도 자신을 깨끗케 한 주님의 피를 묵상하기 원합니다. 그리스도의 피로 하나님의 자녀가 되었음을 늘 생각하며 지내게 하시옵소서. 이로써 보혈의 은혜를 찬양하게 하시옵소서. 자신의 구원이 자기의 노력으로 된 것이 아니라는 사실을 잊지 않게 하시옵소서.

영광에 주목하게 하시는 주님

여호와께서 온 밤을 불꽃같은 눈으로 우리의 성벽을 지켜 주시지 아니하시면 파수꾼의 수고도 어쩔 수 없게 되는 것을 잘 알게 해주시옵소서. 그러므로 세상 공부에 몰두하기 전에 하나님의 은혜를 깨닫는 사람이 되도록 기도하게 하시고 강한 의지와 탐욕적인 마음 위에 미래의 꿈을 뿌리내리지 않도록 해주시옵소서.

오늘, 토요일에 저의 아이가 여호와의 이름을 높여드리며 예배드리는 시간을 사모하기를 소망합니다. 주님의 날을 기다려 하나님께 영광을 드리는 시간을 가지려는 마음을 주시옵소서. 기름을 부어주심으로써 주일을 기다리게 하시옵소서. 하늘의 하나님께는 영화로움을 드리고 주님께서 세상을 향해서 복을 주시는 예배를 기다리게 하시옵소서.

예수님의 이름으로 기도드립니다. 아멘.

❖ 성소에서 주를 바라보았나이다   8월 26일

"내가 주의 권능과 영광을 보기 위하여 이와 같이 성소에서 주를 바라보았나이다"
(시 63:2)

성소에 계신 하나님,

오늘, 저희 가족에게 이레 중에 한 날을 주님의 것으로 구별하도록 은혜를 주시니 감사드립니다. 이 날에 종일 동안 온 식구들이 인생의 주인이 되신 하나님을 섬기게 하시옵소서. 오늘을 주님께 거룩하게 함으로써 주일을 중심으로 해서 살아가는 저희들이 되게 하시옵소서.

이로써 저의 아이가 자신의 생활시간표를 작성할 때, 주일을 첫째 자리에 놓게 하시기를 간절히 원합니다. 그리하여 하나님의 것을 인정하며, 주님 앞에서 거룩해지기를 소망하게 하시옵소서. 여호와의 이름을 높이고, 그 이름 앞에 몸을 굽힘을 경험하게 하시옵소서.

하나님을 예배하는 것을 최고의 기쁨으로 여기게 하시옵소서. 주 하나님께 합당한 영광을 드리는 것을 자신의 소명으로 생각하게 하시옵소서. 주님께서 주님이 되셔서 예배를 받으시고, 저의 아이가 주님의 다스리심을 깨닫는 은혜를 주시옵소서.

성소를 주신 주님,

예배당에 앉아있는 저의 아이에게 얼굴을 향하여 주시기를 소망합니다. 아직 표현은 제대로 못 하지만 하나님을 경외하는 마음에서 진행되는 순서를 따르게 하시옵소서.

다른 아이들이나 주변에 마음을 두지 않고, 오직 정성껏 드리는 예배의 시간을 경험하게 하시옵소서. 예배에 성령님의 만져주심을 느끼기를 사모하게 해주시옵소서. 예배하는 동안에 기름을 부어 주시옵소서.

예수님의 이름으로 기도드립니다. 아멘.

❖ 하나님 여호와를 사랑하라 8월 27일

"너는 마음을 다하고 뜻을 다하고 힘을 다하여 네 하나님 여호와를 사랑하라"(신 6:5)

사랑하라 하시는 하나님,

오늘, 저희 가족에게 하나님을 사랑하라고 재촉하시니 감사드립니다. 마음과 뜻 그리고 힘을 다해서 여호와께 사랑을 드리게 하시옵소서. 저희 가정이 하나님을 사랑하는 것으로 충만하기를 원합니다. 저희 부부와 자녀가 하나님을 사랑하므로 만족하게 하시옵소서.

이 좋은 아침에, 저의 아이를 축복합니다. 그를 위하여 예비해 두신 복을 내려 주시옵소서. 오늘도 저의 아이에게 펼쳐주실 복스러운 일들을 바라봅니다. 방학을 보내면서 처음에 계획했던 그대로 살지 못해서 실망하고 있는 저의 아이를 붙들어 주실 하나님의 손길을 기대합니다.

생각하지 못한 일들이 일어나서 괴로움을 줄 때, 도우시는 하나님을 의지하기를 원합니다. 아버지께서 그의 자녀들을 훈련시키고자 시련이라는 바다를 건너게 하심을 깨닫기 원합니다. 시련이 왔을 때, 기도함으로써 그 고난을 물리치는 힘을 기르게 하시옵소서.

천국의 사랑으로 인도하시는 주님,

하늘의 하나님께만 소망을 두는 훈련이 되게 하시옵소서. 저희가 당하는 고난은 하나님께서 우리를 버리심이 아니라는 사실을 믿고, 견딜 수 있는 은혜를 주시옵소서.

잃어버린 자들을 부르시는 하나님을 찬양합니다. 이 사랑을 날마다 증거하며 살아가게 하시옵소서. 잃어버린 자들에게로 일꾼을 보내시기 원하시는 하나님의 뜻을 이루어 드리려고 기도하게 해주시옵소서.

예수님의 이름으로 기도드립니다. 아멘.

❖ 마음을 제어하지 않는 자는   8월 28일

"자기의 마음을 제어하지 아니하는 자는 성읍이 무너지고 성벽이 없는 것과 같으니라"
 (잠 25:28)

은혜로우신 하나님,
오늘, 저희 가족에게 신실하셨던 하나님을 묵상합니다. 지금까지 살아오는 동안에 한 번도 실망시키시지 않으셨음에 찬양을 드리게 하시옵소서. 온 식구들이 자기에게 베풀어주신 놀라운 사랑을 인하여 찬송을 드리는 한 날이 되게 하시옵소서.
저의 아이는 오늘, 하나님의 영원하심과 같이 끝이 없는 감사의 찬양으로 영광을 돌리게 하시옵소서. 이로써 하늘의 사람으로 살기를 소망합니다. 하나님의 뜻을 이 땅에서 이루어드리게 하시옵소서.
주님의 이끌어 주심에 따라, 저의 아이가 소금처럼 필요한 사람이 되고, 빛이 되어 남들을 인도해 주는 사람이 되게 하시옵소서. 예수님이 참 소금이셨음을 압니다. 예수님이 참 빛이셨음을 압니다. 저의 아이의 생각과 마음이, 말과 행동이 예수님을 닮아 소금이 되고, 빛이 되게 하시옵소서.
전한 마음을 주시는 주님,
지금, 공부를 하면서 자신의 장래에 대하여 희망을 갖는 모든 것이 주님의 사람으로 준비되는 과정이기를 원합니다. 자신에 대한 하나님의 계획에 주목하게 하시옵소서. 세상에 태어나서 살다가 죽는 인생이 아니라 하나님의 사람으로 살아야 한다는 것을 깨닫게 하시옵소서.
하나님의 뜻을 아는 인물이 되게 하시옵소서. 주님을 따르는 일꾼으로 삼아주시옵소서.

예수님의 이름으로 기도드립니다. 아멘.

❖ 그가 더욱 크게 소리 질러　　　　　8월 29일

"많은 사람이 꾸짖어 잠잠하라 하되 그가 더욱 크게 소리 질러 이르되 다윗의 자손이여 나를 불쌍히 여기소서 하는지라"(막 10:48)

　　바디매오의 하나님-나의 하나님,

　　오늘, 저희 가족에게 예수님께 나아와 불쌍히 여겨달라고 간구했던 바디매오를 생각하게 하시옵소서. 하나님께서 그를 사랑하셔서 주님을 찾게 하셨습니다. 그리고 예수님의 사랑은 그가 앞을 보도록 하셨습니다. 저희 가정에도 주님의 사랑이 풍성하게 하시옵소서.

　　저의 아이가 오늘, 바디매오이기를 원합니다. 그는 앞을 보지 못하는 상태에서도 좌절하지 않았던 그 삶의 열정이 저의 아이의 것이 되게 하시옵소서. 이로써 주님께 간절한 마음으로 나아가게 하시옵소서.

　　주님께서 바디매오의 믿음을 인정하시고, 그의 눈을 뜨게 하시며 동시에 구원을 받게 하신 은혜를 저의 아이도 경험하게 하시옵소서. 자신의 문제를 갖고 기도할 때, 문제의 해결과 함께 하나님에의 믿음이 더욱 깊어지게 하시옵소서.

　　참음의 영으로 인도하시는 주님,

　　깨닫지 못하였던 하늘의 진리를 배우게 하시옵소서. 그리고 언제나 주님 앞에서 소망을 갖고 인자하신 하나님의 이름을 부르게 하시옵소서. 하나님을 찾음에서 소망이 시작된다는 사실을 배우게 하시옵소서.

　　주님께서 주신 오늘의 삶도 하나님의 입으로 나오는 말씀으로 살아가게 하시옵소서. 하나님의 말씀으로 세상이 지어졌듯이 그 말씀이 저희의 삶에 창조적으로 역사하심을 믿습니다. 그러므로 말하는 그대로 이루어진다는 믿음을 갖고 말에서부터 승리를 경험하게 하시옵소서.

　　　　　　　　　　　　　　예수님의 이름으로 기도드립니다. 아멘.

❖ 선물 주기를 좋아하는 자 8월 30일

"너그러운 사람에게는 은혜를 구하는 자가 많고 선물 주기를 좋아하는 자에게는 사람마다 친구가 되느니라"(잠 19:6)

여호와 하나님,

오늘, 저희 가족에게 친절의 사람이 되라는 말씀을 듣습니다. 주님께서 세상에서 보여주셨던 친절함을 따르게 하시옵소서. 저희 부부와 자녀에게 다른 사람들과의 관계에서 친절로 섬기게 하시옵소서. 하나님의 사랑을 친절에 담아 나누는 저희가 되게 하시옵소서.

이 시간에, 머리를 숙였으니 자식을 위해 마음을 바치는 부모가 되게 하시옵소서. 주님께서 사랑하시는 제자들을 위해서 간구하셨던 것처럼, 아이를 위하여 기도하기를 즐거워하게 하시옵소서. 아버지 하나님을 영화롭게 해드렸던 주님을 모범으로 삼게 하시옵소서.

성실한 마음을 주시는 주님,

아울러 최선을 다 하여 일할 수 있는 것이 무엇인지 바로 알게 가르쳐 주시옵소서. 어엿한 사회의 구성원으로서 해야 될 일에 대한 비전도 허락해주시옵소서. 땀을 흘려 공부를 함으로써 하나님의 말씀을 이루어 드리게 하시옵소서.

하나님의 뜻에 따라, 그가 맡아야 할 일을 가르쳐 주시기 원합니다. 인간관계에서 받은 대로 갚아주려는 욕망이 솟구칠 때, 그 마음을 다스리는 훈련을 받기 원합니다.

아무에게도 악으로 악을 갚지 않기를 바라시는 주님의 마음을 배우게 하시옵소서. 억울함을 도리어 사랑으로 덮는 은혜를 허락해 주시옵소서. 아픔을 위로해 주시는 하나님을 더욱 더 의지하게 해주시옵소서.

예수님의 이름으로 기도드립니다. 아멘.

✦ 복음으로 너희를 부르사 8월 31일

"이를 위하여 우리의 복음으로 너희를 부르사 우리 주 예수 그리스도의 영광을 얻게 하려 하심이니라"(살후 2:14)

천국백성으로 삼아주시는 하나님,

오늘, 저희 가족에게 부르심에 대한 은혜를 묵상하게 하시옵소서. 하나님께서 예정하셨던 대로 저희를 불러 자녀로 삼아주셨습니다. 온 식구들이 하루를 지내는 중에, 하나님의 선택에 감격하게 하시옵소서.

오늘은 하나님의 자녀로서의 복을 누리는 가운데 8월의 마지막 날을 맞이합니다. 저의 아이를 지켜주셔서 은혜 가운데 한 달을 믿음으로 지내온 것에 감사드립니다. 이 달에 행하고자 마음먹은 것들을 잘 해낼 수 있게 도와주신 여호와의 손을 자랑합니다.

길게 느껴졌던 여름을 건강하게 보냄에 대하여 감사드립니다. 저의 아이가 집에서 지내는 동안 방학의 시간을 잘 보내게 하셨으니 감사를 받아 주시옵소서.

8월을 지내오게 하신 주님,

내일, 새롭게 시작되는 달에 소망을 품게 해주시옵소서. 곧 개학을 하여 2학기를 시작할 터인데, 더욱 큰 즐거움을 누리게 하시옵소서. 그가 공부하게 될 새로운 학기를 축복합니다. 곧 시작되는 2학기에는 주님께 우선순위를 두어 신앙으로 삶을 계획하게 하시옵소서.

하나님을 사랑하는 저의 아이가 2학기를 맞이해서 다시 학교에 다니게 될 때 이웃을 사랑하기를 소망합니다. 교실 안에서 우정을 두텁게 하시며, 섬겨야 할 친구들에게 사랑의 손을 내어밀게 하시옵소서. 힘겨워하는 친구를 도와줌을 기뻐하게 해주시옵소서.

예수님의 이름으로 기도드립니다. 아멘.

❖ 너희는 여호와를 찾으며   9월 1일

"여호와의 규례를 지키는 세상의 모든 겸손한 자들아 너희는 여호와를 찾으며 공의와 겸손을 구하라"(습 2:3상)

새롭게 하시는 하나님,

오늘, 저희 가족에게 여호와를 찾는 삶으로 살아가도록 강권해주시옵소서. 하나님 앞에서 바른 뜻과 겸손을 구하게 하시옵소서. 저희 부부와 자녀에게 여호와의 규례를 존중하게 하시옵소서.

저희 가정에서 하나님을 사랑하는 찬송으로 한 날을 살게 하시옵소서. 바울에게 세상에 대하여 거절의 은혜를 주셨던 것처럼, 저의 아이에게도 하나님 앞에서 결단의 은혜를 내려 주시옵소서.

결단으로 인한 세상과의 격리를 체험하게 하시고, 그리스도의 보혈로 새로 지어진바 된 삶을 받아들이게 하시옵소서.

저의 아이가 충성을 깨닫게 하시옵소서. 십자가의 은혜로 새 사람이 되었으니 주님께 충성을 다하게 하시옵소서. 하늘 왕국의 자녀로서 주어져 있는 충성된 생활을 하게 하시옵소서. 이로써 여호와께 충성을 다해 믿음의 진보를 보이게 하시옵소서.

겸손의 마음을 주시는 주님,

이 밤이 지나면 주일입니다. 저의 아이가 주일을 하나님께 드림을 기쁨으로 여기게 하시옵소서. 잠자리에 들기 전에 교회에 갈 준비를 다 하게 하시옵소서. 주님께 영광을 드리기 위하여 순전한 마음으로 예배를 준비하게 하시옵소서.

교회를 사랑하는 마음을 품게 하시옵소서. 하늘의 하나님을 영화롭게 해드림에 가슴이 벅차게 하시옵소서.

　　　　　　　　　　예수님의 이름으로 기도드립니다. 아멘.

✦ 주의 영광을 경외하리니   9월 2일

"이에 뭇 나라가 여호와의 이름을 경외하며 이 땅의 모든 왕들이 주의 영광을 경외하리니"(시 102:15)

영광중에 계신 하나님,

오늘, 주일을 주시니 감사드립니다. 지난 엿새 동안에 게으르지 않고, 살게 하셨습니다. 저희 가족에게 서둘러 예배당으로 가도록 이끌어주시옵소서. 하나님을 경외하는 예배로 올려드리게 하시옵소서.

저의 아이에게 하나님께서 예배하도록 날을 구별하시고 부르셨으니, 마음으로 옷깃을 여며 예배를 드리게 하시옵소서. 예배당에 가서 머리를 숙일 때, 감사로 가슴이 뜨거워지게 하시옵소서.

저의 아이를 향한 하나님의 사랑은 정말로 뜨거웠음을 기뻐합니다. 뙤약볕의 무더위 속에서도 건강을 지켜주셨음에 대한 감사를 예배로 나타내게 하시옵소서. 질병에 걸리지 않도록 보호해주셨음에 감사로 찬양을 드리게 하시옵소서.

자비로우신 주님,

여름방학 동안에 흐트러지지 않고, 규모 있는 생활을 하게 하셨음을 감사하는 예배가 되게 하시옵소서. 저의 아이가 이번 방학 동안에 하나님의 손길에 대하여 다양하게 경험했음을 감사드립니다.

그가 만난 하나님을 고백하도록 하시옵소서. 비록 많이 부족한 기도이지만 나의 하나님을 고백하게 하시옵소서.

내 편이 되어서 방학 동안에 함께 해주셨던 은혜를 찬양으로 고백하게 하시옵소서. 그리고 여기에까지 이끌어 주신 주님께서 앞으로도 계속해서 인도해 주심을 고백하게 해주시옵소서.

예수님의 이름으로 기도드립니다. 아멘.

❖ 그의 모든 도를 행하고   9월 3일

"네 하나님 여호와를 경외하여 그의 모든 도를 행하고 그를 사랑하며 마음을 다하고 뜻을 다하여 네 하나님 여호와를 섬기고"(신 10:12하)

복의 근원이신 하나님,

오늘, 저희 가족에게 즐거운 마음으로 하나님을 경외하며 살아가도록 축복합니다. 여호와를 사랑하여 말씀을 지켜 순종하기를 좋아하게 하시옵소서. 저희 부부와 자녀에게 마음을 다하고 뜻을 다하여 하나님 여호와를 섬기는 한 날이 되게 하시옵소서.

주님의 이름으로 저의 아이를 축복합니다. 그에게 은혜를 베푸셔서 공부할 수 있도록 도와주시옵소서. 배우기를 기뻐하는 마음을 갖게 하시고, 부모의 아낌없는 후원으로 공부하는 것에 감사하게 하시옵소서.

저의 아이가 개학을 하여 오랜만에 교실에 들어설 때, 지난 학기에 저를 도와주신 하나님의 은혜를 새롭게 느끼게 하시옵소서. 좋은 친구들과 우정을 더하면서 공부하도록 도와주셨던 사랑의 손길을 기억합니다. 새 학기에도 그와 함께 하시는 주님을 기대합니다.

여호와를 향하게 하시는 주님,

저의 아이에게 언제나 눈을 하나님의 나라에 두도록 은혜를 주시옵소서. 그가 앞으로 들어가게 될 그 나라를 의식하면서 거룩하고도 충성을 다하여 지내게 해 주시옵소서.

여호와 하나님께서 계신 곳을 바라보면서 살아가게 하시옵소서. 집에서 지낼 때, 하나님께서 바라보신다는 신전의식을 잊지 말게 하시옵소서. 학교에서 공부를 하는 시간이나 잠시 노는 시간에도 주님의 불꽃같으신 눈동자를 의식하기 원합니다.

예수님의 이름으로 기도드립니다. 아멘.

❖ 오래 참음으로 사랑 가운데서   9월 4일

"모든 겸손과 온유로 하고 오래 참음으로 사랑 가운데서 서로 용납하고"(엡 4:2)

사랑으로 살게 하시는 하나님,

오늘, 하나님의 사랑을 나타내는 삶을 묵상하게 하시니 감사드립니다. 나무들은 가지마다에 열매를 맺어가면서 하나님을 찬양하고 있습니다. 저희 가정에서도 세상에 대하여 하나님을 드러내게 하시옵소서.

저의 아이도 이 시간에 온 마음을 드려 하나님의 섭리에 찬양을 드리게 하시옵소서. 알알이 열매를 맺는 나무들을 보면서 주님께 무엇을 드려야 하는지를 생각하게 하시옵소서. 지나간 여름이 뜨거웠던 만큼 저의 아이를 지켜 주시고 건강하게 지도록 하셨습니다.

저의 아이가 자연의 흐름을 보면서 여호와 하나님을 배우게 하시옵소서. 가을에 접어들면서 더욱 탐스러운 신앙의 열매를 맺는 생활을 하게 해주시옵소서. 성령님께 충만하여 지내는 한 날로 삼아주시옵소서.

사랑으로 지내게 하시는 주님,

세상은 하나님이 없는 문화를 만들어 내느라 분주하지만, 그런 모습을 볼 때마다 하나님을 하나님으로 인정하기를 싫어하는 세상의 태도를 거절하는 용기를 주시기 원합니다. 하나님의 영광을 빼앗는 세상의 여러 가지 모습들을 버리는 용기를 주시옵소서.

주님의 자녀로 살아가기 위해서 세상을 버려야 하는 아름다운 대가를 지불하게 하시옵소서. 거룩한 삶을 위한 대가를 치루는 은혜로 가슴을 채워 주시옵소서. 주 하나님의 은혜만이 세상을 이기게 해주실 줄 믿습니다. 세상에 대하여 하나님의 사람으로 살게 하시옵소서.

예수님의 이름으로 기도드립니다. 아멘.

❖ 내가 너를 바로에게 보내어   9월 5일

"이제 내가 너를 바로에게 보내어 너에게 내 백성 이스라엘 자손을 애굽에서 인도하여 내게 하리라"(출 3:10)

인도해주시는 하나님,

오늘, 저희 가족이 거룩한 백성으로 살도록 인도해주시니 감사드립니다. 공중 권세를 잡은 자가 다스리는 세상에서 하나님의 자녀, 왕의 자녀로 살도록 인도해 주시옵소서. 저희 가정은 구원을 약속 받은 방주와 같기를 원합니다. 온 식구들이 방주에서 구원을 바라보게 하시옵소서.

저의 아이에게 구원자로 사용되었던 모세에게 임한 은혜를 묵상하게 하시옵소서. 하나님께서는 그를 지켜보셨고, 자기 백성을 애굽에서 구해내실 때 지도자로 쓰셨던 사실을 깨닫기 원합니다. 하나님의 선택하심을 배우게 하시옵소서.

그에게 하나님의 일꾼으로 쓰임을 받도록 은혜를 주시고, 준비시켜 주시옵소서. 하나님의 사랑과 구원하심의 뜻을 이 땅에 펼치시는 일에 저의 아이가 종으로 쓰임받기를 소망합니다. 하나님의 선한 일꾼이 되기 위해서 지금의 시간을 훈련의 기간으로 보내게 하시옵소서.

모든 것이 은혜임을 깨닫게 하시는 주님,

그가 자신을 위하여 부모와 가정이 있음에 감사하게 하시옵소서. 학교를 가기 위해서 집을 나설 때, 자기를 사랑해 주는 부모가 있다는 사실로 가슴이 벅차게 하시옵소서.

때때로 사탄은 자신을 부정하도록 참소하고, 자신이 쓸데없는 존재라는 생각을 하고 낙심과 좌절을 심어주기도 합니다. 그를 쓰러뜨리려는 사탄의 궤계를 물리치고 부모의 사랑에 감사하기를 원합니다.

예수님의 이름으로 기도드립니다. 아멘.

❖ 우리에게 주신 것은   9월 6일

"하나님이 우리에게 주신 것은 두려워하는 마음이 아니요 오직 능력과 사랑과 절제하는 마음이니"(딤후 1:7)

삶의 주관자가 되시는 하나님,

오늘, 능력과 사랑과 절제하는 마음을 주시는 하나님을 바라봅니다. 저희 가족은 하나님께서 주시는 마음으로 지내는 한 날로 삼게 하시옵소서. 온 식구들이 하나님을 주목하는 삶을 드리게 하시옵소서.

이로써 저의 아이가 하나님의 사람으로 자라기를 소망합니다. 그의 전 심령이 주님께 붙들린 바가 되어 하나님의 사람으로 살게 하시옵소서. 성령님의 불같은 인치심의 은혜를 체험하게 하시옵소서. 믿음으로 살았던 선진들이 자신을 주님께 드렸던 삶을 경험하기를 원합니다.

2학기를 시작하면서 공부할 때, 하나님께서 지식을 얻게 하시며, 모든 학문과 재주에 명철하게 하신다는 사실을 깨달아 먼저 기도드리게 하시옵소서. 지난 학기보다 갑절로 복을 허락해 주시옵소서. 그래서 공부시간마다 하나님을 영광스럽게 해드리는 학생이 되게 하시옵소서.

절제의 영으로 인도하시는 주님,

그에게 하나님 앞에서 살아가는 규칙을 주셨음에 감사드립니다. 하나님을 인도해주시는 아버지로 믿고, 전적으로 의지하게 하시옵소서. 이 믿음 위에 소망으로 살기를 원합니다.

예수님의 십자가에서 보장해주신 승리를 얻게 되었으니, 소망 가운데 담대하게 하시옵소서. 나아가 성령님의 충만하심 속에서 사랑으로 살게 하시옵소서.

하나님을 사랑하고 이웃을 사랑하는 주님의 제자 된 모습을 보이게 해주시옵소서.

예수님의 이름으로 기도드립니다. 아멘.

그를 아는 지식에서 9월 7일

"오직 우리 주 곧 구주 예수 그리스도의 은혜와 그를 아는 지식에서 자라 가라 영광이 이제와 영원한 날까지 그에게 있을지어다"(벧후 3:18)

자라도록 하시는 하나님,
오늘, 주님의 은혜와 주님을 아는 지식에 대하여 묵상하게 하셨습니다. 저희 가정의 신앙고백은 '오직 주님만'이기를 원하게 하시옵소서. 저희 부부와 자녀에게 주 예수님께 집중된 한 날이 되게 하시옵소서.

저의 아이에게 하늘나라에서의 영원함이 있음을 믿게 하시옵소서. 하늘에 저희의 집이 있으니, 이 세상에서 어려운 일을 본다 해도 낙심하지 말게 하시옵소서. 때로는 두려움에 빠지게 하고, 어둔 그늘 같은 길도 지날 수 있으나 주님께서 손잡아 주실 것을 기대하게 하시옵소서. 보혈의 공로에 의지하도록 이끌어 주시옵소서.

하나님의 자녀로 자라게 하시는 주님,
저의 아이가 지혜와 지식의 근본이 되시는 하나님을 바라보게 하시옵소서. 자신의 장래를 준비하는 공부를 하게 하시고, 기독학생의 아름다운 학창시절이 교실에서 꽃피어지게 하시옵소서. 학교에서는 공부하는 학생으로서 수업에 충성과 근면을 나타내게 하시옵소서. 그의 기도와 사랑으로 말미암아 교실에 평화가 넘치기를 원합니다.

선생님 앞에서는 겸손하게 하시고, 친구들과는 존경과 관대로서 대하게 하시옵소서. 망설이며 쩔쩔매는 친구에게는 하나님의 지혜와 지식을 전해 주는 일이 되게 하시옵소서. 그의 아이의 보잘 것 없는 사랑이 외로움에 어려워하는 친구에게는 큰 힘이 되기 원하는 자로 살아가게 해주시옵소서.

예수님의 이름으로 기도드립니다. 아멘.

❖ 자기를 대속물로 주셨으니   9월 8일

"그가 모든 사람을 위하여 자기를 대속물로 주셨으니 기약이 이르러 주신 증거니라"
(딤전 2:6)

자비로우신 하나님,

오늘, 저희 가족에게 대속물이 되어주신 주님을 주목하는 삶으로 살아가도록 강권해주시옵소서. 누가 나를 위하여 대신 죽어 줍니까? 하나님의 사랑이 주님을 저희에게 내어주셨으니 이 은혜에 증인 되어 지내게 하시옵소서.

사랑으로 저희에게 오신 주님과 같이 사랑으로 모든 이들에게 다가가는 저의 아이가 되게 하시옵소서. 이 사랑이 슬픔에 빠진 친구들을 위로해 주는 힘이 되기 원합니다. 그리고 좋은 일로 기쁨을 만난 친구들에게는 기쁨을 더해 주는 것이 되게 하시옵소서.

예배를 즐거워하게 하시는 주님,

주일을 맞이하는 전 날에 예배를 준비하게 하시옵소서. 예배를 드리면서 주님의 은혜를 누리기를 소망합니다. 하늘의 문을 여시고 내려주시는 은혜로 저의 아이가 강해짐을 경험하게 하시옵소서. 믿음으로 사는 용기로 무장하게 하시옵소서. 세상이 그를 거절한다 하여도 실망치 않고 하나님을 경외하는 마음이 더욱 크게 하시옵소서.

저의 아이가 주 여호와께 예배드리는 시간을 사모하기를 소망합니다. 주님의 날이 세상으로부터 구별되는 시간이기를 바라는 마음을 주시옵소서. 예배를 인도하시는 교역자님과 선생님들을 위해서 기도하게 하시옵소서. 내일, 친구들의 출석을 위해서도 간구하게 하시옵소서. 그가 복을 경험하는 예배를 기다리도록 기름을 부어 주시옵소서.

예수님의 이름으로 기도드립니다. 아멘.

❖ 주일, 모든 민족이 와서 주의 앞에 9월 9일

"주여 주께서 지으신 모든 민족이 와서 주의 앞에 경배하며 주의 이름에 영광을 돌리리이다"(시 86:9)

경배를 받으실 하나님,

주일 아침에, 저희 가족을 축복합니다. 저희 가정에서 살아가고 있는 이들이 오늘을 거룩하게 지키도록 하시옵소서. 주일을 구별하면서 여호와의 이름을 높여 드리게 하시옵소서. 온 몸과 마음을 다하여 하나님을 경외하는 날이 되게 하시옵소서.

저의 아이에게 이 날에 주님만을 생각하면서 하늘의 하나님께 영광을 드리게 하시옵소서. 그가 교회생활을 좋아하고, 주님의 공동체를 누리게 하심에 감사드립니다.

예배 시간에 목사님의 입술을 빌려 선포되는 말씀이 재미있고도 참된 말씀이기를 소망합니다. 그 말씀 한 절, 한 절을 들으면서 소망을 갖게 해 주시며, 저의 아이의 심령을 뜨겁게 하시옵소서. 생명의 말씀으로 힘을 얻어 새 삶을 다짐하게 하시옵소서. 그리고 주님이 이름이 널리 퍼지도록 기도하며 나아달 수 있도록 이끌어 주시옵소서.

영광을 드림에 주목하게 하시는 주님,

예배하는 한 시간, 기쁜 마음으로 작은 입술을 벌려 찬송하게 하시옵소서. 그 입술로 하나님을 영화롭게 해드리게 하시옵소서. 예수님을 주님으로 믿는 신앙을 고백하게 하시옵소서.

저의 아이가 자신을 온전히 주님께 드리고, 하나님의 다스리심에 자신을 맡기도록 이끌어 주시옵소서. 예배하는 시간에 주 하나님의 거룩하심이 예배당 안에 가득하게 해주시옵소서.

예수님의 이름으로 기도드립니다. 아멘.

❖ 네 하나님 여호와를 사랑하여　　　　9월 10일

"그런즉 네 하나님 여호와를 사랑하여 그가 주신 책무와 법도와 규례와 명령을 항상 지키라"(신 11:1)

　명령을 주신 하나님,
　오늘, 저희 가족에게 하나님을 우선하여 섬기며 살아가도록 축복합니다. 책무와 법도와 규례와 명령을 주시고, 그것으로 하나님을 사랑하게 하셨습니다. 하나님께서 주신 명령을 항상 지켜 순종함으로써 사랑을 나타내게 하시옵소서.
　이로써 저의 아이도 학교의 공부로 분주하겠지만, 틈틈이 하나님의 말씀을 읽고 묵상하게 해주시옵소서. 책무와 법도와 규례와 명령을 가까이 하며, 학교의 공부도 소홀하지 않게 하시옵소서. 하나님을 존귀하게 여기고, 그 은혜로 공부해야 한다는 사실을 기억하게 하시옵소서.
　그를 위하여 성령님으로 충만하게 하심을 즐거워합니다. 성령님의 도우심이 공부하는 것에 나타나기를 원합니다. 성령님의 알게 하시고, 깨닫게 하시며 생각나게 하시는 은혜를 내려 주시옵소서. 그 은혜로 공부를 잘 해내어 주님의 영광을 나타내도록 이끌어 주시옵소서.
　자신을 알게 하시는 주님,
　저의 아이가 하나님의 자녀가 된 특권을 누리고 살아가는 것에 대하여 감사하기를 소망합니다. 예수님의 보혈로 말미암아 죄를 용서함 받고, 저주의 사슬을 끊게 되었음에 구원의 은총을 찬송하게 하시옵소서.
　여호와 하나님께서 도우셔서 형통하게 지내왔음을 세상의 모든 사람들에게 알리는 찬양을 드리게 하시옵소서. 여호와의 이름이 저의 아이에게 희락이 되게 이끌어주시옵소서.
　　　　　　　　　　　예수님의 이름으로 기도드립니다. 아멘.

❖ 허물을 덮어 주는 자   9월 11일

"허물을 덮어 주는 자는 사랑을 구하는 자요 그것을 거듭 말하는 자는 친한 벗을 이간하는 자니라"(잠 17:9)

허물을 덮어주시는 하나님,

오늘, 저희 가족에게 하나님의 덮어주심을 묵상하게 하시니 감사드립니다. 허물을 덮어주심으로 하나님의 사랑을 보여주셨습니다. 죄가 되는 일만 즐기다가 지옥 형벌을 받을 수밖에 없었습니다. 저희 가정이 하나님의 용서 안에서 지내고 있음을 새롭게 해주시옵소서.

저의 아이에게 사랑으로 다가오신 하나님을 찬양합니다. 물고기는 자신이 물속에 있음을 잊지 않건만, 혹시라도 하나님을 잊고 지냈다면 용서해주시옵소서. 자신의 욕심에 집착하여 도우시는 하나님을 잊었다면 용서해주시옵소서.

아직도 죄에 사로잡혀서 옛 사람의 행실을 즐거워했던 어리석음을 용서하시옵소서. 이제 그가 자기를 주인의 자리에서 내려놓고 주님께서 주인이 되도록 하시옵소서. 자신의 생각과 행동에서 주님의 주인이 되심을 나타내게 하시옵소서.

보혈의 은혜를 주신 주님,

이 시간에, 예수님의 보혈로 다시 한 번만 씻어 주시옵소서. 저의 아이 마음에 하나님의 나라가 이루어지게 하시니 감사드립니다. 죄를 거절하는 담대한 용기를 주시옵소서.

이 땅에서 하나님의 뜻이 선포되고, 주님의 나라가 이루어지기 위하여 기도하는 믿음을 주시옵소서. 늘 기름을 부으심으로 충만하여 천국 백성의 삶에 감격으로 지내게 하시옵소서.

예수님의 이름으로 기도드립니다. 아멘.

✧ 이르시되 에바다 하시니   9월 12일

"하늘을 우러러 탄식하시며 그에게 이르시되 에바다 하시니 이는 열리라는 뜻이라"
(막 7:34)

에바다의 하나님-나의 하나님,
오늘, 저희 가정이 귀 먹고 말 더듬는 자가 예수님께로부터 고침을 받은 은혜를 사모하게 하시옵소서. 하나님께서 그에게 은총을 입히시려고 사람들에 의해서 주님께로 데려가도록 하셨습니다. '주님께로 감'의 은혜가 바로 저희 가정에 있게 해주시옵소서.

저의 아이에게 주님을 소망하도록 하시옵소서. 예수님을 만나는 것에 마음을 두도록 이끌어 주시옵소서. 주님만이 자신의 문제를 해결해 주실 수 있으시며, 주님께 나아가면 삶의 모습이 바뀐다는 은혜를 깨닫게 하시옵소서.

주님의 자비하심을 저의 아이도 경험하게 하시옵소서. 그리하여 '에바다'라고 선언하심으로써 귀와 입이 치료되었고, 구원을 받았습니다. 저의 아이가 아직도 영적으로 닫혀 진 부분들이 있으니, 닫혀 진 귀와 입을 열어주시는 은혜를 누리게 하시옵소서.

회복을 기다리게 하시는 주님,
귀를 열어서 복음의 비밀을 듣게 하시고, 입을 열어서 찬양을 드리게 하시옵소서. 주님으로부터 '에바다'라는 선언의 말씀을 듣고 열리는 역사가 있기를 소망합니다.

저의 아이가 살아가는 삶의 목표가 하나님의 뜻을 이루어드리는 것이 되게 하시옵소서. 원수를 미워하지 않으며, 달라는 이들에게 거저 주는 삶이 이루어지기를 원합니다.

　　　　　　　　　　　　예수님의 이름으로 기도드립니다. 아멘.

✣ 모든 일에 절제하나니   9월 13일

"이기기를 다투는 자마다 모든 일에 절제하나니 그들은 썩을 승리자의 관을 얻고자 하되 우리는 썩지 아니할 것을 얻고자 하노라"(고전 9:25)

사랑의 하나님,

오늘, 저희 가족은 새롭게 해 주시는 하나님의 은혜에 마음과 입술로 영광을 드립니다. 온 식구들에게 어제의 더러운 죄를 주님의 보혈로 씻어 주신 주님께 우리의 생명을 드릴 수 있는 하루의 삶이 되게 하시옵소서.

저의 아이에게 절제를 경험하도록 강권해주시옵소서. 어떠한 목적이나 어떠한 방법으로든지 주님이 원하시는 대로 쓰시도록 자신을 드리게 하시옵소서. 시간과 지혜 그리고 물질도 드리기 원합니다. 몸과 마음이 하나님의 나라를 이루는데 쓰여 지는 도구가 되게 하시옵소서.

여호와께 도구로 드려지게 하시는 주님,

저의 아이가 자신의 음성을 주님께 드려서 하늘나라의 진리를 전파하게 하시옵소서. 어떤 힘이 저의 입을 막는다 해도, 굽히지 않고 복음을 전하는 입이 되도록 이끌어 주시옵소서. 사랑의 진리를 외치게 하시옵소서. 그가 자신에게 있는 모든 것을 하나님께 돌릴 수 있도록 하시며, 생애 전체를 헌신하여 주님께 영광을 돌리게 하시옵소서.

저의 아이가 주님의 보내심으로 이웃에게로 다가가게 하시옵소서. 하나님의 사랑을 갖고 이웃을 섬기여 하는 거룩한 의무감을 느끼게 하시옵소서. 그에게 천국 백성으로서의 삶을 결단하게 하시옵소서.

친구들을 바르게 인도하는 은혜를 경험하게 하시옵소서. 만일, 온갖 거짓과 속임수가 친구들을 유혹하여 잘못된 길로 가게 할 때라면, 주님의 진리의 말씀으로 그들을 바른 길로 인도하게 해주시옵소서.

                                             예수님의 이름으로 기도드립니다. 아멘.

✧ 구원을 영원한 영광과 함께   9월 14일

"그들도 그리스도 예수 안에 있는 구원을 영원한 영광과 함께 받게 하려 함이라"
(딤후 2:10하)

구원으로 인도하시는 하나님,

저희 가족에게 구원을 받았음에 대한 확신을 주시니 감사드립니다. 이 땅에서는 구원받았음을 확인하고 영생을 기다리게 하시옵소서. 영생에 참여함으로써 구원은 완전하게 이루어질 것입니다.

저의 아이에게 오순절에 성령의 강림으로 새로워진 제자들을 생각하게 하시옵소서. 성령을 받은 제자들이, "다 성령의 충만함을" 받았던 것처럼, 저의 아이도 성령님께 충만해서 구원에의 확신을 기뻐하고, 영원한 영광에 이를 것을 사모하게 하시옵소서.

이제, 저의 아이가 성령님이 이끌어 주시는 대로 순종하는 주님의 자녀가 되게 하시옵소서. 주님께서 본을 보여주셨던 그대로 살아 이웃을 사랑으로 섬기고 봉사하게 하시옵소서.

십자가의 사랑을 깨닫게 하시는 주님,

예수님께서 우리를 위하여 목숨을 버리셨으니 우리가 이로써 그 사랑을 알게 되었습니다. 주님의 사랑을 입고 있는 저의 아이가 형제들을 위하여 목숨을 버리는 데까지 경험하는 은혜를 주시옵소서.

저의 아이가 하나님의 사랑을 받아야 할 이들에게 보내어짐을 깨닫기 원합니다. 그에게 기름을 부어 주시옵소서. 그리하여 오늘 학교에서 만나는 친구들에게 또는 학원에서 만나는 친구들에게 주님의 은혜를 베풀 기회를 내려주시옵소서.

착한 행실의 열매를 맺게 하시는 성령님의 은혜로 사랑의 열매를 맺어드리게 해 주시옵소서.

예수님의 이름으로 기도드립니다. 아멘.

❖ 대속물로 주려 함이니라   9월 15일

"인자가 온 것은 섬김을 받으려 함이 아니라 도리어 섬기려 하고 자기 목숨을 많은 사람의 대속물로 주려 함이니라"(마 20:28)

살아계신 하나님,

오늘, 주님을 배우는 저희 가족이 되게 하시옵소서. 주님의 섬기심과 주님의 대속물이 되어주셨음을 배워서 그대로 따르게 하시옵소서. 저희 부부와 자녀에게 주님의 모습으로 오늘을 살게 하시옵소서.

이를 위하여 저의 아이는 예수님을 사랑하고 하나님의 이름을 영화롭게 해드리는 생활을 배우게 하시옵소서. 자녀들을 훈련하시기를 즐겨하시는 그 은혜로 주님의 온유하심과 강하심을 닮도록 하시고, 생각과 행실에서 하나님의 모습을 나타내도록 이끌어 주시옵소서.

주일의 성수를 준비하는 저의 아이를 축복합니다. 그가 하나님의 말씀을 즐겨 들으려는 마음을 갖게 해 주시고, 예배하는 한 시간을 기다리게 하시옵소서.

은혜를 묵상하게 하시는 주님,

저의 아이가 들을 수 있는 이야기 가운데 주님의 십자가에 대한 이야기에 감사하게 하시옵소서. 십자가의 복음으로 구원받았음을 즐거워하게 하시옵소서. 구속의 은혜에 감격하게 하시옵소서.

오늘 밤이 지나면, 주님의 날입니다. 저의 아이가 주 여호와의 이름을 높여드리며 예배드리는 시간을 사모하기를 소망합니다.

주님의 날이 세상으로부터 구별되고, 하나님께 영광을 드리는 시간이기를 바라는 마음을 주시옵소서. 하늘의 하나님께는 베풀어주신 은혜에 감사하는 기쁨의 시간이 되게 해주시옵소서.

예수님의 이름으로 기도드립니다. 아멘.

✣ 그의 궁정에 들어갈지어다   9월 16일

"여호와의 이름에 합당한 영광을 그에게 돌릴지어다 예물을 들고 그의 궁정에 들어갈지어다"(시 96:8)

주일의 하나님,

오늘, 하나님께 영광을 드림이 주일의 의미인 것을 깨닫게 해주시니 감사드립니다. 온 식구들이 여호와의 이름에 합당한 영광을 드리기 위해서 성전으로 나아가게 하시옵소서. 영과 진리로 예배하러 성전을 찾게 하시옵소서.

저의 아이에게 마음을 다하여 여호와께 경배하는 예배의 시간으로 삼게 하시옵소서. 그 예배로 하나님의 주권이 세상에 선포되고, 저의 아이는 더욱 주님의 다스리심을 즐거워하게 하시옵소서.

예배를 드림으로써 시작된 하루를 온전히 거룩하게 보내게 하시옵소서. 하나님의 기름을 부어주심을 경험하게 하시옵소서. 교회의 안팎에서 많은 아이들을 대할 때, 복음의 증인으로 대하게 하시옵소서.

자기의 십자가를 알게 하시는 주님,

나아가 저의 아이가 예배를 마치고 예배당을 나설 때 세상으로 보내지는 은혜를 경험하게 하시옵소서. 하나님께서 사랑하시는 세상으로 보내져 복음을 전하고, 주님의 제자로서 세상을 향하여 축복하는 입술을 갖게 하시옵소서.

하나님을 두려워하는 마음으로 날마다의 하루를 시작하기를 원합니다. TV의 뉴스와 신문의 지면을 채우고 있는 패륜적인 사회의 분위기로부터 지켜주 시기를 소망합니다. 그리고 여러 가지의 사건과 사고에 대한 소식들을 접할 때, 하나님의 시각으로 바라보게 하시옵소서.

                                      예수님의 이름으로 기도드립니다. 아멘.

✦ 생명을 얻게 하실 것이며   9월 17일

"너로 마음을 다하며 뜻을 다하여 네 하나님 여호와를 사랑하게 하사 너로 생명을 얻게 하실 것이며"(신 30:6하)

    생명을 얻게 하시는 하나님,
    오늘, 저희 가족에게 하나님께 사랑을 드리되, 마음을 다하며 뜻을 다하며 살아가도록 축복합니다. 그리하여 하나님의 뜻을 이루어드리면서 살아가려는 열망을 주시옵소서. 저희 가정에 기름을 부어주시옵소서.
    저의 아이에게 주 하나님을 사랑하고, 아버지의 뜻이 이 땅에서 이루어지는 영광을 보려는 간절함을 주시옵소서. 생각과 말 그리고 행동이 아버지의 영광을 위해서 살려는 아들의 가슴의 소원으로 나타나게 하시옵소서. 그러므로 내가 좋아하는 것이 아니라, 하나님께서 기뻐하시는 것이기에 그것을 위해 열심을 내는 아들이 되게 하시옵소서.
    안기게 해주시는 주님,
    저의 아이가 자신의 모습을 보면서 이만큼 지켜주신 여호와의 품어주셨음을 즐거워하기 원합니다. 주님의 은혜로 두려움을 몰아내고 평안케 하심을 믿고 여호와의 평안을 구하게 하시옵소서.
    사람의 말로 근심이 없어지라고 해서 없어지지 않으니, 모든 악한 생각을 없애 주시고 정결한 마음을 주시옵소서.
    저의 아이의 훌쩍 커진 키를 보면서 감사드립니다. 올해에는 눈에 뜨이게 몸매가 커지고, 건강하게 지냈습니다. 겨울의 환절기에도 질병에 걸리지 않도록 보호해 주셨으며, 무더웠던 여름의 불결해지기 쉬운 환경에서도 지켜주시고, 튼튼하게 자라도록 하셨음을 기뻐하여 감사하는 예배를 드리게 해주시옵소서.
                          예수님의 이름으로 기도드립니다. 아멘.

고난에 참여하는 자 9월 18일

"너희를 위한 우리의 소망이 견고함은 너희가 고난에 참여하는 자가 된 것 같이 위로에도 그러할 줄을 앎이라"(고후 1:7)

견고하게 하시는 하나님,

오늘, 하나님께의 확신을 묵상하게 하시니 감사드립니다. 어떤 상황에서도 흔들리지 않고, 치우치지 않는 믿음, 그 확고함으로 견고히 서게 하시옵소서. 저희 가정을 반석 위에 세워주시옵소서.

저의 아이에게 우리는 이 땅에서 하나님의 도구로 살아야 한다는 거룩한 소명의식을 갖게 하시옵소서. 자기만의 소명의식을 붙잡고, 자기를 기쁘게 하는 것이 아닌, 장래에 대한 인생의 설계도 하게 하시옵소서. 하나님의 사람으로 준비되도록 기름을 부어주시옵소서.

하나님은 그의 사랑하는 자녀들에게 어려움을 주시고, 그것을 이겨내도록 도우심을 믿습니다. 저의 아이들이 자신들의 원하는 그대로 이루어지지 않음에 불평하려 하고 있습니다. 기도를 해도 변화가 보이지 않는것 같고 하나님이 계시지 않는것처럼 여겨진다고 시무룩해 합니다. 그에게 주님의 은혜를 바라보게 하시옵소서.

기다림을 배우게 하신 주님,

저의 아이가 성령님의 은총을 통해서 인내하게 하시옵소서. 하나님의 일꾼으로 준비되기 위해서 인내가 필요할 줄 믿습니다. 나무의 나이테는 모진 겨울을 견디어 내었을 때, 아주 선명하게 나타난다는 것을 알게 하시옵소서.

인내라는 이름의 강을 주님의 은혜로 건너게 해주시옵소서. 인내 이후에 하나님의 시간이 되면 그 영광을 누리게 될 것을 기다립니다.

예수님의 이름으로 기도드립니다. 아멘.

❖ 여호와께로 돌이킨 왕　　　　　　　　9월 19일

"모세의 모든 율법을 따라 여호와께로 돌이킨 왕은 요시야 전에도 없었고 후에도 그와 같은 자가 없었더라"(왕하 23:25하)

　　요시야의 하나님-나의 하나님,
　　오늘, 저희 가정에 요시야에게 나타났던 은혜를 사모하게 하시옵소서. 여호와께로 돌이켰던 요시야를 저희 가정에서 보여드리게 하시옵소서. 온 식구들이 요시야의 모습을 갖추게 하시옵소서.
　　저의 아이가, 요시야가 유다의 왕위에 올랐을 때, 하나님 앞에서 정직하기를 힘쓰고, 다윗의 신앙을 따랐던 은혜를 묵상하기 원합니다. 요시야가 여호와 하나님의 말씀에 순종하였고, 말씀으로 명령되어진 것을 다 지켜서 행했던 것을 배우게 하시옵소서.
　　요시야가 누렸던 하나님에의 정직함을 저의 아이도 경험하기를 원합니다. 그가 왕의 자리에서 하나님께 주목했듯이, 지금 살아가는 삶의 자리에서 하나님을 주목하게 하시옵소서. 하나님이 보시기에 정직하고 성실하며, 최선을 다하도록 이끌어 주시옵소서.
　　너그럽게 하시는 주님,
　　자기 백성들을 향하여 셀 수 없이 참으시고, 용서해 주시는 그 사랑에 감사드립니다. 주님의 너그러우신 마음을 저의 아이에게도 허락해 주시기 원하여 기도드립니다.
　　늘 용서해 주시기를 기다리시는 주님의 마음을 받아들이게 하시옵소서. 저의 아이는 조금의 참음도 없이 화를 내고 맙니다. 그의 조급함이 남을 용서할 줄 모르고 벌컥 화부터 내고, 성질을 부립니다. 주님의 참으시는 마음을 주시어 잘못한 사람들을 대하도록 해주시옵소서.

　　　　　　　　　　　　예수님의 이름으로 기도드립니다. 아멘.

✧ 절제하며 신중하며 단정하며　　　　9월 20일

"절제하며 신중하며 단정하며 나그네를 대접하며 가르치기를 잘하며"(딤전 3:2하)

하늘의 하나님,
오늘, 저희 가족에게 경건한 삶을 살려는 마음을 갖게 하시니 감사드립니다. 오늘의 한 날이 하나님께서 받으실 만한 날이 되게 하시옵소서. 이로써 하나님께서 주신 날을 하나님의 자녀로 살아가 산 제사를 드리는 하루가 되기 원합니다.

저의 아이에게도 자신의 행동을 결정짓고 주님의 자녀답게 생각하고 모든 일들을 받아드리기 원합니다. 그래서 자신의 영적인 성장을 증진시키는 습관을 기르게 하시며, 하나님의 자녀 된 행동의 기준을 모든 생활의 영역에 적용시키도록 이끌어 주시옵소서.

저의 아이가 열매를 바라시는 하나님 앞에서 성령님의 열매를 맺게 하시옵소서. 아버지의 전능하신 힘이 그의 심령에 역사하실 때, 열매를 맺을 수 있으니 성령님의 충만함을 경험하게 하시옵소서.

성령으로 더불어 지내게 하시는 주님,

그리하여 저로 하여금 사랑과 희락의 삶을 살게 하시옵소서. 또한 모든 이들과의 화평을 힘쓰고, 늘 오래 참음이 있게 하시옵소서. 그리고 그의 생활에서 자비, 양선, 충성, 온유, 절제가 드러나게 하시옵소서.

저의 아이가 주님의 품 안에서 모자람이 없기를 원합니다. 하나님 앞에서 온전한 모습의 삶을 살아갈 수 있도록 이끌어 주시옵소서. 하나님의 뜻에 순종하여 사는 시간이 만족하게 하시옵소서. 지금은 공부하는 중에 있으니, 최선을 다하여 공부하도록 강권해주시옵소서.

　　　　　　　　　　　　예수님의 이름으로 기도드립니다. 아멘.

칭찬과 영광과 존귀를   9월 21일

"예수 그리스도께서 나타나실 때에 칭찬과 영광과 존귀를 얻게 할 것이니라"
(벧전 1:7하)

무릎을 꿇게 하시는 하나님,
오늘, 세상에 다시 오시는 주님을 기다리게 하시니 감사드립니다. 저희의 신앙은 다시 오신다고 약속하신 주님을 기다림에 있게 하시옵소서. 저희 가정은 주님의 재림을 기다립니다.
저의 아이도 주님께서 오시는 것을 기다리는 중에, 무릎으로 살아가도록 강권해 주시옵소서. 주님의 손길에 감사하고, 하루의 생활을 기도로 시작하게 하시옵소서. 필요한 것은 아버지 하나님께 구하는 습관을 지니게 하시옵소서.
그가 다니는 학교를 축복합니다. 주님께서 저의 아이를 사랑하시는 연고로 그가 다니는 학교에 은혜를 내려 주시옵소서. 학교를 위해서 기도를 쉬지 않았으니 이제는 복음화가 되어가는 모습을 보여 주시옵소서. 생명을 구원하시는 빛이 교실마다 비추어지게 하시옵소서.
매일 기도를 주시는 주님,
오늘 아침에도 기도로 하루를 시작하게 하신 하나님을 찬양합니다. 지금 자신의 방에서 공부를 하고 있는 저의 아이를 위해 간구하니 감사의 찬양을 드리게 하시옵소서.
책과 씨름하느라 지칠 대로 지친 마음이지만, 찬양으로 새롭게 되기를 소망합니다. 오늘 밤에는 아버지 하나님의 사랑에 빠져 잠들게 하시옵소서. 주님의 품에서 편히 쉬기 원합니다. 그 품에서 앞으로 그가 누리게 될 천국을 바라보게 하시옵소서.

예수님의 이름으로 기도드립니다. 아멘.

영원한 속죄를 이루사 9월 22일

"염소와 송아지의 피로 하지 아니하고 오직 자기의 피로 영원한 속죄를 이루사 단번에 성소에 들어가셨느니라"(히 9:12)

자비로우신 하나님,

오늘, 저희 가족에게 영원한 속죄를 이루신 예수님을 묵상하는 삶으로 살아가도록 강권해주시옵소서. 죄인이었던 우리를 구하시려고 예수님을 제물로 삼아주신 하나님 은혜에 감격하게 하시옵소서. 온 식구들에게 예수님의 대속에 대하여 기억하며 지내게 하시옵소서.

저의 아이에게 친구를 사귈 때, 믿지 않는 자와 멍에를 같이 하지 말라 하신 말씀을 잊지 않도록 해주시옵소서. 주님의 품 안에서 마음을 터놓으며 돈독한 우정을 나눌 친구를 사귀게 하시옵소서.

예배를 드리는 시간에 영과 진리를 경험하게 하고, 마음을 다하고, 성품을 다하여 머리를 조아리게 하시옵소서. 예배의 순서를 정성껏 따르게 하시고, 오직 영광을 하나님께 드리려는 마음으로 뜨겁게 하시옵소서. 교회에서는 경건한 아이들을 친구로 삼도록 하시옵소서.

살피게 해주시는 주님,

또한 예배를 준비하면서 자신을 돌아보게 하시옵소서. 주님 앞에 나아가 제일 먼저 회개하도록 하시옵소서. 저의 아이가 죄를 고백하면서 저희를 사랑하시는 주님 앞으로 나아가게 하시옵소서.

예배하는 시간에, 저의 아이가 주님을 사랑해드리는 제자가 되고자 하는 결단을 경험하게 하시옵소서. 겸손한 마음으로 예배를 드리게 하시고, 기름을 부어주심을 경험하게 하시옵소서. 하나님의 음성을 듣고, 사귐을 경험하게 하시옵소서.

예수님의 이름으로 기도드립니다. 아멘.

한마음과 한 입으로

9월 23일

"한마음과 한 입으로 하나님 곧 우리 주 예수 그리스도의 아버지께 영광을 돌리게 하려 하노라" (롬 15:6)

마음을 주시는 하나님,

오늘, 주일을 지키도록 하셨습니다. 저희 가족에게 하나님께 영광을 드리는 삶을 결단하게 하시옵소서. 저희 가정에서 하나 된 마음과 한 입으로 영광을 드리기를 원하게 하시옵소서. 성령님께 이끌려져서 온 식구들이 여호와께 주목하며 지내도록 기름을 부어주시옵소서.

저의 아이는 찬양을 바치는 예배를 드리게 하시옵소서. 하나님께서 그의 자녀들을 만나주시는 예배의 자리로 나아가 즐겁게 찬양하게 하시옵소서. 기쁘게 소리를 높여 영원히 찬송을 부르게 하시옵소서.

예배하는 한 시간에, 하늘의 문이 열림을 믿습니다. 위로부터 내려주시는 은혜에 따라 교제하게 하심을 누리게 하시옵소서. 하나님의 사랑 안에서 교제하는 감격으로 들어가게 하시옵소서. 그리하여 주님의 섭리를 바라보며, 그 품에서 주님을 더욱 사랑하게 하시옵소서.

이웃을 보게 하시는 주님,

저의 아이가 주님의 크신 사랑으로 예수님을 알지 못하는 친구들에게 다가가게 하시옵소서. 밤이 되면, 하늘의 별들의 아름다움을 보면서, 형제들과 자매들의 모습을 떠올리게 하시옵소서.

주님의 품 안에서 그가 만나는 이들을 사랑하고 싶어 하는 마음으로 뜨겁게 해주시옵소서. 그들은 제 아이가 꼭 사랑해야 될 사람들입니다. 하나님의 사랑이 그에게 찾아오심처럼, 그들을 향한 그의 사랑이 달려 갈 수 있도록 힘을 주실 줄로 믿습니다.

예수님의 이름으로 기도드립니다. 아멘.

❖ 그의 모든 도를 행하여(추석)　　　9월 24일

"너희의 하나님 여호와를 사랑하고 그의 모든 도를 행하여 그에게 의지하면"
(신 11:22하)

의지해야 될 하나님,

오늘, 저희 가족에게 여호와를 사랑하라는 말씀을 기억하도록 축복합니다. 한 날의 삶이 저희 가정에서 하나님의 말씀을 지켜 순종하는 것이 되게 하시옵소서. 하나님을 의지하는 삶을 살게 하시옵소서.

하나님의 사랑이 저의 아이를 거듭나게 해주셨으니, 그도 하나님을 사랑하게 하시옵소서. 친히 사랑의 본이 되어 주신 예수님을 따라 사랑으로 살도록 이끌어 주시옵소서.

그 사랑에 대한 응답으로 주님을 사랑하고 의지하게 하시옵소서. 지금부터는, 예수님 안에서 드러난 하나님의 사랑이 저의 사랑이 되기 원합니다. 사람의 사랑이 아닌, 하나님의 사랑으로 이웃을 사랑하게 하시옵소서.

독생자를 내어 주셨던 그 사랑으로 모든 이들을 사랑하게 하시옵소서. 주님의 사랑을 받아야 하는 이들에게 축복의 손을 내어밀게 해주시옵소서.

성령님의 임재를 바라게 하시는 주님,

나아가 오늘을 지내는 중에, 저의 아이가 주님의 음성을 듣기 원합니다. 성령님의 강하게 임재하시는 역사를 체험하기 원합니다.

주님 앞에서 자가의 삶의 모습에 대한 결단을 경험하게 하시옵소서. 그 결단만이 그를 변화시킬 수 있다고 믿습니다.

이로써 하나님의 사람으로 지내게 하시옵소서. 그 자신과 저희 가족이 그의 삶에서 하나님의 사람을 보게 하시옵소서.

　　　　　　　　　　　　예수님의 이름으로 기도드립니다. 아멘.

❖ 서로 뜻이 같게 하여 주사　　　　　　　9월 25일

"이제 인내와 위로의 하나님이 너희로 그리스도 예수를 본받아 서로 뜻이 같게 하여 주사"(롬 15:5)

인내와 위로의 하나님,

그리스도 예수를 본 받는 삶에 도전을 받게 해주시니 감사드립니다. 오늘, 저희 가정에 부모와 자녀가 서로 뜻이 같게 하시는 은혜를 보게 하시옵소서. 예수를 본 받아 살아가는 저희가 되기를 원합니다. 이로써 온 식구의 삶이 곧 하나님의 일하심에 대한 기록이기를 소망합니다.

저의 아이는 아직 어리고 공부하는 중에 있으나 어린 성도로서 하나님의 증거가 되는 생활을 하게 하시옵소서. 하나님을 섬김에서 지혜를 가져 공부를 하게 하시고, 기도를 하는 생활을 통해서 주님의 뜻에 순종하는 손과 발을 갖게 하시옵소서. 성령님의 강권하시는 은혜로 순종을 즐거워하게 하시옵소서.

평안을 주신 주님,

지금 저의 아이들이 마음을 상하게 한 일로 복수를 하고 싶어 하는 마음으로 요동하고 있습니다. 다스려 주시고, 원수를 갚는 것을 처리하는 방법을 배우기 원합니다. 정말 참기 어려운 순간이라 하여도, 하나님께 영광을 나타내 드려야 한다는 거룩함을 잃지 말게 하시옵소서.

저의 아기가 하나님의 말씀을 사랑하기 원합니다. 조금씩의 분량이지만 매일 읽는 말씀으로 장래의 소망을 갖도록 이끌어 주시옵소서.

생명의 말씀으로 말미암아 하늘나라를 소망하게 하시옵소서. 그리고 가정에서는 자녀의 자리, 학교에서는 학생의 자리에서 자신의 본분을 다하는 지혜를 주시옵소서.

　　　　　　　　　　　　예수님의 이름으로 기도드립니다. 아멘.

❖ 하나님 앞에 상달되어   9월 26일

"주여 무슨 일이니이까 천사가 이르되 네 기도와 구제가 하나님 앞에 상달되어 기억하신 바가 되었으니"(행 10:4하)

고넬료의 하나님-나의 하나님,

오늘, 저희 가정에 고넬료에게 주셨던 은혜를 주실 하나님을 생각합니다. 여호와 앞에서 구제하는 삶을 통해 경건하게 하시려는 하나님을 배우게 하시옵소서.

저의 아이에게도 하나님을 경외하며, 가난한 이들을 위해서 구제하려는 마음을 갖게 하시옵소서. 늘 기도하는 가운데 많은 사람들에게 사랑을 베푸는 은혜를 경험하게 해주시옵소서. 주님께 선택을 받아 쓰임을 받도록 기름을 부어주시옵소서.

구제에 힘쓴 고넬료를 배우게 하시옵소서. 그가 누렸던 하나님의 은혜를 저의 아이가 경험하게 하시옵소서. 고넬료를 생각할 때, 저의 아이가 세상에 보냄을 받은 주님의 일꾼으로 세워지게 해 주시옵소서. 경건한 고넬료라는 별명이 저의 아이의 것이 되게 하시옵소서.

사명에 뜨겁게 하시는 주님,

하나님 앞에서 저희는 세상으로 보내진 소금과 빛임을 압니다. 저의 아이를 세상에 대하여 주님의 소금으로 삼으셨으니 감사드립니다. 세상에 대하여 맛을 잃지 않도록 도와주시옵소서. 만일 맛을 잃으면, 세상을 짜게 할 수 없다는 사실과 아무 쓸데없어 다만 밖에 버리어져 사람에게 밟힐 뿐이라는 것을 잊지 않게 하시옵소서.

또한, 주님의 빛이니 산 위에 있는 동네가 숨기우지 못하는 삶을 살게 하시옵소서. 모든 사람에게 빛을 비취는 삶을 살도록 도와주시옵소서.

예수님의 이름으로 기도드립니다. 아멘.

이른 비, 늦은 비를 적당한 때에 9월 27일

"여호와께서 너희의 땅에 이른 비, 늦은 비를 적당한 때에 내리시리니 너희가 곡식과 포도주와 기름을 얻을 것이요"(신 11:14)

공급해 주시는 하나님,

오늘, 저희 가족에게 하나님의 공급을 묵상하게 하시니 감사드립니다. 저희 가정이 하나님의 보호하심의 날개 그늘 아래 피하게 하심을 늘 감사하게 하시옵소서. 성령님께 충만한 가정이 되게 하시옵소서.

저의 아이가 성령님께서 요새가 되어 주시어 사탄의 공격이나 마귀의 유혹이 틈타지 못하도록 하시옵소서. 어떤 모양의 악에도 빠지지 않게 하시고, 더러운 죄의 영이 공격하지 못하게 지켜 주시옵소서. 여호와의 영광을 생각하는 마음을 사탄이 빼앗지 못하도록 하시옵소서.

보호자가 되어주시는 주님,

집에 있을 때에나 학교에 있을 때, 오고가는 길거리에서 그의 안전을 해치는 세력으로부터 보호해주심을 믿사오니 주님의 품에 안기게 하시옵소서. 하나님의 은혜가 저의 아이를 더러운 행동으로부터 구원해 주시기를 소망합니다. 악한 일에 있어서는 모양이라도 버리게 하시고, 나쁜 행동에 마음을 두지 않게 하시옵소서.

저의 아이가 나라의 지도자들을 위해서 기도하게 하시옵소서. 나라의 업무를 보는 중요한 이들로서 각료들이 지혜롭게 일을 처리하도록 기도하게 하시옵소서. 정부의 각료들을 위해서 기도하는 동안에, 그의 마음이 나라를 사랑함에 더욱 뜨거워짐을 믿습니다. 정부의 각료들이 나라의 발전을 위하여 일하는 관리들이 되기를 바라는 기도를 하게 해주시옵소서.

예수님의 이름으로 기도드립니다. 아멘.

❖ 아들에게 순종하지 않으면   9월 28일

"아들에게 순종하지 아니하는 자는 영생을 보지 못하고 도리어 하나님의 진노가 그 위에 머물러 있느니라"(요 3:36하)

  복을 받게 하시는 하나님,
  오늘, 저희 가족에게 하나님의 진노를 사지 않도록 해주시니 감사드립니다. 저희 가정에서 식구들의 참 기쁨이 주님이게 하시옵소서. 무엇을 하든지, 어디를 가든지, 주님의 뜻을 찾는 삶이 되도록 하시옵소서. 그리하여 오늘도 살아계신 하나님의 뜻이 이루어지게 하시옵소서.
  저의 아이도 교실에서 공부할 때, 하나님의 지혜의 다스림 아래 있기 원합니다. 무슨 일에서든지 그에게서 주님의 거룩하신 뜻이 드러나기 원합니다.
  용서받음을 누리게 하시는 주님,
  저의 아이의 생명에 새로운 날을 주셨으니, 새 사람으로 살게 하시옵소서. 안타깝게도 죄로 얼룩진 그의 모습을 볼 수 있으니 용서해 주시옵소서. 주님앞에서 성실한 일군으로 살기 원합니다. 주님의 뜻대로 살게 하시옵소서. 그의 나아가는 걸음을 힘차게 하셔서 죄를 멀리하고, 마귀의 유혹과 싸워서 이기도록 도와주시옵소서.
  기온의 차이가 심한 환절기에 질병의 세력이 틈을 타지 않도록 보호해 주시기를 소망합니다. 자신의 몸을 잘못 돌본 관계로 감기나 다른 질병에 걸리지 않도록 도와주시옵소서. 조금 귀찮더라도 몸을 청결하게 하는 일에 부지런하게 하도록 이끌어 주시옵소서.
  타고난 몸이 워낙 약하여 질병에 걸리기도 쉬우나, 성령님께서 강건하게 해주시기 원합니다. 여호와의 도우심으로 건강한 한 날을 보내게 하시옵소서.
                      예수님의 이름으로 기도드립니다. 아멘.

❖ 피로써 정결하게 되나니　　　　　　　9월 29일

"율법을 따라 거의 모든 물건이 피로써 정결하게 되나니 피흘림이 없은즉 사함이 없느니라"(히 9:22)

정결하게 해주신 하나님,
저희를 죄 없다 하시려고 피를 흘려주신 주님을 사랑하는 삶으로 살아가도록 강권해주시옵소서. 그 피가 저희를 죄로부터 자유하게 하셨으니 하나님께로 나아올 때마다 주님의 피를 생각하게 하시옵소서.

저의 아이에게 섬김의 삶을 주시옵소서. 어려움을 겪고 있는 이들에게 마음을 쓰게 해주시기를 소망합니다. 주님께서 저희에게 자비를 베푸셨듯이, 그 사랑을 이웃에게 나누라고 어려운 이들이 주변에 있게 하셨습니다. 그들을 통해서 하나님을 바라보게 하시옵소서.

한 몸을 경험하게 하시는 주님,
교회 안에서 만나는 지체들을 주님의 눈으로 보는 은혜를 주시옵소서. 거저 받은 은혜를 거저 베푸는 그가 되게 하시옵소서. 먼저 마음으로 느끼게 하사 기도하도록 하시고, 자기에게 있는 것을 나누어 주게 하시옵소서. 가난한 이들에게는 자신의 물질을 나누게 하시고, 좌절에 처한 이들에게는 주님의 말씀으로 위로를 베풀게 하시옵소서.

하늘의 백성들이 여호와의 이름 아래에서 삶을 누리고 있습니다. 토요일인 지금, 주일을 맞이하는 마음을 갖게 하시옵소서. 거룩한 시간을 거룩하게 지키도록 은혜를 주셨음에 감사드립니다.

저의 아이가 어려서부터 주 하나님의 사랑을 깨달아 알게 하시니 참 좋습니다. 세상에서 자기를 구별하여 지내게 하시옵소서. 주님께서 이기신 것처럼 저의 아이에게도 승리를 경험하게 해주시옵소서.

　　　　　　　　　　　　　　예수님의 이름으로 기도드립니다. 아멘.

❖ 내 영광을, 내 찬송을   9월 30일

"나는 여호와이니 이는 내 이름이라 나는 내 영광을 다른 자에게, 내 찬송을 우상에게 주지 아니하리라"(사 42:8)

영광과 찬송의 하나님,

오늘, 저희 가족에게 주 여호와의 이름을 높여드리며 예배드리는 시간을 사모하도록 해주시기를 소망합니다. 주님의 날이 세상으로부터 구별되고 하나님께 영광을 드리는 시간이기를 바라게 하시옵소서. 예배하려는 식구들에게 기름을 부어주시옵소서.

저의 아이를 축복합니다. 주님의 피 값으로 사셨으니, 그의 영혼이 언제나 천국을 바라보게 하시옵소서. 영원한 생명을 얻게 하시고, 예수님을 사랑하며, 하나님을 섬기게 하시니 감사드립니다.

저의 아이는 늘 말씀을 가까이 하기를 원합니다. 주님의 은혜 안에서 시작한 2학기에 열심히 공부하도록 도와주시옵소서.

9월을 지내도록 하신 하나님,

주님이 날에, 하늘의 하나님께 영화로움을 드리게 하시옵소서. 하나님께 드려야 될 영광을 다른 데로 주지 않게 하시옵소서. 교회를 찾아 가면서 주님께서 세상을 향해서 복을 주시는 예배를 기다리게 하시옵소서. 저의 아이의 심령을 성령님께로 충만하게 하시옵소서.

하나님의 자녀로서의 복을 누리는 가운데 9월의 마지막 날을 맞이합니다. 저의 아이를 지켜주셔서 은혜 가운데 한 달을 믿음으로 지내온 것에 감사드립니다. 이 달에 행하고자 마음먹은 것들을 잘 해낼 수 있게 도와주신 여호와의 손을 자랑합니다. 내일, 새롭게 시작되는 달의 첫 날에 소망을 품게 해주시옵소서.

예수님의 이름으로 기도드립니다. 아멘.

❖ 그를 찾으면 만나리라 10월 1일

"그러나 네가 거기서 네 하나님 여호와를 찾게 되리니 만일 마음을 다하고 뜻을 다하여 그를 찾으면 만나리라"(신 4:29)

오늘의 하나님,

오늘, 저희 가족에게 여호와를 찾는 심정으로 살아가도록 축복합니다. 이 지구상에 수많은 가정이 있는데, 저희 가정에서 여호와를 찾는 소리가 제일 먼저 들려지게 하시옵소서. 식구들을 축복합니다.

저의 아이에게 복을 주셔서 날마다 하나님의 은혜 안에 머무르게 하셨습니다. 10월이 시작된 오늘부터는 더욱 하나님의 뜻에 집중하도록 이끌어 주시옵소서. 하나님의 은혜에 반응하여 하나님을 영화롭게 해드리는 것을 첫째 자리에 놓게 하시옵소서.

저의 아이가 보다 많은 친구들을 사귀기를 원합니다. 친구들과의 사회생활을 통하여 하나님의 사랑을 드러내게 하시고, 복음을 전하게 하시옵소서. 성령님께서 지혜를 주셔서 의로운 친구를 사귀게 하시옵소서.

친구들을 주시는 주님,

친구를 사귀고자 선택할 때, 하나님의 뜻을 따르게 하시옵소서. 그저 좋다거나 마음에 들어서 친구를 선택하는 어리석음이 없게 하시옵소서. 친구를 사귐이 하나님께 영광이 되도록 해주시옵소서.

저의 아이가 친구와 지내면서 하나님의 너그러우심을 체험하기를 소망합니다. 때로는 친구로부터 오해를 받을 수 있고, 갈등으로 상처를 받을 수도 있음을 깨닫게 하시옵소서. 때로는 얼토당토 하지도 않은 말로 오해를 받거나 누명을 쓸 때 받은 만큼 해주고 싶은 마음을 너그러움으로 다스려주시옵소서.

예수님의 이름으로 기도드립니다. 아멘.

❖ 선행을 좋아하며 10월 2일

"오직 나그네를 대접하며 선행을 좋아하며 신중하며 의로우며 거룩하며 절제하며"
 (딛 1:8)

사랑으로 살게 하시는 하나님,
오늘, 하늘과 땅을 지으신 그 말씀으로 복된 인생을 약속해주신 은혜를 찬송하게 하시옵소서. 저희 가족에게 오늘의 삶이 하나님의 사랑이기를 원합니다. 저희 가정은 주님의 향기를 나타내게 하시옵소서.

저의 아이가 이 날을 지내면서, 하나님을 하나님으로 섬기려 하지 않으면서 자신의 기분을 따르려는 죄를 거절하는 용기를 주시옵소서. 주님을 영화롭게 해드리는 일이 무엇인지를 먼저 선택하게 하시고, 그 이름이 빛내지도록 하는 것에만 몰두하는 은혜를 주시옵소서.

그에게 학교에 다닐 수 있도록 해주셨음에 감사드립니다. 교실에서 공부할 때 가르침에 집중해서 전심전력할 수 있기를 소망합니다. 새로운 지식을 이해하도록 도와주시는 성령님의 은총으로 잘 배우게 하시옵소서. 책을 읽을 때 문장의 내용을 바르게 이해하도록 하시고, 선생님의 설명을 귀담아 듣게 하시옵소서.

사랑이 넘치게 하시는 주님,
그의 마음이 나그네를 대접하는 하루이기를 원하니 주님의 은혜로 도와주는 마음을 갖게 해주시옵소서. 선행을 좋아하는 하루이기를 원하니 주님의 손이 되어 착한 일을 하게 하시옵소서.

신중한 사람으로 만들어주시옵소서. 의로운 자가 되기를 원하는 사람으로 만들어주시옵소서. 거룩하게 살려는 사람으로 만들어주시옵소서. 절제를 좋아하는 사람으로 만들어주시옵소서.

예수님의 이름으로 기도드립니다. 아멘.

❖ 네 속에도 있는 줄을　　　　　　　　　10월 3일

"이 믿음은 먼저 네 외조모 로이스와 네 어머니 유니게 속에 있더니 네 속에도 있는 줄을 확신하노라"(딤후 1:5하)

디모데의 하나님-나의 하나님,

저희 가정에 믿음이 있음을 보여드리는 한 날이 되게 하시옵소서. 오늘, 디모데에게 믿음이 있도록 하신 은혜를 묵상합니다. 저의 아이도 어려서부터 믿음의 가정에서 자라는 가운데 하나님을 섬기며 주님의 은혜를 사모하여 디모데를 세워주신 하나님의 은혜를 경험하기를 원합니다.

참 구할 것은 믿음으로 사는 것임을 잊지 말게 하시고, 주님께 영광된 삶을 살려는 소망을 주시옵소서. 이로써 디모데의 삶이 저의 아이의 것이 되기 원합니다. 하나님의 사랑으로 완성되는 삶이기를 원합니다.

오늘도 예수님을 대장삼아서, 죄악을 이기게 하시옵소서. 믿음 안에서, 소망을 품고 사랑으로 모든 것들을 대하게 하시옵소서. 오직 성령의 충만함으로 마귀의 유혹과 싸워서 이기는 하루가 되어 지기를 소망합니다.

천국 백성의 자부심을 주신 주님,

저의 아이가 천국의 용사로서 우리의 대장되시는 주님을 따르게 하시옵소서. 그가 어디에서, 무엇을 하든지 십자가의 군사가 되게 하시옵소서. 예수 이름으로 믿음과 소망 그리고 사랑으로 살게 하시옵소서.

주님 밖의 친구들은 높아지기를 구하고, 다른 사람들보다 낫기를 구하고, 세상의 기쁨을 구하려 하는데 그들을 측은히 여기도록 이끌어 주시옵소서. 자기를 위하지 않고, 하나님의 나라를 생각하게 하시옵소서.

　　　　　　　　　　　예수님의 이름으로 기도드립니다. 아멘.

❖ 믿음으로 견고하여져서   10월 4일

"믿음이 없어 하나님의 약속을 의심하지 않고 믿음으로 견고하여져서 하나님께 영광을 돌리며"(롬 4:20)

견고해지기를 원하시는 하나님,

오늘, 저희 가족에게 믿음으로 견고해지라고 말씀해주심을 묵상합니다. 온 식구들이 하나님의 말씀을 의심하지 않게 하시며, 정직하고 성실하게 주님을 대하도록 하시옵소서. 주님의 손길을 기대하게 하시옵소서.

저의 아이가 하나님 앞에 있음을 의식하게 하시옵소서. 친구들이나 세상을 두려워하면 하나님께 죄를 지을 수 있습니다. 그러나 하나님을 두려워하면 세상에 대하여서는 담대할 줄로 믿습니다. 여호와의 이름에 자신을 맞추어 살아가도록 이끌어주시옵소서.

저의 아이가 믿었던 친구의 모함 때문에 힘들어 하고 있습니다. 사람에 대한 기대가 무너지고, 그 야비함으로 욕설을 퍼붓고 싶을 때, 유순함의 훈련을 받기 원합니다. 형제들의 비난을 참아내었던 요셉을 배우는 시간을 주시옵소서.

온유함을 주신 주님,

그가 여호와 하나님을 경외하도록 성령님의 충만하심으로 이끌어 주시옵소서. 요셉과 같이 참고 기도를 함으로써 억울함을 풀어주시는 하나님을 깨닫기 원합니다. 주위 사람들로부터 욕설을 들었을 때도 엎드려 기도했던 요셉을 배우게 하시옵소서.

자신을 어렵게 하는 친구들일지라도 그들을 도와줌으로써 함께 지내도록 하신 하나님의 사랑을 나누면서 주님의 나라를 만들어 가게 하시옵소서. 오늘, 기름을 부어주심을 경험하면서 지내도록 해주시옵소서.

예수님의 이름으로 기도드립니다. 아멘.

✣ 자신을 지키며 영생에 이르도록   10월 5일

"하나님의 사랑 안에서 자신을 지키며 영생에 이르도록 우리 주 예수 그리스도의 긍휼을 기다리라"(유 1:21)

인도하시는 하나님

오늘, 저희 가족에게 하나님을 기다림에 대하여 생각하게 하시니 감사드립니다. 온 식구들이 마음으로 자기의 길을 계획하게 하시는 하나님을 경험하게 하시옵소서. 저희들이 자신의 일생을 통한 비전을 갖도록 해주셨으니 꼭 이루어주실 줄로 믿습니다.

저의 아이가 자신의 인생을 설계하신 하나님을 받아들이게 하시옵소서. 주님의 계획이 그의 꿈을 통해서 성취되기를 소망합니다. 그가 막연한 삶이 아니라 비전을 갖고 자신의 시간을 살게 하심에 즐거움으로 따르는 저의 아이가 되게 하시옵소서.

예수님의 보혈로 사랑을 배운 저의 아이를 축복합니다. 하나님을 사랑하는 그가 이웃을 사랑하기를 소망합니다. 십자가의 사랑으로 교실 안에서 우정을 두텁게 하게 하시며, 섬겨야 할 친구들에게 먼저 손을 내밀게 하시옵소서. 보혈의 은혜로 도움의 영을 부어주시옵소서.

여호와를 찾게 하시는 주님,

저의 아이를 가르쳐서 기도하는 무릎을 좋아하게 하시옵소서. 아침의 해를 보기 전에 무릎을 꿇게 하시고, 무엇을 하겠다고 덤비기 전에, 하나님께 조아릴 수 있는 은혜를 원합니다.

죄로 말미암은 교만은 하나님께 여쭙는 것을 잊게 합니다. 응답이 여호와에게 있음에도, 자신이 이룬다는 착각에서 벗어날 수 있도록 이끌어 주심을 믿습니다. 기도를 즐기며 하나님과 깊은 교제하기를 원합니다.

예수님의 이름으로 기도드립니다. 아멘.

❖ 정결하게 하는 일을 하시고   10월 6일

"죄를 정결하게 하는 일을 하시고 높은 곳에 계신 지극히 크신 이의 우편에 앉으셨느니라"(히 1:3하)

보좌에 계신 하나님,

오늘, 저희를 죄로부터 정결하게 해주신 주님을 찬양하는 삶으로 살아가도록 강권해주시옵소서. 주님께서 하나님의 우편에 앉으셨다고 하셨습니다. 오늘, 저희 가정도 하나님의 우편에 있게 하시옵소서. 하나님의 우편에서 지내는 한 날이 되게 하시옵소서.

저의 아이가 사는 오늘의 기록이 성경 말씀을 따르는 것이 되기를 소망합니다. 그가 할 일들이 많지만 한 가지라도 말씀을 지키는 순종을 보이게 하시옵소서. 하나님을 사랑하기에, 하나님의 뜻을 이루어드리기 위해서 말씀에 순종하기를 좋아하게 하시옵소서.

유혹을 이기게 하시는 주님,

조심해야 할 것은 인간관계에서 특별히 우쭐대거나 교만하지 않게 하시기를 소망합니다. 사탄이 저의 아이를 쓰러뜨리려고 다른 아이들과 지신을 비교하려는 유혹으로 다가올 때, 물리치게 하시옵소서. 하나님 앞에서 다른 이들을 존중하는 자세를 갖게 하시옵소서. 혹시 자신이 남달리 잘 하는 것이 있다 해도 자랑을 삼지 않도록 하시옵소서.

토요일이 다가기 전에, 주 여호와의 이름을 높여드리며 예배드리는 시간을 기다립니다. 주님의 날이 세상으로부터 구별되고, 하나님께 영광을 드리는 시간이기를 바라는 마음을 주시옵소서. 하늘의 하나님께는 영화로움을 드리고 주님께서 세상을 향해서 복을 주시는 예배를 기다리게 하시옵소서. 주일에 내려오는 은혜를 사모하게 하시옵소서.

예수님의 이름으로 기도드립니다. 아멘.

❖ 그에게 영광을 돌릴지어다 10월 7일

"여호와를 두려워하는 너희여 그를 찬송할지어다 야곱의 모든 자손이여 그에게 영광을 돌릴지어다"(시 22:23상)

은혜로우신 하나님,

오늘, 저희 가족에게 여호와를 찬송하게 하시옵소서. 가을의 보드라운 햇볕으로 열매를 익히시듯이 저희 가정에 은총을 베풀어 주시니 감사를 드립니다. 돌이켜 보건대, 10월이 시작되면서 그의 한 주간의 생활은 전적으로 하나님의 은혜였습니다.

주님의 날에 저의 아이가 성령님께 열매를 보여드리게 하시옵소서. 주일을 여호와 앞에서 지키는 가운데 은혜가 충만히 임함을 경험하기 원합니다. 하나님께 영광이 되는 예배, 자신에게는 하나님 앞에서 결단을 경험하는 은총이 되게 하시옵소서.

성령님의 충만으로 인한 열매의 은혜를 보게 하시옵소서. 하나님께 영광을 드리기 위해 자신의 모든 생각이나 욕망을 다스리게 하시옵소서. 자신을 거룩하게 구별해드려야 하는 이 날에 제물로 드려짐을 경험하게 하시옵소서. 그의 모습에서 영광을 취하시옵소서.

성도의 삶에 집중하게 하시는 주님,

저의 아이가 엿새 동안은 공부로 인해 분주하였고, 자신을 위해서 살아왔습니다. 그러나 오늘 만큼은 하나님께 자신을 온전히 드리는 시간이 되게 하시옵소서.

교회 공동체의 친교로 말미암아 한 몸이 된 형제와 자매의 사랑을 경험하게 하시옵소서. 주님의 사랑으로 이웃을 돌아보며, 연약한 친구들을 위해서는 기도와 섬김의 손을 내어밀게 하시옵소서.

예수님의 이름으로 기도드립니다. 아멘.

❖ 우리가 하나님을 사랑하고   10월 8일

"우리가 하나님을 사랑하고 그의 계명들을 지킬 때에 이로써 우리가 하나님의 자녀를 사랑하는 줄을 아느니라"(요일 5:2)

복의 근원이신 하나님,
한 주간의 생활을 시작하면서 저희 가족을 주님의 이름으로 축복합니다. 오늘부터의 한 주간 동안에 저희 가정을 위하여 예비해두신 복을 내려주시옵소서. 하나님을 사랑하고, 주신 계명을 지킴으로서 증거로 삼게 하시옵소서. 하나님의 계명은 사랑임을 깨닫게 하시옵소서.

저의 아이는 주님의 은혜로 복된 한 주간을 준비하게 하시옵소서. 우선, 건강한 몸을 지니도록 강건하게 해주시옵소서. 몸이 건강할 때, 마음도 옳은 쪽으로 품게 되고, 생각도 옳은 쪽을 선택할 줄 믿습니다.

'거룩하고 참되지 못한' 자신의 마음을 주님께 내어 드리게 하시옵소서. 주님의 아름다우심으로 그의 심령을 깨끗하게 하시옵소서. 이기심이 가득 찬 그의 마음을 아버지께 드리도록 이끌어 주시옵소서. 주님의 사랑으로 이기심을 털어내어 주시옵소서.

순종으로 인도하시는 주님,
오직 예수님께서 가난하게 사셨던 것처럼 가난하게 하시옵소서. 주님의 뜻대로 산다하면서 그렇게 살지 못한 연약한 의지를 주님께 드리고 새롭게 하시옵소서. 주님의 은혜가 그에게 결단하게 하시기를 원합니다. 하나님의 사람으로 살려는 다짐을 하게 하시옵소서.

여전히 연약하여 넘어지지만, 주님의 뜻이 자신의 생각이 되어 순종하게 하시옵소서. 찬송으로 영광을 드리는 그 내용이 삶에서 고스란히 이루어지게 해주시옵소서.

예수님의 이름으로 기도드립니다. 아멘.

❖ 손님 대접하기를 잊지말라   10월 9일

"손님 대접하기를 잊지 말라 이로써 부지중에 천사들을 대접한 이들이 있었느니라"
(히 13:2)

하늘에 계신 하나님,
오늘, 저희 가족에게 '부지중'이라는 시간을 묵상하게 하시니 감사드립니다. 저희들의 행동이 부지중에 어떤 열매로 나타나는지를 주목하게 하시옵소서. 어떤 상황에서도 하나님께 집중하게 하시옵소서.
저의 아이가 공부에 분주하여도 주님과 동행하는 삶을 놓치지 않기를 소망합니다. 성경으로 말미암아 기도와 찬송의 시간을 갖게 하시옵소서. 참 마음으로 주님을 찬양하게 하시옵소서.
저의 아이에게 가족의 울타리를 주셔서 감사드립니다. 어려서부터 부모를 공경하는 마음을 품고 지내게 하시옵소서. 부모의 헌신적인 사랑으로 지금까지 자라고 있음에 감사하는 마음을 갖게 하시옵소서. 앞으로 살아가는 동안에 부모의 수고를 얼마나 많이 보겠는가를 생각하여 효도의 마음을 품게 해주시옵소서.
행함의 삶을 주시는 주님,
행함으로 의로움을 인정받음을 깨달아 순종하는 신앙으로 지내게 하시옵소서. 하나님의 말씀에 순종하여 믿음에서 믿음으로 이르게 해주시기를 원합니다. 아브라함이 이삭을 번제로 드리는 순종을 통해 그의 믿음이 인정을 받았던 것과 같이 늘 주님께 순종하게 하시옵소서.
오늘, 저의 아이에게 기름을 부어주심이 충만하게 하시옵소서. 저의 아이가 주 여호와의 이름을 높여드리며 믿음을 보여드리는 삶을 살게 하시옵소서. 하나님께 영광을 드리는 날로 삼아주시옵소서.
예수님의 이름으로 기도드립니다. 아멘.

❖ 내가 너를 위하여 그것을   10월 10일

"요나단이 다윗에게 이르되 네 마음의 소원이 무엇이든지 내가 너를 위하여 그것을 이루리라"(삼상 20:4)

요나단의 하나님-나의 하나님,

오늘, 저희 가족에게 새 날을 주시니 감사드립니다. 요나단이 다윗에게 우정의 약속을 지킨 은혜를 사모하게 하시옵소서. 요나단의 친구에 대한 신실함과 충성을 배우게 하시옵소서. 요나단이 하나님 앞에서 살았던 그 삶을 저희 가정에서도 보여드리게 하시옵소서.

저의 아이는 친구에 대한 충성이 곧 하나님을 섬기는 마음으로 연결되는 진리를 깨닫게 하시옵소서. 저의 아이가 주님을 사랑한다 하면서도 세상을 가까이 하고 있으니 용서해 주시옵소서. 입술로는 죄악된 세상이라고 정죄하면서 세상의 풍속을 버리지 못하는 연약함을 불쌍히 여겨 주시옵소서.

경건의 은혜로 이끌어 주시는 주님,

불의한 이들과 어울리지 않고, 여호와 하나님을 두려워하며 친구를 섬긴 요나단의 자세를 본받게 하시옵소서. 그를 세워주신 하나님의 열심을 저의 아이에게도 나타내주시기를 원합니다.

그가 믿음의 세계에서 지내기 원합니다. 외로울지라도 하나님 앞에서 외톨이로 지내게 하시옵소서. 경건하지 못한 세상이기에 이 세상에 어울릴 수 없음을 인정하고, 하늘나라에 마음을 두고 지내게 하시옵소서.

세상의 친구들로부터 따돌림이 되고, 세상의 문화로부터 외톨이가 되는 것을 도리어 감사하게 하시옵소서. 빛과 어두움이 어울릴 수 없는 것처럼 세상에 흡수되지 않도록 은혜를 내려 주시옵소서.

예수님의 이름으로 기도드립니다. 아멘.

❖ 뿌리가 박히고 터가 굳어져서　　　　　10월 11일

"믿음으로 말미암아 그리스도께서 너희 마음에 계시게 하시옵고 너희가 사랑 가운데서 뿌리가 박히고 터가 굳어져서"(엡 3:17)

주님을 영접하게 하신 하나님,

세상이 지어지기 전부터 저희 가족을 선택해 주시고 예수님의 사랑을 받게 하시니 감사합니다. 주님께서 저희 가정에 주인이 되시니 참 좋습니다. 온 식구들이 구원의 은혜에 찬양을 드리며 지내게 하시옵소서.

특별히 저의 아이가 말씀대로 이루어 주시는 하나님께 찬양을 드리게 하시옵소서. 생명의 말씀으로 영원히 살게 된 저의 아이가 성경책을 보면서 감사의 머리를 숙이도록 이끌어 주시옵소서. 성경을 생명의 양식으로 삼아 매일 읽도록 하시옵소서.

그에게 생명의 말씀을 밝히는 일에 헌신할 것을 다짐하게 하시옵소서. 자신의 경건한 삶을 위하여, 또한 하나님의 나라를 위하여 헌신하게 하시옵소서. 저의 아이가 말씀에서 소망과 기쁨을 누렸듯이 그 은혜를 이웃에게 나누어주는 일에 즐거움을 갖게 해주시옵소서.

세상을 대적하게 하시는 주님,

이제, 특별히 간구하니 저의 아이가 하나님 중심으로 살아가는 것을 방해하는 것들로부터 자유롭게 해주시옵소서. 마땅히 주님께 드려야 하는 영광을 가로채는 것들로부터 멀어지게 해주시옵소서. 자기를 지켜 거룩함을 지탱하도록 강권해주시옵소서.

제 방의 벽에다 스포츠 선수나 연예인들의 사진을 붙이고 만족해하지 않도록 이끌어 주시옵소서. 연예인들의 이름을 줄줄 외우고, 그들의 사생활에 궁금해하는 일들을 따르지 않기 원합니다.

　　　　　　　　　　　　　　　예수님의 이름으로 기도드립니다. 아멘.

❖ 영생의 소망을 따라 상속자가   10월 12일

"우리로 그의 은혜를 힘입어 의롭다 하심을 얻어 영생의 소망을 따라 상속자가 되게 하려 하심이라"(딛 3:7)

영생의 소망을 주신 하나님,
저희 가족에게 상속자가 되게 하심을 묵상하게 하시니 감사드립니다. 주님의 보혈로 말미암아 영생에 이르게 하신 은혜에 감사와 찬양을 드리게 하시옵소서. 기름을 부어주심으로 지내게 하시옵소서.

저의 아이를 사랑하셔서 소망을 갖고 감격스럽게 자라가게 하시옵소서. 믿음은 바라는 것들의 실상이라, 주님께서 주신 소망을 붙잡게 하시옵소서. 그리고 입술에서부터 소망을 두르기 원합니다.

그에게 성경을 가까이 하고, 말씀으로 살려는 의지를 주심에 감사드립니다. 하나님의 말씀을 즐거워하며, 그로 하여금 순종하는 것을 기뻐하게 하시옵소서. 말씀에서 자신을 향하신 하나님의 깊은 뜻을 찾고, 사랑과 희락의 삶을 살게 하시옵소서.

하나님께로 영광을 주목하게 하시는 주님,
또한 모든 이들과의 화평을 힘쓰고, 늘 오래 참음이 있게 하시옵소서. 그리고 자비, 양선, 충성, 온유, 절제가 드러나게 하소서. 주님이 도와주시면 열매를 맺을 수 있음을 믿습니다.

자신을 즐겁게 하려는 생각을 십자가 아래에 묻는 은혜를 주시옵소서. 하나님을 영화롭게 해드리며, 이 세상에서 주님이 받으셔야 하는 영광을 드리는 자녀가 되게 하시옵소서. 자녀로서 마땅히 아버지 하나님의 영예와 영광을 구하도록 이끌어 주시옵소서. 한 번이라도 더 주님의 이름이 세상에 나타나도록 하는데 열심을 내는 마음을 주시옵소서.

예수님의 이름으로 기도드립니다. 아멘.

❖ 성문 밖에서 고난을 받으셨느니라 10월 13일

"그러므로 예수도 자기 피로써 백성을 거룩하게 하려고 성문 밖에서 고난을 받으셨느니라"(히 13:12)

성결케 하시는 하나님,

오늘, 성문 밖에서 고난을 당하신 주님을 사랑하게 하시옵소서. 주님의 고난이 우리를 죄에서 거룩하게 하려 하심이셨음을 기억하게 하시옵소서. 거룩함에 주목하는 저희 가정으로 삼아주시옵소서.

저의 아이가 하나님 앞에서 의롭기를 소망합니다. 죄악 된 옛 사람의 행실을 거절하고, 주님께 드릴만한 모습을 보이게 하시옵소서. 저의 아이의 방을 주님의 보혈로 구별해주시옵소서. 성령님의 은혜가 임하여 이 방과 방 안에 있는 모든 것들을 구별시켜 주시옵소서.

관유를 취하여 성막과 그 안에 있던 기구들에 바르게 하셨던 것처럼, 성령님의 기름부으심이 이 방을 두르기 원합니다. 이로써 저의 아이가 이 방 안에 머무를 때, 사탄의 멍에를 부수는 역사를 체험하게 해 주시옵소서.

이 방에서 거룩하지 못한 것들은 깨끗하게 하시옵소서. 언제나 주님을 위해 쓰여 지기 원합니다.

거룩함의 영으로 충만하게 하시는 주님,

하나님의 은혜로 지혜로운 삶을 살아가기를 기쁘게 하시옵소서. 탐닉을 얻으려고 즐겨하던 것들을 버리게 하시옵소서. 만화나 오락 등 감각적인 쾌감을 즐기느라 영적인 즐거움에 대하여 태만했던 죄를 씻어내도록 이끌어 주시옵소서.

여호와 하나님의 은혜로 저의 아이들을 새롭게 해주실 줄 믿습니다. 거룩함으로 충만해지게 해주시옵소서.

예수님의 이름으로 기도드립니다. 아멘.

❖ 능력과 아름다움이 그의 성소에 10월 14일

"존귀와 위엄이 그의 앞에 있으며 능력과 아름다움이 그의 성소에 있도다"(시 96:6)

주일을 지키게 하신 하나님,
오늘, 주일을 주시니 감사드립니다. 거룩한 날, 복된 시간에 예배드리는 저희 가족에게 주님의 진리와 평화로 이끌어 주시옵소서. 오늘은 종일을 구별해서 하나님의 날로 드리게 하시옵소서.
하나님의 이름을 찬양하면서, 저의 아이를 축복합니다. 하나님께 대한 우선 순위를 갖고 살아가는 그를 축복합니다. 하늘의 문을 여시고, 성령님의 충만하신 임재를 경험하게 하시옵소서.
저의 아이가 성령님을 찬양하면서 예배에 임하게 하시옵소서. 예배로 이끄시는 성령님이 인도하심에 자신을 내어드리고 오직 하나님의 영광을 구하는 마음이 되게 하시옵소서. 하나님께로만 향한 믿음 안에서 교회에 모인 지체들과 한 몸이 되게 해 주시옵소서.
하늘에 속함을 주시는 주님,
그가 주님의 이름에 합당한 찬송을 드릴 때, 영광을 받아주시옵소서. 그리하여 신령과 진정으로 예배하는 한 시간이기를 소망합니다. 예배로 모인 지체들이 주님의 이름으로 한 마음, 한 영이 되어서 거룩한 한 묶음임을 경험하도록 강권해 주시옵소서.
하나님은 말씀하시고, 그들은 믿음의 고백으로 아멘하게 하시옵소서. 이 복스러운 예배에서 여러 지체들과 한마음, 한 입으로 주님께 영광 드리게 하시옵소서. 그 믿음을 주님의 시간에 생활을 통해서 실천하도록 이끌어 주시옵소서.
예수님의 이름으로 기도드립니다. 아멘.

✣ 우리 주 예수 그리스도의 긍휼을   10월 15일

"하나님의 사랑 안에서 자신을 지키며 영생에 이르도록 우리 주 예수 그리스도의 긍휼을 기다리라"(유 1:21)

복의 근원이신 하나님,
오늘, 저희 가족에게 주 예수 그리스도의 긍휼을 기다리는 삶이 되도록 축복합니다. 저희 가족의 매일, 매일은 주님의 긍휼을 기다리는 시간으로 삼아주시옵소서. 하나님의 사랑 안에서 지내게 하시옵소서.
저의 아이를 주님의 이름으로 저의 아이를 축복합니다. 새 날을 시작하는 저의 아이들의 마음을 주님께 두게 하시옵소서. 그의 첫 말 한마디가 주의 이름을 찬양하게 하시고, 첫 동작은 주님 앞에 무릎을 꿇어 기도하게 하시옵소서.
간절히 구하니, 주님이시여, 저의 아이가 학교에서 보내는 시간 동안에 주님을 증거하게 하시옵소서.
그가 친구들에 대하여 착한 일을 함으로써 하나님의 자녀임이 증거되게 하시옵소서. 친구들과 생각이 다를 때, 남의 인격을 존중하고, 남의 생각을 받아들이는 사랑을 통해서 주님의 사랑을 증거하게 하시옵소서.
증인된 심령을 주시는 주님,
오늘을 살아가는 것이 복음의 증거가 되게 하시옵소서. 하나님께서 구원하시기로 작정한 영혼들에게 그리스도를 전하게 하시옵소서. 그에게 기름을 부으셔서 전도자로 보냄을 받게 하시옵소서.
오늘 하루를 살아가면서 믿음을 보여드리는 행함을 나타나게 하시옵소서. 행함의 한 가지로 순종을 드리는 자녀가 되도록 이끌어 주시옵소서. 오직 하나님을 예배하면서 영광을 드리기를 원합니다.

예수님의 이름으로 기도드립니다. 아멘.

❖ 선한 사람은, 악한 사람은　　　　　　　　10월 16일

"선한 사람은 그 쌓은 선에서 선한 것을 내고 악한 사람은 그 쌓은 악에서 악한 것을 내느니라"(마 12:35)

　선하신 하나님,
　오늘, 저희 가족에게 하나님의 선하심을 주목하게 하시니 감사드립니다. 하나님의 자녀로서 세상에 대하여 선한 저희 가족이 되게 하시옵소서. 오직 말씀에의 순종과 기도로서 선을 쌓아가게 하시옵소서. 선한 사람들, 선한 가정이 되도록 기름을 부어 주시옵소서.
　오늘 보니 저의 아이가 까닭도 없는 두려움에 겁을 먹고 있습니다. 평안으로 옷을 입혀 주시옵소서. 하나님께서는 우리의 아버지가 되신 후로 지금까지 저희를 고아와 같이 버려두지 않으셨음을 믿습니다. 저의 아이의 평안을 빼앗으려고 사탄이 그의 마음을 두려움에 빠지게 하지 않도록 도와주시옵소서.
　만일, 두려움이 죄로 인한 것이라면 회개하도록 이끌어 주시옵소서. 하나님께 낱낱이 토할 수 있는 용기를 허락해주시옵소서. 고백 이후에 용서해 주시는 은혜의 평안을 깨달아 담대히 회개하게 하시옵소서.
　긍휼함을 주시는 주님,
　저의 아이가 남들과 더불어 지내면서 조화로운 인성의 개발을 경험하게 하셨음을 즐거워합니다. 어려운 친구들을 솔선해서 돕는 가운데 주님의 마음을 배우게 하셨고, 여호와의 불쌍히 여기심을 체험하는 은혜를 누렸습니다.
　하나님의 긍휼을 배우면서 이웃을 섬기는 성품이 개발되게 하셨음을 감사드립니다. 이웃을 대하면서 돕고 섬기는 가운데 공동체 의식이 함양되게 하셨음에 감사하게 해주시옵소서.

　　　　　　　　　　　　예수님의 이름으로 기도드립니다. 아멘.

✧ 많은 기쁨과 위로를 받았노라 10월 17일

"형제여 성도들의 마음이 너로 말미암아 평안함을 얻었으니 내가 너의 사랑으로 많은 기쁨과 위로를 받았노라"(몬 1:7)

빌레몬의 하나님-나의 하나님,

오늘, 저희 가정에 빌레몬의 신앙과 삶에서 보여진 은혜를 사모하게 하시옵소서. 저희 가정에서도 하나님을 사랑하고, 그 마음으로 성도들을 섬기는 아름다움을 보여드리게 하시옵소서.

교회공동체를 굳건하게 하시려고 빌레몬을 사용해서 하나님의 사랑의 풍성함 속에 지내게 하셨음을 저의 아이에게 깨닫게 하시옵소서. 하나님의 손길에 의해 하나님의 사람으로 준비되게 하시옵소서. 하나님께서 쓰시고 싶어 하시는 사람으로 준비해주시옵소서.

지금도 하나님의 사랑에 굶주려 있는 이들에게 주님의 은혜를 나누는 일에 쓰임을 받는 자로 세워주시옵소서. 주님께서 하나님의 뜻을 이루시려고 노력하셨던 것처럼, 인내하도록 이끌어 주시옵소서.

천국의 마음을 주신 주님,

하나님의 이름을 영화롭게 해드리기 위해서 첫째 자리를 바라보게 하시고 만일 첫째가 될 수 없다면 맨 앞에 서는 자세를 갖도록 하시옵소서. 무엇에나 열심을 내게 하시며, 성령님의 인도하심으로 말미암아 근면하게 하시옵소서. 꾸준함을 지니도록 이끌어 주시옵소서.

오늘을 지내는 중에, 하나님을 경외하는 마음으로 충만하게 해주시기 원합니다. 주님의 은혜를 구하는 입술과 주님께로부터 멀어지는 행동을 하는 손이 따로 있지 않도록 은혜를 주시옵소서. 성령님의 강권하심으로 하나님을 사랑하도록 이끌어주시옵소서.

예수님의 이름으로 기도드립니다. 아멘.

❖ 선한 싸움을 싸우라   10월 18일

"믿음의 선한 싸움을 싸우라 영생을 취하라 이를 위하여 네가 부르심을 받았고 많은 증인 앞에서 선한 증언을 하였도다"(딤전 6:12)

사람을 부르시는 하나님,

오늘, 저희 가족에게 믿음의 선한 싸움과 영생을 얻었음에 대하여 묵상하기를 원하시는 하나님을 생각합니다. 저희 가정이 세상에 대하여 영적 전투를 벌이는 기지가 되게 하시옵소서. 온 식구들이 십자가로 무장해서 악의 영들을 대적하게 하시옵소서.

저희 아이는 예배하기를 즐거워하기를 원합니다. 그에게 생활의 모든 것이 예배로 이어지게 하시옵소서. 교회에서의 적극적인 활동이 집에서도 나타나게 하시옵소서. 그리고 학교에서도 여호와의 면전에 있음을 의식하게 하시고, 주님을 영화롭게 해드리기를 소망합니다.

저의 아이가 주님께 제물이 되는 은혜를 경험하기를 원합니다. 주님 앞에서 산 제사를 드리는 삶을 소원하게 하시옵소서.

여호와께 드림을 원하게 하시는 주님,

오늘도 지내면서 많은 생각들을 하게 되고, 많은 행동을 하게 될 때, 하나님께 드릴만한 것이 되게 하시옵소서. 공부를 하는 시간이나 친구들과 잠시 노는 시간에도 하나님께 드림을 경험하게 하시옵소서.

하나님을 사랑하는 저의 아이가 이웃을 사랑하기를 소망합니다. 교실 안에서 우정을 두텁게 하게 하시며, 섬겨야 할 친구들에게 사랑의 손을 내어밀게 하시옵소서. 스스로 할 수 없는 친구에게 가서 돕기를 원합니다. 힘겨워하는 친구를 도와줌으로써 함께 지내도록 하신 하나님의 사랑을 향유하게 해주시옵소서.

예수님의 이름으로 기도드립니다. 아멘.

❖ 거룩함에 이르는 열매를   10월 19일

"그러나 이제는 너희가 죄로부터 해방되고 하나님께 종이 되어 거룩함에 이르는 열매를 맺었으니 그 마지막은 영생이라"(롬 6:22)

살아계신 하나님,

오늘, 저희 가족에게 신분이 바꾸어진 비밀을 묵상하게 하시니 감사드립니다. 죄에게 붙들려 지내던 저희를 하나님께 종이 되도록 하셨습니다. 이에, 저희 가정에서는 거룩함의 열매를 맺게 하시옵소서.

저의 아이는 그리스도의 장성한 분량에 이르는 성숙이 이루어지도록 인도해 주시옵소서. 예수님을 믿는다고 입으로만 말하는 것이 아니라, 생활 속에서 성도로 변화되기를 원합니다.

진심으로 예수님의 다스리심을 즐거워하게 하시옵소서.

그가 언제나 구원의 은혜를 경험하기 원하여 기도드립니다. 때때로 하나님의 은혜가 떠나는 것 같은 두려움에 빠지기도 하고, 여호와의 도우심이 없는 것 같은 실망을 느끼기도 합니다.

이는 모두 사탄이 가져오는 혼란일진대 담대히 물리치게 하시옵소서. 두려움이나 염려, 외로움까지도 물리치는 담대함을 주시옵소서.

성도의 확신을 주시는 주님,

성령님의 감동하심에 따라 믿음의 확신을 지니게 하시옵소서. 주님께서 저의 아이의 편이 되어주신다는 확신을 갖고 사탄의 유혹을 물리치게 하시옵소서.

약해질수록 더욱 더 기도하여 하늘로부터 임하는 강함을 경험하게 하시옵소서. 마귀를 이기신 주님의 능력이 임하여 어떤 유혹도 물리칠 수 있다는 강하고 담대한 마음을 주시옵소서.

예수님의 이름으로 기도드립니다. 아멘.

❖ 그 앞에 세우고자 하셨으니   10월 20일

"이제는 그의 육체의 죽음으로 말미암아 화목하게 하사 너희를 거룩하고 흠 없고 책망할 것이 없는 자로 그 앞에 세우고자 하셨으니"(골 1:22)

은혜로우신 하나님,

하나님께 거룩하고 흠 없고 책망할 것이 없는 자로 세워짐을 소망하게 하시옵소서. 오늘, 저희에게 갖고 계시는 하나님의 의도를 배우게 하시옵소서. 하나님께 화목한 자가 되어 거룩하게 세워지게 하시옵소서.

저의 아이를 사랑하셔서 학교생활에 함께 하시고, 공부할 수 있게 하시니 감사드립니다. 가을의 높은 하늘처럼, 소망을 품고 공부를 하면서 장래를 준비하게 하시니 감사드립니다. 저의 아이가 날마다 하나님의 은혜를 기뻐하게 하시옵소서. 그 은혜로 성실하게 자신의 삶을 살아가게 하시옵소서. 집에서와 학교에서 자신의 본분을 다하게 하시옵소서.

그가 이번 학기에 공부를 잘 하려고 애썼던 것을 아시지요?

그런데 지금 제게 주어진 것은 형편없는 성적입니다. 그가 드렸던 열심에 비하여 이 성적은 저를 얼마나 비참하게 하는지 주님은 아십니다. 좋은 성적을 위하여 다시 한 번 시도하도록 용기를 주시고, 더욱 열심히 하겠다는 결단을 내리게 도와주시옵소서.

여호와께 나아가도록 하시는 주님,

우리 주님께서 아직도 저의 아이를 사랑하시고, 그에게 기대하신다는 사실을 믿음으로 받아들이게 하시옵소서. 하나님의 은혜를 깨달아 감격으로 살아가게 하시옵소서. 주님께서 소망을 주시는데, 어리석게도 눈에 보이는 현상들로 말미암아 포기하지 않게 하시옵소서. 조금도 나아져 보이지 않는다 하여 공부를 포기하지 않게 해주시옵소서.

                         예수님의 이름으로 기도드립니다. 아멘.

✤ 주일, 그들이 내 성소에 들어오며   10월 21일

"그들이 내 성소에 들어오며 또 내 상에 가까이 나아와 내게 수종들어 내가 맡긴 직분을 지키되"(겔 44:16)

인자하신 하나님,

오늘, 주일을 지키게 하시니 감사드립니다. 저희 가족에게 하늘의 영광이 선포되는 이 날이 거룩하기를 소망하게 하시옵소서. 이 날에 주님의 이름으로 예배하러 모이는 모든 이들이 거룩하기를 소망합니다.

오늘을 즐거워하는 저의 아이도 하늘의 은총으로 거룩케 하시옵소서. 그의 마음과 생각 그리고 행동이 거룩해지게 하시옵소서.

주님의 친절한 팔에 안겨서 지내왔던 삶에 감사드립니다. 세상은 어지럽고 복잡하지만 아버지의 평강과 안식으로 살아왔음에 감사드립니다. 저의 아이가 하나님의 은혜로 예배드리게 하시니 감사드립니다.

교회에 모인 이들과 함께 저의 아이가 주님을 찬송하게 하시옵소서. 오늘을 거룩하게 보냄으로써 하나님의 것을 하나님께 드리는 구별의 삶이 훈련되게 해주시옵소서.

상한 심령을 주시는 주님,

저의 아이에게 회개-자복의 은혜를 내려 주시옵소서. 그의 마음이 완악해지지 않도록 하시옵소서. 예배를 드리면서 지나간 날의 잘못된 일들에 대하여 회개하는 영을 부어주시기 원합니다.

어리석게도 변명을 한다거나 자신을 합리화하지 않도록 해 주시기 원합니다. 한번 가면 다시 오지 않는 주님의 시간에 쓸데없는 일에 몰두한 채 주님의 일을 찾지 않았던 죄를 인정하고 용서를 빌도록 이끌어 주시옵소서.

예수님의 이름으로 기도드립니다. 아멘.

❖ 너의 하나님 여호와가 10월 22일

"너의 하나님 여호와가 너의 가운데에 계시니 그는 구원을 베푸실 전능자이시라"
 (습 3:17상)

우리에게 계시는 하나님,
오늘, 저희 가족에게 계시는 하나님을 다시 묵상하며 살아가도록 축복합니다. 저희들은 자주 여호와를 잊습니다만, 하나님께서 우리 가운데 계심을 주목하게 하시옵소서. 우리에게 계시면서 구원을 베푸신다는 약속을 확신하도록 해주시옵소서.
저의 아이가 주님을 멀리하여 지내왔던 삶을 용서해주시옵소서. 신앙생활의 게으름이 그를 유혹에 빠지게 하였습니다. 오직 주님만을 사랑해야 하는 그가, 즐거움을 따라가다가 그만 세상의 일들에 마음을 빼앗기고 말았습니다.
하나님께 민감하지 못하고, 자기 자신의 감정에 마음을 빼앗겼던 것을 용서해주시옵소서.
찬송을 부르기보다 친구들과 부르는 대중가요에 빠졌던 저를 다시 일으켜 주시기 원합니다. 그리스도를 왕으로 모시기보다 인기 연예인들을 더 좋아했던 저를 다시 일으켜 주시옵소서.
증거 된 삶을 소망하게 하시는 주님,
하나님을 사랑하게 하시며, 그 증거로 말씀에 순종하는 삶을 좋아하게 하시옵소서. 하나님께서 주신 계명을 그 자신을 위한 것이라는 사실을 깨닫기를 원합니다. 하루에 한 번, 말씀에 순종하는 행위를 통해서 자신의 경건을 지탱하게 하시옵소서. 이로써 구원을 보게 하시옵소서.
하나님이 종교적인 대상이 아니라 아버지가 되시는 경험을 원합니다. 하나님을 사랑으로 섬기고, 말씀에 순종하는 삶으로 강권해주시옵소서.

예수님의 이름으로 기도드립니다. 아멘.

❖ 하늘에 계신 너희 아버지께   10월 23일

"이같이 너희 빛이 사람 앞에 비치게 하여 그들로 너희 착한 행실을 보고 하늘에 계신 너희 아버지께 영광을 돌리게 하라"(마 5:16)

사명을 주시는 하나님,

오늘, 저희 가족에게 빛을 비추라 하심을 묵상하게 하시니 감사드립니다. 온 식구들이 주위의 사람들에게 착한 행실을 보여주는 삶을 기뻐하게 하시옵소서. 저희 가정이 하나님께 영광이 되게 하시옵소서.

저의 아이가 자기의 행실에서 하나님께의 영광을 가릴까를 생각하게 하시옵소서. 하나님 앞에서 두려워할 줄 모르는 자가 되지 않게 하시옵소서. 여호와 하나님 앞에서 모든 것을 바라보는 겸손한 자세를 지니게 하시옵소서.

오늘이라는 시간에서 사람들과 더불어 지낼 때, 자기를 낮추게 하시옵소서. 남들의 말이나 행동이 때로는 자신에게 거슬려도 하나님의 손길을 바라보고 침묵하게 하시옵소서. 자신이 정의로운 것처럼 행동하지 않게 하시고, 남을 비방하지 않도록 하시옵소서.

착한 행실에 주목하게 하시는 주님,

온유함으로 묵묵히 거하게 하시고, 주님의 인도하심을 기다리게 하시옵소서. 겸손으로 말미암아 하나님 앞에서나 사람들 앞에서 칭찬을 받을 만한 성품을 길러 주시기 원합니다.

때때로 남들 앞에서 자신을 으스대지 않고 겸손해지기를 원합니다. 꼭 나서야 하는 경우가 있을지라도 묵묵히 있게 하시옵소서. 조금 더 안다는 지식으로 잘난 체 하거나 조금 더 갖고 있다는 것으로 자랑하지 않게 하시옵소서. 때마다 일마다에서 교만을 버리게 해주시옵소서.

                     예수님의 이름으로 기도드립니다. 아멘.

❖ 그들의 믿음을 보시고   10월 24일

"예수께서 그들의 믿음을 보시고 중풍병자에게 이르시되 작은 자야 안심하라 네 죄사함을 받았느니라"(마 9:2하)

중풍병자의 하나님-나의 하나님,

오늘, 저희 가정에 치료자가 되어주시는 주님의 은혜를 사모하게 하시옵소서. 죄를 용서해주시고, 육체의 질병에서도 구원해주시는 주님을 확신하게 하시옵소서.

저희 부부와 자녀에게 치료자이신 주님을 경험하며 지내게 하시옵소서. 저의 아이가 중풍병자가 누렸던 은혜, 하나님의 불쌍히 여기심이 친구들의 사랑의 수고를 통해서 예수님께로 데려가도록 하였음을 깨닫게 하시옵소서.

중풍병자가 육신의 치료뿐만 아니라 죄도 사함을 받아 영적인 치료도 받은 은혜를 그에게도 허락하시옵소서.

배움을 주시는 주님,

친구들이 가졌던 중풍병자를 불쌍히 여긴 자비와 주님께서 고치신다는 확신에 찬 열정이 그의 운명을 바꾸어 놓은 은혜를 저의 아이에게도 경험하게 하시옵소서.

믿음의 친구들, 주님을 향한 열정의 친구들이 보여준 사랑과 신앙의 행동을 배우기 원합니다. 저의 아이의 주변에도 그런 친구들이 있게 하시옵소서. 주님께 믿음을 보여드릴 애들을 저의 아이가 친구로 삼게 하시옵소서.

오늘 하루를 살아갈 때에 그의 마음과 생각을 여호와의 손으로 지켜주시기를 소망합니다. 하나님의 거룩하심에 대한 열정을 품고 신앙의 순결을 지키게 하시옵소서. 잠시라도 하나님을 멀리하려는 유혹을 이기게 하시기를 원합니다.

                                   예수님의 이름으로 기도드립니다. 아멘.

✣ 하나님의 말씀으로 지어진 줄을 10월 25일

"믿음으로 모든 세계가 하나님의 말씀으로 지어진 줄을 우리가 아나니 보이는 것은 나타난 것으로 말미암아 된 것이 아니니라"(히 11:3)

믿음을 주시는 하나님,

오늘, 저희 가족에게 믿음의 정의를 묵상하게 하시니 감사드립니다. 믿음을 주셔서 오늘까지 지내오게 하셨습니다. 믿음으로 하나님께서 하신 일들에 확신을 갖게 하시옵소서. 믿음으로 말미암아 눈으로 볼 수 없는 것들을 보게 하여 주시옵소서.

저의 아이에게 믿음으로 하나님께 나아가게 하시옵소서. 그의 믿음을 하나님께 보여드리게 하시옵소서. 오늘이라는 시간을 자신의 믿음 상태를 하나님께 보여드리는 기회로 삼게 하시옵소서.

이어서, 영원히 찬양의 주인공이 되실 주님을 찬양하게 하시옵소서. 예수님의 이름으로 아버지 앞에 무릎을 꿇게 하심을 감사드립니다. 그의 심령이 주님의 품 안에서만 새로워질 수 있음을 찬송으로 기도드리게 하소서. 만일, 주님의 손이 그에게서 멀어진다면, 죽을 수밖에 없는 자신의 모습을 바라보게 하소서.

감사함을 헤아리게 하시는 주님,

저의 아이가 철을 따라서 옷을 입고 지낼수 있게 해 주셨음에 감사드립니다. 여호와의 은혜는 저의 집에 재정적으로 번성하게 하셔서 아이에게 새 옷을 구입해 주도록 하셨습니다.

들의 백합화를 철에 따라 고운 옷으로 입히시는 하나님의 손길이 저의 아이에게 나타나셨음을 감사하게 하시옵소서. 철에 맞는 옷으로 건강히 지내게 하셨음을 기뻐하여 감사하게 해주시옵소서.

예수님의 이름으로 기도드립니다. 아멘.

❖ 부르심을 받은 일에 합당하게 10월 26일

"그러므로 주 안에서 갇힌 내가 너희를 권하노니 너희가 부르심을 받은 일에 합당하게 행하여"(엡 4:1)

합당하게 하시는 하나님,

오늘, 저희 가족에게 죄의 용서와 구원의 은혜를 받은 자로서 맞는 삶을 소원하게 하시옵소서. 여호와의 영광의 빛 앞에서 하나님의 자녀다운 삶에 주목하여 살아가는 것에 성실하도록 기름을 부어 주시옵소서.

저의 아이가 오늘, 주 하나님 앞에서 경건하지 못했던 것이 있다면 다 내어놓기를 원합니다. 하나님의 영광 앞에서는 감추어지지 않고 다 드러남을 믿습니다.

또한 숨은 것이 알려지지 않을 것이 없음을 아오니 죄악을 고백하게 하시옵소서. 전에는 세상의 즐거움을 쫓아 만화를 가까이 하였지만, 이제는 하나님의 말씀을 사랑하기 원합니다.

성경을 사모하는 심령을 갖기 원합니다. 연예인들의 이야기로 채워진 잡지에 기울였던 관심이 성경으로 옮아지기 원합니다.

말씀을 붙잡게 하시는 주님,

성경으로 온전함에 이르게 하심을 확실히 믿습니다. 저의 믿음이 말씀의 반석 위에 굳게 세워질 수 있도록 이끌어 주시옵소서.

이로써 그가 자기 자신을 다스리는 훈련의 은혜를 누리기 원합니다. 마음을 불편하게 하는 일들과 맞닥뜨려질 때, 쉽게 화를 내지 않고 참게 하시옵소서.

주님께서 십자가를 지시기까지 참으셨던 사실을 기억하면서 인내하도록 이끌어 주시옵소서. 어려움의 시간을 잘 참고 견디어 하나님의 쓰심에 합당하게 되는 비전을 바라보게 해주시옵소서.

예수님의 이름으로 기도드립니다. 아멘.

❖ 흠 없게 보전되기를 원하노라 10월 27일

"너희의 온 영과 혼과 몸이 우리 주 예수 그리스도께서 강림하실 때에 흠 없게 보전되기를 원하노라"(살전 5:23하)

지켜 주시는 하나님,

주님께서 오시는 날에 저희 가족이 주님께 인정을 받는 삶으로 살아가도록 강권해주시옵소서. 천국 혼인잔치에 들어갈 수 있는 저희들이 되게 하시옵소서. 저희 가정을 주님의 재림을 기다리는 성도의 가정으로 삼아주시옵소서.

저의 아이를 축복합니다. 하늘의 문을 여시고, 하나님께서 받으실 만한 것을 선택할 수 있는 지각을 주시옵소서. 그도 자신의 유익을 위해서 결정을 할 때가 많을 것입니다. 자기를 위해서 결정을 해야 할 때, 하나님의 말씀에 마음을 두게 하시옵소서. 하나님께 영광이 되는 편을 선택하는 고집을 보이도록 담대함을 갖도록 해주시옵소서.

저의 아이에게 가정을 통해서 주시는 천국의 비밀을 알려 주시옵소서. 자기를 사랑하여 가정을 주셨음을 깨달으며, 가정이 하나님의 품으로서의 천국에 대한 모형이라는 것을 소망하게 하시옵소서.

천국생활을 주시는 주님,

오늘도 가정에서 하나님과의 친밀한 교제를 누리게 하시고, 자신의 성장을 위해서 부모를 선물로 주셨음에 감사하게 하시옵소서. 저희가 함께 사는 동안에 그를 위하여 기도를 멈추지 않게 하시옵소서.

내일, 복된 주일에 저의 아이가 베풀어 주신 하나님의 은혜를 헤아리며 주님께로 나아가기를 원합니다. 하나님의 사랑을 누리며 살던 아이였기에 예배드림을 기다리게 하시옵소서. 온 몸으로 주님께 영광을 드리도록 기름을 부어주시옵소서.

예수님의 이름으로 기도드립니다. 아멘.

✣ 황폐한 성소에 비추시옵소서   10월 28일

"주를 위하여 주의 얼굴 빛을 주의 황폐한 성소에 비추시옵소서"(단 9:17하)

   영화로우신 하나님,
   주일 아침에 하나님의 영광을 선포합니다. 저희 가족에게 얼굴 빛을 비추어주시는 하나님, 감사와 찬양으로 영광을 드립니다. 온 식구들이 주님의 이름을 찬양하게 하시옵소서. 오늘은 자신을 돌아보며 회개하도록 하시고, 새로움에 대한 다짐의 은혜를 경험하게 하시옵소서.
   종교개혁을 기억하면서 지내는 요즈음, 예배를 드리는 것은 마음을 떠나 의식을 치루는 것처럼 형식이 되었음을 용서해주시옵소서. 예수님을 사랑함보다 종교적인 행위에 그쳐버린 저희들의 믿음 생활을 용서해주시옵소서.
   하나님의 영광을 구하며 살겠다고 다짐하였으나, 그러하지 못했던 제 아이를 용서해주시기를 소망합니다. 주님의 뜻보다는 제 마음에 만족하기를 원했습니다. 생각과 말 그리고 행동으로 하나님이 미워하시는 일에만 힘써왔음을 고백하도록 하시옵소서.
   여호와를 우선하게 하시는 주님,
   하나님보다 자신을 좋게 하려던 모든 잘못된 행실에서 돌아서는 용기를 주시옵소서. 성령님의 역사로 썩어진 부분들을 도려내는 은혜를 체험하기 원합니다.
   이 시간에, 성령님으로 감동을 주시고, 말씀으로 오셔서 새롭게 지어 주시옵소서. 이제는 자신의 개혁이 일어나 하나님의 말씀으로 새롭게 하시옵소서. 하나님의 품 안에서 걸어가게 하시옵소서. 또한 주님의 뜻을 구하며 나아가게 해주시옵소서.
                           예수님의 이름으로 기도드립니다. 아멘.

❖ 누구든지 하나님을 사랑하면   10월 29일

"또 누구든지 하나님을 사랑하면 그 사람은 하나님도 알아 주시느니라"(고전 8:3)

살아계신 하나님,
 오늘, 저희 가족에게 하나님을 사랑하며 살아가도록 축복합니다. 하나님을 믿는다는 증거가 바로 하나님을 사랑하고 있다는 것을 깨닫게 하시옵소서. 저희가 먼저 하나님을 사랑하고, 자녀가 저희를 보면서 하나님께 사랑을 드리게 하시옵소서. 한 주간의 생활을 시작하면서 주님의 이름으로 저의 아이를 축복합니다. 성령님께서 그의 심령을 강권하사, 하나님을 사랑해드리게 하시옵소서. 종교개혁의 의미를 깨닫는 첫째가 하나님을 사랑함에 대한 회복이라는 것을 배우게 하시옵소서.
 이로써 하나님 앞에서 진리와 정의 그리고 사랑을 실천하려는 마음을 지니게 하시옵소서. 하나님 앞에서 책임을 지는 인생을 살게 해 주시기를 소망합니다. 특별히 기도를 통해서 주님께 약속한 일들에 대하여서는 어떤 불리함이 있다 할지라도 약속을 지키게 하시옵소서.
 마음을 다스리시는 주님,
 그가 마음을 지켜서 하나님께 성실하게 하시고, 의로운 행동을 자기의 것으로 삼도록 이끌어 주시옵소서. 지나온 생활을 돌아보는 종교개혁의 정신을 이어가는 시간에 그의 가슴에 거룩한 포부를 안겨 주시옵소서. 그에게 기름을 부어주시옵소서.
 하나님의 신실하심을 배운 그대로 자신의 말과 행위에 대하여 주님에게 신실하게 하시옵소서. 자녀로서 마땅히 아버지 하나님께 신실하게 하시고, 책임을 지는 인격체가 되게 해주시옵소서.

　　　　　　　　　　　예수님의 이름으로 기도드립니다. 아멘.

✦ 믿음과 착한 양심을 가지라 10월 30일

"믿음과 착한 양심을 가지라 어떤 이들은 이 양심을 버렸고 그 믿음에 관하여는 파선하였느니라"(딤전 1:19)

   복의 근원이신 하나님,
   오늘, 저희 가족에게 믿음에 대하여 주목하게 하시니 감사드립니다. 믿음을 가졌다면 그 증거로 하나님께 순종할 것입니다. 성령님께서 감동해주실 때, 순종하여 양심의 착함을 보여드리게 하시옵소서.
   오늘도, 저의 아이를 축복합니다. 그를 위하여 예비해두신 복을 내려주시옵소서. 하늘의 신령과 복과 땅에서 얻을 수 있는 것들로 만족하게 하시옵소서. 공부하는 중에 있으니, 지식적으로 많이 알게 하시고, 훌륭한 성장의 모습을 보이게 하시옵소서.
   그의 마음이 주님을 향한 사랑으로 가득하게 하시옵소서. 저의 아이가 내게 있는 것을 감사하면서, 한 해의 남은 시간들을 바라보는 지혜를 주시옵소서. 주님의 보내심을 받은 사람으로 이 세상에 살도록 하시고, 가진 것이 있도록 하셨음에 감사드리는 지혜를 주시옵소서. 하나님의 손이 되어서 그가 해야 할 것들이 많았음을 깨닫습니다.
   성소로 지내게 하시는 주님,
   가정을 주셨음에 감사하면서 가족 안에서 부모를 공경하고 건강을 주셨음에 감사하면서 그 건강함으로 해야 할 이들을 못 했다면, 금년이 가기 전에 꼭 할 수 있도록 하시고, 하나님을 영화롭게 하시옵소서.
   친구들을 주셨음에 감사하면서 친구들과 더불어 나누었어야 하는 사랑의 교제를 하게 하시옵소서. 친구를 위하여 목숨을 버리는 마음을 갖게 해주시옵소서.
                        예수님의 이름으로 기도드립니다. 아멘.

❖ 주 안에서 함께 종이 된 자 10월 31일

"두기고가 내 사정을 다 너희에게 알려 주리니 그는 사랑 받는 형제요 신실한 일꾼이요 주 안에서 함께 종이 된 자니라"(골 4:7)

두기고의 하나님-나의 하나님,

오늘, 저희 가정에 두기고가 바울 사도에게 신뢰를 갖게 한 삶에 도전하게 하시옵소서. 교회 안에서 성도들 사이에 사랑을 받는 형제이며, 인정받는 일꾼이었음이 저희 가족의 모습이기를 소망합니다.

저의 아이에게 신실을 가르쳐 주시옵소서. 이로써 두기고가 바울의 신임을 받은 것을 배우게 하시옵소서. 그에게 여호와 앞에서 신뢰를 받는 신실함이 있게 하시옵소서. 신실함의 영으로 충만하게 하시옵소서.

하나님께서 저희를 사랑하심이 신실하심과 같이 저의 아이도 주 하나님을 향하여 신실하게 하시옵소서. 두기고가 누렸던 은혜를 저의 아이도 경험하기 원합니다. 두기고를 신실한 일꾼으로 만드신 그 손길이 저의 아이에게도 나타나기를 구합니다.

10월을 살아오도록 하신 주님,

이 시간에, 저의 아이에게 신실함을 주신 하나님께 찬양을 드립니다. 그 성실로 하나님을 사랑하고, 자신의 장래를 준비하는 것에도 인내하며 게으르지 않게 하시옵소서.

하나님의 자녀로서의 복을 누리는 가운데 10월의 마지막 날을 맞이합니다. 저의 아이를 지켜주셔서 은혜 가운데 한 달을 믿음으로 지내온 것에 감사드립니다. 이 달에 행하고자 마음먹은 것들을 잘 해낼 수 있게 도와주신 여호와의 손을 자랑합니다. 내일, 새롭게 시작되는 달에 소망을 품게 해주시옵소서.

예수님의 이름으로 기도드립니다. 아멘.

❖ 나를 찾으라 그리하면 살리라   11월 1일

"여호와께서 이스라엘 족속에게 이와 같이 말씀하시기를 너희는 나를 찾으라 그리하면 살리라"(암 5:4)

살게 하시는 하나님,

오늘, 저희 가족에게 하나님을 찾음에 대하여 묵상하게 하시니 감사드립니다. 거절박대하지 않으시고 받아주시는 하나님의 사랑에 감사하게 하시옵소서. 여호와를 찾음이 사는 것임을 깨닫게 하시옵소서.

저의 아이가 여호와에 대한 신앙을 고백할 때, 나의 하나님으로 부르게 하시옵소서.

그때, 아브라함이 체험했던 하나님이 '자신의 하나님'이 되어주심을 믿습니다. 하나님을 나의 하나님으로 믿어 아무 것도 없는 자 같으나 하나님이 없이 모든 것을 소유한 사람보다 더욱 부요하다는 것을 경험하게 하시옵소서.

오늘도 성령님께서 그를 주관해 주시옵소서. 하루에도 수많은 생각들 떠올라 그를 충동질 할 것입니다. 주님의 뜻에 어긋나는 것들이 있을 때는 강권적으로 제어해 주시옵소서. 하나님의 영광을 가로채는 것들은 생각조차 일어나지 않게 하시옵소서. 죄인의 길에 서지 않도록 이끌어 주시옵소서.

말씀으로 인도하시는 주님,

약속해주신 말씀으로 말미암아 영생의 복을 약속받았음에 감사드립니다. 저의 아이는 아직 어리지만 성서공회를 허락하신 하나님의 뜻에 순종하여, 성서의 보급 사업을 위해 기도하기 원합니다.

아직까지도 복음이 전해지지 않은 부족들에게도 성경과 함께 생명의 말씀이 선포되기 원하여 간구하게 해주시옵소서.

　　　　　　　　　　　　예수님의 이름으로 기도드립니다. 아멘.

✧ 그의 죽으심을 본받아   11월 2일

"내가 그리스도와 그 부활의 권능과 그 고난에 참여함을 알고자 하여 그의 죽으심을 본받아"(빌 3:10)

주님을 본받게 하시는 하나님,

오늘, 저희 가족에게 주님을 배우게 하시니 감사드립니다. 주님의 삶이 저희 가족의 삶이 되게 하시옵소서. 저희 부부와 자녀에게 주님의 행적이 따르는 길이 되게 하시옵소서.

오늘도 주님 안에서 영광 가운데 그 풍성한 대로 저의 아이가 쓸 것을 채워주심을 믿습니다. 하나님은 지금도 살아 계셔서 저의 아이의 기도를 들어 주심을 믿고 감사드리며 나아가 하나님의 말씀에 순종하면서 살아갈 때, 복을 경험하게 하시옵소서.

이로써 하나님을 아버지로 부르며 기도하는 자녀로 살아가게 하시옵소서. 이스라엘 백성들에게 아침마다 만나를 주셨던 것처럼, 저의 아이가 날마다 여호와 하나님께 구함으로써 풍성하게 지내게 하시옵소서. 그리고 다른 이들을 위해서도 구하는 기도를 하게 하시옵소서. 친구들을 사랑하여 간구하게 하시옵소서.

예수님의 삶을 따르게 하시는 주님,

성령님의 감동하심에 따라 저의 아이가 착한 일을 하기를 사모하게 해 주시옵소서. 하나님께서 저희에게 착한 일을 시작하셔서 구원에 이르게 하셨음을 감사드립니다.

예수님을 알지 못 하고, 자기의 죄로 죽어가는 영혼을 구하는 데 헌신함으로써 착한 일을 하게 하시옵소서. 어렵고, 힘들어 하는 친구들에게 위로의 말을 하고, 격려하도록 해주시옵소서.

예수님의 이름으로 기도드립니다. 아멘.

❖ 입의 말과 마음의 묵상이 11월 3일

"내 입의 말과 마음의 묵상이 주님 앞에 열납되기를 원하나이다"(시 19:14하)

자비로우신 하나님,

오늘, 저희 가족에게 감사와 기쁨을 고백하도록 하시옵소서. 여호와의 이름을 생각만 해도 감사가 느껴지기를 소망합니다. 아침에 일어나서 오늘 다시 하루의 생명이 허락되었음을 감사하게 하시옵소서.

저의 아이가 가족의 품에서 평안을 누림에 대하여 감사하게 하시옵소서. 오늘도 주님의 은혜를 나타날 것을 바라보고 하루를 살게 되었음에 기쁨을 고백하게 하시옵소서.

벌써 한 주간의 생활을 마치고 오늘은 토요일, 주일을 맞이합니다. 이번 주간에도 하늘의 은혜로 잘 지내왔음을 고백하게 하시옵소서. 그에게 내일 예배당으로 갈 준비를 잘 하게 해 주시고, 주 여호와의 이름을 높여드리며 예배드리는 시간을 사모하도록 이끌어 주시옵소서.

더불어 지낼 이웃을 주시는 주님,

저의 아이에게 사랑하는 이웃을 주심에 감사드립니다. 그가 이웃에 의해서 다가오시는 주님의 얼굴을 뵙기 원합니다. 그리고 이웃에게로 다가가시게 하는 주님의 보내심을 깨닫게 하시옵소서. 교회에서의 지체들에게 사랑과 존경하는 마음을 지니게 하시옵소서.

함께 믿음의 생활을 하면서 하늘나라에 갈 동반자들을 존귀하게 여기게 하시옵소서. 같은 마음을 품고 한 교실에서 공부를 하며, 자라가야 할 친구로서 여기게 하시옵소서. 친구가 잘 되는 것을 자신의 기쁨으로 삼게 하시옵소서.

예수님의 이름으로 기도드립니다. 아멘.

❖ 성소에서 주를 바라보았나이다   11월 4일

"내가 주의 권능과 영광을 보기 위하여 이와 같이 성소에서 주를 바라보았나이다"
 (시 63:2)

성소에 계신 하나님,

오늘, 저희 가족에게 여호와 하나님의 날을 맞이해서 하나님의 존전에 나아가게 하심을 감사드립니다. 저희 가정이 주님의 제단이 되고, 신령한 은혜 안에서 가족들이 지내게 하시옵소서.

이 거룩한 날에, 저의 아이에게 몸으로만 예배당으로 향하지 말게 하시고, 마음으로 우리 주님을 찬송하게 하시옵소서. 그가 성급함으로 말미암은 분노의 마음을 주님께 가져갔습니다. 그에게 필요한 자제력을 베풀어 주시기 원합니다.

그의 실수처럼 남들에게도 실수가 있음을 인정하게 하소서. 용서하고, 용납하는 마음을 주시옵소서.

그리하여 그들의 인격을 존중하게 하시옵소서. 누구에게라도 이해받을 수 있는 권리와 용서받을 수 있는 자격이 있음을 인정하게 하시옵소서. 남을 인정하는 중에 교제의 훈련을 경험하게 하시옵소서.

여호와의 것을 지키게 하시는 주님,

어려서부터 주일을 구별하여 하나님께 돌려드리는 습관을 배우게 하셨습니다. 오늘, 예배와 성경공부 그리고 교회의 여러 가지 활동들을 통해서 천국에서의 하루를 살게 하시옵소서.

교회에서 경험하는 활동으로 말미암아 신령함에 대한 도전을 받게 하시옵소서. 하나님을 영화롭게 해드리는 가운데 복스러운 소망으로 보내게 해주시옵소서. 기름을 부어주심으로 한 날을 지키게 하시옵소서.

예수님의 이름으로 기도드립니다. 아멘.

❖ 건지리라, 높이리라 11월 5일

"하나님이 이르시되 그가 나를 사랑한즉 내가 그를 건지리라 그가 내 이름을 안즉 내가 그를 높이리라"(시 91:14)

신실하신 하나님,
한 주간의 생활을 시작하면서 주님의 이름으로 저희 가족을 축복합니다. 식구들이 오늘, 하나님께 대하여 신실하기를 소망합니다. 여호와 하나님의 은혜를 누리기 위하여 은총의 하나님을 찬송하게 하시옵소서.

오늘을 맞이하도록 변함이 없이 사랑해 주셨음을 감사하여 여호와의 이름을 부르는 즐거움을 갖게 하시옵소서.

성경을 읽던 중에 깨달았던 말씀을 기억하여 순종으로 제사를 드리는 하루의 생활이 되게 하시옵소서. 성령님의 인도하심을 환영하며, 그 다스림에 자신을 맡기게 하시옵소서.

하나님의 영광에 주목하게 하시는 주님,
오늘도 하나님의 자녀로 행하는 모든 일들에 여호와의 이름을 드러내게 하시옵소서. 자신을 위한 어떤 생각을 하던지 그 바탕에는 하나님께 드릴 영광이 들어있도록 이끌어 주시옵소서.

주님의 끝이 없는 인내를 담게 하시고, 제게 대한 잘못을 받아들이는 너그러움이 준비되게 하시옵소서.

하나님의 생각과 자신의 생각이 다르다는 것을 깨닫게 하시옵소서. 자신의 생각과 지식을 가지고 해보려는 마음을 다스려 주시옵소서. 바라는 일들이 이루어지지 않는다 해도, 오직 하나님만 붙잡을 수 있게 하시옵소서. 바라는 것들에서 눈을 돌려 하나님을 바라보도록 이끌어 주시옵소서.

예수님의 이름으로 기도드립니다. 아멘.

❖ 항상 모든 것이 넉넉하여　　　　　11월 6일

"너희로 모든 일에 항상 모든 것이 넉넉하여 모든 착한 일을 넘치게 하게 하려 하심이라"(고후 9:8하)

착한 일을 원하시는 하나님,

오늘, 저희를 향하신 하나님의 의도를 배우게 하시옵소서. 하나님께서 저희 가족을 위하심은 하나님을 세상에 나타내려 하심인 것을 묵상합니다. 저희 가정의 오늘은 곧 하나님의 모습이 되게 하시옵소서.

이 시간에, 바울이 누렸던 감사의 은혜가 저의 아이의 것이 되게 하시옵소서. 바울은 선교 여행을 하면서 매도 많이 맞았지만 세례를 받은 루디아 가정, 고침 받은 점치는 여인, 구원을 받은 간수장의 가정 때문에 감사하였습니다. 저의 아이가 주님의 이름으로 남들을 축복하고, 돕는 일에 힘쓰게 하시고, 그에 따른 감사를 경험하게 하시옵소서.

기쁨을 표현하게 하시는 주님,

바울과 함께 기쁨의 기도를 드리도록 이끌어 주시옵소서. 아무런 탈이 없도록 학교에 다니면서 공부를 하고 있다는 사실이 기쁨이 되게 하시옵소서. 마음에 원하는 일들이 하나님의 도우심으로 이루어져 가고 있음에 기뻐하게 하시옵소서. 왕 같은 제사장의 모습으로 살아가면서 죄를 멀리하고, 유혹을 거절하는 담대함이 있음에 기뻐하기를 원합니다.

한 날을 지내는 동안에 입술의 열매로 주 하나님께 영광을 드리게 하시옵소서. 집을 나서면 부모의 조언도 들을 수 없게 됨으로 스스로 판단하고, 선택해야 하는데, 성령님께서 다스려 주시기를 소망합니다. 사람의 언어가 자신을 살리기도 하고, 말로 말미암아 죽음에 이르기도 하는 말의 영향력에 대하여 유의하게 해주시옵소서.

　　　　　　　　　　예수님의 이름으로 기도드립니다. 아멘.

✧ 간절한 마음으로 말씀을 받고　　　　　11월 7일

"간절한 마음으로 말씀을 받고 이것이 그러한가 하여 날마다 성경을 상고하므로"
(행 17:11하)

베뢰아 성도들의 하나님-나의 하나님,

오늘, 저희 가정에 베뢰아 성도들이 경험했던 은혜를 사모하게 하시옵소서. 저희 가정에서도 그들처럼 하나님이 말씀이 과연 그런가 하여 상고하는 습관을 갖게 하시려는 하나님을 깨닫습니다. 온 식구들에게 들을 귀를 주셔서 하나님의 말씀을 읊조리게 하시옵소서.

말씀의 영으로 저의 아이를 새롭게 하시옵소서. 베뢰아 성도들을 하나님의 말씀으로 세워주셨던 그 은혜로 만져 주시기를 원합니다. 그들에게 구원의 은총과 하나님의 사랑의 풍성함을 더하시려고 말씀을 사모하도록 하심과 같이 저의 아이가 말씀에 대하여 마음을 열게 하시고, 진리에 대한 목마름을 경험하게 하시옵소서.

이로써 그가 하나님의 말씀으로 자신을 세우게 하시옵소서. 살아가면서 생각이나 행동의 지침을 말씀에서 받게 하시옵소서. 하나님의 말씀으로 오늘을 지내도록 해주시옵소서.

하나님의 의도를 주시는 주님,

친구들과 더불어 지낼 때, 주님의 사랑과 너그러우심으로 친구를 대하도록 인도하시옵소서. 하나님의 말씀에 순종함을 나타내어 보이게 하시옵소서. 그가 친구들에게 주님의 사람으로 다가가기를 원합니다.

또한, 그를 친구로 붙여주신 하나님의 의도를 생각하게 하시옵소서. 그래서 자기의 주장을 앞세우지 않고, 양보하도록 이끌어 주시옵소서. 사랑으로 대하고 용서하도록 그의 마음을 주장해주시옵소서.

　　　　　　　　　　　　　　예수님의 이름으로 기도드립니다. 아멘.

✧ 소망이 넘치게 하시기를   11월 8일

"소망의 하나님이 모든 기쁨과 평강을 믿음 안에서 너희에게 충만하게 하사 성령의 능력으로 소망이 넘치게 하시기를 원하노라"(롬 15:13)

충만함의 하나님,
오늘, 저희 가족에게 인생에게 소망이 되시는 하나님을 묵상하게 하시니 감사드립니다. 저희를 고아처럼 버려두지 않으시고, 아버지로 다가오셔서 충만하게 해주시니 감사드립니다. 하늘 아버지와 교제하며 성령님께 충만한 한 날이 되게 하시옵소서.

저의 아이에게는 하나님을 아버지로 부르는 특권을 찬송하면서 아버지를 영화롭게 해드리는 자녀가 되려는 다짐을 하게 하시옵소서. 그의 마음을 성령님의 지혜로 충만하게 하셔서 존귀한 자로 살아가려는 소원을 주시옵소서.

사랑의 손을 주시는 주님,
원하기는 그에게 하나님의 사랑을 실천하는 최선의 일로, 이웃을 위한 기도에 관심을 갖게 하시옵소서.

예수님을 믿으면서도 그 믿음이 약해져서 주일에 예배를 드리지 않는 친구를 위해 기도하게 하시옵소서. 또한, 마음을 먹은 대로 공부가 되지 않아 고민하는 친구를 위하여 기도하게 하시옵소서. 집안의 형편이 어려워서 우울해 하는 친구들에게 사랑의 기도로 위로하게 하시옵소서.

그가 어디에서 무엇을 하든지 십자가의 군사가 되게 하시옵소서. 예수 이름으로 믿음과 소망 그리고 사랑으로 살게 하시옵소서. 오늘도 예수님을 대장 삼아서 살아가기를 소망합니다. 성령님께 붙들려진 사람이 되어서 죄악을 이기게 해주시옵소서.

예수님의 이름으로 기도드립니다. 아멘.

❖ 썩지 아니할 것으로 다시 11월 9일

"죽은 자의 부활도 그와 같으니 썩을 것으로 심고 썩지 아니할 것으로 다시 살아나며"
 (고전 15:42)

   살아계신 하나님,
   오늘, 저희 가족에게 '부활의 신앙'을 묵상하게 하시니 감사드립니다. 주님의 부활은 저희에게 썩지 않을 것으로 다시 살아나게 하시려는 의도이셨습니다. 부활의 약속을 주셨음을 확신하며 지내게 하시옵소서.
   저의 아이에게 '부활신앙'의 삶을 경험하게 하시옵소서. 이로써 믿음으로 살려 하다가 실패했을 때, 낙심하지 않도록 하시옵소서. 하나님께서는 사랑하는 자녀들이 넘어지는 것을 붙들어 주심을 믿습니다.
   만일, 일곱 번 넘어질지라도 또 다시 일어나게 하시는 주님의 손길을 보게 하시옵소서. 소망을 주시는 하나님을 바라보기를 소망합니다. 자신의 잘못을 통해서 온전하게 성장할 수 있음을 알게 하시옵소서. 실수를 할지라도 다시 일어설 수 있음을 깨닫게 하시옵소서.
   도전을 배우게 하시는 주님,
   실패의 자리에서 주님의 다시 일으켜 세워주시는 은혜의 넉넉하심을 기다리게 하시옵소서. 하나님의 음성을 듣게 하시옵소서. 내가 너희를 고아와 같이 버려두지 않겠다는 주의 음성을 듣고 새 힘을 얻게 하시옵소서. 다시 일어나도록 기름을 부어주시옵소서.
   자녀들이 부모의 보호아래 있을 때 무엇이 걱정이 될 수 있겠습니까? 그러나 인간은 연약하여 당장 당하고 있는 환경에 휩쓸려 걱정과 염려에서 헤어 나오지 못하오니, 그리스도 안에서 참된 자유와 평안을 얻게 해주시옵소서.
                          예수님의 이름으로 기도드립니다. 아멘.

❖ 너는 내게로 돌아오라 11월 10일

"너는 내게로 돌아오라 내가 너를 구속하였음이니라"(사 44:22하)

기다리시는 하나님,

오늘, 저희 가족에게 영적으로 헤매는 이들에 대한 하나님의 마음을 묵상하는 삶으로 살아가도록 강권해주시옵소서. 해 아래에서 모든 사람은 다 하나님의 자녀들이라는 것을 새삼 깨닫게 하시옵소서. 아버지가 자기의 자녀를 사랑함은 마땅하다는 진리도 깨닫기를 원합니다.

저희 부부도 전에는 버려져 있는 채로 살았습니다. 하나님의 사랑이 저희에게 하나님을 찾도록 해주었음을 기억하게 하시옵소서. 저의 아이가 자기 백성을 찾으시는 아버지의 마음을 생각하게 하시옵소서.

그가 하나님의 품에 있을 때, 만족하게 하신 하나님이십니다. 정성과 뜻을 다하여 하나님의 영광을 구하게 하시옵소서. 주님의 손길을 놀라워하며 그 품에 안기게 하시옵소서. 그가 하나님의 은혜로 살면서도 풍성함을 누리지 못하는 불신앙의 죄가 있다면 용서해주시옵소서.

드려진 삶을 주시는 주님,

그를 정결하게 하셔서 주님을 위한 삶을 살게 하시옵소서. 그리하여 저의 아이가 눈물 골짜기로 통행할 때에, "그 곳으로 많은 샘의 곳이 되게 하며 이른 비로 은택을 입히신" 하나님을 찬양하는 삶을 경험하게 하시옵소서. 감사와 찬송으로 하나님께 나아가게 하시옵소서.

하루를 지내는 동안에 주님의 손길을 느끼게 하여 주시옵소서. 하나님은 저희들에게 정말 감사해야 할 것을 주셨습니다. 오늘은 온종일 주님께서 베풀어 주신 것들을 기억하며 하나님의 영광을 위해 자신을 드리는 복을 내려 주시옵소서.

예수님의 이름으로 기도드립니다. 아멘.

❖ 성소에서, 권능의 궁창에서　　　　　11월 11일

"할렐루야 그의 성소에서 하나님을 찬양하며 그의 권능의 궁창에서 그를 찬양할지어다" (시 150:1)

찬양을 받으실 나의 하나님,

저희 가족에게 주님의 날을 주셨습니다. 지난 이레 동안에 참으로 바쁘게 지냈습니다. 오늘, 하나님을 예배하면서 온 식구가 자신의 시간을 주님께 드리려는 마음을 주시옵소서.

저의 아이는 주님의 이름에 찬송을 드리고, 지난 한 주간 동안에도 도와주신 사랑에 감사하는 마음을 갖게 하시옵소서. 오늘의 예배로 하나님과 함께하는 시간들이 되게 하시고, 주님의 다스리심에 저희들의 모든 것을 맡기게 하시옵소서.

예배를 드리면서 주님의 은혜를 누리기를 소망합니다. 하늘 문을 여시고 내려주시는 은혜로 그가 강해짐을 경험하게 하시옵소서. 믿음으로 사는 용기로 무장하게 하시옵소서. 세상이 그를 거절한다 하여도 하나님을 두려워하는 마음이 더욱 크게 하시옵소서. 세상을 이기고, 불의와 타협하지 않으려는 강인함을 지니게 하시옵소서.

하나님 중심으로 인도하시는 주님,

예배하면서 찬송을 부른 대로 그 노랫말을 입에 담도록 하시옵소서. 하나님께 믿음을 고백한 그대로 입술로 말을 하면서 살아가게 하시옵소서. 하나님의 은혜에 감사한 그대로 입술로 말을 하면서 살아가게 하시옵소서. 그의 입술에 신앙고백을 담아주시옵소서.

하나님께 헌신을 약속한 그대로 살아가도록 도와주시옵소서. 여호와의 사랑을 같이 누리는 친구들을 좋아하게 하시옵소서.

　　　　　　　　　　　　　　　예수님의 이름으로 기도드립니다. 아멘.

❖ 너희 마음을 인도하여 11월 12일

"주께서 너희 마음을 인도하여 하나님의 사랑과 그리스도의 인내에 들어가게 하시기를 원하노라"(살후 3:5)

인도해주시는 하나님,

오늘, 저희 가족에게 하나님의 인도하심을 기다리며 살아가도록 축복합니다. 저희 부부와 자녀에게 감사함의 은혜를 내려 주시옵소서. 하나님께서 함께 해주시고, 그를 인도해주심에 감사하게 하시옵소서.

저의 아이가 부족함을 느끼는 속에서 바라는 것에만 매달려 살아가지만 하나님께서 주신 것들을 누림에 대하여 새롭게 깨닫기를 원합니다. 절제할 줄 모르는 욕심의 눈을 주님의 손길로 향하게 하시옵소서. 하나님께서 이만큼 베풀어 주셨음에 대하여 확인하게 하시옵소서.

아직 누리지 못하는 것들에 대해서는 참고 기다리게 하시옵소서. 그러므로 이 주간을 보내면서 여호와 하나님께서 함께 하셨던 은혜를 기억하도록 하시옵소서. 부모인 저희가 챙기기 전부터 하나님께서는 그를 도우셨습니다. 임마누엘의 하나님께서 돕는 자가 되어주셨음에 감사하게 하시옵소서.

인자하신 주님,

집에서 가족과 더불어 지낼 때, 그를 보호해 주셨으며, 좋은 것을 즐겁게 하셨습니다. 학교에서 공부를 하며 지내는 동안에 공부하는 생활에 필요한 모든 은혜를 주셨습니다.

학교 밖에서 친구들과 어울릴 때는 좋은 친구들로 말미암아 행복하도록 하셨습니다. 하나님께서 사랑하는 자를 위해서 역사해 주셨던 모든 은혜를 기억하며 지내게 하시옵소서.

예수님의 이름으로 기도드립니다. 아멘.

✧ 그리스도의 몸을 세우려 11월 13일

"이는 성도를 온전하게 하여 봉사의 일을 하게 하며 그리스도의 몸을 세우려 하심이라" (엡 4:12)

임마누엘의 하나님,

저희 가정을 믿음의 제단으로 삼아주셨음을 감사드립니다. 가정을 통해서 하나님의 사람으로 자라가며, 온전한 모습을 갖추게 하시니 마음을 다해 찬양을 드립니다. 자녀의 이름을 부를 때마다 하나님께 찬양을 드립니다.

그가 주님의 도우심으로 지내오고 있음에 하나님 앞에서 몸으로 영광을 드리기를 소망하게 하시옵소서. 올해도 크고 작은 일들에 여호와의 간섭하심을 느끼고 있습니다.

저의 아이가 추수감사절이라는 복된 시간을 맞이하면서 잊었던 은혜를 도로 찾게 하시옵소서. 하나님의 넉넉하심을 헤아리는 거룩한 시간으로 말미암아 감사함으로 경배하기를 소망합니다. 주님의 은혜로 구원을 받아 영생을 가졌음을 감사하게 하시옵소서.

넘치도록 안겨주신 주님,

저의 아이를 붙들어 주셨음을 감사드립니다. 부족하지만 하나님을 섬기는 부모의 사랑과 기도를 받으며 살고 있음을 감사하게 하시옵소서. 그가 마음으로 원하는 것들이 많아 기도를 할 때마다 응답해 주셨음에 감사하게 하시옵소서.

그가 바라는 그대로 이루어 주신 것에 대하여 감사하게 하시옵소서. 그리고 간절한 마음을 갖고 구하였으나 바라던 것이 이루어지지는 않았지만 여전히 하나님을 사랑하도록 응답해주셨음에 감사하게 해주시옵소서. 하나님께서 기뻐하시는 자로 살 것을 결단하게 하시옵소서.

예수님의 이름으로 기도드립니다. 아멘.

❖ 하나님과 사람에게 더욱 11월 14일

"예수는 지혜와 키가 자라가며 하나님과 사람에게 더욱 사랑스러워 가시더라"
(눅 2:52)

사랑스럽게 하시는 하나님,
오늘, 저희 가족에게 하나님의 사랑을 받음에 주목하게 하시니 감사드립니다. 저희가 살아가는 동안에, 하나님께의 영광을 생각하게 하시옵소서. 하나님과의 관계 속에서 지내는 가정으로 삼아주시옵소서.

부모 된 저희와 선물로 주신 저의 아이가 하나님께 신앙을 고백하고, 예수님의 은혜를 바라면서 살게 하셨음을 즐거워합니다. 올해를 시작하면서 하루하루를 하나님의 긍휼로 소망 가운데 살고자 했던 그 원함 그대로 베풀어 주셨음에 감사하게 하시옵소서.

저의 아이가 사소한 일들 속에서 하나님의 특별하신 은혜를 보게 하시옵소서. 성령님의 은혜로 하나님의 자비하심을 날마다 새롭게 느낌을 감사하게 하시옵소서. 도우시는 하나님의 손길이 때마다, 일마다에 나타나 저의 아이가 순조롭게 지낸 사실을 감사하게 하시옵소서.

찬미를 받으실 주님,
올 해도 저의 아이를 용서해 주신 은혜에 감사드립니다. 그가 죄를 지을 때마다 잘못을 보게 하시고, 회개하도록 인도해 주셨음을 즐거워합니다. 하나님께서 그를 고아처럼 버리지 않으시고, 자신의 죄를 깨닫게 하셨으며, 주님의 피를 흘리신 공로에 의지하여 회개하게 하셨습니다.

죄를 뉘우치고 의로운 삶을 다짐하도록 하신 성령님의 이끄심에 감격하게 해 주시옵소서. 기도의 영을 부어주셔서 간구하게 하심에 감사드리게 하시옵소서.
예수님의 이름으로 기도드립니다. 아멘.

부르심의 한 소망 안에서   11월 15일

"몸이 하나요 성령도 한 분이시니 이와 같이 너희가 부르심의 한 소망 안에서 부르심을 받았느니라"(엡 4:4)

사랑의 하나님,
저희 가정을 예수만 섬기는 집으로, 한 소망 안에서 지내게 하셨으니 감사드립니다. 저의 아이가 어려서부터 부모의 모습에서 신앙을 배우게 하심에 즐거워합니다. 어머니의 하나님을 나의 하나님으로 믿는 신앙의 계승을 누리는 가정이 되게 하시옵소서.

추수감사절을 맞이하면서 저희가 먼저 감사의 은혜를 고백하고, 아이도 그렇게 따르게 하시옵소서. 여호와의 인자하신 이름에 영광을 드립니다. 하나님을 가까이 하는 마음에 변함이 없게 하셨고, 주님을 마음에 모시게 하심에 감사하게 하시옵소서.

다른 일들에는 싫증을 내기도 하건만 신앙생활에는 변함이 없게 해 주셨음을 감사하게 하시옵소서. 잠깐만 생각해도 감사할 일들뿐입니다.

모든 것에 감사하신 주님,
이 세상에서 살아가는 동안 많은 이들과 더불어 지내게 하셨음에도 감사하게 하시옵소서. 가정에서는 부모, 친척들과 사촌 형제들을 주셨습니다. 교회에서는 주님을 머리로 하여 한 몸을 이루게 하신 지체들을 주셨습니다. 이웃은 하나님께 감사가 되게 하시옵소서.

좋은 친구들을 주신 은총에 감사하게 하시옵소서. 저의 아이가 어디를 가든지 친구들을 만나게 하시고, 돕는 자가 되었음에 감사하게 하시옵소서. 또한, 교회를 귀하게 여기고, 교회의 친구들을 만나게 하셨음에도 감사하게 해 주시옵소서.

예수님의 이름으로 기도드립니다. 아멘.

◈ 완전한 데로 나아갈지니라 11월 16일

"세례들과 안수와 죽은 자의 부활과 영원한 심판에 관한 교훈의 터를 다시 닦지 말고 완전한 데로 나아갈지니라"(히 6:2)

완전하기를 원하시는 하나님,

오늘, 저희 가족에게 성숙에 대하여 주목하게 하시니 감사드립니다. 저희의 모습이 날로 성장을 경험하는 것이 되게 하시옵소서. 타락하지 않도록 은혜를 구하게 하시고, 하나님의 사람으로 자라가는 가정으로 삼아주시옵소서. 저희 가정에 기름을 부어주시옵소서.

추수감사절을 기다리면서 저의 아이가 주님의 은혜를 묵상하기 원합니다. 하나님은 좋으신 아버지로서 그 사랑이 깊고도 넓게 저의 아이에게 긍휼을 베풀어 주셨습니다.

주일마다 하나님을 예배하지만, 특별하게 감사하는 절기의 예배를 드리게 하시니, 그 날을 감사함으로 기다리게 하시옵소서. 올해 일 년 동안에 저의 아이에게 하나님의 임마누엘을 새롭게 하게 하시옵소서.

누르고 넘치도록 주신 주님,

추수감사절을 기다리면서 하늘로부터 임하는 은혜에 찬양을 드립니다. 지금까지 지내오면서 누렸던 하나님의 은혜에 감사하면서 정성을 드리는 예배를 준비하게 하시옵소서. 올해도 일 년 동안 돌보아 주시고, 씨앗을 뿌려 가꾸는 삶을 살게 하셨음을 감사합니다.

나무마다 알알이 열매가 달려 농부가 따는 것처럼, 하나님께서도 추수하리라 믿습니다. 하나님께서 영적인 추수를 하실 때, 저희와 저의 아이는 천국의 창고에 들이는 알곡이 되기를 소망합니다. 하늘나라의 곳간을 빛낼 알곡의 신앙을 갖도록 해주시옵소서.

예수님의 이름으로 기도드립니다. 아멘.

❖ 너를 긍휼히 여기리라　　　　　11월 17일

"내가 넘치는 진노로 내 얼굴을 네게서 잠시 가렸으나 영원한 자비로 너를 긍휼히 여기리라"(사 54:8상)

영원히 자비로우신 하나님,

아침마다 저희 가족을 새롭게 해주셨음에 감사하는 삶으로 살아가도록 강권해주시옵소서. 비록 지나간 밤에는 힘이 들고 낙심하는 시간을 보내었으나 여호와의 은혜로 새롭게 해주심을 경험하였습니다. 하나님께서 저희 가정을 긍휼히 여겨주셨음에 찬송을 드리게 하시옵소서.

저의 아이에게 자비로우신 하나님이셨습니다. 창조하시는 권세로 그가 부족함을 느낄 때마다 풍요롭게 해 주셨으니 감사의 찬양을 드립니다. 베풀어주신 하나님의 자비하심에 찬송으로 예배드리게 하시옵소서.

추수감사절 예배를 사모하면서 은혜를 묵상해오게 하셨음에 감사를 드립니다. 하나님의 깊은 사랑과 넉넉하신 자비하심이 그로 하여금 소망을 품고 살아오게 하셨습니다.

감사의 예배로 나아가도록 하시는 주님,

하나님은 늘 자기의 편이 되어 주셨으며, 임마누엘의 신앙을 배우게 하셨음에 감사하게 하시옵소서. 내일, 하나님께서 베풀어주신 그 은혜에 감사하는 예배를 드릴 때, 하늘에 영광이 되기를 소망합니다.

감사절의 예배를 사모하는 그에게 기름을 부어주시옵소서. 저의 아이가 지금껏 도와주셨던 하나님의 풍성하신 은총을 낱낱이 헤아리면서 감사의 예배를 드리게 하시옵소서.

구할 때마다 좋은 것으로 이루어 주시고, 바랄 때마다 기쁨으로 채워주신 여호와 하나님의 인자하심에 감사하는 예배를 드리게 해주시옵소서.

　　　　　　　　　　　　　　예수님의 이름으로 기도드립니다. 아멘.

❖ 하나님이여 위엄을 성소에서　　　　11월 18일

"하나님이여 위엄을 성소에서 나타내시나이다 이스라엘의 하나님은 그의 백성에게 힘과 능력을 주시나니 하나님을 찬송할지어다"(시 68:35)

　　감사하신 하나님,
　　오늘, 주일을 추수감사절로 지키게 하셨습니다. 예배당으로 가기 전에, 저희 가정에서 감사의 제단을 쌓게 하시옵소서. 오늘, 저희 가족이 주님께로부터 받은 것들을 헤아릴 때 감사하지 않을 수 없습니다.
　　주 하나님의 은혜에 찬양으로 보답하게 하셨으니 저의 아이에게 힘을 다하여 감사의 예배를 드리게 하시옵소서. 위대하신 손길로 만족하게 하신 하나님의 인자하심에 찬양을 바치게 하시옵소서.
　　저의 아이가 눈물 골짜기로 통행할 때에, "그 곳으로 많은 샘의 곳이 되게 하며 이른 비로 은택을 입히신" 하나님을 찬양합니다. 주님의 손길을 느끼게 하여 주시옵소서. 참으로 주님의 손길을 놀라워하며 사랑의 품에 안기게 하시옵소서.
　　영광을 드리게 하시는 주님,
　　감사로 찬양을 불러도, 못다 부를 감사의 노래가 있게 하신 주님을 예배하게 하시옵소서. 하나님은 감사해야 할 것을 주셨으니, 오늘은 종일 주의 베풀어 주신 것들을 기억하며 찬송하게 하시옵소서.
　　이 예배를 드릴 때, 혹시 그의 눈이 어두워서 주님의 은혜를 보지 못하는 슬픈 일이 없게 하시고, 하나님의 복을 기리게 하시옵소서. 저희에게 주신 이 감사를 이제 알고, 저희들이 갖고 있는 것을 모아서 다른 사람들에게도 나누어 줄 수 있는 마음을 주시기를 원합니다. 이웃과 더불어 감사하는 한 날로 오늘을 지내게 하시옵소서.
　　　　　　　　　　　예수님의 이름으로 기도드립니다. 아멘.

❖ 너의 하나님을 사랑하라   11월 19일

"네 마음을 다하고 목숨을 다하고 뜻을 다하고 힘을 다하여 주 너의 하나님을 사랑하라 하신 것이요"(막 12:30)

사랑하라 하신 하나님,

오늘, 저희 가족에게 하나님을 나의 하나님으로 삼고, 전심을 드려 사랑하며 살아가도록 축복합니다. 한 주간의 생활을 주님과 함께 시작하게 하시옵소서. 사랑으로 충만한 가정이 되게 하시옵소서.

저의 자녀가 하나님께 사랑을 드리기를 원합니다. 그의 인생을 위하여 예비해 두신 복을 허락해주시옵소서. 이 주간에 하늘에서 임할 신령한 은혜와 땅에서 얻고, 누려야 할 기름진 것을 다 누리게 하시옵소서.

여호와의 도우심으로 누리는 복을 이웃과 나누도록 하시옵소서. 그리하여 섬겨야 할 친구들에게 사랑의 손을 내어밀게 하시옵소서. 스스로 할 수 없는 친구에게 가서 돕기를 원합니다. 또한, 하나님을 기뻐하여 순종하는 아들이 되기를 원합니다.

하늘에서 계획하시고, 땅에서 이루시는 거룩한 뜻에 충성을 다하여 순종하려는 다짐을 하게 하시옵소서. 하나님을 믿는다는 신앙의 근거를 순종을 통해서 확인하게 하도록 이끌어 주시옵소서.

감사로 이웃을 섬기게 하시는 주님,

하나님을 사랑하는 저의 아이가 이웃을 사랑하기를 소망합니다. 교실 안에서 우정을 두텁게 하게 하시며, 그가 친구를 도움으로써 주님의 사랑이 전해지게 하시옵소서. 예수님의 보혈의 은혜가 나누어지게 하시옵소서. 만일, 공부를 어려워하는 친구가 있다면 자신이 아는 것을 가르쳐 주어 함께 공부하는 기쁨을 누리게 하시옵소서.

예수님의 이름으로 기도드립니다. 아멘.

❖ 너희 마음을 인도하여   11월 20일

"각각 은사를 받은 대로 하나님의 여러 가지 은혜를 맡은 선한 청지기 같이 서로 봉사하라"(벧전 4:10)

은사를 주신 아버지,

오늘, 저희 가족에게 은사에 대하여 바로 알게 하시옵소서. 은사를 주심은 자산을 이익을 구하는 게 아니고, 하나님 앞에서와 이웃을 섬기게 하심을 깨닫습니다. 귀한 은사에 감사하면서 하나님께 영광이 되는 섬김을 다하게 하시옵소서.

저의 아이에게도 여호와를 영화롭게 해드리기를 소원하면서, 성실과 겸손으로 오늘의 삶에 임하게 하시옵소서. 공부를 하는 가운데, 교과서 밖에서 배워야 할 것들에도 관심을 기울이게 하시옵소서. 교사를 존중하고, 교사의 가르침에 잘 따르게 하시며, 순종하게 하시옵소서.

오늘의 삶은 세상밖으로 보내시는 하나님의 뜻임을 압니다. 저의 아이가 집을 나서면서부터 대하게 되는 모든 사람들에게 주 하나님의 사랑을 나타내게 하시옵소서.

오늘도 구별해 주시는 주님,

사람들에게 그리스도의 편지로 살라고 하셨으니 주님을 보여주는 삶을 살게 하시옵소서. 생각과 말과 행동에 있어서 주님의 모습으로 나타나게 하시고 긍휼히 여기시는 예수님의 사랑을 전파하게 하시옵소서.

주님의 은혜로 저의 아이가 성도로 구별되었음에 감사드립니다. 영적인 나실인으로 지내기를 즐거워하게 하시며, 옳지 않은 생각을 하는 아이들과 머리를 맞대지 않게 하시옵소서. 때로는 아이들로부터 따돌림을 당할지라도 의롭고 거룩한 행실을 추구하게 해주시옵소서.

                     예수님의 이름으로 기도드립니다. 아멘.

❖ 하나님을 기쁘시게 하는 자   11월 21일

"믿음으로 에녹은 죽음을 보지 않고 옮겨졌으니 하나님이 그를 옮기심으로 다시 보이지 아니하였느니라"(히 11:5상)

에녹의 하나님-나의 하나님,

오늘, 저희 가족에게 에녹을 만나게 하시니 감사드립니다. 에녹이 하나님을 기쁘시게 해드리면서 살도록 하신 은혜를 묵상하게 하시옵소서. 에녹이 자기의 마음을 하나님께 드리고 가까이 하면서 여호와의 손길을 느낀 것이 저희 가정에서 재현되게 하시옵소서.

저의 아이에게 하나님을 의지하고, 동행하는 삶을 자기의 길로 삼도록 은혜를 주시옵소서. 에녹이 여호와의 이름으로 살아가는 것을 즐거워한 것을 저의 아이도 경험하게 하시옵소서.

하나님의 사람으로 살기를 소망하여 믿음으로 동행하는 그 걸음으로 오늘을 지내게 하시옵소서. 이로써 자신의 소원을 하나님께 맡긴 이상, 헛된 꿈이나 까닭 모를 걱정을 하지 않게 하시옵소서. 저의 아이의 심령이 주님의 은혜 안에서 굳게 자리를 잡게 하시옵소서.

찬양의 제목이 되시는 주님,

간절히 기도드리니, 세상의 근심과 어리석은 욕망을 품는 불신앙의 자세에서 건져 주시옵소서. 에녹을 만드신 하나님의 손길이 그에게 나타나기를 간절히 구합니다. 하나님께서는 또 한 사람의 에녹을 보시는 영광을 저의 아이를 통해 드러나기를 원합니다.

주님을 앙망하는 가운데 소망을 품고, 주님의 도우심이 나타나는 때를 기다리게 하시옵소서. 그래서 아무 것도 저를 두렵지 않게 하시옵소서. 믿음의 굳건함에서 결코 흔들리지 않도록 이끌어주시옵소서.

예수님의 이름으로 기도드립니다. 아멘.

나의 소망은 주께 있나이다

11월 22일

"주여 이제 내가 무엇을 바라리요 나의 소망은 주께 있나이다"(시 39:7)

임마누엘의 하나님,

오늘 저희 가족에게 하나님이 바람의 대상이 되게 하시니 감사드립니다. 세상에서 소망을 구하지 않고, 눈을 들어 하늘을 보는 삶이 되게 하시옵소서.

저의 아이가 하나님을 생각만 해도 감사의 말이 떠오르게 하시옵소서. 자기의 생각대로 되어 지지 않는 것 때문에 짜증을 내지 않게 하시고, 안 됨을 통하여 하나님의 손길을 바라보게 하시옵소서.

또한, 자신을 남들과 비교하여 슬퍼하거나 낙심하지 않도록 도와주시옵소서. 하나님 앞에서 자기 혼자라는 점을 깨닫고 오히려 감사하게 하시옵소서. 외톨이로 지내는 거룩함의 은혜를 주시옵소서.

하늘에 마음을 두게 하시는 주님,

저의 아이가 자신의 외모를 보면서 기뻐하거나 슬퍼하는 등의 감정의 기복을 보이지 않기를 소망합니다. 자신을 그 모습으로 만들어주신 여호와 하나님의 은혜를 찬양하게 하시옵소서. 자신을 고민하게 하는 약점이 도리어 감사의 내용이 되기를 소망합니다. 외모적인 약점 때문에 괴로워하는 시간을 보내지 않게 하시옵소서.

외모의 불만 때문에 슬퍼하거나 낙담에 빠지지 않게 하시고, 쓴 마음을 지니지 않게 하시옵소서. 그 약점을 거룩한 가시로 여겨서 받아들이는 훈련이 되기를 원합니다. 바울에게 육체의 가시가 오히려 하나님의 은혜였듯이 외모적인 약점이 하나님을 찬미하는 것이 되게 하시옵소서. 주님께서 바라시는 더욱 큰 기쁨에 매달리게 해주시옵소서.

예수님의 이름으로 기도드립니다. 아멘.

❖ 그의 부활과 같은 모양으로　　　　11월 23일

"만일 우리가 그의 죽으심과 같은 모양으로 연합한 자가 되었으면 또한 그의 부활과 같은 모양으로 연합한 자도 되리라"(롬 6:5)

　그리스도와 연합하게 하시는 하나님,
　저희 가족에게 주님의 의미를 깨닫게 하시니 감사드립니다. 주님의 죽으심에 함께 하게 해주신 은혜로 주님의 부활에도 함께 하기를 원하게 하시옵소서. 저희 가정을 부활을 기다리는 가족으로 삼아주시옵소서.
　저의 아이는 오늘, 부활을 기다리는 마음으로 지내되, 하나님의 손길을 느끼고 감사하게 하시옵소서. 하나님께서 아버지가 되어 사랑을 베풀어 주시고, 모든 일을 주관해 주심을 깨닫게 하시옵소서. 순간순간 간섭하시고, 생각지도 못 했던 상황들을 만드셔서 이끌어 주시는 은혜를 발견하게 하시옵소서.
　합력하여 선을 이루어 주시며, 좋은 것으로 만족하게 하심을 기다리게 하시옵소서. 이로써 매일의 생활을 통해서 하나님의 뜻을 찾게 하시옵소서. 불신자들과 같이 있지만 그들과 어울리지 않게 하시고, 그들에게 하나님의 사람임을 보여주는 담대함을 갖게 하시옵소서. 세상에 보내어진 하나님의 편지로서 행동하기를 소망합니다.
　거룩함을 주신 주님,
　저의 아이가 믿지 않는 친구들과 어울리면서 죄를 짓지 않게 하옵소서. 악인의 꾀를 따르지 말라 하신 말씀을 늘 기억하여 주의하게 하시옵소서. 주님께 드려야 하는 영광을 자신들의 것처럼 누리는 교만한 이들 앞에서 하나님을 찬미하는 담대함을 갖게 하시옵소서. 자신을 하나님께 구별해드리는 한 날을 경험하게 하시옵소서.

　　　　　　　　　예수님의 이름으로 기도드립니다. 아멘.

❖ 예루살렘을 구속하셨음이라 11월 24일

"이는 여호와께서 그의 백성을 위로하셨고 예루살렘을 구속하셨음이라"(사 52:9하)

위로해주시는 하나님,

오늘, 저희 가족에게 '하나님의 위로'를 구하는 삶으로 살아가도록 강권해 주시옵소서. 온 가족이 위로를 경험하고, 소망이 넘치는 가정으로 삼아주시옵소서. 예루살렘을 구속하신 은총을 보여주시옵소서.

저의 아이가 여호와의 이름을 높여 위로를 경험하게 하시옵소서. 하나님께서 사랑으로 돌보아주셨음을 감격해 하는 중에 오늘 하루의 삶을 맞이하기 원합니다. 나무마다 열매들을 탐스럽게 맺고 있음을 보면서 성령님의 열매가 얼마나 맺어져가고 있는지를 생각하게 하시옵소서.

그 열매를 맺음이 생활 속에서 보여 지게 하시옵소서. 주변에서 남들과의 관계에서 겸손한 마음으로 다른 이들을 대하게 하시옵소서. 친구들이나 이웃 사람들은 물론이려니와 나이가 어린 이들에게도 자신보다 낫게 여기는 겸손을 지니게 하시옵소서. 그리고 하나님께서 자신을 높이심을 기다리도록 이끌어 주시옵소서.

구속의 은혜를 깨닫게 하시는 주님,

저의 아이가 예배당으로 가는 것을 즐거워하게 하시옵소서. 하나님을 경배하는 친구들과 함께 하는 자리를 소중히 여기게 하시옵소서. 교회로 모이는 거룩한 공동체를 통해서 하늘나라를 바라보게 하시옵소서.

예배하는 한 시간이 하늘나라에서 영원히 주님을 경배하는 모형이 되기를 소망합니다. 주 여호와의 이름을 높여드리며 예배드리는 시간을 사모하도록 성령님께서 강권해주시옵소서.

예수님의 이름으로 기도드립니다. 아멘.

❖ 주일, 여호와 앞에 무릎을 꿇자   11월 25일

"오라 우리가 굽혀 경배하며 우리를 지으신 여호와 앞에 무릎을 꿇자"(시 95:6)

무릎을 꿇게 하시는 하나님,

오늘, 주님의 날을 맞이하게 하시니 감사드립니다. 저희 가족에게 만유의 주가 되시는 하나님께 영광을 드리는 주일이 되게 하시옵소서. 온 식구들이 교회를 즐거워하고, 여호와께 찬양을 드리게 하시옵소서.

주님의 백성들이 다 나아와 경배할 때, 저의 아이도 감사를 드리며 예배하게 하시옵소서. 마음을 열어 진심어린 찬양을 불러 하나님을 기뻐하기 원합니다. 참 즐거운 노래로 찬양을 드리게 하시옵소서. 온 몸과 마음으로 주님의 이름을 기뻐하게 하시옵소서.

영원한 나라에서 온 세상을 다스리시는 그 손길의 하나님을 즐거워합니다. 저의 아이도 보호하심을 받고 지내왔음을 감사드립니다.

생명을 지으신 하나님께서 지나온 한 주간 동안에도 그의 생명을 보존해 주시고 복되게 하셨습니다. 멸망에 이를 수밖에 없던 죄의 짐을 벗고 복락을 누리게 하셨으니 기뻐하게 하시옵소서.

하늘 나라를 주신 주님,

주일을 거룩하게 보내면서 천국의 아름다움을 누리게 하시옵소서. 주님께서 다시 오실 때, 이루어질 하나님의 나라를 기다리는 마음으로 예배하게 하옵소서.

예수님께서 다시 오심이 큰 기쁨이 되도록 하시옵소서. 약속하셨던 그대로 첫 성탄절을 맞이했던 목자들처럼, 다시 오신다는 약속이 이루어져 재림하시는 주님을 기쁘게 맞게 해주시옵소서.

예수님의 이름으로 기도드립니다. 아멘.

❖ 땅의 모든 끝이 하나님을　　　　　11월 26일

"하나님이 우리에게 복을 주시리니 땅의 모든 끝이 하나님을 경외하리로다"(시 67:7)

　복을 주시는 하나님,
　오늘, 저희 가족에게 복이 하나님으로부터 말미암음을 깨달아 살아가도록 축복합니다. 저희 가정을 복 되게 하시옵소서. 집안에 있는 온 식구들을 여호와께 복 있는 자들로 삼아주시옵소서. 세상에서 복을 구하지 않고, 하나님이 복이 되어 주시기를 원합니다.
　저의 아이가 예수님이 자기에게 구주가 되어주심을 고백하게 하시옵소서. 성령님께서 함께 해주심으로 죄를 거절할 수 있게 하시니, 하나님께 찬양을 드립니다. 그에게 주님을 닮기 원하지만 때때로 세상에서의 즐거움에 빠짐을 회개하도록 이끌어 주시옵소서.
　그가 하나님의 사랑을 찬양하며 지내게 하시옵소서. 저의 가슴에 하나님의 사랑이 채워질수록 믿음의 좋은 나무가 될 줄로 믿습니다. 주님께서 기뻐하실 일들을 바라보며 살아갈 때, 성령의 열매를 맺게 됨을 믿습니다. 이로써 하나님께서 주관하시는 상황에 주목하게 하시옵소서. 주 안에서 서는 믿음의 삶을 살도록 이끌어 주시옵소서.
　상급을 바라보게 하시는 주님,
　하나님 앞에서 받을 상을 바라보게 하시옵소서. 면류관은 경기에서 승리한 사람만이 받음을 믿습니다. 주님께서 예비해 두신 면류관을 다 받을 수 있는 영광을 주시옵소서. 의의 면류관을 얻기 위해서 주 안에 서서 감사함으로 살아가도록 도와주시옵소서. 그에게 기름을 부어주심으로써 부족함이 없게 하시옵소서.
　　　　　　　　　　　예수님의 이름으로 기도드립니다. 아멘.

❖ 섬기는 자로 너희 중에 있노라   11월 27일

"앉아서 먹는 자가 크냐 섬기는 자가 크냐 앉아서 먹는 자가 아니냐 그러나 나는 섬기는 자로 너희 중에 있노라"(눅 22:27)

겸손을 원하시는 하나님,

오늘, 저희 가족에게 섬기는 자로 오신 주님을 묵상하게 하시니 감사드립니다. 섬김의 본을 보여주시면서 그렇게 따르라 하셨는데, 저희 가정을 섬김의 영으로 충만하게 하시옵소서. 주님의 삶을 저희 가정에 비전으로 삼게 하시옵소서.

저의 자녀에게 섬김으로 보여주신 주님의 삶을 본 받게 하시옵소서. 오직 주님만 닮겠다는 결단을 경험하게 하시옵소서.

또한 자신의 행실에서 제자 된 삶을 이루겠다는 성취를 향한 근면함을 허락해 주시옵소서. 여기에 경건이라는 대가가 지불되어 주님의 사람으로 세워주시옵소서.

그에게 진리의 영으로 충만하게 하셔서 말씀을 통해서 약속하신 것을 붙잡아 기다리게 하시옵소서. 혹시 하나님의 약속이 더디더라도 성취되어짐을 보겠다는 인내를 허락하시옵소서.

약속을 기다리게 하시는 주님,

나아가 저의 아이 자신이 약속의 성취를 이루어야 한다는 자세를 갖고 말씀에 순종해서 따르게 하시옵소서. 주 하나님의 자비로우심이 하늘에 창을 내셔서 복을 부어주심을 믿게 하시옵소서.

광야의 이스라엘 백성들에게 만나와 메추라기를 공급하셨던 그 손길을 기대하게 하시옵소서. 그리하여 자신의 소유의 정도에 마음을 내어주지 않게 하시옵소서. 가진 것은 부족하여도 하나님이 베푸심을 기대하도록 해주시옵소서.

예수님의 이름으로 기도드립니다. 아멘.

❖ 자신을 속이는 자가 되지 말라   11월 28일

"너희는 말씀을 행하는 자가 되고 듣기만 하여 자신을 속이는 자가 되지 말라"
 (약 1:22)

　야고보의 하나님-나의 하나님,
　오늘, 저희 가정에 구원에 이르는 삶의 은혜를 사모하게 하시옵소서. 믿음으로 얻게 된 구원의 은혜는 이미 주신 것이지만 믿음의 증거로 행함을 나타내어 아직 이루어지지 않은 구원을 완성해가게 하시옵소서. '이미'와 '아직' 사이에서 행함으로 살아가는 저희 가정이 되도록 식구들에게 기름을 부어주시옵소서.
　저의 아이가 행함으로써 자신의 믿음을 하나님께 보여드리기를 원하게 하시옵소서. 야고보가 살았던 행함에 대한 믿음을 배우게 하시옵소서.
　세상은 죄로 인하여 주님을 거스르는 것으로 채워져 가고 있습니다. 사탄은 죄를 다스려서 사람들로 하여금 죄의 종노릇을 하게 합니다. 사탄의 지배로 말미암아 온갖 거짓과 속임수가 유혹하여 잘못된 길로 가게 할 때, 저의 아이가 하나님께 주목하게 하시옵소서. 세상에서는 외톨이로 보일지라도 바른 길로 갈 수 있도록 인도하여 주시옵소서.
　신령함의 기쁨을 주신 주님,
　저의 아이가 여호와 하나님의 넘치는 사랑에 감사하면서 기뻐하게 하시옵소서. 그리고 그 기쁨이 주님께로부터 비롯되기를 소망합니다. 하나님의 영광을 드러내는 일에 힘쓸 때, 기쁨을 누리게 하시옵소서.
　예수님의 뜻에 순종할 때, 기쁨을 누리게 하시옵소서. 주님의 손길로 남을 도울 때, 기쁨을 누리게 하시옵소서. 기쁨으로 넘치는 생활이 되게 해주시옵소서. 성령님께서 강권하사 행함으로 지내게 하시옵소서.
　　　　　　　　　　예수님의 이름으로 기도드립니다. 아멘.

❖ 믿는 도리의 소망을 굳게 잡고   11월 29일

"또 약속하신 이는 미쁘시니 우리가 믿는 도리의 소망을 움직이지 말며 굳게 잡고"
(히 10:23)

    찬양을 받으실 하나님,
    오늘, 저희 가족에게 하나님의 언약을 묵상하게 하시니 감사드립니다. 주님께서 저희 가정에 구원을 보장해주셨으니 이 은혜를 놓치지 않게 하시옵소서. 주님께서 주신 언약에 소망을 두고 지내기를 원합니다.
    저의 아이에게도 구원의 은혜로 말미암은 소망을 붙잡게 하시옵소서. 그에게 하나님의 인자하심을 깨닫게 하시고, 오직 하나님만이 의지할 대상임을 믿게 하시옵소서. 학교에 다니면서 공부하게 하시고, 좋은 성적으로 기쁨을 주셨던 은총을 기억하게 하시옵소서.
    공부에 지치지 않게 하셨고, 최선의 노력을 쏟도록 도와주셨음을 감사드립니다. 날마다 지내는 삶 속에서 하나님의 평강으로 붙들어 주셨음을 즐거워합니다.
    공부를 해오는 중에, 중요한 시험이 있었고, 실수를 해서는 안 될 순간들이 있었지만, 그때마다 돕는 손길이 되어 주신 여호와의 인자하심을 기억하게 하시옵소서.
    영으로 지내게 하시는 주님,
    힘이 빠져 있을 때, 도리어 강하게 해주셨던 하나님의 섭리를 깨닫기를 원합니다. 그가 기도로 살아가게 하시옵소서. 주님의 평강은 기도하는 가운데 위로부터 내려온다는 것을 묵상하게 하시옵소서.
    하나님의 특별하신 만져주심은 오직 간구하는 순간에 받게 되는 은총임을 알게 하시옵소서. 감사함으로 구하고, 간절히 사모함으로 부르짖는 기도를 하도록 이끌어주시옵소서.

                        예수님의 이름으로 기도드립니다. 아멘.

❖ 하나님이 세상을 이처럼 사랑하사 11월 30일

"하나님이 세상을 이처럼 사랑하사 독생자를 주셨으니 이는 그를 믿는 자마다 멸망하지 않고 영생을 얻게 하려 하심이라"(요 3:16)

임마누엘의 하나님,

오늘, 저희 가족에게 독생자를 주신 하나님을 묵상하게 하시니 감사드립니다. 하나님께서 세상을 사랑하시니 저희들도 세상을 사랑하게 하시옵소서. 하나님께서 구원하시기를 원하는 이들, 그들에게로 찾아가서 복음을 전하게 하시옵소서. 사랑으로 섬기게 하시옵소서.

저 이 아이가 하나님의 사랑을 배우기를 원합니다. 세상의 사람들을 대할 때 하나님의 사랑으로 다가가는 것을 배우게 하시옵소서. 하나님께서 사랑하시는 사람들에게 어떻게 대할까를 생각하고, 행동으로 실천하게 하시옵소서.

또한, 자기의 이익을 하나님의 생각처럼 여기지 않게 하시옵소서. 세상에는 자기를 기뻐하기를 원하는, 십자가의 원수로 행동하는 이들이 있습니다.

그들의 신은 살아 계신 하나님이 아니라 먹기를 탐하는 배입니다. 저의 아이가 잘못된 생각을 하여 부끄러워해야 할 죄를 오히려 자랑거리고 삼지 않도록 하시옵소서.

11월을 살도록 하신 주님,

하나님의 자녀로서의 복을 누리는 가운데 11월의 마지막 날을 맞이합니다. 그를 지켜주셔서 은혜 가운데 한 달을 믿음으로 지내온 것에 감사드립니다. 찬양으로 감사를 표현하고, 영광을 드리게 하시옵소서.

이 달에 행하고자 마음먹은 것들을 잘 해낼 수 있게 도와주신 여호와의 손을 자랑합니다. 새롭게 시작되는 달에 소망을 품게 해주시옵소서.

예수님의 이름으로 기도드립니다. 아멘.

❖ 온전한 마음과 기쁜 뜻으로　　　　　12월 1일

"내 아들 솔로몬아 너는 네 아버지의 하나님을 알고 온전한 마음과 기쁜 뜻으로 섬길지어다"(대상 28:9상)

　은혜로우신 하나님,
　오늘 저희 가족에게 하나님을 배움에 대하여 주목하는 삶으로 살아가도록 강권해주시옵소서. 하나님을 알려고 하는 마음을 주시옵소서. 저희 가정에서 하나님을 배우는 시간이 많아지게 하시옵소서.
　12월 첫날에, 저의 아이에게 인류를 구원하시려는 하나님의 일이 이루어진 것을 기억하게 하시옵소서. 아기 예수님께 영광을 드리며 이 달을 시작하게 하시옵소서. 그를 위해서 특별히 계획하셨던 일들을 통하여 은혜를 나타내 주시옵소서.
　오늘, 저의 아이를 지켜주심을 믿습니다. 이제까지 그를 사랑해 주셨던 손길로 만져 주시옵소서. 하나님의 사랑이 무한하신 얼굴을 그에게 돌리시어 오늘이 복되게 하시옵소서. 크신 은총으로 참 평강을 누리게 하시고, 그 얼굴로 말미암은 은혜가 해 같이 빛나기를 원합니다.
　영광의 계절을 주신 주님,
　함께 해 주시는 주님의 은혜를 기뻐하면서 찬양으로 영광을 돌리게 하시옵소서. 주 여호와의 이름을 높여드리며 예배드리는 시간을 사모하기를 소망합니다.
　주님의 날이 세상으로부터 구별되고, 하나님께 영광을 드리는 시간이기를 바라는 마음을 주시옵소서.
　하나님을 영화롭게 해드리고 주님께서 세상을 향해서 복을 주시는 예배를 기다리게 하시옵소서. 그에게 영과 진리로 예배하기 위해서 자신을 성결하게 하는 시간을 경험하게 하시옵소서.
　　　　　　　　　　　　　　예수님의 이름으로 기도드립니다. 아멘.

❖ 온 땅이 주께 경배하고   12월 2일

"온 땅이 주께 경배하고 주를 노래하며 주의 이름을 노래하리이다 할지어다(셀라)"
 (시 66:4)

　찬송의 주 하나님,
　한 해를 마치는 끝을 앞둔 때, 대강절을 맞이하였습니다. 오늘부터 대강절이 시작되는데, 아기 예수의 오신 것을 찬양하면서 성탄절을 기다리게 하시옵소서. 하나님께서 약속하셨던 대로 메시야를 보내어 주셨던 사실을 기억하게 하시옵소서.
　저이 아이에게 예배의 영으로 인도하사 거룩한 약속을 성취하신 하나님을 찬양하도록 이끌어 주시옵소서. 성탄을 계획하시고, 이 땅에 예수님의 오심으로 평화를 주신 하나님께 찬양으로 영광을 드리게 하시옵소서. 주님의 이름을 노래하는 주일로 지내게 하시옵소서.
　대강절 첫째 주일에 저의 아이가 빛으로 오신 예수님에 대한 묵상을 통해 은혜를 누리게 하시옵소서. 빛 가운데 계시면서, 스스로 빛으로서 우리에게 오셔서 생명의 빛을 주신 예수님을 생각하는 시간을 갖게 하시옵소서. 그 거룩하고 밝은 빛으로 기쁨을 갖기를 소망합니다.
　메시야를 묵상하게 하시는 주님,
　생명의 빛으로 새 사람이 되게 하시옵소서. 그 빛으로 말미암아 다시 일어나게 하시옵소서. 그 빛이 있기에 다시 시작하게 하시옵소서. 실패하고 좌절되는 마음에 생명의 빛이 임하여 소망으로 충만하도록 이끌어 주시옵소서.
　미워하고 싫어지기도 하는 인간관계에서 사랑을 나누는 감격으로 살아가도록 이끌어주시옵소서. 하나님의 사랑을 전하게 하시옵소서.
　　　　　　　　　　　　　예수님의 이름으로 기도드립니다. 아멘.

❖ 내가 주를 사랑하나이다   12월 3일

"나의 힘이신 여호와여 내가 주를 사랑하나이다"(시 18:1)

힘이 되어주시는 하나님,

여호와를 사랑하며 살아가는 저희 가족을 축복합니다. 저희 가정을 위하여 예비해두신 복을 내려주시옵소서. 식구들에게 하나님을 사랑하는 복을 경험하게 하시옵소서. 사랑한다고 고백하게 하시옵소서.

성탄절을 맞이하면서 저의 아이가 하나님께 복을 받을 사람이 되게 하시옵소서. 세례 요한이 주님의 오시는 길을 예비했듯이, 예수님을 생각하며 기쁜 날을 기다리기 원합니다.

성탄절을 기다릴 때, 주님께서 기뻐하시는 모습을 갖추게 하시옵소서. 예수님께서 이 땅에 오셔야만 하셨던 하나님의 뜻을 바르게 알게 하시고, 거룩하신 이름을 찬양하게 하시옵소서. 자기 자신의 유익과 공부하는 것으로 분주하게 지내왔던 지난 시간을 돌아보고, 혹시 성탄절에 어울리지 않는 죄의 모습이 있다면 회개하도록 하시옵소서.

심판의 주를 기다리게 하시는 주님,

성탄절을 맞이하면서 자기 자신을 깨끗하게 하는 은혜를 경험하기를 원합니다. 이로써 옛날, 믿음의 조상들은 처음 성탄절을 기다렸지만, 저희들은 다시 오시겠다고 약속하시며, 하늘로 가셨던 예수님의 재림을 기다리게 하시옵소서.

이미 오신 예수님의 생일을 축하하면서 또 다시 오실 예수님을 기다리도록 이끌어 주심을 믿습니다. 메시야의 약속이 이루어지던 날, 하나님의 아들은 초라하게 오셨지만 다시 오실 예수님께서는 하나님의 영광 가운데 오시리라 믿습니다.

예수님의 이름으로 기도드립니다. 아멘.

❖ 너희에게 안겨 주리라 　　　　　　　　12월 4일

"주라 그리하면 너희에게 줄 것이니 곧 후히 되어 누르고 흔들어 넘치도록 하여 너희에게 안겨 주리라"(눅 6:38상)

안겨주시는 하나님,

오늘, 저희 가족에게 하나님의 주심을 묵상하게 하시니 감사드립니다. 저희를 사랑하사 궁핍하지 않게 하시며, 넉넉히 채워주시는 은혜 안에서 지내게 하시옵소서. 아쉬울 것이 없게 하시는 아버지께 감사하는 가정으로 삼아주시옵소서.

성탄절의 계절을 기다리는 저의 아이에게 예수님으로 말미암은 평화가 넘치도록 하시옵소서. 예수님의 이름만으로 즐거움이 넘치게 하시옵소서. 세상이 알지 못하는 평안을 간직하게 하시옵소서.

저의 아이에게서 가끔 초초해하는 것을 봅니다. 혹시 남들보다 더 나으려는 생각으로 초초해하고 근심에 갇힌다면 불쌍히 여겨 주시옵소서.

주님을 바라보지 못하고, 자신의 생각에만 집중하다 보니 근심이 끊이지 않고 있습니다.

평강을 주신 주님,

이제 더욱 하나님을 바라보며 평안을 구하게 하시옵소서. 믿음으로 세상의 근심에서 벗어나게 하시옵소서. 마음에 근심하지 말고 하나님을 믿으니 또 나를 믿으라고 하셨습니다.

성탄절을 기다리면서 평화를 주시려고 오신 주님을 생각하기 원합니다. 예수님의 오심으로 이미 평화가 주어졌음을 깨닫게 하시옵소서.

저의 아이가 참으로 하나님을 믿고 주 예수 그리스도를 자신의 생명의 주로 믿어 근심과 걱정에서 자유를 누리도록 이끌어주시옵소서.

　　　　　　　　　　　　　예수님의 이름으로 기도드립니다. 아멘.

❖ 나의 일에 유익하니라　　　　　12월 5일

"네가 올 때에 마가를 데리고 오라 그가 나의 일에 유익하니라"(딤후 4:11하)

　마가의 하나님-나의 하나님,
　오늘, 저희 가족에게 하나님께 기억되는 사람, 하나님의 일에 유익한 사람이 되게 하시옵소서. 식구들 각 사람이 여호와께 유익한 자가 되기를 소원하게 하시옵소서. 저희 가정을 하나님께 드립니다.
　저의 아이가 비록 어리지만 그 자신으로서 하나님의 사람으로 지내게 하시옵소서. 그를 세상에 보내실 때는 하나님의 계획하심이 있으리라 믿습니다. 저희 부부에게 자녀로 태어났지만 하나님의 나라에서 일꾼으로 살아가는 자가 되게 하시옵소서.
　대림절의 기간을 지내면서 하나님의 뜻과 하나님의 일이 이 땅에서 이루어지 위하여 그가 담당해야 될 일을 보게 하시옵소서. 예수님께서 아기로 나셨다는 것보다 메시야를 세상에 보내셔야 했던 하나님의 의도를 묵상하게 하시고, 자신의 사명이 있음을 확인하게 하시옵소서.
　예수의 모습으로 살라 하시는 주님,
　기다리던 메시야가 세상에 오셨던 것처럼, 저희들 모두에게 세상으로 향하게 하시옵소서. 이로써 저의 아이도 세상으로 보내어지는 하나님의 사람이라는 자신의 정체성을 발견하게 하시옵소서.
　그에게 기름을 부어 주시옵소서. 그리하여 십자가에 달려 죽으시고, 부활하사 승천하셨으며, 이제, 우리 모두에게 기다리라고 하신 주님을 세상에 전하게 하시옵소서. 성탄절이 교회 안에서의 축일이 아니고, 세상에 사랑을 전하는 날이 되도록 전하게 하시옵소서.
　　　　　　　　　　　　　　　　예수님의 이름으로 기도드립니다. 아멘.

❖ 하늘로 가심을 본 그대로 오시리라   12월 6일

"너희 가운데서 하늘로 올려지신 이 예수는 하늘로 가심을 본 그대로 오시리라 하였느니라"(행 1:11하)

주님을 기다리게 하시는 하나님,
오늘, 저희 가족에게 주님의 재림을 묵상하게 하시니 감사드립니다. 처음 성탄절로 말미암아 주님의 재림을 기다리게 하시옵소서. 재림을 약속해주신 주님을 기다리는 저희가정으로 삼아주시옵소서.

영생을 주시려고 예수님을 세상에 보내주셨음에 감사드립니다. 저의 아이가 주님께서 나신 날을 기다릴 때, 하나님의 구원에 대한 계획에 주의를 기울이기를 소망합니다. 구원을 원하시는 사랑에 순종하여 예수님의 다스리심을 받게 하시옵소서.

때때로 그가 주님의 다스리심을 거절했던 죄를 위하여 대신 용서를 구합니다. 그가 살아오면서 하나님의 인도하심에 주목하지 못하고 자기의 생각에 따라 살아온 결과 실패할 수밖에 없었습니다.

성취의 기쁨을 주시는 주님,
그러나 우리에게는 언제나 주님의 섭리에 따라 정해 주신 성장의 분량이 있음을 믿습니다. 하나님의 지혜와 그 능력보다 나 자신을 믿고 앞날을 계획할 때 실패와 헛수고와 무의미가 자신을 기다리게 되는 것을 깨닫게 해주시옵소서.

저의 아이가 성탄절을 기다릴 때, 한낱 교회의 축제일로 기다리지 않게 하시옵소서. 예수님을 구주로 영접하고, 주님의 다스리심을 받기를 결단하는 중에 이 날을 기다리기를 소망합니다. 실패자의 모습으로 있는 그를 하나님께서 위로하시고 넉넉한 은총을 부어주시옵소서.

예수님의 이름으로 기도드립니다. 아멘.

곧 십자가에 죽으심이라　　12월 7일

"사람의 모양으로 나타나사 자기를 낮추시고 죽기까지 복종하셨으니 곧 십자가에 죽으심이라"(빌 2:8)

영광의 하나님,

오늘, 저희 가족에게 주님께서 세상에 오셔야만 하셨던 이유를 묵상하게 하시니 감사드립니다. 나의 죄를 사해주시려고 죄인이 되어 주신 주님, 나를 대신해서 죄 값을 치르시려고 십자가에 죽으신 주님을 바라보게 하시옵소서. 성탄절에 십자가를 보여주시옵소서.

저의 아이가 우리를 위해서 구주가 나셨음을 기뻐하게 하시옵소서. 메시야를 기다렸던 이들은 아기 예수님을 영접하는 은혜를 받았습니다. '자기들의 죄로부터 구원해 주실 분'으로 예수님을 사모했기에 새로 나신 아기께 경배를 드릴 수 있었음을 깨닫게 하시옵소서.

성탄의 은혜로 인도하시는 주님,

아기 예수님의 나심을 즐거워하는 저의 아이가 특별한 기도의 시간을 갖게 하시옵소서. 주님의 오심이 가난한 자들에게 복음이 전해지게 하려 하심이셨듯이 가난한 이들을 위해서 기도하기를 소망합니다.

그가 가난한 이들에게 구제할 수 있도록 은혜를 더하시옵소서. 하나님의 사랑이 몸으로 오셨던 것처럼 주님의 사랑을 몸으로 나타낼 수 있는 영광의 시간을 갖게 하시옵소서.

저의 아이가 성탄절이 주님을 믿는 자들만의 축제가 아님을 알기를 원합니다. 포로된 자에게 자유를, 눈 먼 자에게 다시 보게 함을 위해서 주님이 오셨습니다. 이미 오신 예수님을 아직도 영접하지 못한 사람들을 위해 기도하는 시간을 갖게 해주시옵소서.

　　　　　　　　　　　　예수님의 이름으로 기도드립니다. 아멘.

내가 너를 구속하였고   12월 8일

"너는 두려워하지 말라 내가 너를 구속하였고 내가 너를 지명하여 불렀나니 너는 내 것이라"(사 43:1)

구속해주신 하나님,

오늘, 저희 가족에게 하나님께서 지명해주셨음에 감격하는 삶으로 살아가도록 강권해주시옵소서. 저희 부부와 자녀를 그리스도의 사람으로 선택해 주셨음에 감사로 나아가게 하시옵소서.

성탄절의 축제를 준비하느라 자칫 들뜨기 쉽지만, 지난 11개월의 생활을 돌이켜 보면서 감사의 기도를 저희 가족이기를 원합니다. 금년 첫 날부터 주 하나님의 간섭을 통하여 소망의 시간들을 보낼 수 있었음을 기뻐하게 하시옵소서.

사랑하는 온 식구들이 여기에까지 이끌어 주신 하나님의 은혜를 찬미하게 하시옵소서. 이로써 저의 아이에게 깨어있는 믿음의 생활을 하게 하시옵소서.

별을 보던 박사들이었기에 큰 별이 나타난 것을 보았듯이, 저의 아이가 심령으로 주님께 깨어있기를 소망합니다.

신망에의 삶을 주신 주님,

믿음으로 깨어서 주님의 영광을 구하게 하시고, 사랑으로 깨어서 주님의 손길을 나타내게 하시며, 소망으로 깨어서 하나님의 나라를 바라보게 하시옵소서.

나아가 주님의 이름을 높여드리며 예배드리는 시간을 사모하게 하시옵소서. 주님의 날이 세상으로부터 구별되고, 하나님께 영광을 드리는 시간이기를 바라는 마음을 주시옵소서.

오직 하늘의 하나님께 영화로움을 드리는 예배를 기다리게 하시옵소서.

                     예수님의 이름으로 기도드립니다. 아멘.

❖ 여호와 우리 하나님을 높여 12월 9일

"너희는 여호와 우리 하나님을 높여 그의 발등상 앞에서 경배할지어다 그는 거룩하시도다"(시 99:5)

거룩하신 하나님,

오늘, 저희 가족에게 주일을 주셔서 감사드립니다. 성탄절을 기다리는 저희들에게 복된 시간이 되게 하시옵소서. 온 식구들이 예수님의 오심이 주는 참 기쁨을 누리기를 소망합니다.

그 옛날, 억눌려 있던 사람들에게 아기 예수님이 기쁨이 되어주셨던 것처럼, 성탄절을 기다리면서 저의 아이에게 메시야의 은혜를 맛보게 하시옵소서.

대강절 둘째 주일을 맞이했으니, 생명의 길이 되어 주신 주님을 찬미하는 은혜를 허락하시옵소서.

저희의 길을 인도하시는 등불로 오신 예수님을 생각하면서 주님을 기대하게 하시옵소서. 성령님의 깨닫게 하시는 감화로 예수님을 더욱 깊이 알아가는 시간을 갖도록 이끌어 주시옵소서. 이미 그 옛날에 오신 예수님의 성탄절을 기다리면서 우리의 생명의 빛이 되어주신 예수님을 바라보게 하시옵소서.

금년의 남은 시간을 보게 하시는 주님,

그가 하나님을 사랑하면서 살아가기에는 어려움도 많습니다. 그의 마음을 약하게도 하고, 두렵게도 합니다. 그런 어려움이 있지만 주님의 빛이 그에게 생명의 길을 열어주시옵소서.

낙심하게 하는 세상을 바라보지 말고, 소망을 주시는 하나님을 기대하게 하시옵소서. 성탄의 약속을 이루신 하나님께서 재림의 약속도 이루심을 믿게 하시옵소서. 주님의 오심을 기다림을 확인하게 하시옵소서.

예수님의 이름으로 기도드립니다. 아멘.

❖ 주의 증거들을 사랑하나이다 12월 10일

"주께서 세상의 모든 악인들을 찌꺼기 같이 버리시니 그러므로 내가 주의 증거들을 사랑하나이다"(시 119:119)

사랑하게 하시는 하나님

오늘, 저희 가족에게 오직 하나님을 사랑하며 살아가도록 축복합니다. 하나님을 사랑하게 하사 하나님께 대한 것들을 사랑하게 하시옵소서. 저희 가정을 하나님을 사랑하는 곳으로 선택해주시옵소서.

저의 아이에게 진리 안에서 참됨을 깨닫게 하시옵소서. 분별의 영을 주셔서 참과 거짓을 가려내게 하시옵소서. 거짓이 참인 양 날뛰고 있으며, 사탄이 성령을 위장하고 날뛰고 있습니다. 분별을 통하여 하나님께 영광을 드리기 원합니다.

이에, 다른 복음이 아닌 바른 복음, 다른 예수가 아닌 바른 예수, 다른 영이 아닌 바른 영에 대한 분별력을 갖게 하시옵소서.

저의 아이에게 하늘나라를 소망하면서 열매를 맺기를 소망합니다. 예수님으로 말미암아 의의 열매가 가득하게 하시옵소서. 예수님을 믿음으로 의롭다 하심을 얻었으니 회개에 합당한 열매를 맺게 하시옵소서.

핑계하지 않게 하시는 주님,

주님께서 인정하시는 온전함에 이르기를 바라게 하시옵소서. 하나님의 사람으로 흠이 없고, 바로 서는 것에 마음을 두게 하시옵소서. 성령님의 능력으로 의의 열매를 맺게 하시옵소서.

하나님께로부터 사랑을 받고 있은 즉, 그 사랑에 응답하여 온전히 서기를 소망하게 하시옵소서. 나아가 그리스도의 분량에까지 자라기 위한 믿음의 훈련을 즐겨 감당하기까지 인도해주시옵소서.

예수님의 이름으로 기도드립니다. 아멘.

✧ 거저 받았으니 거저 주라 12월 11일

"병든 자를 고치며 죽은 자를 살리며 나병환자를 깨끗하게 하며 귀신을 쫓아내되 너희가 거저 받았으니 거저 주라"(마 10:8)

신실하신 하나님,
오늘, 저희 가족에게 주는 것에 대하여 묵상하게 하시니 감사드립니다. 저희들이 받은 것은 주라 하심인데 제대로 주어왔는지를 돌아보게 하시옵소서. 하나님께서 아들을 주시고 그로 말미암아 생명을 주셨는데, 저희는 무엇을 주지 않을 수 있습니까? 주는 인생이 되게 하시옵소서.

금년에도 저의 아이의 인생을 복되게 하셨음에 감사드립니다. 그의 기도를 들으시고, 마음에 원하는 바를 이루며, 하나님 앞에서 소망을 품게 하시니 영광을 받아주시옵소서.

저의 아이를 형통케 하셔서 하나님 앞에서나 세상의 일들 앞에서 주님의 모습을 닮아 증인된 삶을 살게 하심을 기뻐합니다. 이제, 그가 하나님 앞에서 소원을 품기 원합니다. 주님께서 그에게 짊어지게 하신 십자가를 지고 세상 안에서 살아가게 하시옵소서.

삶이 제물 되게 하시는 주님,
매일의 생활 현장에서 사귀는 친구들에게 기쁨이 되게 하시옵소서. 그들이 저의 아이를 만난다는 사실만으로도 기쁨을 누림이 되기 원합니다. 우울하거나 낙심이 될 때, 저의 아이로 말미암아 어두움의 그림자가 사라지기를 소망합니다.

교회 안에서는 섬기는 종이 되게 하시옵소서. 주님의 품에서 형제의 사랑을 나누게 하시고, 기도를 통하여 돕는 자리에 서게 하시옵소서. 교역자들을 존경하고, 선생님들의 가르침을 잘 따르게 해주시옵소서.

예수님의 이름으로 기도드립니다. 아멘.

✤ 이 이루어진 일을 보자   12월 12일

"목자가 서로 말하되 이제 베들레헴으로 가서 주께서 우리에게 알리신 바 이 이루어진 일을 보자 하고"(눅 2:15하)

목자들의 하나님-나의 하나님,

오늘, 저희 가정에서 처음 성탄절의 영광을 하나님께 드리려 합니다. 메시야를 맞이했던 목자들의 마음을 저희 부부와 자녀에게도 주시옵소서. 이로써 하나님의 뜻이 이루어졌음에 영광을 드리게 하시옵소서.

저의 아이에게 왕으로 오신 예수님을 찾아 경배를 드렸던 목자들의 은혜를 묵상하게 하시옵소서. 천사들이 나타나 아기 예수님의 나심을 선포하자, 나신 아기를 찬양했던 것을 깨닫게 하시옵소서. 멸망당할 죄인을 위하여 독생자를 보내주신 하나님의 계획을 찬양하게 하시옵소서.

목자들이 아기 예수님의 탄생을 통해서 누렸던 은혜를 저의 아이도 경험하기를 소망합니다. 목자들이 예수님께 영광을 드리게 하셨듯이, 저의 아이도 성탄절을 맞이하면서 이미 오신 예수님께 영광을 드리게 하시옵소서. 하나님께 찬양의 예배를 드리게 하시옵소서.

은총으로 지내게 하시는 주님,

우리를 구원하시므로 새 생명을 지으신 하나님께 감사드립니다. 그런데 마음으로는 날마다 하나님을 찬양하기 원하였으나, 지금은 죄로 얼룩진 자신의 모습밖에 없으니 용서해주시옵소서. 대림절에 내려주시는 은혜로 저의 아이의 심령을 깨끗하게 해주시옵소서.

주님, 감사합니다. 묵은 날은 가버렸습니다. 그들의 생명에 새로운 날을 주셨으니, 지금 맞이한 새 날을 주님 앞에서 성실한 일꾼으로 지내도록 이끌어주시옵소서. 기름을 부어 주시옵소서.

예수님의 이름으로 기도드립니다. 아멘.

✦ 각 사람의 눈이 그를 보겠고 12월 13일

"볼지어다 그가 구름을 타고 오시리라 각 사람의 눈이 그를 보겠고 그를 찌른 자들도 볼 것이요"(계 1:7상)

시간을 주관하시는 하나님,

오늘, 저희 가족에게 주님의 다시 오심을 묵상하게 하시니 감사드립니다. 저희들에게 초림의 주님과 재림의 주님을 맞아들이게 하시옵소서. 죄로부터 인류를 구원하실 뜻을 펴신 하나님께 영광을 드립니다.

저의 아이가 대림절을 보내면서 은혜에 깊이 들어가기를 소망합니다. 하나님의 열심에 감격하게 하시옵소서. 메시야를 보내주실 때를 기다리신 하나님의 성실하심을 깨닫게 하시옵소서. 자기 백성들을 향하신 하나님의 사랑에 감사하면서 성탄절을 기다리기 원합니다.

보내심을 받은 선지자들이 예언을 하도록 하신 하나님의 열심을 깨닫게 하시옵소서. 메시야의 소식을 전한 선지자들의 열성을 저의 아이가 배우기를 소망합니다. 성탄절을 기다리면서 예수님께 영광을 드림에 대하여 생각을 모으게 하시옵소서. 그 영원하시고 지극하신 사랑에 구원의 은총을 입은 저희들임을 고백하기 원합니다.

성령으로 충만하게 하신 주님,

하늘의 복이 퍼지는 복된 시간에 성령님의 은혜가 충만하게 하시옵소서. 성탄절에 담겨있는 하나님의 사랑을 더욱 깊이 깨달아 알게 하시고, 예수님으로 말미암은 은혜를 온전히 누리게 하시옵소서.

주님을 영접하므로 자신의 죄를 속량하신 은혜에 감격하도록 하시옵소서. 그 은혜가 복된 인생을 살도록 하심에 더욱 감사하게 해주시옵소서. 대림절의 은총을 경험하게 하시옵소서.

예수님의 이름으로 기도드립니다. 아멘.

❖ 우리를 살리려 하심이라   12월 14일

"하나님의 사랑이 우리에게 이렇게 나타난 바 되었으니 하나님이 자기의 독생자를 세상에 보내심은 그로 말미암아 우리를 살리려 하심이라"(요일 4:9)

사랑을 나타내시는 하나님,

하늘에 영광이 드려지는 귀한 시간에 저희 가족에게 특별한 기도를 하게 하시옵소서. 오래 전에 이 땅에 오신 아기 예수님을 생각하면서 기도하는 시간을 갖게 하시옵소서. 하나님의 뜻에 순종하신 예수님을 통하여 주님의 말씀에 순종하기를 기도하도록 이끌어 주시옵소서.

저의 아이에게 예수님은 이미 오셨건만 아직도 예수님을 영접하지 않고 있는 이들의 영혼을 위하여 기도하도록 성령님께서 강권해주시옵소서. 처음 성탄절이 있은 이후로 수많은 이들이 복음을 전하면서 자신을 바쳤는데, 그 거룩한 대열에 들게 하시옵소서.

그에게 잃어버린 바가 된 영혼이 주님께로 돌아가는 일에 헌신하게 하시옵소서. 첫 번째 성탄절 이후, 저희에게는 잃어버린 생명을 찾으시는 하나님의 마음으로 전도하는 데 열심을 내게 하시옵소서.

시간을 살피게 하시는 주님,

어느덧 한 해의 끝자락에 가까이 있는 저의 아이가 금년의 삶을 잘 마무리하기를 소망합니다. 정말로 복이 되고 감사한 순간들이었습니다. 주님의 번성케 하시는 은혜로 말미암아 풍성함을 누린 시간들이었으니 감사합니다.

오직 주님의 은혜로 지내왔으니 감사하게 하시옵소서. 하나님의 크신 품에서 일 년이라는 시간을 살아왔음에 대하여 기도하게 해주시옵소서.

예수님의 이름으로 기도드립니다. 아멘.

❖ 구속함을 입은 자들을 위하여   12월 15일

"깨끗하지 못한 자는 지나가지 못하겠고 오직 구속함을 입은 자들을 위하여 있게 될 것이라"(사 35:8중)

우리를 구속해주시는 하나님,

오늘, 저희 가족에게 하나님의 구속을 감사히 여기는 삶으로 살아가도록 강권해주시옵소서. 성탄절의 기쁨은 하나님의 구속이라는 것을 널리 증거 하게 하시옵소서.

저의 아이도 주님으로부터 받은 것은 참으로 많습니다. 우선, 그의 마음에 가득 차 있는 하나님의 사랑을 나누게 해주시옵소서. 이로써 남들에게 다가가서 자기가 갖고 있지만, 남들에게 없는 것을 보게 하시옵소서. 없어서 힘들어 하는 이들에게 나누어 주도록 하시옵소서.

아주 적은 것이지만 자신의 물건을 이웃과 나눌 수 있게 하시고, 군것질을 할 때, 어려운 애들과 함께 할 수 있도록 해주시옵소서. 제 것을 나누려는 그에게 기름을 부어 주시옵소서. 그의 마음에 긍휼이 있게 하시옵소서. 사랑이 있는 곳에 하나님이 계심을 믿습니다.

주일을 기다리라 하시는 주님,

토요일이 되었습니다. 한 주간의 삶에 감사하면서 주일을 기다리는 마음을 주시옵소서. 주님의 날이 세상으로부터 구별되고, 하나님께 영광을 드리는 시간이기를 바라는 마음을 주시옵소서. 대림절의 기간에, 아기 예수님께서 나신 날을 기다리며 주일을 맞아들이게 하시옵소서.

하늘의 하나님께는 영화로움을 드리고 주님께서 세상을 향해서 복을 주시는 예배를 기다리게 하시옵소서. 주일을 사모하여 기다리는 심정을 주시옵소서. 이를 위해서 오늘 밤에는 거룩히 보내게 하시옵소서.

                                 예수님의 이름으로 기도드립니다. 아멘.

❖ 주께서 지으신 모든 민족이   12월 16일

"주여 주께서 지으신 모든 민족이 와서 주의 앞에 경배하며 주의 이름에 영광을 돌리리이다"(시 86:9)

영광 중에 계신 하나님,

오늘, 주일에 저희 가족에게 하나님께 영광을 묵상하게 하시니 감사드립니다. 저희들의 존재 이유가 하나님의 영광이라는 사실을 종종 잊고 지냄을 용서해 주시옵소서. 저희부부와 자녀에게 성탄절을 기다리는 까닭도 하나님께 영광이기를 원하게 하시옵소서.

대강절 셋째 주일을 맞이해서 하나님을 영화롭게 해드리는 저의 아이를 축복합니다. 하늘에서 계획하신 구원의 일을 이 땅에서 이루신 하나님의 섭리를 즐거워하게 하시옵소서. 성탄절을 기다리면서 이 세상을 향하신 하나님의 사랑을 좀 더 깊게 배우게 하심을 좋아합니다.

신실하신 주님,

자기 백성을 저희의 죄로부터 구원해 주시려고 메시야를 약속하셨습니다. 그 약속을 이루셔서 예수님이 아기로 오셨으니, 구원을 이루신 하나님의 자비하심을 깨닫게 하시옵소서. 소망이 없이 지내던 유대 사람들에게 빛이 비취게 하신 은혜를 깨닫도록 하시옵소서. 그 거룩하신 은혜가 저의 아이로 하여금 주님을 그리스도로 믿게 하셨습니다.

처음 성탄절에 동방의 박사들이 황금, 몰약, 유향을 아기 예수님께 드렸던 것처럼, 저희들은 대강절에 지은 죄를 고백하고 용서를 구하도록 이끌어 주시옵소서. 심판의 주님께서 오시는 그날에, 저희들은 영원한 생명으로 다시 살아나게 하시옵소서. 저희들의 심령에 빛으로 오신 주님을 기억하는 대강절의 믿음을 나타내 보이게 하시옵소서.

                             예수님의 이름으로 기도드립니다. 아멘.

❖ 나의 힘, 나의 노래, 나의 구원 12월 17일

"주 여호와는 나의 힘이시며 나의 노래시며 나의 구원이심이라"(사 12:2하)

은혜로우신 하나님,

오늘, 저희 가족에게 여호와가 누구이시냐에 주목해서 살아가도록 축복합니다. 식구들이 먼저 여호와는 나 자신과 관계있음을 깨닫게 하시옵소서. 저희 가정에서 구원의 하나님을 찬양하기 원합니다.

저의 아이가 하나님을 더 알기를 소망합니다. 하나님을 더 깊이 알고, 지식과 총명이 있게 하시옵소서. 여호와 하나님에 대한 지식이 있어 선과 악을 분별하게 하시옵소서. 지극히 선한 것을 분별함으로써 하늘의 하나님께 영광을 드리고, 선한 일에 힘쓰게 하시옵소서.

성령님께서 주시는 하나님에 대한 지식으로 선한 일에 더욱 힘쓰게 하시옵소서. 이로써 이웃을 대할 때, 남을 불쌍히 여기는 마음을 주시옵소서. 주님의 긍휼히 여기심을 은혜로 주시어 이웃을 대할 때, 주님의 손길을 나타내 보이게 하시옵소서. 하나님은 영광을 받으시고, 세상에 읽혀지는 주님의 편지가 되게 하시옵소서.

이웃을 보여주신 주님,

하나님께서 그의 마음과 손과 발을 통하여 이웃에게로 나아가심을 깨달아 행동하고, 이웃을 향해서 사랑의 열매를 맺게 하시옵소서. 어려움에 빠진 이웃을 도움으로써 선행의 열매를 맺게 하시옵소서.

예수님을 영접하였거나 그렇지 않았나를 떠나 하나님의 사랑으로 이웃을 대하게 하시옵소서. 그래서 베풀 만한 힘이 있을 때, 남을 도와주게 하시옵소서. 친절과 사랑으로 이웃을 섬기게 하시옵소서.

예수님의 이름으로 기도드립니다. 아멘.

❖ 아무 것도 바라지 말고 12월 18일

"오직 너희는 원수를 사랑하고 선대하며 아무 것도 바라지 말고 꾸어 주라 그리하면 너희 상이 클 것이요"(눅 6:35상)

왕의 왕이신 하나님,

오늘, 원수에 대한 사랑과 선대에 집중하게 하시옵소서. 예수님께서 죄인으로 세상에 오심도 사랑이셨습니다. 그리고 우리에게 선대하셨습니다. 저희 가정이 세상을 향해서 사랑과 선대를 실천하게 하시옵소서.

저의 아이가 성탄의 의미로 오늘을 살게 하시옵소서. 그에게 이 세상의 국적과 함께 하늘나라의 시민권을 지니게 하셨으니 하늘나라의 백성으로서의 자신을 갖추게 하시옵소서. 예수님을 자기의 모델로 삼되, 그리스도인의 본이 되어준 바울을 본받게 하시옵소서. 성경에서 배울 수 있는 바울의 삶을 자기의 것으로 삼는 은혜를 주시옵소서.

예수님의 이 땅에 오심은 잃어버린 천국의 백성을 찾으심인 줄 믿습니다. 영혼의 구원에 대한 열정을 갖도록 강권해주시옵소서. 복음을 전해야 하는 부담을 느끼고, 생명의 선물로 오신 주님을 전하게 하시옵소서. 주님께서 찾으시는 자기 백성들에게로 마음을 열게 하시옵소서.

생명의 복음을 주신 주님,

오늘, 저의 아이가 성탄절의 의미를 묵상할 때, 구원하시는 하나님의 열심을 깨닫게 하시옵소서. 잃어버린 영혼을 찾으시는 하나님의 마음을 품고 예수님을 전하게 하시옵소서.

저의 아이로 하여금 입을 벌려 복음의 비밀을 담대히 알리게 하시옵소서. 성탄절의 복을 이웃과 나누게 하시되, 구원에 이르는 복된 소식을 전하려는 사명감을 갖도록 이끌어주시옵소서.

예수님의 이름으로 기도드립니다. 아멘.

✦ 이스라엘의 위로를 기다리는 자 12월 19일

"예루살렘에 시므온이라 하는 사람이 있으니 이 사람은 의롭고 경건하여 이스라엘의 위로를 기다리는 자라 성령이 그 위에 계시더라"(눅 2:25)

시므온의 하나님-나의 하나님,

오늘, 저희 가정에서 시므온의 경건을 묵상하여 그 은혜를 사모하게 하시옵소서. 하나님 앞에서 의롭게 지내면서 약속된 메시야를 기다리는 그의 삶을 배우게 하시옵소서. 메시야만이 이스라엘의 위로가 됨을 믿어 간절하게 기다렸던 것을 깨닫게 하시옵소서.

시므온이 주님을 기다리며 살게 하신 하나님의 손길로 저의 아이를 만져 주시기를 소망합니다. 그의 은혜를 저의 아이도 경험하게 하시옵소서. 하나님의 약속이 이루어질 것을 믿으면서 메시야를 기다렸던 믿음이 저의 아이의 것이 되게 하시옵소서.

성전에서 하나님을 섬기는 일에 헌신하는 중에, 메시야로 말미암아 이루어질 구원을 기다렸으니, 그 믿음으로 살아가도록 기름을 부어 주시옵소서. 성전에서 자신의 의미를 깨달아 지내도록 하시옵소서. 하나님을 기다리는 자가 되게 하시옵소서.

기다림을 배우게 하시는 주님,

이제 간절히 구하니, 성탄절을 기다리면서 하나님의 약속이 주는 의미를 깨닫게 하시옵소서. 메시야를 보면서 즐거워했던 시므온처럼, 성탄절을 기다리는 저의 아이의 마음에 기쁨이 충만하게 하시옵소서.

여호와 앞에서 의롭게 지내기를 소원하게 하시고, 이미 오신 예수님으로 말미암아 찬양을 드리게 하시옵소서. 성탄절의 은혜를 누리게 해 주시옵소서. 하나님께 영광을 드리기 위하여 성탄절을 기다립니다.

예수님의 이름으로 기도드립니다. 아멘.

❖ 오실 이가 오시리니 12월 20일

"잠시 잠깐 후면 오실 이가 오시리니 지체하지 아니하시리라"(히 10:37)

시간을 재시는 하나님,

오늘 저희 가족에게 주님께서 다시 오시는 시각을 묵상하게 하시니 감사드립니다. 하나님께서 일을 이루실 때, 서두르지 않으시지만 지체하지도 않으신다는 것을 배우게 하시옵소서. 저희 부부와 자녀에게 하나님의 시간에 민감하게 반응하며 지내게 하시옵소서.

저의 아이가 성탄절을 기다리면서 말씀으로 오신 예수님에 대한 새로움을 경험하기 원합니다. 말씀에 대한 자세를 통하여 아기 예수님을 경배하는 성탄절을 맞이하기를 소망합니다. 먼저, 말씀을 듣기를 기뻐하도록 이끌어 주시옵소서. 믿음은 들음에서 나며 이 말씀은 주님으로 말미암은 것임을 고백하게 하시옵소서.

이에, 말씀에 순종하기를 즐거워하게 하시옵소서. 말씀을 듣고 순종한 마리아에게서 하나님의 뜻이 이루어졌음을 깨닫습니다. 또한, 말씀이 저의 아이의 삶에서 이루어질 것을 기다리게 하시옵소서. 하나님은 미쁘시기에 틀림없이 이루어질 것을 기대하는 마음을 갖게 하시옵소서.

제물이 되라 하시는 주님,

그에게 친구들과 더불어 지내는 은혜를 주심을 감사드립니다. 그가 친구들과 어울릴 때, 성령님의 인도하심에 주목하게 하시옵소서. 성령님께 거스르는 생각이나 행동을 하지 않게 하시고, 산 제사를 드리는 모습이게 하시옵소서.

친구들과 대화에서도 하나님께 드려도 좋을 거룩한 말을 하게 하시고, 놀이를 즐기는 순간에도 주님께 드려지는 것이 되게 해주시옵소서.

예수님의 이름으로 기도드립니다. 아멘.

✧ 주께서 친히 징조를 주실 것이라   12월 21일

"그러므로 주께서 친히 징조를 너희에게 주실 것이라 보라 처녀가 잉태하여 아들을 낳을 것이요 그의 이름을 임마누엘이라 하리라"(사 7:14)

임마누엘의 하나님,
오늘, 저희 가족에게 임마누엘의 은혜에 집중하며 하루를 지내게 하시니 감사드립니다. 주님의 오심은 하나님께서 인생과 함께 하시려는 사랑이셨음에 감격하게 하시옵소서. 예수님을 믿는 저희 가정에서 임마누엘을 누리고 있는지를 돌아보게 하시옵소서.

동방에서 찾아온 박사들이 아기 예수님께 예물을 드렸던 것처럼, 저의 아이도 자신을 예물로 드리게 하시옵소서. 자신의 몸을 예수님께 선물하는 은혜를 경험하기를 원합니다. 성탄절의 감사로 헌금을 준비함도 은혜이지만, 자신을 하나님께 드리는 체험을 주시옵소서.

이로써 자신을 여호와께 드림을 소망하게 하시옵소서. 하나님 아버지께 의의 병기로 드리게 하시옵소서. 오직 그 자신을 죽은 자 가운데서 다시 산 자 같이 하나님께 드리도록 이끌어 주시옵소서. 하나님 아버지께 종으로 드려 거룩함에 이르도록 이끌어 주시옵소서.

재림에의 신앙을 갖게 하시는 주님,
그가 성탄절을 맞이하면서 다시 오시는 주님을 기다리게 하시옵소서. 주님의 다시 오심은 덫과 같이 갑자기 닥쳐온다고 하셨으니 저의 아이가 주님의 재림을 기다리게 하시옵소서.

그러므로 세속적인 즐거움이나 방탕한 생활을 따르지 않게 해 주시기 원합니다. 항상 기도하고 깨어서 지내게 하시옵소서. 기도로 깨어있는 생활을 하는 가운데 주님을 맞이하게 해주시옵소서.

예수님의 이름으로 기도드립니다. 아멘.

❖ 이스라엘 중에 자기의 영광을 12월 22일

"여호와께서 야곱을 구속하셨으니 이스라엘 중에 자기의 영광을 나타내실 것임이로다" (사 44:23하)

찬양의 하나님,

오늘, 저희 가족에게 구속을 묵상하는 삶으로 살아가도록 강권해주시옵소서. 흰 눈으로 덮인 세상처럼 저희들의 영혼이 깨끗하게 해주셨음을 확신하게 하시옵소서. 저희들의 심령 깊은 데서 하나님을 찬양하려는 마음이 샘솟게 하시고, 구원이 주님께 찬송을 드리게 하시옵소서.

주님의 사랑을 받는 저의 아이가 찬양과 시를 통해서 하나님을 경배하는 삶을 살아가게 하시옵소서. 하나님의 거룩하심을 사모하면서 흠이 없이 지내도록 이끌어 주시옵소서.

찬양으로 말미암아 감사와 영광을 여호와께만 돌리게 하시옵소서. 이러한 찬양을 통하여, 그가 자신을 발견할 수 있게 도와주시고, 자신의 신앙표현을 하나님께 고백하는 기회를 갖도록 이끌어 주시옵소서.

영광의 시간을 살게 하시는 주님,

찬양을 드리면서 신앙의 균형적인 성장을 도모하게 하시옵소서. 올해 1년 동안에 지식적으로, 신체적으로 성장한 것만큼 신앙적으로 자라게 하시옵소서. 하늘의 은혜로 남은 날들을 채워가게 하시옵소서.

매 주일을 맞이하는 저의 아이의 심령이 주님의 음성을 들을 수 있고, 주님의 손길을 느끼기 위해서 조용한 시간을 갖도록 이끌어 주시옵소서.

만족을 채우려고 즐기는 것들을 절제할 수 있는 은혜를 내려 주시옵소서. 그러한 절제 속에 조용한 시간을 갖고 주님께 마음을 두도록 이끌어주시옵소서.

예수님의 이름으로 기도드립니다. 아멘.

❖ 주일, 그에게 경배하러 왔노라   12월 23일

"유대인의 왕으로 나신 이가 어디 계시냐 우리가 동방에서 그의 별을 보고 그에게 경배하러 왔노라 하니"(마 2:2)

하나님 아버지,

오늘, 저희 가족에게 유대인의 왕으로 나신 주님을 묵상하게 하시니 감사드립니다. 대강절 넷째 주일에 하나님께 영광을 드립니다. 왕으로 오신 주님께 경배를 드리는 저희 가정으로 삼아주시옵소서.

저의 아이에게 성탄절을 기다리면서 아기로 오신 하나님을 기뻐하게 하시옵소서. 주님이 받으셔야 하는 영광을 바치는 예배를 드리게 하시옵소서.

성탄절의 주인이신 예수님께 마음과 생각, 몸을 다 드리는 경배의 시간을 갖게 하시옵소서.

날이 갈수록 세상은 비성경적인 문화로 가득 차는데 진리 안에서 살도록 이끌어 주시옵소서. 성탄절을 맞이하면서 아기 예수님의 오심의 의미에 대하여 묵상하도록 해 주시옵소서. 세상의 문화를 거절하고, 하나님의 뜻을 살피면서 살겠다는 각오가 다시 맞이하는 성탄절로 인하여 새로워지기를 소망합니다.

성탄절을 기뻐하게 하시는 주님,

사망의 문화에서 벗어나 예수님께서 주시는 생명의 문화를 누리게 하시옵소서. 예수님께서 주시는 생명을 받음으로 평강이 넘치게 하시고, 하나님께는 영광을 드리는 저의 아이가 되기를 소망합니다. 주님을 기뻐하므로 하늘의 은혜로 충만하게 하시옵소서.

간절히 빕니다. 즐거움을 찾기 위해서 사망의 문화에 기웃거리지 않게 하시고 영원한 즐거움이 되시는 예수님의 품에 머물게 해주시옵소서.

                        예수님의 이름으로 기도드립니다. 아멘.

❖ 나의 하나님, 내 아버지의 하나님　　12월 24일

"그는 나의 하나님이시니 내가 그를 찬송할 것이요 내 아버지의 하나님이시니 내가 그를 높이리로다"(출 15:2하)

나의 하나님이신 하나님,

오늘, 저희 가족에게 하나님을 높여드림을 좋아하는 삶을 살아가도록 축복합니다. 하나님은 관념적인 하나님이 아니시고, 저희 가족에게 하나님이십니다. 온 식구들에게 하나님이심을 고백하게 하시옵소서. 찬송을 드려 하나님께 대한 신앙을 증명하게 하시옵소서.

성탄의 아침을 맞이하는 주간에 저의 아이를 축복합니다. 그에게 아기 예수님을 찾아 경배를 드렸던 동방의 박사들과 같은 영예를 누리게 하시옵소서.

성탄절의 영광을 하나님께 드리게 하시옵소서.

성탄절 전날, 기다림의 훈련을 받기를 원합니다. 오랫동안 메시야를 기다렸던 유대 백성들에게 구주가 오신 것처럼, 기다림의 은혜를 누리는 가운데 응답의 복을 받게 하시옵소서. 그 기다림을 통하여 하나님을 더욱 의지하고, 하나님께 소망의 근거를 두도록 이끌어 주시옵소서.

드림을 준비하라 하시는 주님,

저의 아이가 주님 앞에서 자신의 삶을 계산하는 날을 기다리며, 주님께서 회계하자 하실 때, 내어놓을 것이 많이 있기를 소망합니다. 이제껏 사는 동안에 가족을 사랑하고, 가정을 위해서 살았던 삶을 보여드리게 하시옵소서.

나아가 자신의 삶을 여호와께 드림이 되게 하시옵소서. 학생의 신분으로 사는 동안에 열심히 공부한 삶을 보여드리게 하시옵소서. 언제라도 다시 오실 주님을 기다리는 날들이 되게 해주시옵소서.

　　　　　　　　　　　　　예수님의 이름으로 기도드립니다. 아멘.

✧ 구유에 뉘어 있는 아기 12월 25일

"너희가 가서 강보에 싸여 구유에 뉘어 있는 아기를 보리니 이것이 너희에게 표적이니라 하더니"(눅 2:12)

영광의 하나님,
오늘 저희 가족을 성탄절 예배로 초청해주시니 감사드립니다. 저희 부부와 자녀에게 예물을 준비하도록 은혜를 주셨으니 영광을 드리게 하시옵소서. 오늘을 기다려 대림절을 지내게 하신 하나님께 찬미로 나아가게 하시옵소서.
 저희를 사랑하셔서, 이 땅에 예수님을 보내 주셨습니다. 약속대로 메시야가 오셔서 생명의 길을 열어 주셨으니 저의 아이가 성탄절 예배를 드리면서 감사드리게 하시옵소서.
영광의 찬양을 하늘에 드릴 때, 천군과 천사들도 찬양하게 하시옵소서. 처음 성탄절의 그 맑고 환한 밤과 같은 영광이 넘치게 하시옵소서.
하나님의 뜻을 묵상하게 하시는 주님,
오늘도 하나님께서 구원하기로 작정된 이들이 주님께 돌아오기를 원합니다. 이 기쁜 성탄절에도 구원함에 이르는 날이 되기를 원하여 기도드리게 하시옵소서. 교회로 가면서 전도할 애들을 보려는 마음을 갖게 해주시옵소서.
아기 예수님의 나심으로, 인류를 구원하시려는 하나님의 뜻이 이루어졌음에 찬양을 드리게 하시옵소서.
"하나님이 세상을 이처럼 사랑하사 독생자를 주셨으니" 감사드립니다.
 이 기쁘고 복된 사건을 기리게 하시옵소서. 하나님을 경배하고 나신 아기께 영광을 드리도록 기름을 부어 주시옵소서.
  예수님의 이름으로 기도드립니다. 아멘.

❖ 엎드려 아기께 경배하고   12월 26일

"오늘 다윗의 동네에 너희를 위하여 구주가 나셨으니 곧 그리스도 주시니라"(눅 2:11)

동방박사들의 하나님,

오늘 저희 가정에 구주를 찾아 나선 동방박사들이 누렸던 은혜를 사모하게 하시옵소서. 큰 별의 나타남으로 새 왕이 나셨음을 깨닫고 산을 넘고 물을 건너서 별을 따라 길을 나선 목자들의 행동을 배우게 하시옵소서.

새 왕께 드릴 예물을 준비하고 경배하러 나선 그들의 믿음을 깨닫기를 소망합니다.

동방박사들의 믿음을 저의 아이가 경험하게 하시옵소서. 그들이 예수님께 예물을 드리게 하신 하나님의 손길이 저의 아이에게도 은혜로 나타나게 하시옵소서. 예수님을 구주로 영접하여 예배하는 기쁨을 누리게 해 주시기를 구합니다.

경배의 기쁨을 주신 주님,

하나님이신 예수님의 오심으로 아버지의 사랑이 저희에게 나타난 것을 즐거워하게 하시옵소서. 초림의 주님께서 다시 세상에 오실 것을 약속해주셨습니다.

신랑으로 이 땅에 오시는 주님이 오실 때, 저의 아이가 신부로서의 모습을 갖추고 주님을 맞이할 수 있게 하시옵소서. 신랑을 기다리며 살아가는 믿음의 순결함을 지니게 하시옵소서.

우리 주 예수님께 강림하실 때 기쁨으로 맞이하게 하시옵소서. 온전히 거룩한 신부의 자격으로 신랑을 맞게 하시옵소서.

말과 행동이 거룩하고 옳은 행실을 가짐으로 신부의 단장인 세마포를 준비하는 삶을 살게 해주시옵소서. 재림의 신앙으로 지내도록 강권해주시옵소서.

예수님의 이름으로 기도드립니다. 아멘.

◈ 천 년 동안 그리스도와 더불어   12월 27일

"그들이 하나님과 그리스도의 제사장이 되어 천 년 동안 그리스도와 더불어 왕 노릇 하리라"(계 20:6하)

시간의 하나님,

오늘, 한 해의 삶을 마치고 새해를 준비하는 삶을 묵상하게 하시니 감사드립니다. 저희 가정을 성령님의 충만하심으로 옷 입는 삶의 복으로 들어가게 하시옵소서. 성령님을 모시고 자신의 생활에 대한 계획을 세우고, 결단을 하는 시간을 갖게 하시옵소서.

저의 아이에게 성령님의 인도를 깨닫게 하시옵소서. 가장 좋은 것으로 인도하시는 성령님께 자신을 내어맡기기를 원합니다. 하나님께서 이끌어 가시는 대로 아멘으로 응답하며 따라가게 하시옵소서. 하나님의 인도에 순종함으로 지내게 하시옵소서.

성령님께서 저의 아이와 함께 하심을 즐거워합니다. 성령님께서 그의 마음의 생각을 아시고 도우시며, 하나님 아버지께 간구해주심도 믿습니다. 성령님의 다스림을 환영하도록 하시옵소서.

재림을 기다리게 하시는 주님,

신랑으로 이 땅에 오시는 주님이 오실 때, 저의 아이가 신부로서의 모습을 갖추게 하시옵소서. 신랑을 기다리며 살아가는 믿음의 순결함을 지니게 하시옵소서. 주님께서 주실 상을 기다리게 하시옵소서.

우리 주 예수님께 강림하실 때 기쁨으로 맞이하게 하시옵소서. 온전히 거룩하고 흠이 없어야 신부의 자격으로 신랑을 맞게 하시옵소서. 말과 행동이 거룩하고 옳은 행실을 가짐으로 신부의 단장인 세마포를 준비하는 삶을 원합니다.

예수님의 이름으로 기도드립니다. 아멘.

서로 종 노릇하라

"형제들아 너희가 자유를 위하여 부르심을 입었으나 그러나 그 자유로 육체의 기회를 삼지 말고 오직 사랑으로 서로 종 노릇 하라"(갈 5:13)

영원하신 하나님,

오늘, 저희 가족에게 서로 종노릇을 하는 삶을 묵상하게 하시니 감사드립니다. 사랑으로 종노릇을 하게 하시옵소서.

여호와의 권능이 저희들을 여기까지 이끌어 주셨습니다. 여호와의 자비하심으로 저희 가정이 평안을 누렸습니다.

저의 아이가 눈동자 같이 지키시며 각양 좋은 것으로 만족하게 해 주신 하나님께 감사하면서 지난 시간들을 돌아보게 하시옵소서.

집에서 보냈던 시간들 학교에 다니는 동안에 공부를 하며 친구들과 지냈던 시간들, 그리고 또 다른 시간들을 뒤돌아보게 하시옵소서.

하나님 앞에서 의롭지 못했던 삶을 회개하게 하시옵소서. 이 해를 시작하면서 거룩한 백성으로 살겠다고 다짐을 했으나 다 지키지 못하였던 게으름을 용서해주시옵소서. 열심을 내어 계획한대로 살고자 노력하지 못한 게으름을 용서해주시옵소서.

내어주는 삶을 배우게 하시는 주님,

주님의 말씀에 순종하여 이웃에게 베풀어야 하는 사랑과 용서에 게을렀던 죄도 용서해 주시기 원합니다. 하나님의 자녀로서 마땅히 여호와의 이름을 영화롭게 해드려야 했건만 도리어 영광을 가리었음을 뉘우치게 하시옵소서.

육체의 욕심을 따랐던 죄를 뉘우치게 하시옵소서. 주님의 사랑을 의지하며 회개할 때, 그리스도의 보혈로 씻어 주사 깨끗하게 해주시옵소서.

예수님의 이름으로 기도드립니다. 아멘.

✥ 주의 구원을 기뻐하리이다 12월 29일

"나는 오직 주의 사랑을 의지하였사오니 나의 마음은 주의 구원을 기뻐하리이다"
 (시 13:5)

시작과 끝의 하나님,

오늘, 저희 가족에게 주님을 늘 섬기면서 살아오게 하셨음을 즐거워합니다. 온 가족이 하나님을 기뻐하게 하시옵소서. 세상은 참으로 험하였으나 주님의 의로우신 팔로 지켜 주셨습니다.

때를 따라서 도와주시고, 시절에 따라 열매를 맺어 기쁨을 누리게 하셨습니다. 올해 1년은 하나님의 시간이었습니다.

저의 아이를 위하여 하나님께서 큰일을 해주셨습니다. 그 은혜를 생각하며 감사하게 하시옵소서. 그렇지만 지난 한 해 동안에 주님을 실망시킨 여러 가지 일을 생각할 때 부끄럽습니다.

하나님 아버지를 즐겁게 하지 못하는 것을 알고도 행하였으며 하나님 앞에 영화로움을 드리는 것을 알고도 행치 못했습니다. 쓸데없는 시간을 낭비했으며 기회를 놓치고 살아왔습니다.

새해를 맞이하게 하시는 주님,

다가오는 새해에는 나로 주님의 뜻 안에서 살 수 있도록 도와주시옵소서. 그들의 생명을 하나님의 나라를 위해서 가치 있게 살도록 은혜를 내려 주시옵소서.

주 하나님의 아름에 감사하면서 올해의 마지막 주일을 맞이합니다. 여호와의 사심과 여호와의 도와주시는 풍성함 속에서 지내온 저의 아이가 자신에게 있는 것 전부를 드려 감사하는 예배를 준비하게 하시옵소서. 드려도, 드려도 못 다 드릴 은혜를 새롭게 하며 예배를 사모하는 마음을 주시옵소서.

예수님의 이름으로 기도드립니다. 아멘.

❖ 보좌 앞에 엎드려 얼굴을 대고   12월 30일

"모든 천사가 보좌와 장로들과 네 생물의 주위에 서 있다가 보좌 앞에 엎드려 얼굴을 대고 하나님께 경배하여"(계 7:11)

보좌에 계신 하나님,

오늘, 주일에 하나님께 경배함을 묵상하게 하시니 감사드립니다. 저희 부부와 자녀가 하나님께 영광을 드리며 살아오게 하셨습니다. 크고도 크신 은혜로 살아왔음에 감사하는 가정으로 삼아 주시옵소서.

지나온 한 해 동안에 하나님의 은혜가 저의 아이와 함께 해 주셨음에 찬양을 드리게 하시옵소서. 금년의 마지막 주일을 맞아 저의 아이가 하나님의 행하심을 묵상하고 찬양을 드리기 원합니다. 하나님은 저의 아이의 편이 되셔서 복된 삶을 살게 하셨습니다.

그를 매일 살펴주시고, 간구할 때마다 응답해 주셨음을 기뻐합니다. 서툴기 그지없고, 때로는 믿음이 부족한 상태에서 간구했음에도 다 응답해 주신 것에 감사하게 하시옵소서. 하나님의 도우심으로 살았음을 고백하게 하시옵소서.

새 날을 준비하게 하시는 주님,

그의 생애에 놀라운 일을 하셨던 그 손길에 감사하면서 새 해를 바라보게 하시옵소서. 새 해를 주시는 하나님을 찬양합니다.

저의 아이가 새롭게 되어, 새 해에는 사랑이 매 마른 곳에서 주님의 인자하심을 드러내는 삶을 다짐하게 하시옵소서.

온갖 미혹된 말들이 넘쳐나는 세상에서 복음을 외치는 삶을 다짐하게 하시옵소서. 비록 외롭다 할지라도 소금과 빛으로 살도록 이끌어 주시옵소서. 세상의 타락으로 죄를 짓는 이들을 위해 기도하게 하시옵소서.

예수님의 이름으로 기도드립니다. 아멘.

❖ 주 여호와는 나의 힘이시라 12월 31일

"주 여호와는 나의 힘이시라 나의 발을 사슴과 같게 하사 나를 나의 높은 곳으로 다니게 하시리로다"(합 3:19상)

전능하신 하나님,
오늘, 저희 가족에게 힘이 되어주셨던 하나님을 고백하며 살아가도록 축복합니다. 높은 곳으로 다니며 지냈던 시간들이었습니다. 한 해의 삶을 끝내는 마지막 날에 서있게 하시니 감사드리게 하시옵소서. 돌이켜 볼 때, 사랑하는 저의 가족이 지내온 365일은 주님의 은혜였습니다.

이 해를 시작하는 첫날 아침부터 주님께서는 은혜의 손을 펴 주셨습니다. 저희 가족에게 부족함을 느끼지 못하고 살아오게 하신 목자 하나님의 이름을 찬양합니다. 지난 한 해 동안에, 하나님은 참으로 좋으신 아버지가 되어 주셨습니다.

주님의 넘치는 자비로우심으로 저희들은 살아왔습니다. 성령님께서 함께 해 주셨던 시간들입니다.

저희에게 베풀어 주신 그 모든 은혜를 생각할 때, 끝이 없는 감사를 드립니다. 때를 따라 돕는 은혜로 도우시며, 저희 가정에서의 삶이 물댄 동산과 같이 모자람이 조금도 없게 하셨으니 감사드립니다.

일 년을 살아오도록 하신 주님,
지금까지 지내왔던 1년 12달 동안 하나님은 저의 아이의 편이 되어 주셨습니다. 첫 주일에 영광과 찬미로 예배하게 하신 은혜가 1년 동안 주일을 지키게 해주셨습니다.

저의 아이가 오늘로서 금년의 마지막 주일을 지킵니다. 새로운 해를 맞이하면서 회개의 영을 내려주시기를 간구합니다. 시작과 나중이 되시는 하나님께만 영광을 드리는 예배이기를 소망합니다.

예수님의 이름으로 기도드립니다. 아멘.

*참고문헌

김남준, 거룩한 삶을 위한 능력 100일 교리묵상-주기도문편,
　　　　서울: 도서출판 부흥과개혁사, 2004
김동호, 내 아이가 이런 사람이 되게 하소서, 서울: 도서출판 규장, 2004
　　　　크리스천 스타트, 서울: 도서출판 규장, 1998
　　　　크리스천 베이직, 서울: 도서출판 규장, 2000
김숙희, 기도하는 어린이로 키워주는 77가지 어린이 기도문,
　　　　서울: (주)아가페 출판사, 2000
노진향, 개인기도와 중보기도문, 서울: 도서출판 두돌비, 2002
류태영, 지혜의 샘 탈무드에서 배우는 자녀교육법, 서울: 국민일보 제네시스21, 2002
박성완, 교회력에 따른 기도와 묵상집, 서울: 도서출판 컨콜디아사, 1999
박승화, 함께 드리는 기도 1: 교회력에 따른 고백기도문, 서울: 쿰란출판사, 2001
박영선, 믿음의 본질, 서울: 도서출판 규장, 2001
　　　　신앙 클리닉, 서울: 도서출판 규장, 1999
서재일, 큰 기도 큰 사람, 서울: 도서출판 선교문화사, 2000
신연식, 위인의 어머니에게서 배우는 자녀교육의 지혜1: 지혜편,
　　　　서울: 국민일보 제네시스21, 1997
오인숙, 현명한 부모가 되라, 서울: 도서출판 규장, 2001
옥한흠, 무엇을 기도할까: 주님이 가르치신 기도, 서울: 국제제자훈련원, 2002
윤남옥, 가정을 공격하는 사탄의 거짓말들, 서울: 도서출판 진흥, 1999
　　　　자녀를 부요케 하는 365일 축복기도, 서울: 도서출판 진흥, 2001

이규학, 성도들의 신앙을 풍성하게 해주는 세 가지 보배-사도신경·주기도문·십계명,
　　　　서울: 도서출판 예루살렘, 2002
이동원, 고난과 영광의 여정에: 현대인의 천로역정, 서울: 도서출판 나침반사, 2001
　　　　양심 클린토피아, 서울: 도서출판 나침반사, 2000
　　　　하나님을 감동시킨 사람들의 기도, 서울: 도서출판 나침반사, 1998
이영숙, 훈계, 어떻게 할까, 서울: 나침반출판사, 2001
이재철, 청년아 울더라도 뿌려야 한다, 서울: 도서출판 홍성사, 2001
　　　　회복의 신앙, 서울: 도서출판 홍성사, 1999
이준구, 요나의 기도, 인천: 도서출판 바울, 2002
이진우, 요즘 내 아이 어떻게 키울까, 서울: 기독신문사, 2002
정갑순, 주여! 이 아이를 어떻게 기르오리이까?, 서울: 총신대학교출판부, 2003.
조유경, 사랑하는 부모들이 건강한 자녀를 만든다: 사모의 자녀교육 이야기,
　　　　서울: 쿰란출판사, 2003
한치호, 중고등부 모범기도문, 서울: 한국문서선교회, 1998
황순각, 영감을 주는 자녀 교육, 서울: 도서출판 영문, 2004

Cynthia Ulrich Tobias and Carol funk, Bringing Out The Best in Your Child, 전의우 옮김,
부모의 생각을 바꾸면 자녀의 미래가 열린다, 서울: 생명의말씀사, 1999
Fern Nichols, Every Child Needs a Praying Mom, 홍승희 옮김,
　　　　모든 자녀에게는 기도하는 엄마가 필요하다, 서울: 도서출판 사랑플러스, 2005
Karen Scalf Linamen, Parent Warrior, 박성호 옮김, 부모의 기도가 자녀를 만든다,
　　　　서울: 베다니출판사, 2000
Kenyon, E. W. Gossett, Don Joyce. The Power of Your Words, 권혁재 옮김,
　　　　이런 선언이 축복과 성공을 부른다, 서울: 나침반출판사, 1999

Neil Eskelin, 101 Promises Worth Keeping, 황규일 옮김, 성공으로 이끄는 101가지 약속,
    서울: 기독교문서선교회, 1998
Roy B. Zuck, Precious in His Sight, 최종훈 옮김, 하나님의 눈으로 자녀를 바라보라,
    서울: 도서출판 디모데, 1998
Stormie Omartion, The Power of A Praying Parent, 이영란 옮김,
    자식의 장래는 부모의 무릎에 달려 있다, 서울: 도서출판 나침반사, 1997
Tom Bisset, Way Christian Leave the Faith, 전순영 옮김,
    왜 믿는 집안의 자녀들이 교회를 떠나는가?, 서울: 도서출판 나침반사, 1999
Wesley L. Duewel, Touch the World through Prayer, 김지찬 옮김,
    기도로 세계를 움직이라, 서울: 생명의말씀사, 1988